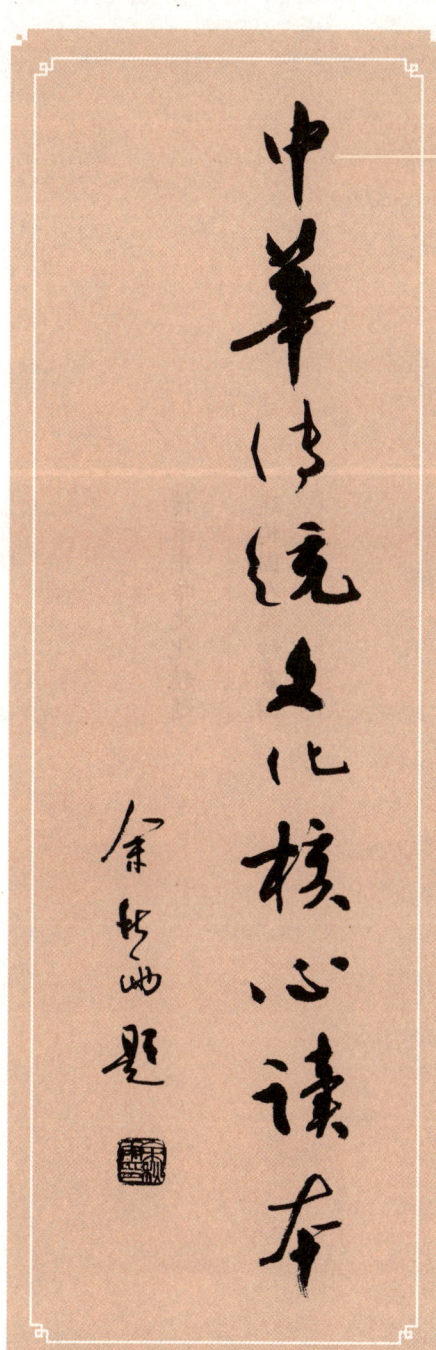

中华传统文化核心读本

余秋雨 题

传承中华文化精髓

建构国人精神家园

# 孙子兵法

全集

原著 【春秋】孙 武
注译 陈才俊 陈义杰
主编 唐 品

天地出版社 | TIANDI PRESS

### 图书在版编目（CIP）数据

孙子兵法全集／唐品主编.—成都：天地出版社，2017.4（2020年4月重印）

（中华传统文化核心读本）

ISBN 978-7-5455-2400-0

Ⅰ.①孙… Ⅱ.①唐… Ⅲ.①兵法—中国—春秋时代—通俗读物 Ⅳ.①E892.25-49

中国版本图书馆CIP数据核字（2016）第283124号

## 孙子兵法全集

| 出 品 人 | 杨 政 |
|---|---|
| 主　　编 | 唐 品 |
| 责任编辑 | 陈文龙　卞 婷 |
| 封面设计 | 思想工社 |
| 电脑制作 | 思想工社 |
| 责任印制 | 葛红梅 |

| 出版发行 | 天地出版社<br>（成都市槐树街2号　邮政编码：610014） |
|---|---|
| 网　　址 | http://www.tiandiph.com<br>http://www.天地出版社.com |
| 电子邮箱 | tiandicbs@vip.163.com |
| 经　　销 | 新华文轩出版传媒股份有限公司 |
| 印　　刷 | 河北鹏润印刷有限公司 |
| 版　　次 | 2017年4月第1版 |
| 印　　次 | 2020年4月第9次印刷 |
| 成品尺寸 | 170mm×230mm　1/16 |
| 印　　张 | 23 |
| 字　　数 | 388千字 |
| 定　　价 | 39.80元 |
| 书　　号 | ISBN 978-7-5455-2400-0 |

**版权所有◆违者必究**

咨询电话：（028）87734639（总编室）

购书热线：（010）67693207（市场部）

本版图书凡印刷、装订错误，可及时向我社发行部调换

# 序言

上下五千年悠久而漫长的历史，积淀了中华民族独具魅力且博大精深的文化。中华传统文化是中华民族无数古圣先贤、风流人物、仁人志士对自然、人生、社会的思索、探求与总结，而且一路下来，薪火相传，因时损益。它不仅是中华民族智慧的凝结，更是我们道德规范、价值取向、行为准则的集中再现。千百年来，中华传统文化融入每一个炎黄子孙的血液，铸成了我们民族的品格，书写了辉煌灿烂的历史。

中华传统文化与西方世界的文明并峙鼎立，成为人类文明的一个不可或缺的组成部分。中华民族之所以历经磨难而不衰，其重要一点是，源于由中华传统文化而产生的民族向心力和人文精神。可以说，中华民族之所以是中华民族，主要原因之一乃是因为其有异于其他民族的传统文化！

概而言之，中华传统文化包括经史子集、十家九流。它以先秦经典及诸子之学为根基，涵盖两汉经学、魏晋玄学、隋唐佛学、宋明理学和同时期的汉赋、六朝骈文、唐诗宋词、元曲与明清小说并历代史学等一套特有而完整的文化、学术体系。观其构成，足见中华传统文化之广博与深厚。可以这么说，中华传统文化是华夏文明之根，炎黄儿女之魂。

从大的方面来讲，一个没有自己文化的国家，可能会成为一个大国甚至富国，但绝对不会成为一个强国；也许它会强盛一时，但绝不能永远屹立于世界强国之林！而一个国家若想健康持续地发展，则必然有其凝聚民众的国民精神，且这种国民精神也必然是在自身漫长的历史发展中由本国人民创造形成的。中华民族的伟大复兴，中华巨龙的跃起腾飞，离不开中华传统文化的滋养。从小处而言，继承与发扬中华传统文化对每一个炎黄子孙来说同样举足轻重，迫在眉睫。中华传统文化之用，在于"无用"之"大用"。一个人的成败很大程度上取决于他的思维方式，而一个人的思维能力的成熟亦绝非先天注定，它是在一定的文化氛围中形成的。中华传统文化作为涵盖经史子集的庞大思想知识体系，恰好能为我们提供一种氛围、一个平台。潜心于中华传统文化的学习，人们就会发现其蕴含的无穷尽的智慧，并从中领略到恒久的治世之道与管理之智，也可以体悟到超脱的人生哲学与立身之术。在现今社会，崇尚中华传统文化，学习中华传统文化，更是提高个人道德水准和构建正确价值观念的重要途径。

近年来，学习中华传统文化的热潮正在我们身边悄然兴起，令人欣慰。欣喜之余，我们同时也对中国现今的文化断层现象充满了担忧。我们注意到，现今的青少年对好莱坞大片趋之若鹜时却不知道屈原、司马迁为何许人；新世纪的大学生能考出令人咋舌的托福高分，但却看不懂简单的文言文……这些现象一再折射出一个信号：我们现代人的中华传统文化知识十分匮乏。在西方大搞强势文化和学术壁垒的同时，国人偏离自己的民族文化越来越远。弘扬中华传统文化教育，重拾中华传统文化经典，已迫在眉睫。

本套"中华传统文化核心读本"的问世，也正是为弘扬中华传统文化而添砖加瓦并略尽绵薄之力。为了完成此丛书，我们从搜集整理到评点注译，历时数载，花费了一定的心血。这套丛书涵盖了读者应知必知的中华传统文化经典，尽量把艰难晦涩的传统文化予以通俗化、现实化的解读和点评，并以大量精彩案例解析深刻的文化内核，力图使中华传统文化的现实意义更易彰显，使读者阅读起来能轻松愉悦并饶有趣味，能古今结合并学以致用。虽然整套书尚存瑕疵，但仍可以负责任地说，我们是怀着对中华传统文化的深情厚谊和治学者应有的严谨态度来完成该丛书的。希望读者能感受到我们的良苦用心。

# 前言

　　《孙子兵法》是中华民族五千年璀璨文化中的瑰宝，是我国现存的最古老的哲理与实践兼备的军事巨著，也是世界上流传时间最长、传播范围最广、历史影响最大的兵学圣典，享有"东方兵学鼻祖"、"世界古代第一兵书"、"兵经"等美誉。

　　孙子名武，字长卿，生卒年月已无可考，春秋末期人，大约与孔子同时。他出生于齐国乐安（今山东惠民县）。据《新唐书·宰相世系表》和邓名世的《古今姓氏书辩证》记载，其祖陈完，于周惠王五年（公元前672年）因陈国内乱逃亡到齐国后，改姓田氏。时齐桓公在管仲的辅佐下成为春秋第一代霸主。田完任齐国"工正"（管理手工业生产）之职。再下传四世，田桓子作为齐国新兴势力的代表人物，使家族力量日益强大。田桓子的八子孙田书就是孙武的祖父，他在齐景公时居大夫之职，因在一次攻打莒国的战争中立下战功，景公便把乐安封给他，作为他的采邑，并赐姓孙氏，以示奖励。春秋时代，"姓"是全族的共同称号，而"氏"则是这一族中某一支派的称号，所以田书是属于"田"姓中的"孙"支。后人姓氏不分，于是就把"孙"作了孙武的姓。周景公十三年（公元前532年）夏，齐国新旧势力之间发生了一次激烈的武装斗争。这场斗争史称齐国"四姓之乱"。在这场斗争中，田氏联合鲍氏，打败了以栾氏、高氏为代表的旧贵族势力。

"四姓之乱"后，孙武离开齐国故土，来到南方新兴的吴国，在都城姑苏（今江苏苏州）"僻隐深居"，并在这里与因受楚王迫害而逃到此地的伍子胥结成知交。周敬王四年（公元前516年），吴国发生了一个重大政治事件，吴公子光指使伍子胥推荐的勇士专诸，刺杀吴王僚，夺得了王位。他就是吴王阖闾。当时的吴国比起中原各国还较落后，且长期遭受强大楚国欺凌。阖闾是一位励精图治、奋发图强的君王，他"食不二味，居不重席，室不崇坛，器不彤镂"，不贪图享受，一心要振兴吴国。伍子胥深知吴王的远大抱负与思贤若渴的心情，同时也了解孙武是一位不可多得的军事天才，于是就把孙武推荐给吴王，并在一天之内连续推荐七次。吴王听后，决定召见。于是孙子带着他写的《孙子兵法》去见吴王，并以其卓越的军事天才深得吴王赏识，被任命为将军，开始了他长达三十年的军事生涯。

《孙子兵法》主要讨论与战争有关的军事问题，也涉及政治与军事的关系。全书共计十三篇，各篇既可独立成章，也相互有机联系。书中对战术韬略、军事法度、将领士气、军事心理、天文地理、行军扎营、水势火攻等无所不包，对于军事间谍的运用也有非常详细的分类和阐述。面对这样一个博大精深的军事思想体系，今天的人们也不能不发出由衷的惊叹。值得注意的是，孙子并不是孤立地谈战争，而是首先考察政治与军事的关系，"兵者，国之大事，生死之地，存亡之道，不可不察也"，并提出"道"是决定战争胜负的首要因素。这既表明了他开阔的思维视野和宏大的理论气魄，也是军事思想史上的一个杰出贡献。与此相联系，《孙子兵法》中明确地表达了"慎战"观念，提出"军争为利，军争为危"。这表明他的思想具有一种超越时代的高尚境界。《孙子兵法》的思想核心是探讨赢得战争胜利的方法。战争就是战争，打仗无不以争取胜利为目的。胜利，就是以胜为利。但孙子尤崇一种"全胜"。"是故百战百胜非善之善者也；不战而屈人之兵，善之善者也。"当然，孙子也知道不可能任何战争都能做到"全胜"，于是他又突出地表达了"必胜"的观点。

应"慎战"、求"全胜"、务"必胜"，反映在用兵的指导思想上，就是孙子所说的"上兵伐谋"、"未战而庙算胜"。这就形成人们所说的"孙子尚智"的特点。书中说韬略、谈计谋、议智算的地方比比皆是，在某种意义上，《孙子兵法》就是一部专讲战争韬略的经典。

除了对敌的谋略思想外，孙子在治军，即今天所说的军事管理方面也颇有心得。其治军思想的核心可以用"令之以文，齐之以武"来概括，也就是赏罚兼施，恩威并用。恩的方面，他提出要"视卒如婴儿"、"视卒如爱子"；因为只有爱兵如子，"故可与之赴深溪"、"故可与之俱死"。威的方面，就是要"令素行以教其民"，军令如山，令行禁止，同时又要"愚士卒之耳目"，使他们"驱而往，驱而来，莫知所之"；只有这样，才能"齐勇若一"，"携手若便一人"。恩威并用的具体形式就是赏罚。

《孙子兵法》对中国思想史有如此重大的影响，以致孙武有"武贤人"之称。历代思想家、军事家也对孙子推崇备至。曹操说："吾观兵法战策多矣，孙子所著深矣"；明代戚继光认为，此书"纲领精微"，是"上乘之教"；而茅元仪则说:"前孙子者,孙子不能遗;后孙子者,不能遗孙子";孙中山评价道:"就中国历史来考究,两千多年的兵书,有十三篇,那十三篇兵书,便成为中国的军事哲学";毛泽东也常提孙子,并指出:"孙子的规律,'知彼知己,百战不殆',仍是科学的真理。"不仅如此,《孙子兵法》对世界军事思想史也产生了广泛影响。它的出现不仅比古希腊希罗多德、色诺芬和古罗马弗龙廷的军事著作都早,而且更具体、更有学术价值。所以早在唐代,《孙子兵法》就流入日本、朝鲜,1660年则有了日译本;18世纪60年代,它传入欧洲,1772年便有了法文本。日本人对其尤为推崇,称之为"东方兵学的鼻祖"、"世界古代第一兵书"。20世纪60年代初,英国元帅、二战名将蒙哥马利访华时就说过,世界上所有的军事学都应把《孙子兵法》列为必修课。美国的约翰·柯林斯在其《大战略》一书中提出:"孙子是古代第一个形成战略思想的伟大人物██孙子十三篇可与历代名著包括2200年后的克劳塞维茨的著作媲美。今天,没有一个人对战争的相互关系、战争中应该考虑的问题和所受的限制比他有更深刻的认识。他的大部分观点在我们当前的环境中仍然具有和当时同样重大的意义。"

今天,《孙子兵法》的社会影响已远远超出军事学领域,各国的企业家、外交家、政治家、科学家等均将之视若"圣典",从中吸取无穷的智慧。

《孙子兵法》穿越时空,而经久不衰。其中的战略思想亟待我们将其挖掘推延到更为开阔、更为深厚、更为现实的领域。正是基于这一点,我们为您精心编写了这一本《孙子兵法全集》。本书的特色突出一个"全"字,里面既有《孙子兵法》的权威原著，又包含了简易通俗的翻译注释，我们还邀请了专门从事该书研究的资深学者以及军事专家为每篇作了深刻的评析，同时在每一篇目后面还精心选择大量有代表性的案例，分别从军事谋略、处世智慧、商战智谋三个方面将原著中的一些谋略思想重新透析、阐释，让各行各业的人士都能从《孙子兵法》中领受到智慧和财富，让《孙子兵法》为您释疑解惑，排除障碍，让这本权威的军事著作走近我们每一个人，为我们的生活、事业和学习点亮一盏智慧的明灯。

本书版式新颖，设计精美，再加上大量古朴生动图片的插配彻底打破了古典著作的沉闷风格，权威经典的原文译文及解析，轻松幽默而又不失庄重的智谋案例，读来既不乏战场上的雄浑气势，又有商战中的激烈竞斗，还有平常百姓生活中的苦甜酸辣，既可枕边细悟，亦可案头信手拈来，随时随刻都可以让您感悟《孙子兵法》的博大精深。

限于笔者水平有限，书中难免有许多疏漏，敬请广大读者批评指正。

## 目录

第一章 / 计　篇 ■■■■■■ 001
第二章 / 作战篇 ■■■■■■ 035
第三章 / 谋攻篇 ■■■■■■ 059
第四章 / 形　篇 ■■■■■■ 087
第五章 / 势　篇 ■■■■■■ 103
第六章 / 虚实篇 ■■■■■■ 123
第七章 / 军争篇 ■■■■■■ 155
第八章 / 九变篇 ■■■■■■ 185
第九章 / 行军篇 ■■■■■■ 223
第十章 / 地形篇 ■■■■■■ 253
第十一章 / 九地篇 ■■■■■ 275
第十二章 / 火攻篇 ■■■■■ 303
第十三章 / 用间篇 ■■■■■ 321

01

# 第一章 计篇

本篇是《孙子兵法》的核心所在，总揽全书的纲，讲述战争对于国家和人民根本利益的极端重要性，论述研究、谋划作战方略的伟大意义与决定战争胜负的基本条件，提出"攻其不备，出其不意"的经典军事理论。

**【原文】**

孙子曰：兵①者，国之大事②，死生之地③，存亡之道④，不可不察⑤也。

故经⑥之以五事，校之以计，而索其情⑦：一曰道⑧，二曰天⑨，三曰地⑩，四曰将⑪，五曰法⑫。道者，令民与上同意⑬也；故可以与之死，可以与之生，而不畏危⑭；天者，阴阳⑮、寒暑、时制⑯也；地者，远近、险易、广狭、死生⑰也；将者，智、信、仁、勇、严⑱也；法者，曲制⑲、官道⑳、主用㉑也。凡此五者，将莫不闻㉒，知㉓之者胜，不知者不胜。故校之以计，而索其情，曰：主孰有道㉔？将孰有能㉕？天地孰得㉖？法令孰行㉗？兵众孰强㉘？士卒孰练㉙？赏罚孰明？吾以此知胜负矣。将㉚听吾计，用之必胜，留之；将不听吾计，用之必败，去之。

计利以听㉛，乃为之势㉜，以佐其外。势者，因利而制权㉝也。兵者，诡道㉞也。故能而示㉟之不能，用㊱而示之不用，近而示之远，远而示之近。利而诱之，乱而取之，实而备㊲，强而避之，怒而挠㊳之，卑㊴而骄之，佚而劳之㊵，亲而离之，攻其无备，出其不意。此兵家之胜㊶，不可先传㊷也。

夫未战而庙算㊸胜者，得算多也㊹；未战而庙算不胜者，得算少也。多算胜，少算不胜，而况于无算乎㊺！吾以此观之，胜负见矣㊻。

**【注释】**

①兵：兵士，军队，兵器，战争。此指战争。②国之大事：国家的重大事务。③地：土地，地方，地域，地形。此指地域，引申为领域。④道：道理。⑤不可不察：不可不认真探讨研究。察，考察，研究。⑥经：度量，衡量。此引申为分析研究。⑦校之以计，而索其情：通过比较双方的谋划，来探索战争胜负的情势。校，衡量，比较。计，筹划。索，探索。情，情势。⑧道：道理，道路，引申为治国路线或方针政策。⑨天：天象，天气。此指天气。⑩地：此指地形。⑪将：将领。⑫法：法令，法规，制度。⑬令民与上同意：使民众与国君统一意志，拥护君主的意愿。令，使，让。民，普通民众。上，君主、国君。意，意愿、意志。⑭不畏危：不害怕危险。意为民众与君主出生入死而丝毫不畏惧危险。⑮阴阳：中国古代一对概括宇宙万象、万物内在基本矛盾的范畴。这里是从气象和天象上讲的，指天气晴雨、天象昼夜的变化。⑯时制：指春、夏、秋、冬四季时令的更替。⑰死生：指地形条件是否利于攻守进退。死，即死地，进退两难之地。生，即生地，易攻能守之地。⑱智、信、仁、勇、严：智，智谋才能。信，赏罚有信。仁，爱抚士卒。勇，勇敢果断。严，严明军纪。此乃孙子提出作为优秀将

帅所必须具备的五德。⑲曲制：曲，古代军队编制较小的单位，曲制就是指军队的编制。⑳官道：官，指军队中的各级指挥员，官道即指对军队各级将领的职责划分和管理形式、管理制度。㉑主用：对军队后勤军需的管理。主，主持，这里可解释为掌管。用，费用，这里指军队的物资费用。㉒闻：知道，了解。㉓知：知道，深入了解。㉔主孰有道：哪一方的国君政治清明，拥有民众的支持。孰，谁，此指哪一方。有道，政治清明。㉕将孰有能：哪一方的将领更有才能。㉖天地孰得：哪一方拥有天时、地利。㉗法令孰行：哪一方法令能贯彻执行。㉘兵众孰强：哪一方的兵械锋利，士卒众多。兵，此处指兵械。㉙士卒孰练：哪一方的军队训练有素。练，娴熟。㉚将：假设，如果。㉛计利以听：有利的计划被采纳。计利，有利的计谋。听，听从，采纳。㉜乃为之势：造成一种积极的军事态势。乃，于是、就是。为，创造、造就。势，态势。㉝因利而制权：根据利害关系采取灵活的对策。因，根据、凭依。制，决定、采取。权，权变、权宜，引申为灵活运用。㉞诡道：欺诈的方法或计谋。诡，欺诈、诡诈。道，方法、计谋。㉟示：显示。此指伪装地显示。㊱用：使用。此指用兵。㊲实而备之：对待实力雄厚之敌，需严加防备。实，实力雄厚。备，防备。㊳挠：挑逗。㊴卑：卑下。这里指卑视、轻视。㊵佚而劳之：敌方安逸，就设法使它疲劳。佚，同"逸"，安逸、自在。劳，作动词，使之疲劳。㊶胜：胜利。此指取胜之道。㊷不可先传：不应事先呆板规定。先，预先、事先。传，传授、规定。㊸庙算：古代兴师作战之前，通常要在庙堂里商议谋划，分析战争的利害得失，制定作战方略。这一作战准备程序，就叫作"庙算"。㊹得算多也：意为取得胜利的条件充分、众多。算，计数用的筹码。此处引申为取得胜利的条件。㊺多算胜，少算不胜，而况于无算乎：筹划周密、胜利条件具备多者可以获胜，反之，则无法取胜，更何况不作筹划、毫无取胜条件的呢？而况，何况。于，至于。㊻胜负见矣：胜负结果显而易见。见，同"现"，显现。

## 【译文】

孙子说：战争，是国家的大事，关系到军民的生死、国家的存亡，是不能不认真探讨研究的。

因此，要从五个方面，通过敌我双方七种情况的比较，来探索战争胜负的情势。这五个方面，一是政治，二是天时，三是地利，四是将领，五是法制。政治，就是使民众与君主的意愿一致。这样，他们就可以为君主死，为君主生，而不畏艰险；天时，是指昼夜阴晴、寒冬酷暑与季节气候的变化情况。地利，是指征战路途的远近，地势的险峻或平坦，战地的宽广或狭窄，地形对攻守的有利或有害。将领，是指才智、诚信、仁爱、勇敢、威严等条件。法制，是指部队组织编制的建设、各级将吏的管理和军需物资的掌管。凡属这五个方面的情况，将帅都不能不知道。凡了解者就会打胜仗，不了解者就会打败仗。所以，要把敌我双方的情况作估计比较，来探索战争胜负的情势。要看看哪一方君主政治清明，哪一方将领更有才能，哪一方占有天时地利，哪一方法令制度能得到贯彻执行，哪一方的武器装备精良，哪一方的士兵训练有素，哪一方的赏罚公正严明。根据这些因素，就可以判断谁胜谁负了。若能听从我的计谋，用兵打仗就一定能胜利，我就留下来帮他；假如不听从我的计谋，用兵作战就一定会失败，我就离去。

有利的计划被采纳后，还要设法造成有利的态势，辅助对外的军事行动。所谓态势，就是根据如何有利于自己的原则，灵活机动运用兵力，掌握作战的主动权。用兵打仗是一种诡诈的行为。所以，能打，要装作不能打；要打，则装作不想打。要向近处进攻，便装作要向远处进攻；要向远处进攻，则装作要向近处进攻。对于贪利的敌人，要以小利引诱它；对于处于混乱状况的敌人，要乘机战胜它；对于兵力强大的敌人，要加强力量防备它；对于兵力占优势的敌人，要避免与它决战；对于易怒的敌人，要骚扰激怒它；对于鄙视我方的敌人，要使其更加骄狂；对于休整得好的敌人，要设法使其疲劳；对于内部和睦的敌人，要设法离间他们。要在敌人没有准备的状态下发动进攻，要在敌人意想不到的情况下采取行动。这便是军事家取胜的奥妙，而且事先是没有规定的。

凡是在开战前预计可以取胜的，是因为筹划周密、有利的条件充分；凡在战前预计不能取胜的，是因为筹划不周、胜利的条件不充分。筹划周密，有利条件充分的就能取胜，筹划不周、有利条件不充分的就不能取胜，更何况不作筹划、毫无有利条件的呢？我们根据这些来观察，战争胜负的结果就很明显了。

【评析】

《计篇》是《孙子兵法》十三篇的开篇，号称孙子兵法的战略论，是全书的总则。

此篇主要从战略高度研究战争的本质、将帅任选资格及战争实践的特质。孙子从军事科学的宏观高度展示了中国古代兵学质朴的战略观念。

在源远流长的中国军事史上，人们常把战略称之为谋、猷、韬、方略、兵略等。在西方，古希腊说的"将道"、"将兵术"也富有战略意义。

《计篇》开宗明义地指出了"战略"的内涵。所谓："兵者，国之大事，死生之地，存亡之道，不可不察也。"由此可见其"慎战"思想。

战争是关系着国家生死存亡的大事，我们不能不认真研究它。孙子从战略的高度概括了战争存在的意义。这一出色的判断，如今已被人类史上无数的军事实践所证明。

## 五事七计道弁为首

孙子强调在战前必须周密分析敌对双方的各种条件，研究决定作战大计。他认为，必须从道（政治）、天（天时）、地（地利）、将（将帅）、法（法制）"五事"和"主孰有道，将孰有能"等"七计"认真地进行分析比较，探索敌对双方的优劣长短，这样，就可以预知战争的胜负。

孙子在阐述决定战争胜负条件时，把"道"（政治）列为首条，则体现了他军事思想的卓越与非凡之处。孙子解说："道者，令民与上同意也。"而用我们今天的话说，就是进行这场战争是否是正义的，是否得民心。得道多助，失道寡助，只有正义的战争，才能上下一致，生死同心，取得胜利。

## 五德皆备可为大将

选将执法是《孙子兵法》中内容十分丰富的大论题，也是治国、治军的关键。

历史证明，军事战略虽然从属于政治、自然及社会物质基础，然而操纵战争、导演战争、决策战争方略，毕竟由人进行。

孙子选择将帅，重智、信、仁、勇、严五德。具备五德方可为将。

何谓"智"？第一是高瞻远瞩，放眼世界，从人类生存的大范围，把握战争的发展趋势；第二是清醒而准确的判断力，以驾驭现实各种因素；第三为当机立断的决策力，尤其是孙子十分重视集团决策即本篇所言"庙算"，战前庙堂集合，将帅共谋大计，以预测战争胜负。何谓"信"？即将帅个人威信，将帅的威信产生于仁爱、勇敢、严毅，它不是孤立游离的行为品质，而是与其他品质相辅相成、合为一体的将帅素质。何谓"仁"德？"孝、悌、信、爱"是仁德的广义涵义，而仁德的将帅必然爱兵，以爱训练队伍，管理军队，激发士兵的忠勇精神，这正是孙子"仁"德之精华。何谓"勇"？勇是将帅人格精神的集中体现；不过，将帅之勇不是"一夫之勇"，而是"万夫不当之勇"，是勇与谋的统一。何谓"严"？即将帅凛然不可犯的气度，是号令严正、令出即行的纲纪。将帅五德是孙子治军思想中人才学说的集中体现。

### 出其不意攻其不备

"兵者，诡道也。"这是孙子战略的又一核心。所谓"诡"道，是指军事活动充满了诡诈之机变、计谋与秘策。这个原理，揭示了战争实践的本质。

战争实践中，敌我双方的斗争，不是单纯的军事力量对比，而是政治、经济、文化等多种因素的决斗。这决斗不是简单的斗力，还要斗智。于是孙子概括了诡道十二法。他要求兵不厌诈，要求将帅善于以各种手段隐蔽自己的企图，迷惑引诱敌人，给对方造成错觉和不意，以便"攻其无备，出其不意"地打击敌人。

"诡"道说，高度概括了战争行为的本质。兵无谋略无以为战，它构成了孙子战略思想的主体。孙子十三篇，几乎篇篇有论及战争的"诡"道观。

《计篇》所概述的孙子战略思想，是现代军事战略思想的原型，也是以下诸篇兵法原理的基础。

21世纪是人类文明高度发展的时代，也是竞争空前激烈的时代，从某种意义上说，更是人才竞争的时代。无论是政治界、经济界，还是科技界、文化界，领导者的作用都是不言而喻的。我们的领导者如果能融会《计篇》所揭示的精神，遇事究其"五事"，素养衡之"五德"，行事因势利导，工作上就会取得惊人的成就。

【军事谋略例说】

## 周武王见机灭殷

商朝后期，纣王对外连年发动战争，对内滥施酷刑，残害忠良。他还大兴徭役，建造以酒为池、悬肉为林的离宫，整日过着奢侈荒淫的生活，激起百姓和各诸侯国的强烈不满。

这时候，一个足以与殷商王朝对峙的奴隶制强国——"周"在沣水西岸悄然兴起。

公元前约1069年，周武王与800诸侯会于孟津，在孟津举行了声势浩大的誓师仪式，发表了声讨商纣王的檄文，800诸侯群情激奋，都说："商纣可伐！"但是周武王听从了国师吕尚（姜子牙）的劝告，认为商纣王朝力量还十分强大，征伐商纣的时机还未成熟，断然班师返回。

公元前1066年，殷商王朝内部矛盾激化，王子比干被杀，箕子、微子、大师疵等朝廷重臣或被囚或外逃，纣王已到了众叛亲离的地步。吕尚对周武王说："天与不取，反受其咎；时至不行，反受其殃。"力劝周武王出兵伐纣。周武王盼这一天盼了十几年，立刻下令遍告诸侯："殷有重罪，不可不伐！"随后以吕尚为主帅，统兵车300辆、猛士3000人、甲士45000人，誓师伐纣。

周军东进，开始的时候，一路之上颇不顺利：狂风肆虐、暴雨倾盆、雷电交加，折旗毁车，人马时有伤亡。吕尚巧妙地把这天地肃杀之征解释为鬼神对殷商发怒之状，并大力加以渲染，不但稳定了军心，还增强了斗志。由于商纣失尽了人心，四方诸侯及沿途百姓纷纷加入武王的伐纣行列，周军士气日益高涨。

这一年的12月，吕尚率军渡过黄河，在距殷商都城朝歌仅70里的商郊牧野（今河南汲县）召开了誓师大会，历数纣王罪过，揭开了历史上著名的"牧野之战"的序幕。

此时，纣王正与东南边疆的夷族人交战，朝歌兵力空虚。周军兵临城下的消息传入朝歌，纣王慌忙把奴隶和战俘武装起来仓促应战。双方在牧野短兵相接。战斗中，吕尚身先士卒，率战车和猛士冲入商军，打乱了商军的阵脚。商军本来就没有斗志，不但不再抵抗，反而阵前倒戈，引导周军杀入朝歌。纣王见大势已去，登上鹿台，自焚而死，在中国历史上存在500多年的奴隶制国家殷商，从此灭亡。

公元前1066年底，周武王班师回到镐京，正式建立了周王朝。

在计篇，孙武开宗明义"兵者，国之大事，死生之地，存亡之道，不可不察也"，他从"五事"和"七计"两大方面论述了战争指导者在开战之前如何筹划全局的问题。周武王见机灭殷取得了战争的胜利，这一"机"正是点中了"五事"和"七计"的要领，胜券在握，奈何不打？分析一下，自然晓得：在这场灭商之战的前三年，武王有过讨伐殷商的想法，但是他听从了"尚不是商的对手"的建议终而没战，而是选择了殷商王朝内部矛盾激化、朝廷重臣或被杀被囚或外逃，纣王到了众叛亲离的地步这个时机发起战争，征伐路上遇到了狂风肆虐、暴雨倾盆的天气，主帅吕尚又巧妙地解释为鬼神对殷商发怒之状，稳定了军心，增强了斗志，而战斗中，吕尚身先士卒，勇猛杀敌给将士们以鼓舞，这一切都紧紧扣住了决定战争成败的"五事"——道、天、地、将、法的内涵。而商朝的灭亡是从反面深刻地见证了失"五事"必惨败，失道者失天下的道理。

### 不守天险自灭亡

十六国时期，南燕因放弃险要的地势不守，被东晋攻克。这是不利用地形条件致败的战例。

公元前409年4月，东晋刘裕率十万晋军进攻南燕。南燕帝慕容超召集文武百官商讨对策。征虏将军公孙五楼和太尉慕容镇等人提出"阻守大岘"，阻止敌军深入，打持久战，疲劳敌军，伺机反击的计谋。大岘山是晋军进攻南燕必经的险要地带，山势险峻，上有穆陵关，山路狭窄仅容一车通行，素称"齐南天险"。这里无疑是南燕抗御晋军北进的战略要地。如果按照此项策略，用兵扼守大岘山，不仅可以阻止晋军长驱直入，而且通过持久战，还可以疲劳晋军，伺机反攻取胜。但是，南燕帝慕容超舍此稳妥可靠、攻守兼备的正确战略，却采取放弃坚守险地大岘山，纵敌深入的错误战略，致使晋军顺利通过大岘山的险要地带，长驱北进。晋军仅用了八个月的时间就灭了南燕。

### 乘乱击敌的战术

公元383年，东晋军在洛涧（今安徽怀远附近）大败前秦军，前秦军不得不沿淝水西岸布阵，想借助有利的地形打败东晋军。东晋军将领谢玄于是声称愿意渡河与前秦军作战，要求前秦军先后退一步。秦主苻坚正想诱使东晋军渡河，以便在东晋军渡河一半时将其打败在水里，于是就命令部队稍向后退。但是前秦军这一退不可收拾，造成了阵势混乱。东晋军则乘机抢渡淝水河，冲入秦军混乱的阵营中，把前秦军打个大败。苻坚中箭，单骑逃往淮北，这就是历史上著名的淝水之战。东晋将领谢玄就是运用"乱而击之"战术，利用前秦军的混乱迅速出击取得胜利。

### 汉高祖未战先算

汉高祖刘邦在平息了梁王彭越的叛乱和杀死韩信后，不久，曾为汉朝天下的建立作出重大贡献的淮南王英布兴兵反汉。刘邦向文武大臣询问对策，汝阳侯夏侯婴向刘邦推荐了自己的门客薛公。

汉高祖问薛公："英布曾是项羽手下大将，能征惯战。我想亲率大军去平叛，你看胜败会如何？"

薛公答道："陛下必胜无疑。"

汉高祖道："何以见得？"

薛公道："英布兴兵反叛后，料到陛下肯定会去征讨他，当然不会坐以待毙，所以有三种情况可供他选择。"

汉高祖道："先生请讲。"

薛公道："第一种情况，英布东取吴，西取楚，北并齐鲁，将燕赵纳入自己的势力范围，然后固守自己的封地以待陛下。这样，陛下也奈何不了他，这是上策。"

汉高祖急忙问："第二种情况会怎么样？"

"东取吴，西取楚，夺取韩、魏，保住敖仓的粮食，以重兵守卫成皋，断绝入关之路。如果是这样，谁胜谁负，只有天知道。"薛公侃侃而谈，"这是第二种情况，乃为中策。"

汉高祖说："先生既认为朕能获胜，英布自然不会用此二策。那么，下策该是怎样？"

薛公不慌不忙地说："东取吴，西取下蔡，将重兵置于淮南。我料英布必用此策。陛下长驱直入，定能大获全胜。"

汉高祖面现悦色，道："先生如何知道英布必用此下策呢？"

薛公道："英布本是骊山的一个刑徒，虽有万夫不当之勇，但目光短浅，只知道为一时的利害谋划，所以我料到他必出此下策！"

汉高祖连连赞道："好！好！英布的为人，朕也并非不知，先生的话可谓是一语中的！朕封你为千户侯！"

"谢陛下。"薛公慌忙跪下，谢恩。

汉高祖封薛公为千户侯，又赏赐给薛公许多财物，然后于这一年（公元前196年）的十月亲率12万大军征讨英布。

果然，英布在叛汉之后，首先兴兵击败受封于吴地的荆王刘贾，又打败了楚王刘交，然后把军队布防在淮南一带。

汉高祖戎马一生，南征北战，也深谙用兵之道。双方的军队在蕲西（今安徽宿县境内）相遇后，汉高祖见英布的军队气势很盛，于是采取了坚守不战的策略。待英布的军队疲惫之后，他才金鼓齐鸣，挥师急进，杀得英布落荒而逃。

英布逃到江南后，被长沙王吴芮的儿子设计杀死，英布的叛乱以失败而告终。

## 愚守仁义遭惨败

春秋时期，宋国国君宋襄公领兵攻打郑国，郑国慌忙向楚国求救。楚国国君派能征善战的大将成得臣率兵向宋国本土发起攻击。宋襄公担心国内有失，只好从郑国撤兵，双方的军队在泓水相遇。

宋国大司马公孙固知道宋国远不是楚国的对手，劝宋襄公道："楚国是大国，兵多将广，土地辽阔，我们一个小小的宋国哪里能与它相匹敌呢？还是跟楚国议和吧！"

宋襄公生气了，说："楚军虽说兵力有余，但仁义不足；我们宋国兵力不足，但仁义有余，仁义之师是战无不胜的。大司马为什么要长敌人志气，灭自己威风呢？"

公孙固还想争辩，但宋襄公怒冲冲地不许他说话，"我意已决，不要说了！"宋襄公命人做了一面大旗，高高地竖了起来，旗上绣着"仁义"两个醒目的大字。

战斗开始，楚军呐喊着强渡泓水，向宋军冲杀过来。宋将司马子鱼看到楚军一半渡过河来，一半还在河中，就劝宋襄公下令进攻，打楚军一个措手不及。宋襄公却说："本王一向主张'仁义'，敌人尚在渡河，我军趁此进攻，那还有什么'仁义'可言？"

楚军渡过河，见宋军没有发起进攻，于是从容布阵。司马子鱼又劝宋襄公："大王，楚军立阵未稳，我们赶快进攻，还有希望获胜，赶快下令吧！"宋襄公指着迎风飘扬的"仁义"大旗，说："我们是'仁义'之师，怎么能趁敌人布阵未稳就发起进攻呢！"宋军仍然按兵不动。

楚军布好阵，以排山倒海之势向宋军杀来。宋军被楚军的威风和气势吓破了胆，不等短兵相接，一个个掉头就跑。楚军乘势掩杀，宋军丢盔弃甲，一溃千里，宋襄公本人也被一箭射中大腿，"仁义"大旗则成了楚军的战利品。

宋襄公惨败后，还不服气，他对司马子鱼说："仁人君子作战，重在以德服人，敌人受了重伤，不应再去伤害他；看见头发花白的敌人，也不应抓他作俘虏。敌人还没有摆好阵，我们就击鼓进军，这不能算是堂堂正正的胜利。"

司马子鱼长叹一口气，说："我们宋国兵微将寡，本不是楚国对手，不应该跟楚国交战。可是大王您却非要交战不可。一旦交战，就应抓住战机，您又错过战机不许进攻——打仗是枪对枪、刀对刀的事，你不杀他，他就杀你，这时候哪里还有什么'仁义'啊？如果讲'仁义'，那就不要打仗了，这不是更'仁义'吗？"

宋襄公无言以对。

第二年五月，宋襄公因伤势过重，久治不愈，死了。

## 骄横之帅落荒逃

王莽篡政后，废除汉帝，改国号为"新"。王莽的政权本来就不得人心，加之连年水旱蝗灾，民不聊生。公元17年，终于爆发了王凤等人领导的绿林起义。王莽征发各郡兵马43万，号称百万，令大司空王邑为统帅，企图以绝对优势的兵力一举消灭起义军。

公元23年六月，王邑以43万大兵将只有8000人马的起义军（此时，绿林军推举刘玄为更始皇帝，成立了汉政权，绿林军改称为汉军）主力包围在昆阳城内。大将严尤献计道："昆阳城十分坚固，一时不易攻破。称帝的刘玄现在宛地，我们移兵攻击刘玄，刘玄被我消灭，昆阳自然投降。"王邑笑道："我拥百万之众，连一个不到一万人马的昆阳城还打不下来吗！"于是将四十多万人马左一层、右一层地布置在昆阳城下，列营数百座。

王邑下令攻城，王凤率兵死守。尽管王邑采取了挖地道、用冲车进攻等多种战术攻城，但昆阳城就是岿然不动。严尤再一次献计道："汉军被围在城内，没有退路，只好死战。我们网开一面，他们必然弃城逃跑，我们乘机掩杀，定可大获全胜！"王邑道："小小几个毛贼，何足挂齿！待我明日攻破城池给你看。"王邑再一次拒绝了严尤的建议。

这时候，汉将刘秀、李轶已求得援军一万多人火速赶到昆阳境内。王邑得知汉军前锋刘秀只带有步骑兵一千余人，就派数千人前去迎战，结果被刘秀打得大败而回。汉军士气大振，刘秀果断地率领3000人的敢死队，绕到城西，涉过昆水，向王邑的指挥部发起突然进攻。王邑见刘秀的人马不多，亲率万余人迎战。同时，他还下令各部队没有他的命令不得擅自行动，以免发生混乱。短兵相接后，刘秀的汉兵以一抵十，锐不可当。王邑大败，大将王寻被杀，各部队因王邑有令在先，都按兵不动。与王邑的新军相反，昆阳城内的汉军见新军一片混乱，知道自己的援军赶到，大开城门，杀出城来。王邑全线溃乱，慌忙后撤。新军摸不清汉军的援军有多少，人心惶惶，争先逃命。适值暴风雨突然来临，暴雨如注，滍川河水泛滥，王邑的大军被河水吞没了数万人，43万大军顷刻土崩瓦解。王邑、严尤只带领几千人马渡过滍川，逃得性命。王莽的军队损失殆尽。

昆阳之战，王邑无勇无谋，又一意孤行，听不得下属的意见，以43万人对汉军的2万人。结果，几十万大军在很短的时间内化为乌有，王邑本人也险些赔上性命。这种惨败，在中国历史乃至世界军事史上都是罕见的。

昆阳之战后，刘秀率领汉军乘胜攻入长安，杀掉王莽，短命的新朝政权就这样寿终正寝了。

## 筹划缜密多取胜

16世纪下半叶，英国在向海外推行殖民扩张政策时遇到了海上殖民强国西班牙的挑战。西班牙拥有一支强大的"无敌舰队"。"无敌舰队"拥有各类战舰128艘、火炮2430门、水兵2万多名。

英国女王发布命令："必须打败'无敌舰队'！"为此，英国花费了大量资财，用了几年的时间，组建了一支专门针对"无敌舰队"的大舰队。英国舰队拥有各类战舰197艘，拥有火炮6500门，仅此两项就远远超过"无敌舰队"。但是，这只是两个数字——为战胜西班牙人，英国人把原来的小口径杀人石弹大炮改成了大口径前膛铁弹火炮；英国人还把重炮安置在主甲板上，在战舰的两舷开辟了炮孔进行射击，而西班牙人还是一切照旧。

1588年7月20日，英国舰队在海军总司令霍华德海军上将的亲自指挥下，在艾地斯东和孚威之间的海面上发现了"无敌舰队"，并悄悄地向"无敌舰队"逼近。7月22日黎明，"无敌舰队"统帅梅迪纳突然发现大批英国舰船出现在自己的前面，连忙发出准备战斗的讯号。但是，英国舰队顺风而行，未开战就已掌握了战争的主动权。英国舰队一阵猛冲，打乱了"无敌舰队"的阵脚，又用重炮将一艘敌舰打着了火。西班牙企图以传统的、战无不胜的"接舷战术"打垮英国人，但英国舰队的水手们灵巧地操纵自己的战舰躲过妄图"接近"己方的"无敌战舰"。战斗从黎明打到夜幕降临，没有一名西班牙人能登上英国战舰。此后一个星期，"无敌舰队"边打边撤，英国舰队边追边打，"无敌舰队"完全处于被动挨打的局面中。

8月8日，英国舰队在格拉夫林子午线上又追上了"无敌舰队"。英国舰队充分利用己方火炮性能优越、射程远的特点，保持一定的距离向"无敌舰队"轰击不止；"无敌舰队"火炮射程近，只能靠打"接舷战"取胜，但英国舰队的火炮又不给他们打"接舷战"的机会，"无敌舰队"终于大败而逃。仅此一战，西班牙的"无敌舰队"就被击沉16艘战舰，而英方没有一艘沉没。

梅迪纳在损失了60多艘战舰后，率领残余的舰船从北面绕过不列颠群岛，退回大本营西班牙。"无敌舰队"从此不复存在。

## 世界首次毒气战

恺撒大帝说："战争中最有效的事就是出其不意。"

第一次世界大战期间，在比利时的伯尔地区，德国军队与英法联军旗鼓相当，形成对峙的局面。对双方来说，谁想前进一步，都将会遇到极大的困难。为了从这种困境中摆脱出来，双方都在谋划新的作战手法，以图置对方于死地。

1915年4月22日下午，两军停止了激烈的枪击。在双方阵地间，除了偶尔传来的几声零星枪声外，进入了自交战以来罕见的平静之中。

但是，这种平静并没有维持多久。18时零5分，在德军战壕前突然升起了一道不透明的黄白色气浪。这气浪慢慢地由低升高，由稀变浓，逐渐连成一道约一人高、6000米宽的气浪烟墙。它不但完全隔断了英法联军观察德军阵地的视线，而且在每秒2.3米的微风吹动下，飘向了英法联军的阵地。面对这突如其来的怪云墙，英法联军的士兵们简直猜不透德军耍的什么魔术，顿时面面相觑，惊慌失措。紧接着他们便闻到一种难以忍受的强烈刺激性怪味。这怪味扑鼻而入，躲不胜躲。一时间，便有人开始不断打喷嚏，咳嗽连声，泪流不止；有人胸闷憋气，头晕目眩，窒息倒地。刹那间，英法阵地内官兵互不相顾，一片混乱。许多人丢下火炮和枪支，纷纷跳出战壕没命地逃离了战场。跟在气浪云墙后面的德军没费一枪一弹，没有遭到任何抵抗，便很快突破了英法联军5■8公里的防御正面，一举占领了英法联军约4公里纵深的阵地。

原来，德军在久战不克的情况下，经过精心策划，决定使用一种毒气袭击的新战法。在毒袭前，德军事先秘密地将大量的毒气运到了自己阵地的前沿堑壕内。当毒袭开始时，德军用1600只大型的吹放钢瓶和4000多只小型吹放钢瓶对准英法阵地，借顺风施放高达180吨的氯气，从而导致了英法联军的大败。据战后统计，德军的这一次毒袭造成了英法联军中15000人中毒，其中5000人死亡，5000人做了德军的俘虏，并缴获了60门火炮。德军在伊伯尔地区的这次化学战，出乎了英、法联军的意料，开创了全世界化学武器大规模使用于战场的先例。

## 严军纪而后制胜

1943年2月，德国的非洲远征军统帅、"沙漠之狐"隆美尔在突尼斯战场发起"卡塞林山口战役"，重创美、法部队，仅美军就伤亡三千多人，被俘3700人。世界为之震动，纷纷抨击美军的战斗素质太差，难以胜任大规模战斗。

乔治·史密斯·巴顿在这种背景下走马上任，接管了士气低落的美国第二军。巴顿心中知道：要恢复这支败军的信心和勇气，绝不是一件容易的事。

美国第二军战败后，纪律松弛，军容不整。巴顿决定从严格作息时间抓起。巴顿到任后的第二天，按作息规定准时到食堂就餐的只有他和他的参谋长两个人。巴顿命令立即开饭，一小时后停业，接着又发布命令："从明天起，全体人员必须准时吃饭，半小时就餐完毕。"巴顿又发布强制性"着装令"：在战区内，所有军人都必须戴钢盔、系领带、打绑腿，违令者，军官罚50美元，士兵罚25美元。但是，发布命令并不等于已经执行，违纪现象不断出现。巴顿亲自带领执勤队四处巡视，将违纪者强制集中训话，命令他们在"要么交罚款，要么送军事法庭，并记入档案"二者中作选择，违纪者只好自认倒霉，乖乖认罪。

巴顿认为要把一群"乌合之众"锤炼成无坚不摧的战争机器，"残酷无情"是必须的。巴顿向全军将士鼓吹他的军事思想："最坚固的铁甲和最稳固的防御就是进攻、进攻、再进攻！"他每天乘坐吉普车到所辖的4个师中发表演说，向官兵灌输"为人类进步事业而献身"的思想。巴顿的足迹踏遍了全军各个营，在向官兵们演说后，巴顿又顺便检查各师、各营执行军纪的情况。巴顿的检查认真到连厕所也不肯放过，因为上厕所是官兵们最容易忘记戴钢盔的时候。

巴顿的这种"高压电休克疗法"虽然引起了一部分官兵的反感，但收效却十分明显。第二军中，松松垮垮、拖拖拉拉的现象一扫而光。官兵们开始紧张起来，部队恢复了铁一般的纪律和秩序。后来出任第二军副军长、军长的布莱德雷将军曾对此写道："卡塞林战役以前舒舒服服的日子结束了，一个艰苦的新阶段已经开始。官兵们谁也不再怀疑：第二军的老板就是巴顿！"

恢复了严明军纪的第二军很快又恢复了信心和勇气。1943年3月17日，巴顿亲自率领第一师向德国人占据的加夫萨推进，部队在滂沱大雨中前进了45英里，一举攻克加夫萨；第二天，第一师第一突击营又以迅雷不及掩耳之势攻克了盖塔尔，德军仓皇溃退。几天后，曾在卡塞林山口战役中重创美军的德国第十装甲师向美军第一师发起猛烈的袭击，美军寸土不让，摧毁德军30辆坦克，使德军第十装甲师无功而返。

1943年4月16日，巴顿将军奉命到摩洛哥负责制订进攻西西里的计划。美国统帅部马歇尔将军对巴顿说："你已经圆满地完成了任务，证明了我们对你的信任。"

## 无谋的无后勤战

第二次世界大战后期，日本侵略军穷凶极恶地向东南亚地区发起猛烈进攻。

1944年3月，侵缅日军以5个师约10万人的兵力，越过新敦江，气势汹汹地向固守印度英帕尔的英军猛扑过去。然而这支狂妄的日军，不到半年时间就山穷水尽、弹尽粮绝，扔下5万多具尸体而全线溃退。日军"英帕尔战役"失败的一个重要原因就是忽视后勤。

日军在进攻前片面强调"就粮于敌"的传统补给思想，担任作战任务的日军第15军，直到下达开拔命令时，原定的后勤保障计划仅完成了18%。部队出发时只携带了2～3周的口粮、两个基数的弹药，牵了2万余头牛、马和象，数千只山羊，一心想"坐吃丘吉尔的供应"。

日军经过20多天的行军抵达英帕尔前线时，出发时带的牛羊已死亡殆尽，弹药、口粮储存也急剧下降，加之英军固守阵地，日本人"就地补给"的计划成为泡影。

到了5月初，日军炮弹消耗一空，士兵口粮每餐由6两逐渐降到3钱，最后被迫以芭蕉树心、野菜、野草充饥，士兵衰弱不堪，成群地饿死。另外又有3万多人染上了痢疾、疟疾、霍乱、伤寒等重病，由于没有药品治疗而相继死亡。最后，残存的5万名日军再也经不起英军与饥饿、疾病的多重打击，纷纷逃命了。日军总结教训时也承认，他们打了一场"忽视后勤的无谋之战"。

## 珍珠港惨败之因

凡事预则立，不预则废。

第二次世界大战中，美军在珍珠港的太平洋舰队由于没有安装防鱼雷网，结果遭到日军飞机和鱼雷的突然攻击，太平洋舰队受到了难以想象的毁灭性打击。在珍珠港事件爆发之前，美军太平洋舰队本来完全有条件在驻港的舰艇上装上防鱼雷网，以避免敌军轰炸机使用鱼雷攻击。可悲的是，当时的美军太平洋舰队司令金梅尔海军上将武断地认为，安装那种笨重的防鱼雷网对舰艇的快速行动太碍事了。并且珍珠港虽大，但是个浅水港，水深仅10～15米。当敌方鱼雷发射后，在运动中会前后摆动，很可能撞到浅水的海底，从而失去应有的攻击力。金梅尔据此得出结论：太平洋舰队在珍珠港不可能受到敌方鱼雷的攻击。于是，一厢情愿的美军便将防鱼雷网弃置不用了。但是，金梅尔上将根本没有料到，狡猾的日军却不像他那样只会单向思维，认为地形不利于使用鱼雷就不用鱼雷，而是积极创造条件使用鱼雷。日军针对珍珠港的情况，特别在鱼雷上装上了木制的直尾翅，彻底解决了鱼雷运动中会前后摆动的问题。

日军突袭珍珠港，由于美军的舰艇上均未安装防鱼雷攻击网，一时间，美军八艘战舰中四艘被炸沉，四艘遭重创，三艘轻巡洋舰与三艘驱逐舰被彻底摧毁。珍珠港美军太平洋舰队遭重创，完全是由于美军金梅尔上将的失算造成的。

【商战谋略例说】

## 高明总裁扭乾坤

1981年，世界第六大石油公司——英国石油公司因管理不善，连年亏损，陷入窘境。为了扭转被动局面，公司决定选择一位新总裁。

经过一番争论，公司选择了在本公司已工作了18年的沃尔特斯。这是一个英明的抉择。沃尔特斯曾获伯明翰大学商学学士学位，他头脑敏捷、博闻广识、具有非凡的洞察力和观察力；沃尔特斯还具有无私无畏、办事果断的良好品质。

沃尔特斯从公司的利益出发，上任伊始就决定关闭一些严重亏损的企业和裁减冗员——这是一件极其敏感的工作，许多公司的员工已经在为此闹事了。沃尔特斯走到下级管理人员和员工之中，一面倾听广大员工的诉说，一面耐心地做员工的思想工作。坎特炼油厂关闭后，两千多名员工无工可做，沃尔特斯坦诚地向全体员工讲述了公司的窘况和关闭该厂的原因，竟然完全得到了员工们的谅解。在漫长的经济大萧条的艰难岁月里，沃尔特斯领导的英国石油公司没有发生过一起大的波折。在西方世界里，这确实是一个奇迹！

沃尔特斯在驾驭他手下的"谋臣"和"将军"方面也显示了一员"大将"的非凡才智。英国石油公司拥有13万名雇员，各个分公司的经理大权在握，"本位主义"、"宗派主义"十分严重。沃尔特斯公开宣布："经理只是我在各企业的代表！"同时，他不断挑选业绩卓著的人去出任新公司的负责人或取代某分公司工作不力的领导，令各分公司的上层人物人人都有危机感。

沃尔特斯统率他的英国石油公司成功地走过了坎坷，迎来了新的繁荣。沃尔特斯的一句名言是："我的行为在很大程度上取决于我的信念——军队和企业有很大的相似之处，将军和总裁所起的作用也大致相同。"

## 丰田之路通全球

丰田喜一郎是日本一位著名的纺织机械制造商的儿子。按常理，他应该继承父业，搞纺织工业。但他却遵照父亲"一个人的一生只能干一行，我搞纺织，你就干汽车吧"的遗愿，选择了汽车制造业。

"干汽车"必须从零开始。喜一郎做的第一件事是，到世界各国去考察。1929年和1930年，喜一郎的足迹遍及西方各大城市，德国的奔驰汽车公司、美国的福特汽车公司给他留下极深刻的印象。两年的考察不仅开阔了喜一郎的眼界，使他清楚地看到了日本的汽车制造工业与西方发达国家汽车制造工业的差距，更使他看到了汽车工业的巨大前景，使他坚信一个光辉的"汽车时代"必将来临，从而坚定了开拓汽车制造工业道路的信心。

喜一郎从对西方各大汽车公司的考察中总结出一条重要经验：人才是企

业成功的根本。考察结束，喜一郎就着手网罗各方面的人才，并真诚地到有关专家、学者家中去拜访、求教，获益颇丰。

制造汽车离不开钢铁。喜一郎多次到日本东北大学研究特殊钢铁国际权威的本多光太郎教授家中拜访。在本多光太郎的指导下，喜一郎建立了为他的汽车公司提供优质特殊钢的供应基地；成濑正男是当时国际著名的齿轮专家，在成濑正男的帮助下，喜一郎成功地研制出特种丰田齿轮；喜一郎的好友隈部一雄是位汽车专家，喜一郎采纳了隈部一雄的建议，博采福特、雪佛兰等名牌汽车之长，使丰田车形成了"节油、坚固、廉价"的鲜明特点；喜一郎的妹夫利三郎忠诚可信、长于社交，喜一郎就请利三郎出任公司经理，自己任副经理，专管工厂的生产及处理各种技术难题。

1938年11月，丰田汽车厂正式投产。

1948年，丰田牌小轿车实现了批量生产。

丰田喜一郎成功了，他的成功源于自己的勇敢选择、缜密的思维、科学的工作态度。丰田之路是一条勇敢者之路。

今日的丰田汽车公司年产车约300万辆，占世界汽车生产总数的十分之一。全世界几乎每一个国家都有日本的"丰田"车在奔驰。

## 日本摩托车之父

本田宗一郎是日本本田公司的缔造者，人称"日本摩托车之父"。

本田从15岁起就开始在东京一家汽车修理厂当学徒工。出徒之后，本田开了一家汽车修理厂。后来又建立了"东海精机公司"，雇了工人，并在两年后试制出了公司的第一批产品——三万个活塞环。但是，当本田从三万个活塞环中精选出50个拿给丰田汽车公司试用时，只有三个是"合格"的产品。本田去向日本滨松高等学校一位教授请教，教授经化验分析后告诉本田：制造活塞环的金属铁中缺少碳和硅。本田仿佛被人猛击了一槌，顿时从迷惘中清醒："开发一种新产品事关自己的生死存亡。自己连这样一些最基本的知识都不懂，还在妄想干一番事业，这不是瞎胡闹吗？"

"东海精机公司"挣扎了几年，彻底垮掉了。本田用完了所有的积蓄，妻子不得不把家中的东西拿到当铺中去当掉。

本田的"东海精机公司"寿终正寝之时，也正是日本在第二次世界大战中战败之时。战败后的日本，一片凄凉，人们都在为填饱肚子而奔走。日本是一个多丘陵山地的国家，为了买到一点粮食，人们不惜推着自行车，翻山越岭，奔走几十里或百余里。本田心想："如果给自行车装一台小马达，走起路来就不用这么费力了。"本田把一种小型马达加以改造，用暖壶作油箱，把自行车改造为"机器脚踏车"，推向市场后，大为走俏。本田终于尝到了成功的喜悦。在经过一番思考后，本田认为自己对机器制造有特殊的灵感，而摩托车又简易方便，于是毅然选择了摩托车制造为自己的终生事业。

本田首先开发了"双缸A型"自行车，用辅助马达。在此基础上，1949年8月，本田生产出了真正意义上的摩托车。1951年，本田又制造出四缸E型摩托车，其性能列当时日本90多家摩托车厂之首。

本田知道：日本是个岛国，摩托车销售量有限，要想发展摩托车事业就必须将自己的产品打入世界。当本田雄心十足地步入英国，参观英国人的摩托车厂和伦敦举办的马恩岛摩托车大赛时，本田大吃一惊：人家的摩托车已达36马力，而日本最好的摩托车也只有13马力。本田心中感到惭愧，他购买了大量在当时最先进的摩托车零部件，又绕道去法国、意大利等摩托车制造业发达的国家参观。回国后，本田投入巨额资金，组织技术人员研究开发新型发动机。

五年后，本田的研究初见成效：本田摩托车第一次驶入英国马恩岛大赛场地，获得了第六名的成绩；又过了两年，本田摩托一举夺得马恩岛摩托车大赛50CC、125CC和250CC三个级别的第一至第五名，还获世界摩托车大赛125CC和250CC两个级别的冠军。

本田摩托冲出日本，走向了世界。本田成功了，他的产品年销售突破了10万辆大关。正当世人为本田取得的成绩赞叹的时候，本田却冷静地从成功中看到潜在的危机。他说："无论如何，必须更新设备。如果不拥有世界一流水平的设备，就不能拥有世界一流的产品，就不得不把市场让给其他世界一流的产品。"

本田公司当时的资本只有1500万日元。但是，本田在遍访美国、西德、瑞典等国后，却从这些国家购入了价值4.5亿日元的机器设备，更新了全部的陈旧设备。本田对此的解释是："引入这些先进设备，企业也许会因无力支付款项而倒闭。但是，不引入先进设备，企业早晚也是要倒闭的。现在虽然有倒闭的危险，但如果经营正确，那将会使企业产生更大的转机。"

实践证明：本田是正确的。

先进的设备使本田公司如虎添翼。其产品的质量和数量都有了飞跃发展，特别是新开发的本田摩托"超级卡波"号、"贝利"号，外型潇洒，操作简易，性能优越，深得各国摩托车爱好者的青睐，为本田公司创造了巨额利润。

如今，从一片废墟中建立起来的日本本田公司年产摩托车250万辆，产品畅销全世界，令世人刮目相看。

## 福特兴衰引人思

美国汽车大王福特从小就是个"机器迷"，他花了17年的时间才研制出第一部属于他自己的汽车引擎。但是，在当时，人们只是把汽车当作一种"玩物"，对汽车的实用前途都持怀疑态度。福特不是这样，他坚信汽车将在人们的日常生活中发挥不可估量的作用。为了获得足够的资金发展自己的汽车事业，福特针对人们对赛车感兴趣的心理，全力以赴地制造出"999"和"箭"两种新型赛车，以绝对优势超过了所有的对手，扩大了自己的影响。随后，福特成立了"福特汽车公司"，生产"最结实"、"最耐用"的小汽车，在美国和欧洲市场上销售。由于福特的汽车既经济、又实用，人们很快接受了这一"最新产品"。福特也因此摇身一变，成了百万富翁。但是，福特并不满足。他不断改进自己的汽车，提高汽车的各种性能并首创"机械化装配系统"，以日产4000辆汽车的速度扩大他的生产规模。他的财产已是以"亿万"为计的天文数字了。

老福特因此而"昏"了头脑，他认为自己无所不能，无往不胜，动辄对下属大发脾气，对任何人的意见都不能入耳。而在此时，其他汽车公司后起直追。其产品性能卓著、价格低廉，令老福特的汽车望尘莫及，福特汽车公司的汽车滞销严重。到1945年，公司的月亏损额高达900万美元，而且还在不停地上涨！

因循守旧、故步自封的老福特终于从惨败中清醒过来，他从领导岗位上退了下去，把重振企业的重任交给了自己的孙子亨利·福特二世。福特二世从祖父的挫折中汲取了教训，他一面广罗人才，一面深入市场考察，努力开发新的汽车产品。不久，福特汽车公司研制出备受人青睐的新型汽车——"野马"。"野马"推向市场后，立即畅销全世界。

福特汽车公司雄威重振，再一次令世人瞩目。

## 奇异电器的"将才"

雷振诺德·琼斯具有作为一个"将才"所应具备的所有条件：头脑敏锐、勇毅果敢、赏罚有信、关心下属、谦逊严谨。

美国奇异电器公司是一家拥有30多万职员的综合性电器制造公司。由于信息不灵和轻率行事，公司盲目地从事核能、电脑及喷射引擎三大"冒险项目"，结果被IBM公司击败，奇异公司陷入一片混乱之中。在这生死存亡的关键时刻，公司选择了没有任何"背景"的雷振诺德·琼斯，委以总裁重任。

琼斯高瞻远瞩，果断地将电脑部门弃让他人，卸去了公司的一个沉重包袱，使公司转危为安。当时，国内外企业界都在拼命地扩大生产，奇异公司的许多高级领导也意图步人后尘，扩大公司的现有生产规模。琼斯冷静地考察了本公司各生产部门的未来性和获利程度，力排众议，果断地行使手中的权力，不但不扩大生产规模，反而把发展潜力不大的有关部门全部砍掉，用所得的资金大力发展前途远大的生产部门。这一高超、果断的战略性经营计划使奇异电器公司在同行中处于遥遥领先地位。

琼斯胸怀坦荡，为人诚恳，对任何人都一视同仁。他说："一个员工，无论出身贵贱、容貌美丑、男女有别，只要技湛艺精、聪慧机敏、踏实苦干，在我公司都会获得一个舒适的生存、发展空间。"奇异电器公司从无任用白领女职员的先例。一女工在为公司的一种新产品的推销工作中做出重大贡献，使该产品畅销不衰，琼斯立即把该女工提升为她所在部门的副总经理。琼斯在与职员交谈时，敏锐地发现一名女工对公司的发展趋向有独到见解，力排公议，任命该女工为董事会中唯一的女董事。正是因为如此，琼斯赢得了公司所有职工的绝对信任，人们甚至送他一个绰号："怀抱火炉的老好人"。

不过，琼斯更喜欢称自己为"机翼下飞出的潇洒王子"。琼斯领导着一个拥有几十万员工的大公司，业务繁忙，但他同时兼任政府贸易审议会的会员。他一天的工作作息表是这样安排的：清早，到公司；10点，乘飞机到华盛顿出席政府会议；下午，返回公司主持董事会议；晚上，赴纽约参加商务宴会。琼斯有用不尽的精力，有火热的工作热情，他的脸上总是洋溢着自信的微笑。

就这样，振诺德·琼斯成功地"指挥"美国奇异电器公司走出困境，步入坦途。

## 战略家的"我行我素"

英国GKN公司始创于工业革命初期,到19世纪末发展成为世界最大的钢铁企业之一。但是,随着钢铁工业的国有化,GKN公司失去了主要支柱产业,只剩下一个空壳。

GKN何去何从?围绕着GKN的前途问题,公司的高层管理人员争论不休。霍尔兹沃恩当时在GKN公司内任会计师,有幸参与了这场争论。在经过缜密的调查后,霍尔兹沃恩谨慎地向GKN公司董事会呈交了一份有关公司发展前途的战略报告。

按照霍尔兹沃恩的报告得出的结论:GKN公司将不再是一个钢铁集团公司。因此,公司应立即转向,开发新产品。

但是,GKN公司刚刚创建了一家年产600万吨钢管的钢管厂。如果采纳霍尔兹沃恩的建议,钢管将被取缔,所有投资都将化为乌有;再者,霍尔兹沃恩不过是一名微不足道的会计师。在权衡"利弊"之后,GKN公司的决策集团放弃了霍尔兹沃恩的建议,仍按既定方针推进钢管厂的生产。

历史的进展完全证实了霍尔兹沃恩的战略预测——仅仅过了两年,GKN公司的钢管厂陷入困境,不得不停产。董事会的董事们在焦头烂额之际这才想起了霍尔兹沃恩,于是破格把他提升为公司的副总裁兼常务经理。

霍尔兹沃恩上任后就着手公司转向的工作。他买下比尔菲尔德公司,将该公司生产的一种新型产品投入欧洲和北美市场;又开发出一种廉价的运输机,使产品畅销全世界。GKN公司顿时面貌全新。不久,霍尔兹沃恩又研制出新型战斗机"勇士"号,一举占领了英国军用机生产市场,为GKN公司带来了巨大的利润。

1980年,霍尔兹沃恩因业绩非凡而被公司任命为董事长。这时,英国的钢铁工业陷入一团糟的窘地,GKN公司也因此受到冲击,面临新的、严峻的考验。

在新形势之下,霍尔兹沃恩的同行们都认为这是工人罢工造成的。霍尔兹沃恩在调集了各方面的资料进行研究后提出了一个完全不同的观点:这是英国工业衰退的先兆,更大衰退即将来临。

霍尔兹沃恩毫不犹豫地采取措施改变公司的产业结构。他先后卖掉了公司在澳大利亚的钢铁业股权和英国的传统机械公司,同时在法国、美国和英国本土创办了五家新公司。

对霍尔兹沃恩的大胆举措，许多董事提出异议。霍尔兹沃恩不为所动，坚持"我行我素"。不久，英国工业的全面衰退果然来临，GKN公司因早有准备，损失减到了最低，而其他公司则纷纷倒闭。人们无不为霍尔兹沃恩的高瞻远瞩和果断举措而赞叹。

如今，GKN公司已成为全世界开发复杂新型机械产品和应用最新技术的领头人，霍尔兹沃恩也成为一位举世公认的企业战略家。霍尔兹沃恩是英国工业界的骄傲。

【人生智谋例说】

## 司马懿老谋深算

司马懿很有谋略，且又行事果断。曹操闻其名，欲聘他为官。但司马懿见汉室衰微，曹氏专权，便假托身患风痹，不能起居，予以推辞。曹操不信，遂派人扮作刺客前去验证。司马懿在深夜之中，见有人闯入自己的卧室，举剑奔自己刺来，大吃一惊。但他立即悟到这是曹操派来的人，于是躺在床上，一动不动，任凭刺客处置。刺客见状，认定司马懿真患了风痹，收起利剑，回禀曹操去了。

但是，司马懿不能永远躺在床上，于是便装作逐渐好转，有节制地进行活动。曹操探知，又派使者请他。司马懿审时度势：如果再一味拒绝恐招不测，况且天下大势已尽归曹操，因此司马懿便随使者去见曹操，很得曹氏父子赏识。不过，精于人事的曹操很快察觉司马懿潜在的野心，认为他不是一个会永远甘心居于臣下的人，开始用疑惧的眼光看着他。这一变化，机敏的司马懿立刻警觉了，他开始计较眼前的分寸利益，把一些日常生活小事看得很重，装出一副胸无大志、目光短浅的模样。曹操竟又一次被他瞒过了。另外，他还在曹丕面前花言巧语，求得保护。

公元230年，魏拜司马懿为大都督，与蜀国抗衡。当时的蜀国，无论人力、物力都没有魏国雄厚。因此，蜀国要取胜，必须速战速决。司马懿看透了这一点，坚守阵地不出战。诸葛亮派人给他送去女人的衣服首饰来激怒他，他也坦然受之，始终不派出一兵一卒。最后，诸葛亮因积劳成疾，病死在五丈原，蜀兵只好退回。

公元237年，魏明帝病逝。临死之时，他将太子曹芳托付给大将军曹爽和司马懿。曹爽把持朝政，对司马懿不放心。司马懿又一次装起大病来。曹爽派心腹李胜去探看，见司马懿"令两婢侍边，持衣、衣落；复上指口，意渴求饮■■"他还求李胜照顾他的两个儿子。李胜回复，曹爽放下心来，再不怀疑。

10年之后，毫无戒心的曹爽陪同小皇帝曹芳离开京城，在家装病的司马懿突然乘机发动政变，独揽了大权。后来，他的孙子司马炎废魏帝，建立了晋王朝。

## 秦昭王不识时务

公元前260年9月，秦国大将白起在长平大败赵国军队，坑杀赵国降兵43万人。白起见赵国已无实力相敌，想乘机灭亡赵国。但秦国相国范雎忌妒白起的功劳，借口秦军已很疲劳，不宜再战，劝说秦昭王与赵国讲和，秦军罢兵回国。

第二年，秦昭王再次委派白起率大军攻打赵国，白起见时机已过，赵国经过一年的休养生息已重新振作起来，便借口有病，不肯赴任。秦昭王信以为真，派王陵代替白起，率大军直逼赵国都城邯郸城下。赵国到了生死关头，举国上下，同仇敌忾。王陵屡攻屡挫，损失极其惨重。

消息传到咸阳，秦昭王召见白起，向他询求策略。白起说："秦军远征赵国，历时已近一年，如今兵乏气衰，国库空虚，不宜再战。赵国军民同心，不可掉以轻心。如果诸侯各国再出兵救赵，我军将遭到内外夹击，情势就十分危险了。"

相国范雎坚决主张攻赵，并保荐郑安平为将军，随大将王龁一起率兵增援王陵，攻伐赵国。

赵国的形势一天比一天紧迫。赵王的弟弟——战国四公子之一的平原君赵胜率谋臣毛遂到楚国求得援兵，又到魏国求得信陵君魏无忌的帮助。魏无忌求助魏王的宠姬如姬窃得兵符，带力士朱亥用重锤击杀陈兵赵国边境的魏将晋鄙，夺得兵权，会合陆续来援救赵国的诸侯军队，与秦军在邯郸城下展开了决战。

诸侯各国的援军以信陵君统率的八万精兵为核心，奋勇无敌；秦军已在邯郸城下打了三年之久的攻城战，人人厌战，斗志松懈。结果，秦军大败。将军郑安平投降了赵军，王龄只好率残兵败将退回秦国。

白起得知秦军大败，长叹道："不听我的话，以至有今天的惨败！"白起的话传到秦昭王耳中，秦昭王十分生气，再加上范雎的捣鬼，昭王竟把白起杀掉了。但是，相国范雎也没有得到便宜，他因为推荐郑安平而获罪，被免去了相国的职务。

邯郸之战后，赵国得以幸存。秦军因力量受到削弱，在较长的一段时间里不再敢对诸侯各国轻举妄动了。

## 诸葛亮善借外力

公元208年七月，曹操率80万大军（实际上只有20万）大败刘备，进逼东吴。东吴的孙权为了自身利益与刘备结成联盟，共同抗击曹军。当时，刘备派到东吴去的使者是诸葛亮，东吴的三军都督是周瑜。周瑜心地狭小，见诸葛亮处处高他一筹，就想寻机杀掉诸葛亮。

一天，周瑜想到一条妙计，请诸葛亮监造十万支箭。诸葛亮满口答应，并立下军令状，保证三日内交纳十万支箭，否则甘受重罚。周瑜暗暗高兴，心想："这可是你自己找死，怪不得我！"诸葛亮立下军令状后，一连两天，只是饮酒作乐。到了第三天，诸葛亮找到好友鲁肃，请鲁肃拨给快船20只，每只船上都扎满草人，然后把鲁肃请到船中，于四更时分，命士兵将20只船划向北岸。这时候，长江水面大雾迷漫，对面看不见人。诸葛亮命令士兵们把船头西尾东一字排开，又命令士兵们在船上擂鼓呐喊。曹军听到震天惊地的鼓声，以为是敌人来偷袭，纷纷放箭。没用多久，船上的草人全部插满了箭。诸葛亮与鲁肃在船内只管饮酒谈笑。过了一些时候，诸葛亮命令士兵们把船头东尾西地排开，逼近曹军受箭。日出雾散，诸葛亮命令船队迅速返航。这时，每条船上已有了五六千支箭。诸葛亮对鲁肃说："十万支箭如期拜纳，没费东吴半点力气，将军没有想到吧？"鲁肃对诸葛亮佩服得五体投地，说："先生真是神人啊，你怎么知道今天有如此大雾？"诸葛亮笑道："为将而不通天文，不识地理，不晓阴阳，那是个庸才。我在三天前就已算定今日有大雾，所以才敢提出三日的期限。周都督让我办十万支箭，那时候，工匠料物都不应手，那不是明明白白要杀我吗！我诸葛亮命大福大，他是杀我不了的。"鲁肃把诸葛亮"草船借箭"的经过告诉给周瑜，周瑜叹道，"诸葛亮真是神机妙算，我不如他啊！"

## 郭子仪智联回纥

唐代宗宝应二年（763年），西北边疆少数民族吐蕃纠集回纥等其他民族共20多万人气势汹汹地杀入大震关，一度攻入京都长安。唐代宗命长子李适为元帅驻守关内，命老将郭子仪为副元帅，率兵赴咸阳抵御。

郭子仪在平定安史之乱时与回纥建立了友好关系。他勇敢善战，身先士卒，回纥人十分钦佩，都称他为"郭公"。郭子仪决定利用这种关系拆散回纥与吐蕃的联盟，把回纥拉到自己这边，共同对付吐蕃。为此，郭子仪派部将李光瓒去"拜访"回纥头领药葛罗。药葛罗得知郭子仪来了，大为惊异，因为他在出兵前就听说郭子仪和唐代宗已经死了，于是提出要见见郭子仪。李光瓒回到军营，将药葛罗的话转告给郭子仪。郭子仪立即决定到回纥军营去亲自跟药葛罗"叙叙旧"。郭子仪的儿子和众将领纷纷劝说郭子仪不能去冒险，又说："即使去，最少也要带500精兵作护卫，以防万一。"郭子仪笑道："以我们现在的兵力，绝不是吐蕃和回纥的对手；如果能说服回纥退兵，或者说服回纥与我们结盟，那就能打败吐蕃。冒这个险，我看值得！"说罢，带领几名骑兵向回纥军营进发，同时派人去回纥军营报信。

药葛罗及回纥将领听说郭子仪来了，都大惊失色。药葛罗唯恐有诈，命令摆开阵势。他本人弯弓搭箭立于阵前，时刻准备开战。郭子仪远远望见，索性脱下盔甲，将枪、剑放在地上，独自打马走上前。药葛罗见来者果然是郭子仪，立即召唤众将跪迎郭子仪入营。郭子仪见状，慌忙下马，将药葛罗及众将搀起，携手进入军营。郭子仪对药葛罗说："回纥曾为大唐平定安史之乱出过不少力，唐王也待回纥不薄，这一次为什么反要来攻打大唐呢？"药葛罗羞愧地说："郭公在上，我们回纥人不说假话，这一次出兵实在是被大唐叛将仆固怀恩骗来的。仆固怀恩说郭公和代宗都已不在人世，如今郭公就在眼前，我们马上退兵。"郭子仪说："我们大唐兵多将广，像安禄山、史思明这样的叛乱都能被平定下去，吐蕃与安、史相比尚且不如，哪里会是大唐的对手！如果回纥能与大唐联手，共同打败吐蕃，代宗皇帝一定会感谢你们的。"

药葛罗激动地说："我们回纥听郭公的！就这么办！"说罢，命令士兵取酒来，要与郭子仪盟誓，郭子仪连连拱手致谢。回纥人十分讲信义。盟誓之后，立即调兵遣将，向吐蕃发起攻击；郭子仪也倾全军精锐同时向吐蕃发起进攻。吐蕃大败，损兵折将数万，仓皇逃命而去。

郭子仪大智大勇，未费一刀一枪，将"劲敌"回纥转化为"朋友"，又借助回纥人的力量打败了吐蕃，捍卫了大唐的疆域。

### 诸葛亮守信为本

诸葛亮四出祁山时，所带兵马只有十多万。而魏军主将司马懿迎战蜀军，拥有精兵三十余万，还有久经沙场的大将张郃、郭淮、费曜等人。蜀、魏两军在祁山对峙，旌旗猎猎，鼓角相闻，战斗一触即发。

正在这紧张时刻，蜀军中有四万人因服役期满，需退役还乡。蜀军将领们都为此担忧：一旦离去四万人，部队的战斗力将大打折扣；服役期满的老兵们也忧心忡忡：大战在即，回乡的愿望肯定要化为泡影。将领们共同向诸葛亮建议：延期服役一个月，待大战结束再让老兵们还乡。

诸葛亮断然说："治国治军必须以信为本。老兵们归心似箭，他们家中的父母妻儿也盼亲人回来望眼欲穿。我怎么能因一时的需要而失信于军民呢？"说完，下令各部，让服役期满的老兵速速返乡。

诸葛亮的命令一下，老兵们几乎不相信自己的耳朵，随后，一个个热泪盈眶、激动不已。这一来，老兵们反而不走了，"丞相待我们恩重如山，如今正是用人之际，我们要奋勇杀敌，报答丞相！"

老兵们的激情对在役的士兵更是莫大的鼓励。蜀军上下，群情激奋，士气高昂。

四出祁山，诸葛亮虽然没能取得预期的功绩。但他设计诱杀了魏军大将张郃，又在形势对自己不利的情况下平安地率领蜀军撤退回国，这不能不说有四万服役期满的老兵的功劳。

### 吴起与士卒共甘苦

吴起是战国时期的著名军事家。他曾在鲁国做将军，为鲁王打了不少胜仗。后因鲁王不信任，吴起便离开鲁国投奔了魏国，被魏文侯封为将军。

吴起治军，以爱惜士卒，与士卒共患难而闻名。魏文侯命令吴起统率大军攻伐秦国。西征之中，吴起与普通士兵一样，背着粮袋，徒步行走，而将战马让与体弱的士卒骑。吃饭时候，吴起也不吃"小灶"，而是与士兵们坐在一起，围着大锅，喝大碗汤、吃大碗饭，有说有笑，俨然一名小卒。睡觉的时候，吴起还是与士兵们滚在一起，以天为被，以地为席。士卒们深受感动，打起仗来，都愿意为吴起出死力。

有一名士兵的背上生了个大疽（一种皮肤肿胀坚硬而皮色不变的毒疮），由于军队正在行军，一时找不到好药进行治疗，吴起就亲自为士兵把疽中的脓汁用嘴吸出来，为士兵治好了病。这名士兵的母亲闻讯后，竟放声大哭。邻居大惑不解，说："吴将军为你儿子吸毒治疽，你不感谢吴将军，却哭泣不止，这是为什么？"这位母亲回答道："不是我不感谢吴将军，我是想起了我的丈夫啊。我丈夫以前也在吴将军手下当兵，也曾长了背疽，是吴将军为他吸出毒汁治好病的。丈夫感激吴起，打起仗来不要命，终于战死在沙场。我儿子一定也会对吴将军感恩不尽，恐怕儿子的性命也不会长久了。"说完，又哭了起来。

吴起爱惜士卒，士卒甘愿为吴起拼死作战。魏、秦两军交战后，魏军连战连胜、所向无敌。秦军一退再退，接连被吴起攻占了五座城池，魏军大获全胜。魏文侯闻报，非常高兴，任命吴起为西河郡（今陕西华阴附近）守将，把保卫魏国西部边疆的重任交给了吴起。

## 关云长刮骨疗毒

关云长身为大将，不仅武艺超群，而且有忠有义，为世人所敬仰。他为蜀国建功立业，战功赫赫。

一次，关公领兵四面攻打樊城，他站在城门下督战。敌城上的曹仁发现他只不过披了一件掩心甲，便找了500名弓弩手，一齐向关公放箭。关云长一见，急忙勒马向回走，但一不留神，右臂中了一箭，他也从马上跌了下来。关平急忙率众将他救回寨中。

关云长用力拔下右臂的箭，发现箭头原来有毒，而且箭毒已入骨，整个右臂都无法运动。众人都不知如何是好，想劝关公回荆州调养，但关公执意不肯。关平只好走访名医，希望早日治好父亲的箭伤。

突然有一天，有人从江东来到军中。那个人身穿青袍，胡须冉冉，自称是沛国的华佗，特来医治关将军的毒伤。关平急忙领他入帐。那时，关云长正与马良弈棋，听到有名医到，就赐茶赐座。等到华佗喝完茶，关公才让他看毒伤。华佗看后，就对关公说："你中的箭毒不一般，里面有乌头之药，毒已入骨了。如果再不医治，恐怕你的右臂就难保了。我倒是可以治，只怕将军忍不得痛。"关公一听，仰面大笑："我在沙场上视死如归，小小伤痛不值一提，你尽管动手医治吧。"华佗拿出刀具，让士兵在帐中立一标环，还要让关公将手臂穿在环里，并用绳子绑住，好让他用尖刀割开皮肉，刮出箭毒。

关公摆了摆手，说："不必费事，你尽管动手。"说完，猛饮几杯，将右臂伸给华佗，用左手继续和马良下棋。华佗感叹关公的英雄气概，不再多说，只让一个士兵拿盆在下面接血，便拿出尖刀，刮骨疗毒了。

华佗割开关云长的皮肉，一刀一刀地刮着骨上的毒药。整个帐内无人喧哗，只有尖刀刮骨之声。众士兵见状皆掩面失色，连华佗的额头上都汗珠粒粒，而关公却专心弈棋，连眉头都不皱一下，众人皆佩服之至。

过了一会儿，华佗医治完毕，伤口已敷上药，缝好线了。关云长这才站起身，笑着活动右臂，对华佗说："先生真是神医呀！竟有如此好的医术！"华佗用手拭去额头上的汗水，微笑着对关云长说："君侯真天神也！像你这样的英雄人物，我还是第一次见到。你只要静心修养百天，就可同以前一样了。在下既已治好了君侯的毒伤，就告辞了。"关云长要给以酬谢，华佗坚决不收。

几日后，关公擒了于禁，又斩了庞德，威名大震。而他刮骨疗毒时的英雄气概，一直被后人传颂着。

## 出其不意攻其无备

出其不意，攻其无备，是孙子"权诈之兵"的精髓。

在生活的舞台上，要战胜对手，也需要选择对方意想不到的方向，实施进攻，达到出奇制胜。

故事之一：

美国大律师赫梅尔曾在一起赔偿案中代表某保险公司出庭辩护。

庭审中原告声称：他的肩膀被掉下来的升降机轴砸伤，至今右臂仍抬不起来。

赫梅尔说:"请给陪审员们看看,你的右臂能举多高?"

原告慢慢地、艰难地把右臂举到齐耳的高度,以示不能再举高了。

"那么,你在受伤前能举多高呢?"

赫梅尔话音刚落,原告不由自主地一下子把右臂举过了头顶。旁听者顿时哄堂大笑。原告的谎言被彻底揭穿了。

赫梅尔大律师就是以右臂能举多高的提问吸引原告的注意,出其不意,在原告的注意力来不及转移时,迅速突破对方的心理防线。

故事之二:

北齐时,定州有一农民向刺史高湃报告,他家的牛不知被谁偷走了。

高湃仔细询问牛的特征,那人说:

"我家这头牛,与别的牛显著不同,背脊上灰色毛中夹杂着一些白毛,一眼就能看出来。"

于是,第二天,定州城内贴了张告示:

因前方战事需要,大量收购牛皮,按质优惠论价,欲售者速携牛皮来州衙。

果然,下午来了两个人,抬了一张牛皮进来。混在衙役中的农民一看,那牛皮正是自家那头牛的。

高湃下令将两个盗贼捉拿归案。

高湃通过收购牛皮这一谋略,实现了抓获盗贼的目的。

故事之三:

从前,高利贷出租者王古士借了2000银币给王利财,两人立了一张借据。

可过了不久,王古士发现借据丢失了,心里十分焦急,怕到了租期,王利财不认账。

于是他想了一个办法。

王古士给王利财写信,告诉他:我最近手头紧,请将借去的2500银币归还。

过了几天,王古士得到王利财的回信。信中申明自己只欠2000银币,并不是2500银币。

由此,王古士又得到了证据。

人的注意具有指向性和集中性,一个人全神贯注对待这一事物时,会同时忽略其他事物。这样,就有可能被对方"攻其无备"。

三个小事例运用的几乎是同一种方法,那就是先制造假象,混淆视听,使对方注意力集中到其他地方去，然后向对方毫无准备的空隙进行突袭，大获全胜。

## 聪明犯人巧自救

古希腊时有一位十分残酷的国王，他把杀人当作一件很开心的事。杀人前，国王先让犯人自由选择被杀的方式——犯人可以任意说一句话。如果这句话是真话，就处犯人以绞刑；如果是假话，就处犯人以斩首。犯人们自知必死无疑，大多随意说了一句话；即使有人挖空心思地说了一句很难马上被检验出是真是假的话来，那也一律被看作是假话，送上断头台；倘若犯人什么也不说，那就被视为说真话，处以绞刑。国王看着犯人们在自己选择的死亡方式上死去，哈哈大笑。

但是，有一次，国王终于失败了——一位聪明的犯人对国王说："你们要砍我的头。"假如真的砍下该犯人的头，那么，该犯人说的是真话，而说真话应处以绞刑；如果处以绞刑，那么，"你们要砍下我的头"就成了假话，而说假话又是应该砍头的。国王既不能对聪明的犯人处以"砍头"，又不能对他施以"绞刑"，怎么办呢——国王只好下令释放犯人。

犯人凭自己的机智得到了一条生命。

## 自作聪明吃大亏

一天，在法国巴黎附近的一个乡村小镇上，一个古董商在走街串巷收购古玩。当他走进一家庭院时，看见一个妇人在喂猫。装猫食的碗虽然沾满了污垢放在地上，古董商还是一眼就看出了那是一只稀世珍宝。"啊，我真幸运！"古董商不禁暗自惊喜。为了能够不花很多的钱买到这只古瓷碗，古董商决定不与妇人直说。既然这妇人不知道这是一只价值连城的宝物，为何不瞒过她呢？于是，他装作对猫感兴趣的样子对妇人说："太太，你的猫很惹人喜欢，能卖给我吗？"妇人回答说："卖给你可以，不过你要出大价钱，否则我是不愿卖的。"古董商迫不及待地说："太太，我愿意出五十美金买你的猫。"妇人露出惊讶的神色问："你肯出五十美金？"因为在当时当地这个价钱买猫高得不可思议。古董商说："是的，我很喜欢你的猫，所以不计较价钱。"妇人兴高采烈地说："先生，这笔买卖做成了。"就在把猫装好，准备离开时，古董商像突然想起什么似的，指着地上的碗说："太太，你不介意我把这小猫的餐具也带走吧？我想，小猫用这只碗吃饭，就会觉得很像依然在你的身边一样。"妇人回答说："先生，那可不行。坦率地说，我已经用这只碗卖掉三只猫了。"

原来，古董商想买古瓷碗，却不明说，假装是买猫，这是运用了"用而示之不用"的谋略。而妇人明知自己拥有的碗是一件古玩，却"能而示之不能"，装作没有这方面的知识，不能辨出这是古董。并且用"用而示之不用"的策略，利用碗来招徕生意，让外人造成错觉，即妇人把古瓷碗当作只能喂猫的废物。于是自作聪明的古董商吃了大亏，花了大价钱买了一只他根本不喜欢的猫，却没有得到古瓷碗。

## 藏锋露拙，隐强示弱

在事业和竞争中为了取胜，当然不可以弱示人。但在特定情况下故意示弱，却是必须修习的功夫。

示弱可以减少乃至消除不满或嫉妒。事业上的成功者，生活中的幸运儿，被人嫉妒是客观存在的。在一时还无法消除这种社会心理之前，用适当的示弱方式可以将其消极作用减少到最低限度。

示弱能使处境不如自己的人保持心理平衡，有利于团结周围的人们。示弱能表现一个人实事求是的作风，客观上给积极进取者以鼓励。

要使示弱产生积极效果，必须善于选择示弱的内容。地位高的人在地位低的人面前，不妨展示自己学历不高，经验有限，知识能力有所不足，有过种种曲折难堪的经历，表明自己实在是个平凡的人。成功者应多在别人面前说自己失败的记录，现实的烦恼，给人以"成功不易"，"成功者并非万事大吉"的感觉。对眼下经济不如自己的人，可以适当诉诉自己的苦衷：诸如健康欠佳，子女学业不妙以及工作中的诸多困难，让对方感到"他也有一本难念的经"。某些专业上有一技之长的人，最好宣布自己对其他领域一窍不通，袒露自己在日常生活中如何闹过笑话，受过窘等。至于那些完全因客观条件或偶然机遇侥幸获得名利的人，更应该直言不讳地承认自己是"瞎猫碰到死老鼠"。

示弱可以是个别接触时推心置腹的交谈，幽默的自嘲，也可以是大庭广众下，有意以己之短，衬人之长。

示弱有时还要表现在行动上。自己在事业上已处于有利地位，获得了一定的成功。在小的方面，即使完全有条件和别人竞争，也要尽量回避退让。

　　也就是说，事业之外，平时对小名小利应淡泊疏远些。因为你的成功已经成了某些人嫉妒的目标，不可再为一点微名小利惹火烧身，应当分出一部分名利给那些暂时的弱者。

　　示弱是强者在感情上体贴暂时在某些方面处于劣势的弱者的一种有效手段，它能使你身边的弱者有所慰藉，心理上得到平衡，减少或抵消你前进路上可能产生的消极因素。事业上的强者都懂得示弱。

第二章

# 作战篇

本篇从用兵对国家经济力的影响，阐明长期作战对国家的危害，论述用兵出征既有拓展疆土、争夺财富的有利一面，又有耗费国力、祸害百姓的有害一面，指出"因粮于敌"、"胜敌而益强"的战略原则，提出"兵贵速，不贵久"的经典军事理论。

## 【原文】

孙子曰：凡用兵之法①，驰车②千驷③，革车④千乘，带甲⑤十万⑥，千里⑦馈粮⑧。则内外之费⑨，宾客之用⑩，胶漆之材⑪，车甲之奉⑫，日费千金⑬，然后十万之师举⑭矣。

其用战也胜⑮，久则钝兵挫锐⑯，攻城则力屈⑰，久暴师⑱则国用不足。夫钝兵挫锐，屈力殚货⑲，则诸侯乘其弊⑳而起，虽有智者㉑，不能善其后㉒矣。故兵闻拙速㉓，未睹巧之久㉔也。夫兵久而国利者，未之有也。故不尽知用兵之害者，则不能尽知用兵之利也。

善用兵者，役不再籍㉕，粮不三载㉖。取用于国㉗，因粮于敌㉘，故军食可足也。国之贫于师㉙者远输，远输则百姓贫。近于师者贵卖㉚，贵卖则百姓财竭，财竭则急于丘役㉛。力屈、财殚，中原内虚于家㉜。百姓之费，十去其七；公家之费，破车罢马㉝，甲胄矢弩㉞，戟楯蔽橹㉟，丘牛㊱大车，十去其六。

故智将㊲务食于敌，食敌一钟㊳，当吾二十钟；萁秆㊴一石㊵，当吾二十石。

故杀敌者，怒㊶也；取敌之利者，货也。故车战，得车十乘已上㊷，赏㊸其先得者㊹，而更其旌旗㊺，车杂而乘之㊻，卒善而养之㊼，是谓胜敌而益强㊽。

故兵贵胜，不贵久。故知兵㊾之将，生民之司命㊿，国家安危之主也。

## 【注释】

①用兵之法：用兵作战的一般规律。法，规律、法则。②驰车：中国古代作战用的一种大型战车，因驰骋轻快，又叫攻车或轻车。③千驷：中国古代战车，每辆均用四匹驾马，故曰驷，也就是乘。千驷既可以是指战车千乘，也可以泛指战车众多。④革车：中国古代作战用的一种装载各种军需品的辎重车。由于它是用皮革缦其轮，笼其壳，所以叫作革车，也可以叫作守车。⑤带甲：甲，这里指戎衣。古代的戎衣多用皮革或金属物质做成，所以叫作"甲"或"甲胄"。带甲，就是穿着戎衣。⑥十万：这里泛指军队数量众多。⑦千里：这里泛指路程遥远。⑧馈粮：运送粮食。馈，赠送。⑨内外之费：国内国外的各种费用。⑩宾客之用：招待来宾、使节的费用。⑪胶漆之材：修饰器械的材料。⑫车甲之奉：指对车辆、甲胄的供应。奉，指供应。⑬千金：泛指费用浩大。⑭举："起"，"发动"。⑮其用战也胜：其，代词，指十万之师。用战，用以作战。胜，与下文相联解释，这里指贵在速胜。⑯钝兵挫锐：指兵疲气沮。钝，这里指"弊"。锐，锋锐，这里指士气旺盛。⑰力屈：人力消耗殆尽。屈，弯曲，引申为"竭尽"。⑱暴师：在外用兵。暴，暴露。⑲殚货：财力枯竭。殚，竭尽。货，财

货。⑳诸侯乘其弊：诸侯，这里泛指各诸侯国。弊，弊端、弊病、弱点。乘其弊，指其乘兵疲气沮、财力枯竭的弱点。㉑智者：智能高超足智多谋的人。㉒善其后：指处理好用兵以后的事。㉓拙速：笨拙的速胜。拙，笨拙。速，迅速。㉔巧之久：指因用计灵巧而能使用兵持久。巧，即灵巧、技巧。㉕役不再籍：指不再次登记服兵役。役，这里指服兵役。籍，登记在册。㉖粮不三载：指征收粮秣不超过三次。粮，这里作动词用，意为征收粮秣。㉗取用于国：从国内取得兵甲、战具等军用物资。用，这里作名词用，指军用物资。国，指国内。㉘因粮于敌：从敌国取得粮食供应。因，因依、依托。敌，敌国。㉙贫于师：因军队出动而贫穷。㉚贵卖：卖，买卖。贵卖，指物价腾贵。㉛丘役：丘，丘赋，中国古代按田亩征收的军赋。役，兵役、劳役。㉜中原内虚于家：国内十室九空。中原，这里泛指国内。内虚，内部空虚。家，家庭。㉝破车罢马：破车，指兵车破损。罢，通"疲"。罢马，指马匹疲惫、羸弱。㉞甲胄矢弩：甲，这里指古代士兵身穿的盔甲；胄，指古代士兵头带的一种用金属制成的军帽。矢，箭。弩，弩机，一种依靠机械力量射箭的弓。㉟戟楯蔽橹：戟，古代的一种兵器，单枝为戈，双枝为戟。楯，盾牌，古代战车上用以防御兵刃和矢石。蔽，这里是指古代战车上用遮蔽风雨的车蔽。橹，古代作战用的一种大盾。㊱丘牛：大牛。㊲智将：聪明的将领。㊳一钟：中国古代的一种量器，一钟等于六十四斗。㊴萁秆：萁读作其，萁秆即是豆秸。㊵一石：中国量名，一石等于十斗。㊶怒：这里的怒是指怒气、愤怒的情绪。㊷已上：已，同以；已上即是"以上"。㊸赏：这里的赏是指奖赏、赏赐。㊹先得者：指首先夺得战车的人。㊺更其旌旗：更换战车上敌军的旗帜。㊻车杂而乘之：指派出自己的战士夹杂着乘坐。㊼卒善而养之：指对被俘的敌军士兵给以抚养。㊽胜敌而益强：既战胜了敌人更壮大了自己。㊾知兵：懂得用兵。㊿司命：掌握命运。

## 【译文】

孙子说：大凡用兵作战的一般规律是，准备轻便的战车千辆、重型战车千辆、披甲带盔的士兵十万，还要不远千里运输粮食。这样，前方后方的支出经费，招待宾客使节的费用，作战器材的准备，车辆盔甲的补给，每天要开支千金，然后十万军队才能出动。

在这种情况下用兵作战，就要求速胜。旷日持久，就会使军队疲惫，锐气挫伤；攻城就会使兵力消耗；让军队长期在野外作战，就会使国家财政困难。如果军队疲惫，士气挫伤，兵力穷尽，财力枯竭，那么诸侯列国就会乘着你的危机而起兵进攻。到那时虽有足智多谋的人，也无法挽救危局了。所以，在军事上，只听说过不惜代价而求速取胜的，未听说过为追求指挥艺术高超而把时间拖得很久的事。战争久拖不决而对国家有利，是不会有的事。所以，不完全了解用兵危害的人，就不能完全了解用兵的有利方面。

善于用兵的人，兵员不征集两次，粮草不运输三回；军需自国内取用，粮草就在敌国征集，所以，军队的粮草就可以保证充足了。国家之所以因军队出动而贫穷，就是由于远途运输。远途运输，就会使百姓贫困。在军队集中的地方，货物就要涨价；货物涨价，就会使百姓钱财耗尽；钱财耗尽就必然导致加重赋役。国力耗尽，财富枯竭，国内家家空虚，百姓的财产就要耗去十分之七；国家的军费，为修理车辆，医治马匹，制造盔甲、弓箭，装配戟楯、蔽橹以及补充运输用的牛和大车，也要用去十分之六。

所以，聪明的将领务求在敌国补给粮食。消耗敌人粮食一钟，抵得上从本国运输粮食二十钟；用敌国草料一石，抵得上从本国运输二十石。

要使军队勇敢杀敌，就要善于激励部队；要使军队勇于夺取敌人的物资，就要善于奖赏士兵。因此，在车战中，凡缴获战车十辆以上的，就奖励首先夺得战车的人，并且把车上敌人的旗帜换成自己的旗帜，和自己的战车夹杂起来使用。对俘虏要善待和保证供给，这就是所谓战胜敌人而使自己强大的道理。

因此，用兵作战贵在速胜，不宜旷日持久。所以，懂得用兵的将领，是掌握人民生死命运的人，是国家安危的主宰。

### 【评析】

战争是经济实力和综合国力的竞赛。这是古今中外一切军事家的共识。两千五百多年前的孙武，强调论述了这一真理，并由此引申出"兵贵胜，不贵久"的战争根本原则，不能不说是十分伟大的。

#### /物质齐备方可举师/

孙子认为，兴兵作战，动员"驰车千驷，革车千乘，带甲十万"；出征时，还要千里送粮，供给战士武器、物资；而且要供给使者来往所需的经费。每日消耗千金，是很平常的。武器粮草、给养、交通的准备，是进行战争的物质基础。孙子所指出的战争对人力、物力、财力的依赖关系，就是军事对于后勤的依赖关系。

中国早在黄帝时期，就有了军事后勤概念的萌芽。当研究《左传》中提到的《军政》、《军志》及《典金》等已经失传的中国早期兵书资料时，即可发现古人已有关于军事后勤的零散论述。只是到了孙子，才使这一论述理论化、完善化。

## /甲兵之本在于国民/

在孙子时代举兵十万，已属于大兵团作战，如此的大兵团在外作战对于经济的消耗是可以计算的。

物资运输，是军事后勤的第一件大事。在战争中，运输是军队的生命线，运输的畅通与否直接关系着战争的胜负。孙子时代，在远途争战中，由于交通运输工具落后，军队往往就地购买百姓粮食，致使物价飞涨，百姓财货枯竭，军力耗尽，战马疲惫，国家也陷于贫困中。正所谓"国之贫于师者远输，远输则百姓贫"。孙子早已意识到了政顺民心、百姓为本的重要，根据这一战略思想才提出"役不再籍，粮不三载"的征兵纳粮原则；从策略上，重视从敌国补充粮食供给，要"因粮于敌"，以大大节省本国经济力的消耗；他进而提出，不仅要重视从敌国补充粮草，还要重视从敌军中补充武器和兵员。

军事活动自古至今都是民众所承担的巨大负荷，因此"役不再籍"等思想是顺乎民心的，也具有一定的进步意义。

## /兵贵胜不贵久/

战争对于民众是巨大的消耗性重荷，在生产力低下的孙子时代，尤其如此。"十万之师，日费千金"，首先意味着军事消耗量。战争的目的，是获得胜利，而不是持久的迟疑不决的消耗。大量的消耗最终要转移到民众身上，这必然导致民怨沸腾，国势危急。因此，战争是不能久耗的，节约时间，可以避免不必要的大量消耗。古今中外，都无不主张速战，旷日持久对战争是不利的。

"兵贵胜，不贵久"的军事思想，首先是从经济消耗来考虑的。经济是军事的基础，长期的战争消耗是任何一个民族都无法承受的重负，从军事后勤学角度所总结的这一战略原则是经得起时代考验的。在今天，进行现代化战争，军费开支就不是什么"日费千金"，而日费万金、亿金了。据载，海湾战争，多国部队每天消耗军费就高达十亿美元，即使世界首富美国也不堪重负。以此可鉴，穷兵黩武者可以休矣。

"兵贵胜，不贵久"不仅是战略原则，而且是战术原则。在实践中，战机是至关重要的，错过机会，就会吃败仗。战争就在于选择一个重创敌军而又能保全自我的"时机"行动，而这一时机，需要兵贵神速，即"其机在速"。

"兵贵速"还是一种战术方法。在战役中，必须以快速作为军队行动的方针。打仗需轻捷、敏锐、高速、灵活。神速是军队取得胜利的秘诀。诸葛亮遗恨五丈原，是因蜀国连年征战，国力消耗殆尽；希特勒力吞波兰、丹麦、挪威、荷兰等国，是因其行动迅捷、闪电功成。史上战争范例无不在昭示这一点。

"兵贵胜，不贵久"的谋略思想在现代企业竞争中的影响尤其深远。

"效率就是生命，时间就是金钱。"什么是效率？单位时间的工作量就是效率。可见，在这句由几个字组成的、有口皆碑的名言中，"时间"是核心。古人说："一寸光阴一寸金。"在现代企业家的眼光中，一寸光阴不但等于一寸金，甚或尺金、丈金，因为工作效率的提高可以使时间增值。所以，抓住战机，提高效率，用高速度击败竞争对手，便是企业经营中的一个制胜法宝。孙子的这一思想，对我国的现代化建设可谓启迪多多。

【军事谋略例说】

## 以守为攻破燕军

公元前284年，燕王封乐毅为上将军，统帅燕、秦、韩、赵、魏等国军队在济西作战，消灭了齐军的主力，连克七十余城。随即率燕军攻占了齐国的国都临淄。

齐国在仅存即墨和莒两座城池的危急关头，突然得知燕昭王去世，惠王继位的消息，非常高兴。齐将田单深知惠王作太子时与乐毅不合，于是就使用离间计，果然奏效。燕军失去了乐毅这位智勇双全的指挥官。田单坚守即墨城，故意放出风声：我最怕燕人把俘虏的鼻子割掉，并且把他们放在攻击部队的最先头，那样的话，即墨城里的人就要畏敌怯战，城池就难保了。燕军听后，就真的将齐国俘虏的鼻子割掉。即墨城里的齐国军民见到敌人割了战俘的鼻子，异常愤怒，死守不屈。

接着，田单又派出间谍向燕军放风声说：我最怕燕人挖掘即墨城外的坟墓，那会使人伤心沮丧。燕军闻讯，又挖掘齐人的坟墓，烧骨示众。齐国军民从城墙上看见这番情景，怒火中烧，纷纷要求出城与燕军决一死战，报仇雪恨。

田单见出战的时机已经成熟，准备大举反攻。一方面，他把自己的妻妾编入队伍中，把自己的粮饷也分给了士兵，以表示愿与全体军民同生共死；另一方面，又令精壮的士兵都埋伏起来，故意让年老体弱的人和妇女登城防守，并派人向燕军诈降，使燕军得意忘形，放松了警惕。此外，田单还从全城找来一千多头牛，给它们穿上五彩龙纹的绸衣，牛角绑上锋利的尖刀，牛尾绑上浸透油脂的苇草；在城脚挖了几十个洞，并挑选了五千多名勇士，个个脸上涂着乱七八糟的颜色。准备好一切进攻的条件后，齐军乘黑夜，点燃了牛尾上的苇草，被烧得疼痛难忍的牛群，疯狂地冲向燕军，后面还紧跟着涂着花脸、发出惊天动地吼声的五千勇士。城内人敲打着铜器呐喊助威。

燕军被这些突如其来的"天兵神将"吓得手足无措，纷纷溃逃。齐军乘胜追击，一举收复了全部失地。田单的成功，正确的"火牛阵"战术起了很大的作用，但更重要的是他善于激励士气。

奖励立功将士，是历代兵家重视的治军思想。其目的是为了激励将士的斗志，提高军队的战斗力。唐朝初期，李世民论功行赏，奖励众将而不徇私情一事就为众将所诚服。

## 无攻而克破秦城

公元前209年（秦二世元年），陈胜、吴广在大泽乡揭竿而起，各地人民纷纷响应。农民起义军很快壮大起来。陈胜攻占陈州（今河南淮阳县）后便自立为王，国号张楚。接着，陈胜派吴广率军攻取荥阳（今属河南省），为向西灭秦扫清道路。同时又听取了游说士张耳、陈余的建议，派武臣邵骚率三千人马，北上略取赵地。

武臣领兵北渡黄河后，大力宣传陈王起义，万众所向，秦王朝势在必亡的道理，深得人心。燕、赵百姓和豪侠之士纷纷赞助，加入起义军的行列，起义军迅速发展到数万之众，连克大小城镇十余座，所向披靡。但是，由于起义军克城后，杀死了许多秦朝的官吏，使在位者不敢归降，据守坚城顽强抵抗。起义军被迫逐个强攻坚城，进展十分缓慢。正当此时，范阳城（今河北定兴县）内有个名叫蒯通的人来到军营中拜见武臣，一针见血地指出起义军残杀秦官俘虏的弊端，并出谋献计说："攻破坚城需要付出很大的损耗，费时费力，得不偿失。臣有一计，能使将军不攻而降城，兵不血刃就可略地千里。"武臣非常感兴趣，连忙问道："是何妙计，快与我说个明白！"蒯通从容不迫地说："范阳县令徐公是一个贪生怕死的人，早就想投降起义军求封赏。可是，看见起义军把前十城的秦朝官员都斩首弃市，因而据守坚城不敢归降。如果将军能封赏他，并令他高骑驷马周游燕、赵，秦朝官吏见此情状，一定会弃城投奔将军，岂不是传檄可定千里之地？"武臣连连叫好，立即命令蒯通带上封印和装饰华丽的车辆百乘，高头大马二百匹，去迎接徐公归降。

这时，范阳县令徐公正在为起义军围城而胆战心惊，一见蒯通带着起义军封侯的金印来见，真是喜出望外，立即率众归降。然后又乘坐高车驷马，前呼后拥地驰游于燕、赵各地。秦朝各州郡的官吏本来就缺乏抵抗起义军的决心，见到徐公归降受到这样优厚的封赏，无不垂涎三尺，争先向起义军投降归顺。很快，就有三十多座城池不战而克，赵地全部被起义军夺取。起义军的纳降抚众策略，获得了巨大的成功。

### 诸葛亮抢掠重地

公元231年二月，诸葛亮率10万大军四出祁山攻伐魏国，司马懿率张郃、费曜等大将迎战蜀军。

诸葛亮兵至祁山，见魏军早有防备，便对众将说："孙子曰：'重地则掠'。也就是说，深入敌人的腹地，就要掠取敌人的粮秣来补充自己。如今，我们的粮草供应不上，我估计陇上的麦子已经熟了，我们可以秘密派兵去抢割陇上的麦子。"诸葛亮留下王平、张嶷等人守卫祁山大营，自己则率领姜维、魏延等将领直奔上邽。

司马懿率大军赶到祁山，蜀军并不出战。司马懿心中疑惑，又闻有一支蜀军径往上邽而去，不由恍然大悟，急忙引军去救上邽。

诸葛亮赶到上邽，上邽魏将费曜出兵迎战，姜维、魏延奋勇向前，费曜被打得大败而逃。

诸葛亮乘机命令三万精兵，手执镰刀、驮绳，把陇上的新麦一割而光，运到卤城打晒去了。

司马懿技逊一筹，失去了陇上的新麦，心中不甘，便与副都督郭淮引兵前往卤城偷袭，企图夺回新麦，擒拿诸葛亮。不料，诸葛亮早有防备，他让姜维、魏延、马忠、马岱四将各带2000人马埋伏在卤城东西的麦田之内，等魏兵抵达卤城城下时，一声炮响、伏兵四起；诸葛亮又大开城门，从城内杀出，司马懿拼力死战，才得以突出重围。

司马懿接连受挫，转而采取了据险而守、绝不出战的方针。诸葛亮求战不得，眼看抢来的麦子也即将吃完，只好下令退兵。

魏大将张郃领兵急追，追至剑阁木门，只听一声梆子响，早已埋伏在峭壁悬崖上的蜀军万箭齐发，张郃及其率领的百余名部将全死于乱箭之中。

诸葛亮第四次伐魏虽然没有实现预定目标，但因采用了"重地则掠"的策略，避免了断粮的危险，并且平安地退回到了本土；而魏国不但损失了陇上的新麦，还损失了一员能征惯战的大将张郃。

## 久围陈州伤元气

唐僖宗中和三年，即公元883年五月，黄巢率领起义军进围蔡州。不到一个月，起义军夺取了蔡州。唐蔡州节度使秦宗权在兵败之后，投降了黄巢的起义军。六月，起义军将领孟楷率兵进攻项城。唐陈州节度使赵犨乘起义军不备之机，实施突袭，打败了起义军，孟楷被杀。孟楷起义军的失败，激怒了黄巢。在未对敌我形势加以分析的情况下，黄巢发兵围攻陈州。而赵犨在起义军兵临城下的情况下，镇定自若，并多次率精锐部队主动出击，每每取胜。黄巢对起义军攻城失利更加恼怒，便将所有的兵力集中在陈州以北列营，准备打持久的攻城战。这次攻城作战持续了近300天，直至公元884年四月，陈州仍未能攻克。

由于起义军久屯于坚城之下，丧失了向其他方向发展的有利战机。这时，唐河东节度使李克用和宣武节度使朱全忠联合军队蜂拥而至，包围了起义军。起义军处于腹背受敌的被动局面，黄巢被迫从陈州城下撤退。在与赵犨的长期相持战中，起义军消耗了大量的有生力量，损失惨重，从此便一蹶不振。黄巢农民起义军由于没有一个坚实稳固的根据地，很快就被唐王朝的军队镇压了。

## 果断出击获战机

公元前580年，晋厉公与秦桓公签订了结盟文书，但墨迹未干，秦军就背弃誓言，向晋国发起攻击。晋厉公认为秦军无德无义，于是宣布与秦绝交，并发表了"伐秦宣言",联合宋、齐等八个盟国的军队伐秦。

战前,晋厉公与诸将和谋臣作了精密的策划,一致认为:晋国虽然能联合八个盟国出兵,但这种联合是松散、暂时的;楚国与秦国是盟友,如果不是为了对付吴国,它很可能会出兵帮助秦国。鉴于这种情况,战争应该速战速决,一次打击就应成功,否则,难免会夜长梦多。

这一年的五月,晋厉公集本国大军和盟军共12万人,直逼秦境,在泾水东岸的麻隧列下阵来,决心乘秦军东渡泾水,立足未稳之机,给秦军以毁灭性的攻击。

秦桓公见晋军逼近国境,急忙调集各路人马约七万余人匆匆东渡泾水。晋厉公见秦军陆续登岸,乱哄哄地准备布阵,正是实施打击的好时机,立即擂鼓进军,以排山倒海之势向秦军发起强攻。秦军慌忙应战,乱作一团,短兵相接,即刻大败。秦军背靠泾水,败兵争先跳入泾水逃命,溺死无数。晋军以泰山击卵之势将泾水以东的秦军全部歼灭。

战斗迅速结束——晋国的一些盟军将士尚未投入实战。

晋秦麻隧之战是春秋战争史上双方投入兵力最多而又结束战斗最快的一战。

### 后唐军神取大梁

五代时期,后唐军在中都(今山东汶上县)大败后梁军,抓获后梁军统帅王彦章,后梁的主力部队只剩下大将段凝所统率的一支生力军。后唐国君李存勖对众将说:"段凝现统率大军驻扎在河上,严阵以待我军,诸位有何妙计?"

天平节度使李嗣源道:"中都离大梁(梁都城,今河南开封)不远,我们何不避开段凝,直取大梁?兵法云:兵贵神速。只要攻下大梁,擒住梁主朱友贞,不怕段凝不投降!"

李存勖道:"言之有理!"立刻命令李嗣源率先头部队连夜出发,马不停蹄,人不卸甲,直扑大梁。

李嗣源行至曹州(山东曹县西北),曹州后梁守军以为后唐军自天而降,大开城门,不战而降。这时,部队已十分疲劳,将领们也纷纷要求稍作休息。李嗣源对众将士说:"此去大梁仅有200余里,诸位再咬紧牙坚持一下,等拿下大梁再作休息。"命令部队继续前进。

曹州被后唐占领的消息迅速传到大梁，朱友贞急得团团直转，文武大臣又惊又恐，谁也拿不出好主意来。朱友贞黔驴技穷，只好派将军张汉伦火速出发追赶段凝，让段凝回师急救。不料，张汉伦行至滑州（河南滑县东），被黄河挡住，一时间不能到达段凝的驻地。朱友贞久等不见消息，又派了一名亲信去寻段凝回师救驾，这名亲信离城之后，眼见大梁不保，索性一走了之。这样，朱友贞等候援军的梦想彻底破灭了。

李嗣源率后唐军迅速逼近大梁。朱友贞听说后唐军已到，绝望之中，命令将军皇甫麟把他杀死。皇甫麟挥刀砍杀朱友贞，随后也自杀身亡，大梁城竟不攻自破。

段凝接到张汉伦的告急书后，慌忙回师大梁。未及大梁，兵士来报：都城已被后唐军占领，朱友贞已经自杀身死。段凝有家难归，有国已破，只好投降了后唐。后梁自此灭亡。

## 希特勒突袭苏联

1940年，法国投降后，法西斯德国制定了代号"巴巴罗萨"的进攻计划，目标是苏联。鉴于苏军的强大，希特勒决定采取惯用的偷袭伎俩达到消灭苏联军队的目的。

为了使苏联不起戒心，希特勒耍了很多花招。在准备进攻苏联的同时，希特勒大肆渲染德国对英国的进攻行动。实际上，由于德国海军力量相对薄弱，进攻英国有一定的困难。因此，此时希特勒已经决定放弃对英国的攻击，却又故意把过时的"海狮计划"透露给苏联的情报机关。

希特勒还做出种种准备进攻英国本土的姿态。一列列满载德国"军用物资"的火车源源不断地开往英吉利海峡东岸，各种登陆器材和作战物资在此堆积如山。德军的许多舰艇在海峡停泊待命，各种规模的登陆作战演习不绝，频频出动的德军机群在海峡和英国上空呼啸盘旋。甚至在海岸港湾的许多建筑物上，张贴着"打到英国去，活捉丘吉尔"的标语。好像一场更大规模的战争马上就要降临到英国土地上。

外交欺骗也是希特勒惯用的伎俩。在希特勒悄悄准备进攻苏联的时候，德国和苏联的关系好像比以前更密切了。德国高级官员不失时机地在各种场合大谈苏德友谊，各种新闻媒介也大肆渲染美化，希特勒本人也亲自出马，狂热地吹捧苏联，大力宣扬两国的友好关系。苏联人在希特勒的一个又一个烟幕弹下，显得有点晕了，相信希特勒真的不会进攻苏联。

事实上，在这些烟雾的掩护下，德国已偷偷完成了对苏联进攻的部署。6月中旬，300万德军进入边境集结地区。6月中下旬，德军隐蔽地完成了进攻的军事准备，德国及其仆从国军队166个师全部进入阵地。

而苏联这边却仍然是一片太平景象。军官们照常举行各种宴会和舞会，士兵们也仍像往常一样松松垮垮，对于迫在眉睫的危险，他们一点都没有思想准备。

6月22日凌晨4时，德军不宣而战，以突然袭击的方式向苏联展开了全线进攻。苏联西部边境铁流滚滚、万炮齐鸣，德军像猛兽一样长驱直入。面对突如其来的袭击，苏军措手不及，仓促应战。虽然广大苏军士兵也进行了英勇的抵抗，但由于没有准备，抵抗实际上处于一种一盘散沙、各自为战的状态。在德军的强大攻势面前，很快就败下阵来。

德军的突然袭击取得了很大成功。才一个星期，德军就已突进苏联境内100公里，苏军整师整师地被分割包围。到7月份，德军已推进到苏联境内600～700公里了。

由于战争初期，德军采用突袭方式对苏军进行打击，使苏军一直到莫斯科保卫战时，才勉强站住脚，稍稍有喘息的机会。

【商战谋略例说】

## 范旭东果断出击

第一次世界大战爆发后，帝国主义国家忙于战争，放松了对中国经济的侵略，给中国民族工业的崛起和发展提供了条件。范旭东是位有远见的企业家，原来从事盐业生产。一次大战爆发后，他看到"洋碱"输入中国大幅度减少，就利用这个机会，创办了中国第一家制碱企业——永利制碱公司。

英国卜内门公司原先一直垄断着中国碱市场。第一次大战后，它又卷土重来，见到中国自己的制碱企业诞生了，便恼羞成怒地向永利制碱公司发起猛烈进攻，但是没能成功。卜内门公司不甘心与永利制碱公司共享中国市场，便又调来一大批纯碱，以低于原价的40%在中国市场上倾销，企图以此挤垮永利制碱公司。

面对英国卜内门公司的屡屡侵犯，永利制碱公司老板范旭东决心还击。但永利制碱公司与卜内门公司实力相差悬殊，无法正面与其抗衡。如果永利制碱公司也降价销售产品，用不了多久，实力就会损失殆尽。如果不降价销售，产品卖不出去，资金无法回收，再生产无法进行，用不了多久，永利制碱公司照样破产。

范旭东苦思冥想，决定大举出击卜内门公司在日本的市场。想到做到，范旭东立即与日本三井物产公司取得了联系，委托"三井"为日本总经销，以低于卜内门公司在日本的价格销售永利制碱公司的纯碱。三井物产公司欣然应允，双方很快达成了协议。

永利制碱公司的纯碱，虽然在日本的销量只及卜内门公司的十分之一，但是却如一支从天而降的天兵，依靠三井财团遍布全日本的销售点，向卜内门公司在日本的碱市场发起了突袭。永利制碱公司的纯碱跟卜内门公司的产品质量相同，价格却便宜许多。面对永利制碱公司冷不防打进日本市场的低价竞争，卜内门公司也只好硬着头皮降低价格。

日本工业发达，碱需求量大，卜内门公司在日本市场的碱销售量远比在中国的销售量大。这么一跌价，损失相当惨重。永利制碱公司产品在日本的销售量只有卜内门公司的十分之一，价格比卜内门公司在中国的最低价还要高出一些，所以损失较小。

等卜内门公司反应过来，手忙脚乱地迎接永利制碱公司的挑战时，永利公司的产品已占领了日本好大一部分市场了。卜内门公司想再把永利制碱公司赶出日本已很不容易了，再者它也经不起太大的消耗。无奈，卜内门公司只好和永利制碱公司握手言和，卜内门公司停止进攻中国市场，永利制碱公司停止进攻日本市场。

永利制碱公司攻其不备，插足日本，既狠狠地打击了侵犯之敌，又保存了自己。

## 高明的运算规则

雷·克罗克是美国麦克唐纳连锁店的创始人，他的成功建立在他的两个运算规则上：

企业成果=原材料×设备×人力

人力=人数×能力×态度

在他的这两个公式中,用的是"×",而不是"+"。表明如果某一因素为"零",那么所有的结果都为"零"。有了这两个公式作为基础,麦克唐纳快餐店就向着这个目标奋进。因为如果每个单项越高,它们的乘积就会越大。

克罗克一直谆谆教导各个部门的经理,要求尽量使连锁店的生存与发展呈现完美的状态。为此,他还在1963年成立了汉堡包大学,校方负责训练、审核"麦克唐纳"和加盟店的经理,并负责进行有关"SQC"的基本原则的培训。学校的学生人数平均每班25~30人,每年上课16~20周。克罗克挑选的经理必须接受过汉堡包大学的专门训练,还必须获得"汉堡包学"的学士学位。同样,他要求新职员必须进行为期10天的训练后才能担任店员。

克罗克之所以这样做,是为了使职员们更好地了解麦克唐纳的运算规则,从一开始便打下成功的基础。而且,克罗克为了更好地使快餐店运作,经过周密的筹划,使店员能在50秒钟以内制作出一块牛肉饼、一盒炸薯条和一杯饮料。他是如何做的呢?

原来,克罗克看到餐馆经常要浪费大量不太新鲜的食品,而有时却供不应求。为了克服这一矛盾,他在餐厅专门设置了生产控制员。根据观察的情况,向制作烤肉、饮料和炸薯条的师傅喊出生产数量,那么厨师就可以根据他喊的数量生产加工。这样顾客就能在50秒钟内吃到热气腾腾的汉堡包,又不会生产出过多的剩余产品。

因为雷·克罗克的这些远见,终于使麦克唐纳快餐店大获成功。

## 苹果机异军突起

1982年,在美国《幸福》杂志上所列的全美500家大企业的名单上,赫然跃出了一名新秀——名不见经传的苹果计算机公司。

这家名列第411位的大公司,年仅5岁,是美国500家大公司中最年轻的公司。一年之后,奇迹再次发生。当美国《幸福》杂志再次公布全美500家最大公司的排位时,人们惊奇地发现,年轻的苹果计算机公司青云直上,一举跃到了第291位,营业额达9.8亿美元。

苹果计算机公司的发展确实是个奇迹。在它第一次跻身于《幸福》杂志

500家大企业的5年前，还是一个只有两人的汽车房厂家。这两位年轻人分别是21岁的史蒂夫·乔布斯和26岁的斯蒂芬·沃兹尼克。

1976年，这两位头脑灵活，又有开拓精神的美国青年，经过努力，研制出了个人计算机，受到消费者的欢迎。当时，美国的许多计算机生产厂家，都把研究和生产的重点放在大型计算机上。对个人计算机，他们认为前途不大、利润不高，因此不屑一顾。

史蒂夫·乔布斯和斯蒂芬·沃兹尼克这两位年轻人瞄准机会，在大家都忙着搞大型计算机的时候，将注意力集中到个人计算机上，决定另辟一条新路。创业伊始，困难重重、缺乏资金。乔布斯卖掉了自己的金龟牌汽车，沃兹尼克卖掉了最心爱的计算机，凑足1300美元。功夫不负有心人，经过长期艰苦的努力，他们终于在1976年研制成功一台家用电脑，命名为"苹果1号"。当他俩把这台电脑拿到俱乐部去展示时，立刻吸引了不少电脑迷，他们纷纷掏钱购买，一下子就订购了50台。

从此，局面打开，他们的订单源源不断。两位年轻人认定家用电脑的发展前景广阔，于是他们成立了一家公司，专门生产个人计算机。同时，他们还积极网罗各方面人才，进一步研制和改良家用电脑，陆续向市场推出一系列新产品。

就在苹果计算机公司大举出击、大获其利的时候，IBM公司仍反应迟钝。这正好给苹果计算机公司创造了良好的发展时机。后来，苹果计算机公司的发展出乎IBM的意料，它又向市场推出了个人电脑网络系统。这种系统可以把众多个人计算机及其外围设备连接起来，互相交换信息。这种系统严重地威胁到了IBM的生存。直到此时，IBM才大梦惊醒，连呼后悔。IBM开始面对苹果计算机公司的挑战。但是良机已过，苹果计算机公司已今非昔比，羽翼已丰。尽管IBM财大气粗，力图后发制人，但苹果计算机公司仍始终在电脑市场上保持26%的份额，于是，美国计算机界又多了一位呼风唤雨的巨人。

## 洛克菲勒创奇迹

1860年，美国爆发了空前的采油大战，盛产石油的宾夕法尼亚州在短时间内便人满为患。年仅21岁的洛克菲勒也加入了"淘油队伍"，但他并没有准备去做一名采油工人。他虽年轻，却能够冷静地思考和分析局势：产油区已是人员拥挤，运送原油的设备破旧不堪，导致石油大量渗漏。在这种情况下去开采石油必定无利可图。

没有去采挖石油的洛克菲勒却在考虑如何占领整个产油地区。就在他积极策划时，宾夕法尼亚州传来了惊人的消息：泰塔斯维油价暴跌，产油区的原油堆积如山，严重滞销，油井爆炸，雨季又使道路中断。紧接着，南北战争爆发了。年轻的洛克菲勒没有感到战争的可怕，而是觉察到了战争将会给他带来财富。他决定把全部资金投入到石油行业。

洛克菲勒并非乱点鸳鸯谱。在审时度势之后，他将资产全部投在当时十分冷淡的石油精炼行业中——按他的分类，石油开采是"上游工程"，石油精炼则是"下游工程"。他准备先在"下游工程"打个漂亮仗，再迂回占领"上游工程"，直至完全占领石油行业。

他与英国移民安德鲁斯探讨石油行业的许多问题，发现安德鲁斯不仅是位精明的商人，而且还是一位化学天才——安德鲁斯拥有一份当时最为先进的石油精炼技术！当洛克菲勒提出合作意向时，两人一拍即合。不久，一座当时最大的石油精炼厂——洛克菲勒·安德鲁斯公司在克里夫兰诞生了。由于该公司位置很好，再加上两人精明能干，拥有当时最先进的管理和石油行业最先进的精炼技术，公司飞速发展，在精炼业的竞争中，先后击垮50余家小型炼油厂。这样，洛克菲勒就以雄厚的实力逐渐控制了宾夕法尼亚州的原油价格。

但仅凭此时的情况要占领产油区还不可能，因此他准备进军"上、下游工程"之间的咽喉——铁路运输。他首先找到了公司附近的油桶加工厂。经过几轮谈判，终于与工厂老板亨利·佛拉格勒达成共同发展的协议。当时油桶的市面售价为2.05美元，而佛拉格勒选用上等疏松木材做的油桶只收洛克菲勒0.96美元。在合作愉快的基础上，公司合并了工厂，并更名为"洛克菲勒·安德鲁斯·佛拉格勒公司"。后来，洛克菲勒又争取到克里夫兰最有钱的哈克涅斯前来投资。这样，公司凭借雄厚的财力不断吞并周围小厂。到1867年，公司在克里夫兰吞并了50家小厂，又在匹兹堡买下了80家小厂。与此同时，洛克菲勒还凭借他拥有的人才、智谋、资本等优势先后包租了运输石油的所有货厢和油轮，并以此为王牌，让两位铁路巨人凡德毕尔特和顾尔德乖乖地坐上了谈判桌。这次谈判使洛克菲勒获得一项特权——只需缴纳廉价的运输费便可以运输石油。他敏锐地意识到，他已逐步向他的目标靠拢。

洛克菲勒·安德鲁斯·佛拉格勒公司日益壮大，他们将总部迁往纽约，在纽约第五街修建了高达53层的洛克菲勒中心，公司也更名为"标准石油公司"。同时，洛克菲勒开始实施他扼住对手咽喉的残酷阴谋——铁路大联盟。

在纽约圣尼古拉斯，洛克菲勒与铁路巨子斯科特达成协议：与运输石油的铁路公司携手合作，并与特定的石油业主结成联盟。结成联盟的石油业可享受运费50%的折扣。同时，联盟还限制其他中、小型石油业加盟，将运费提高两倍。这就是美国工业史上最残酷的死亡协定。运输，这条石油业的咽喉从此就被洛克菲勒扼住了。此协定一出，整个石油业为之震惊，地产企业和一些反对者组成了生产者同盟，他们透过各种媒体揭露这个阴谋，同时实行石油禁运。

洛克菲勒集团希望出现的正是这种情况。他们有条不紊地施展手段，先用交换股票的方式兼并了许多难以为继的炼油厂，又用分化瓦解的办法，和一些原油生产者进行秘密的石油买卖。虽然铁路大联盟在40天后瓦解，但洛克菲勒却在40天内收买了克里夫兰所有的炼油企业，并且收买了对"上游工程"颇有影响的一些工商业，使他的公司逐步向产油区靠近。

紧接着，标准石油公司将原油收购价提至4.75美元，并且来者不拒。产油业主纷纷与标准石油公司签订购销合同，并大规模地增添设备，招募工人，夜以继日地采挖石油。但是标准石油公司在购进20万桶石油之后就中止了所有的合同，并解释道：没有承诺永远保持以4.75美元的价格收购。于是收购价又恢复到市场正常价。但是，这个阴谋使得许多产油业主破了产。

侥幸生存下来的业主不甘失败，齐心协力一致对付洛克菲勒。当年石油大战中的风云人物亚吉波多成立了艾克美公司。亚吉波多成了大家心中的救世主，前来投奔的人相当多。而艾克美公司则利用机会收购原油业主们的股票，当原油业主们醒悟过来，为时已晚矣。艾克美公司的成立只不过是洛克菲勒玩的一个花招而已，亚吉波多早已经是标准石油公司的主将。就这样，洛克菲勒彻底占领了宾夕法尼亚州的产油业。

在长达10年的竞争中，"围魏救赵"是洛克菲勒取胜的法宝。他从侧面进攻，先占领"下游工程"，再控制运输、价格，透过以迂取直的手段达到了彻底占领原油产地的目的。

## 尤伯罗斯办奥运会

1984年，第23届奥林匹克运动会在洛杉矶举行，尤伯罗斯就任洛杉矶奥委会组委会主席，主持筹办洛杉矶奥运会。尤伯罗斯应聘经营奥运会不久就公开宣称，政府不掏一分钱的洛杉矶奥运会将是有史以来财政上最成功的一次。尤伯罗斯夸下如此海口，使不少举办过奥运会的人士目瞪口呆。

众所周知，举办现代奥运会是财政上的一场灾难。自从1932年洛杉矶奥运会以来，规模大、奢华和浪费，成为举办奥运会的一种时髦和趋势。举办一次奥运会几亿美元的投入，已属于见怪不怪的现象了。尤伯罗斯如此说法，难怪人们不敢相信了。

其实尤伯罗斯绝不是口出狂言，他有成竹在胸。尤伯罗斯查阅了历届奥运会举办情况的资料，他看到，前几届奥运会之所以耗资巨大、亏损严重，主要是由于必须要负担庞大的建筑设施成本。他看到洛杉矶有现成的各种运动场地，同时，这里三所大学的学生宿舍可以作为选手下榻的奥运村，所有这些基本的大宗项目几乎都不必另行建设。剩下的就是如何充实一些必要的设施了。尤伯罗斯决定实行各个项目直接由赞助者赞助设施的办法。

与经济界的赞助者打交道是尤伯罗斯的拿手好戏。尤伯罗斯亲自谈判一宗宗赞助合同，运用他的推销才能，挑起同行业之间的竞争。一开始，尤伯罗斯首先对赞助者提出了很高的要求。这些听起来苛刻的要求非但没有吓走赞助者，反而使赞助具有了更大的诱惑性，结果是赞助者纷纷前来，一时间赞助成了大热门。其中索斯兰公司最急于加入赞助者的队伍，甚至还没搞清它要赞助的一座室内赛车场是什么模式，便答应了组委会提出的条件。

最后，尤伯罗斯以5个赞助者选1个的比例选定了30家赞助厂商。这些赞助单位都欣然应允将使洛杉矶奥运会拥有最先进的体育设施。

数额最大的一笔交易是尤伯罗斯和美国全国广播公司做成的。尤伯罗斯实行了美国三大电视网争夺独家播映权的办法，使得美国全国广播公司出资2.25亿美元夺得播映权。

尤伯罗斯还以7000万美元的价格把奥运会的广播转播权分别卖给了美国、欧洲、澳大利亚等。从洛杉矶奥运会开始，广播电台免费转播体育比赛的惯例被打破了。

1984年奥运会是奥运史上最成功的一次，这不但表现在财政上有所盈余，更表现于这届奥运会是奥林匹克史上规模最大的一次盛会。尤伯罗斯以经营企业的手法筹办奥运会，取得了巨大成功，以后的历届奥运会也深深地打上了尤伯罗斯的印记。

## 莱维发明牛仔裤

莱维·斯特芬斯是一个普普通通的德国人。1850年，莱维抱着碰碰运气的想法随着美国的淘金潮进入了加利福尼亚。

莱维像千千万万淘金者那样拼命地去淘金，但他的运气不好，光灿灿的金子跟他无缘。沮丧之余，莱维发现所有的淘金者有一个共同点——裤子总是破损不堪。莱维灵机一动，"为什么非要靠淘金去赚钱呢？"莱维买来一批褐色帆布，用它们剪裁出一批坚固耐用的裤子——这就是世界上最早的一批牛仔裤。牛仔裤一问世就得到了淘金者的青睐，人们还亲切地称呼这种帆布裤为"莱维裤"。

莱维初尝成功之果，又兴奋又激动，他尝试着用一种"尼姆斯哔叽"棉布来代替帆布，制作"莱维裤"，效果更好。莱维又把这种布染成靛蓝色，大受矿工们的欢迎。后来，这种靛蓝色成为各种牛仔服装的最主要色调。

莱维不停地提高"莱维裤"的质量。一个叫伊克的淘金者抱怨他的裤子口袋只装了几次金子后就坏了，裁缝戴维斯在他的裤子口袋四角上分别钉上了一只铆钉，伊克再也不说裤子口袋不结实了。莱维大受启发，他买下戴维斯的这一项平凡的"发明"，并申请了专利，这就是今天的牛仔裤有"铆钉"的缘故。

## 角色互换赢商机

时机是可以创造的。创造的关键在于把握时间。

当今世界能获得丰厚利润的动物园可以说是寥寥无几。原因很简单：本地没有的动物需要从外地运来，或是从外国引进。这些来自不同地区的动物习性各异，必须对它们的生活环境进行改造，这需要大量资金，但门票又无法提高，所以动物园一般都是惨淡经营。

在坦桑尼亚这个拥有大片热带草原的国家里，充足的阳光、适量的雨水给各种各样的热带动物提供了憩息的理想家园。因此，联合国教科文组织把这片热带草原列为人类自然环境保护区。

尽管有如此优越的自然条件，坦桑尼亚的国家动物园仍然门庭冷落，游客稀少。如何保护、开发这样得天独厚的自然环境，如何使动物园摆脱每年依赖政府大力补助才能勉强维持的困境呢？这一度成为坦桑尼亚国家动物园的全体成员大伤脑筋的事。

一个偶然的机会，动物园的一位工作人员从报纸上的一则消息中获得灵感：在坦桑尼亚一个偏远乡村，当地居民经常遭到狼的侵袭，它们趁着主人不在，偷偷钻进主人屋里偷鸡或其他可以吃的东西，而当地居民一般都没有住房装门的习惯，因此当主人外出时，他们无法保证留在家中的孩子的安全。

有一位女主人想出一个好办法，她到铁铺里打制了一个铁笼子，外出时，她就把年仅两岁的孩子锁在铁笼子里。一天，她从外回到家时，居然发现一只饿狼围着铁笼子团团转，于是，她拿起一根木棍将饿狼赶跑了。

这个工作人员很快从这则消息中想到：如果对动物园的游客和所观赏的动物进行一下角色互换，即把动物从笼子里放出来，游客坐在汽车中观赏动物，岂不是更有趣、更有吸引力吗？

他很快就把这一个构想向有关负责人提出，这建议很快被采纳并付诸实施。于是人们看到了大摇大摆擦身而过，偶尔调转脑袋向车窗里张望的老虎，大象迈着优雅的步伐在森林中漫步，成群结队的野马在草原上奔驰，狮子睡醒后伸着懒腰。

此招一出，果真一鸣惊人，从世界各地到此感受动物真性情的游客络绎不绝。从此，坦桑尼亚国家动物园便声名大噪、誉满全球。

坦桑尼亚动物园，巧妙地把人与动物进行"角色互换"，迎合了观光者的好奇心理，为自己创造了机会，终于扬名于世。

【人生智谋例说】

## 司马懿神除孟达

关羽败走麦城，蜀将孟达坐视不救，对关羽之死负有不可推卸的责任。关羽死后，孟达害怕刘备追究罪责，率亲信随从投降了魏国，被魏主曹丕封为建武将军、新城太守。

新城（今湖北房县）西南连蜀，东南连吴，是魏、蜀、吴三国之间的边防重镇。孟达是个反复无常、见利忘义的小人，出任新城太守后，秘密派人与蜀、吴相勾结，妄图实现其野心。

当时，诸葛亮正准备再次兴兵伐魏，对孟达的叛变深恶痛绝。诸葛亮了解到孟达与魏国的魏兴太守申仪不和，就派人将孟达与蜀、吴相勾结的事情告诉给申仪，打算借申仪之手，铲除孟达。

申仪得知孟达勾结蜀、吴的消息，立即报告给了驻兵在宛县的司马懿。司马懿素知孟达的为人，新城是战略要地，他对孟达更不放心，接到申仪的报告后，下定决心剿灭孟达。与此同时，孟达也探知申仪告发他的消息，打算一不做，二不休，干脆举旗反魏。在这节骨眼上，司马懿派人给他送来一封信，信上说魏帝和他都对孟达深信不疑，申仪之说纯系私怨，请他放下心来。孟达接信后，半喜半忧，对于是否立即反魏又犹豫起来。司马懿给孟达的信不过是缓兵之计。信使才出发，他立即调兵遣将，亲率一支大军奔赴新城。司马懿的部属劝道："这样大的一件事，不报告魏帝能行吗？"司马懿回答："宛县到洛阳800里，到新城1200里，信使往来最快也要一个月，兵贵神速，如报告魏帝那就什么事情都晚了。"

司马懿命令部队日夜兼程，轻装疾进，仅8天时间就兵临新城。孟达大吃一惊，急忙向蜀、吴求援，但司马懿分兵截住蜀、吴的援军，下令攻城。孟达没有做好防御司马懿的准备，新城之兵又不都是自己一手带起来的，苦苦抵御了半个月，城破身亡。

司马懿神速进兵，剪除了叛将孟达，使魏国西南边境得以稳定。

## 林肯智辩击双敌

在美国，一个人如果想步入政坛，除了具备治国安邦的雄才大略外，突显在大庭广众面前的就是口才了。这就使得美国政要个个必须能言善辩。

林肯是美国历史上政绩最显赫、最能言善辩的总统之一。他杰出的口才得益于他担任总统前当律师的经验。他在几十年的律师生涯中，凭一腔正气和一副伶牙俐齿帮人打赢过许多官司。他的辩护在当时的司法界享有盛誉，并留下了许多佳话。这为他以后竞选议员和总统打下了很好的基础。

1847年，林肯与民主党的卡特莱特对垒，竞争国会众议院席位。卡特莱特是一个有名的旧派巡回牧师，也是一个富有能力的煽动家。他不断散布流言，说林肯只相信上帝，但不承认耶稣，不承认赎罪和报应的基督教教义。他还别有用心地举行了一次宗教集会，特邀林肯参加。在会上，卡特莱特面对台下的听众煽动说："一切不愿下地狱的人，请站起来！"除林肯之外，所有的人都站了起来。于是，卡特莱特又以挑衅的口气说："我看到除林肯先生之外，你们所有的人都表示不愿意下地狱。林肯先生，我要问问你，你要到哪里去呢？"林肯慢慢从座位上站起来，沉着地回答："我认为应该以严肃的态度对待严肃的宗教问题。但我并不感到我必须像其他人一样来回答问题，卡特莱特先生问我要到哪里去，我可以坦率地回答：'我要到国会去。'"卡特莱特怎么也料不到林肯会这样回答他，一时间张口结舌，说不上话来，只好在一片哄笑声中灰溜溜地离开了会场。

1860年，林肯也是用出乎对手意料之外的话，使对手无话可说，取得总统竞选胜利的。林肯是共和党总统候选人，他的对手则是民主党的大富翁道格拉斯。这名阔佬每到一个地方，都会这样丑化他的竞争对手："我要让林肯这个乡下佬闻闻我的贵族味。"他在一列豪华列车上安上一门大炮，每到一站鸣炮30响，并伴以乐队齐鸣。而林肯不但没有专车，就是乘火车也要自己买票。在一次演讲会上，他说："是的，我没有专车，没有财产，但我有妻子和三个儿子，他们都是我的无价之宝。此外，我还有一个办公室，室内有一个大书架，架上的书值得每人一读。我本人既穷且瘦，不会发福。我实在没有什么可依靠的，唯一可依靠的就是你们。"

面对林肯这样的回答，道格拉斯黔驴技穷，无话可说，只好眼睁睁地看着林肯取得竞选的胜利。

## 巧用时差终获胜

詹妮芙·帕克小姐是美国鼎鼎有名的女律师。她曾被自己的同行——老资格的律师马格雷先生愚弄过一次，但是，恰恰是这次愚弄使詹妮芙小姐名扬全美国。

事情是这样的。一位名叫康妮的小姐被美国"全国汽车公司"制造的一辆卡车撞倒，司机踩了刹车，卡车把康妮小姐卷入车下，导致康妮小姐被迫截去了四肢，骨盆也被碾碎，康妮小姐说不清楚是自己在冰上滑倒摔入车下，还是被卡车卷入车下，马格雷先生则巧妙地利用了各种证据，推翻了当时几名目击者的证词，康妮小姐因此败诉。

绝望的康妮小姐向詹妮芙·帕克小姐求援，詹妮芙通过调查掌握了该汽车公司的产品近5年来的15次车祸——原因完全相同，该汽车的制动系统有问题，急刹车时，车子后轮都会打转，把受害者卷入车底。詹妮芙对马格雷说："卡车制动装置有问题，你隐瞒了它。我希望汽车公司拿出200万美元来给那位姑娘，否则，我们将会提出控告。"老奸巨猾的马格雷回答道："好吧，不过，我明天要去伦敦，一个星期后回来，届时我们研究一下，做出适当安排。"

一个星期后，马格雷却没有露面。詹妮芙感到自己是上当了，但又不知道为什么上当，她的目光扫到了日历上——詹妮芙恍然大悟，诉讼时效已经到期了。詹妮芙怒冲冲地给马格雷打了个电话，马格雷在电话中得意洋洋地放声大笑："小姐，诉讼时效今天过期了，谁也不能控告我了！希望你下一次变得聪明些！"

詹妮芙几乎要气疯了，她问秘书："准备好这份案卷要多少时间？"

秘书回答："需要三四个小时。现在是下午一点钟，即使我们用最快的速度草拟好文件，再找到一家律师事务所，由他们草拟出一份新文件，交到法院，那也来不及了。"

"时间！时间！该死的时间！"詹妮芙小姐在屋中团团转，突然，一道灵光在她的脑海中闪现，"'全国汽车公司'在美国各地都有分公司，为什么不把起诉地点往西移呢？隔一个时区就差一个小时啊！"

位于太平洋上的夏威夷在西十区，与纽约时差整整5个小时！对，就在夏威夷起诉！

詹妮芙赢得了至关重要的几个小时，她以雄辩的事实，催人泪下的语言，使陪审团的男、女成员们大为感动。陪审团一致裁决：詹妮芙小姐胜诉，"全国汽车公司"赔偿康妮小姐600万美元损失费！

速度，不仅应用在作战上，"战而必胜"对于为人处世一样重要。一个重视速度、思维敏捷、强调效率的人，在处世方面也能抢占先机，把握机会，获得成功。

詹妮芙小姐就是这样的人，注重时间，巧妙利用时差来"反愚弄"，将计就计，取得胜诉。时间，在这里，是金钱，是生命，是尊严，也是荣誉。

第三章

# 谋攻篇

本篇论述"上兵伐谋"的作战思想，分析军事谋略、政治谋略与外交谋略在战争中的重要作用，总结出不同形势下的不同用兵方法和预知战争胜利的几种基本情况，提出"知彼知己者，百战不殆"的经典军事理论。

### 【原文】

孙子曰：凡用兵之法：全国①为上，破国②次之；全军③为上，破军次之；全旅④为上，破旅次之；全卒⑤为上，破卒次之；全伍⑥为上，破伍次之。是故百战百胜，非善之善者也⑦；不战而屈人之兵⑧，善之善者也。

故上兵伐谋⑨，其次伐交⑩，其次伐兵⑪，其下攻城。攻城之法⑫，为不得已⑬。修橹轒辒⑭，具器械⑮，三月而后成，距闉⑯，又三月而后已。将不胜其忿⑰而蚁附之⑱，杀士三分之一，而城不拔⑲者，此攻⑳之灾也。

故善用兵者，屈人之兵而非战也㉑，拔人之城而非攻也㉒，毁人之国而非久㉓也，必以全争于天下㉔，故兵不顿㉕而利可全，此谋攻㉖之法也。

故用兵之法，十则围之㉗，五则攻之，倍则分之㉘，敌则能战之㉙，少则能逃㉚，不若则能避之。故小敌之坚㉛，大敌之擒㉜也。

夫将者，国之辅㉝也。辅周则国必强，辅隙则国必弱。

故君之所以患于军㉞者三：不知军之不可以进，而谓之进㉟，不知军之不可以退，而谓之退，是谓縻军㊱；不知三军之事，而同三军之政㊲，则军士惑㊳矣；不知三军之权，而同三军之任㊴，则军士疑㊵矣。三军既惑且疑，则诸侯之难㊶至矣，是谓乱军引胜㊷。

故知胜有五：知可以战与不可以战者胜，识众寡之用㊸者胜，上下同欲㊹者胜，以虞㊺待不虞者胜，将能而君不御㊻者胜。此五者，知胜之道㊼也。

故曰：知彼知己者，百战不殆㊽；不知彼而知己，一胜一负；不知彼不知己，每战必败。

### 【注释】

①全国：完整地占有别国的领土。全，完整、完全，这里作动词，指完全地占有。②破国：攻破敌国。破，击破、攻破。③全军：使敌人全军将士降服。军，春秋时期军队的编制，每军为12500人。④旅：春秋时期军队的编制，每旅为500人。⑤卒：春秋时期军队的编制，每卒为100人。⑥伍：春秋时期军队的编制，每伍为5人。⑦非善之善者也：不算高明中最高明的。⑧不战而屈人之兵：不通过双方军队作战，便能使敌军屈服。屈，屈服，这里作使动词用，意为使屈服。⑨上兵伐谋：最好的用兵方法是以谋略取胜。上，上等、上乘、最好的。兵，这里作动名词用，指用兵方法。伐，攻伐、攻击、进攻。谋，谋略、计谋。⑩伐交：运用外交手段战胜敌国。交，外交。⑪伐兵：运用战争手段战胜敌国。

⑫攻城之法：攻打敌人城池的办法。⑬为不得已：不得已而为之。⑭修橹轒辒：制造大型盾牌和大型攻城战车。修，建造、制造。橹，一种用藤草制成的大盾牌。轒辒，一种用桃木制成、四周用牛皮遮蔽的大型攻城战车。⑮具器械：准备攻城用的各种器械。具：准备。⑯距闉：为攻城作准备而堆积的土山。距，通"具"，准备。闉，通"堙"，土山。⑰不胜其忿：克制不住愤怒的心情。胜，克制、制服。忿，忿懑、愤怒。⑱蚁附之：像蚂蚁那样一个接着一个爬梯攻城。蚁，蚂蚁。附，依附。⑲拔：攻占城池或军事据点。⑳攻：此指攻城。㉑屈人之兵而非战也：不采用直接交战的办法而使敌人屈服。㉒拔人之城而非攻也：夺取敌人的城池而不靠硬攻的办法。㉓久：这里是指旷日持久的战争。㉔必以全争于天下：要用求得全胜的战略与天下各诸侯国争斗。全，完整、完全，这里是指取得对敌国的全国、全军、全旅、全卒、全伍的胜利。㉕兵不顿：军队不致疲惫、挫折。顿，通"钝"，此指疲惫、挫折。㉖谋攻：用计谋进行攻伐。㉗十则围之：有十倍于敌的兵力就将敌军包围起来。十，这里指十倍。围，包围。㉘倍则分之：有两倍于敌的兵力，应设法把敌军分开。分，分开、分割。㉙敌则能战之：与敌军兵力相当，就要能够战胜它。敌，匹敌、相当、相等。㉚少则能逃之：兵力数量比敌军少，就应设法逃避它。少，这里指我方兵力的数量比敌军少。㉛小敌之坚：战争中兵力弱小的一方实行硬拼的战法。小敌，指战争中兵力弱小的一方。坚，坚固，引申为硬拼。㉜大敌之擒：为兵力强大的一方所擒获。大敌，战争中兵力强大的一方。擒，擒获。㉝国之辅：国君的辅佐。国，这里指国君。辅，辅佐。㉞患于军：这里是指对军队作战造成不利的事情。患，忧患、不利。㉟不知军之不可以进，而谓之进：这里是说，君主不知道不可以进军但却命令进军。谓，这里可引申为命令。㊱縻军：束缚军队的行动。縻，羁縻、束缚。㊲三军之政：军队的政务。三军，指中国古代作战设置的上、中、下或左、中、右三军，亦可泛指军队。政，指政务。㊳惑：困惑。㊴不知三军之权，而同三军之任：不懂得用兵的权谋而要干涉军队的指挥。权，权变、机动。同，有覆盖的意思，此可引申为总揽。任，指挥、统率。㊵疑：疑虑。㊶难：危难、灾难。㊷乱军引胜：自己扰乱军心，招引敌军取胜。乱军，扰乱军心。引，招致。㊸识众寡之用：了解用众多的兵力或者是用人数少的兵力的各种战法。识，了解。众，众多。寡，寡少。㊹上下同欲：君主或统帅与下级官兵有共同的意愿和欲望。上，指君主或军队的统帅。下，指下级军官和士兵。欲，欲望、意愿。㊺虞：料想，这里可引申为准备。㊻御：驾御，引申为牵制、掣肘。㊼知胜之道：预知胜利的方法。知，这里指预测、预知。道，道路、方法。㊽殆：危险、失败。

## 【译文】

孙子说：大凡用兵作战的法则是，使敌国全部降服为上策，击破敌国就略逊一筹；使敌人全军降服为上策，击败敌军就略逊一筹；使敌人全旅降服为上策，击败敌旅就略逊一筹；使敌人全卒降服为上策，击败敌卒就略逊一筹；使敌人全伍降服为上策，击败敌伍就次一等。因此，百战百胜，还不算高明中最高明的，不战而使敌人屈服，才算是高明中最高明的。

所以，指导战争的上策是用政治谋略挫败敌人，其次是用外交手段挫败敌人，再其次是用军事力量战胜敌人，最下策是攻打敌人的城池。选择攻城的办法是不得已而为之。制造攻城用的大盾和四轮大车，准备攻城用的器械，要花几个月才能完成；而构筑攻城用的土山，又要花几个月才能竣工。如果将帅克制不住愤怒的心情，而强迫驱使士卒像蚂蚁一般地去爬梯攻城，结果士兵伤亡了三分之一，而城还是攻不下来，这就是攻城所带来的灾难呀！

所以，善于用兵作战的人，使敌人的军队屈服不是靠硬打，夺取敌人的城堡不是用硬攻，消灭敌人的国家不是靠久战。一定要用全胜的战略争胜于天下。这样，既不使自己的军队疲惫受挫，又可以顺利圆满地取得胜利。这就是以谋胜敌的法则。

所以，用兵的法则是，有十倍于敌的兵力就包围敌人，有五倍于敌的兵力就进攻敌人，有两倍于敌的兵力就要设法分散敌人，有与敌相等的兵力就要设法打击敌人，兵力少于敌人就要见机退却，兵力弱于敌人就要避免决战。所以，弱小的军队如果死打硬拼，就会成为强大敌人的俘虏了。

将帅是国君的辅佐。如果辅佐得周全，国家就一定强盛；如果辅佐有缺陷，国家就一定衰弱。

国君可能使军队受到祸害的情况有三种：不懂得自己的军队不可以前进而硬命令它前进，不懂得自己的军队不可以后退而硬命令它后退，这叫作束缚自己的军队；不懂得自己军队的内部事情而干预军事行动，就会使将士迷惑不解；不懂得军事的权谋而干预军队指挥，就会使将士产生疑虑。军队既迷惑又心存疑虑，列国诸侯就会乘机进攻，自己就会灾难临头。这就是所谓的自乱军队而导致敌人胜利。

所以，有五种情况可以预知胜利：知道可以打或不可以打的，能胜利；懂得兵多兵少用法的，能胜利；全军上下同心协力的，能胜利；以自己的有准备对付敌人无准备的，能胜利；将帅有指挥才能而国君不加以干预的，能胜利。这五种，就是预知胜利的方法。

所以说，既了解敌人又了解自己的，百战百胜；不了解敌人而只了解自己的，胜败的可能各半；不了解敌人也不了解自己的，那就每战必败了。

## 【评析】

近代军事家克劳塞维茨说："战争是政治的继续。"

这也是人们常说的，战争是一种流血的政治，而政治则是不流血的战争。因此，只有站在政治的高度考察战争问题，才能真正了解战争的本质，也才能确立总揽全局的战略思想。我们说，孙武军事思想精湛卓越，这也是重要原因之一。

### /上兵伐谋其下攻城/

孙子主张"上兵伐谋"，是因为"兵者，诡道也"。孙子提出的这个思想是对战争经验的总结，是对整个军事行动的哲学概括，它揭示了战争行为的本质。孙子这一思想，可以说是军事战略学中的大智慧、大谋略。作为一般的军事将领，几乎共同地认定了一个死理：将军的功勋应该在战场上建立，将军的丰碑只能在尸骨上树起。其实，这是十分偏颇的观点。不战而屈人之兵，多的是王者之气，靠的是天道民心。而以战屈人，多用的是杀人掠地的霸气。

在《谋攻篇》中，孙武先提出："必以全争天下"的命题，就是说：要战胜敌国，扩展领土，不能仅仅依靠军事暴力手段，而应以军事实力为后盾，全面地运用政治的、外交的、经济的、文化的、秘密的、公开的各种手段，使敌国或敌军完整地降服。正因如此，在战争中，三军统帅就不能只懂指挥将士冲锋陷阵，还应具有敏锐的政治洞察力，重视"伐谋"与"伐交"。孙武把"伐谋""伐交"视为上策与中策，就因为它是一种政治手段，其优点及特点是能"不战而屈人之兵"，取得"全国""全军""全旅""全卒""全伍"的"全胜"。而这"全胜"的"伐谋"正是战略决策中的最理想的要求。

### /不在其位 不预军政/

在规模浩大、持久的战争中，国君与将帅的关系也是决定战争胜负的一个重要因素。

再英明的国君也只是国君，而不是统兵打仗的将帅，因此，对军事行动,就不应该进行干预。作为亲临前线的战争将帅,也就不应因为国君对一场战争有什么要求而拘泥于国君的说辞,而应该随机处理一些重大军务,不能让不了解前线军情的国君的一些决定干扰了自己的决心。正所谓"将在外,君命有所不受",所说的就是这个道理。

但是,有许多国家的君主不明白这一点,他们或者觉得自己英明过人,往往直接代替将帅进行军事指挥,结果大败,甚至遭到国破家倾的噩运。还有的国君授出军权之后,又心存疑惑,既怕手下功高震主,又怕他们恃兵而傲,酿成反叛,因此便在运兵布阵中处处掣肘,上下牵制,使其不能从容对敌。更有甚者,听信谗言,诛杀功臣。此类事情史不乏例,教训实在太深刻了。

/ 知己知彼　百战不殆 /

孙武在本篇中还阐明了一个非常有价值的思想,即"知彼知己者,百战不殆";"不知彼不知己,每战必败"。在这里,孙武用简洁、鲜明的语言,指明了战争指导者对敌我双方情况的了解和认识与战争胜负之间的关系,揭示了指导战争的普遍规律。他的这一思想,包含有唯物主义辩证法和认识论的深刻哲理。两千多年前的孙武能相当自觉地认识和把握这一点,不能不说是极其卓越的。

【军事谋略例说】

## "伐谋"的鸣条之战

公元前1763年,伊尹审时度势,以谋略胜敌。

伊尹是商汤的大臣,官名阿衡(相当于宰相兼军师)。当时,为了探测夏桀的力量,伊尹向商汤献计说:"要与桀的军队作战,就要搞清楚桀的军力有多强,桀的号召力有多大。这些一时很难看出来,可以采取抗贡(即不给桀送贡品)的手法来探视一下桀还有多大军力和号召力。"商汤接受了伊尹的意见。

第一年,商汤未给桀进贡,桀发怒,调九夷之兵讨伐商汤。根据这个情况,伊尹对汤说,桀还有号召力,不宜和桀作战,赶快赔礼道歉。于是商汤给桀补送了更加优厚的贡品来平息桀的怒气。

第二年,汤又抗贡,桀更加发怒,欲调九夷之兵讨伐汤。但是,由于九夷的军队疲劳,财力耗尽,九夷反对连年用兵,不听调动指挥,最后只征集到三夷之兵来讨伐商汤。

这时伊尹献计说：桀已经没有什么号召力了，三夷之兵战斗力也不强了，士气也不高了，我们可以对桀作战了。于是商汤联合诸侯军队，在山西安邑的鸣条设下埋伏，诱桀的军队出战。这次战役商汤彻底打败了夏桀的军队，建立了商王朝，这就是历史上的鸣条之战。

## 秦国善用"伐交"术

战国时期，秦国想要讨伐齐国，但是又害怕齐国与楚国联盟，于是派使者张仪前往楚国，意图拆散齐楚联盟。张仪到达楚国以后，用明珠、宝玉等贵重礼品买通了南后，让她向楚王进言，说秦国派张仪来求见楚王，愿割地六百里献给楚国，只求秦、楚两国和好，互不侵犯。

于是，楚王接见了张仪。张仪力陈秦楚和好对两国都有利的道理，并表示秦国愿意割地600里作为两国和好的礼物。楚王见利忘义，欣然接受了张仪的游说，并答应秦楚两国和好，互不侵犯。

楚王接见秦国使者张仪的消息传到了齐国。齐王大怒，认为楚王接见秦国使者并愿与秦国和好，破坏了齐楚联盟，并且其中有阴谋，秦、楚企图共同对付齐国。从此，齐国与楚国结下怨恨，互不往来。

实际上，张仪所说秦国愿割地600里乃是一个诱饵。当楚国派使者去接受六百里割地时，张仪却说，不是秦国的土地六百里，是他自己的封地六里。楚使者回报楚王以后，楚王大怒，大骂秦王失信，并出兵伐秦，结果正中了秦国的计谋，被秦国打败。从此以后，楚国完全处于孤立无援的境地。

秦国使用了"伐交"战略破坏齐楚联盟，为秦国以后各个击破齐国和楚国创造了条件。

## 慎子的一箭双雕

慎子是楚顷襄王的师傅。

楚顷襄王当太子时，曾作为人质留在齐国。楚顷襄王的父亲、当时的楚怀王被秦国谋士骗到秦国囚禁起来，楚国没有了国君，楚国的大臣请求齐国国君齐湣王放太子回国。齐湣王觉得有利可图，就向太子索要邻近齐国的500里土地，否则不放太子回国。太子向同在齐国的师傅慎子请教，慎子说："可以答应他。"

　　太子答应了齐湣王的要求，与师傅一起返回楚国。不久，齐湣王派人来向楚顷襄王索要500里土地，楚顷襄王只好向慎子求教对策。慎子说："明天早朝，你听听群臣的意见如何，再采取行动不迟。"

　　第二天早朝，楚顷襄王将齐国索取土地的事向文武大臣说了，向众大臣征求意见。大臣子良说："为君应要以信义示天下。既然答应了，我们就该给人家，否则不能取信于诸侯。不过，我们以后可以凭借武力把土地夺回来！"大臣昭常说："不能给他们！割让500里土地，我们的国土只剩一半了，还称得上是什么万乘之国！宁可让天下诸侯说我们不守信义，也不能给它们。请大王派我去保卫东部的500里国土，我要与国土共存亡！"

　　大臣景鲤说："土地是祖宗传下来的，不能白白地送给齐国。但是，仅凭我们楚国的力量还不能与齐国对抗，我愿意到秦国去求援兵。"退朝之后，楚顷襄王问慎子该怎么办。慎子回答，"就照他们三人的意见办！"楚顷襄王以为是听错了，忙问："那怎么办啊？"慎子说："您派子良到齐国去献地，再派昭常为大司马，领精兵去防守东部的边疆，再派景鲤去求援兵，这样，我们什么都不会失去。"

　　楚顷襄王明白了慎子的意图，立即照计行事。

　　齐湣王看到子良来献地，高兴得合不拢嘴，连忙派大军去接收楚国东部的土地。可是，到了楚国边境，迎接他们的却是严阵以待的军队，昭常大义凛然地对齐国将领说："我奉命防守这片国土，曾发誓要与它共存亡。我的军队虽比不上你们齐国的多，但也有30万人，可以决一死战！"

　　齐湣王指责子良道："你来献地，昭常却不肯交，这是怎么回事？"子良道："我奉命交出土地，昭常不交是昭常违抗命令，大王可以进攻他！"

　　齐湣王正要命令部队向昭常发起攻击，秦国的军队逼近了齐国，并派人对齐湣王说："齐国阻挠太子归国，勒索楚国的土地，实在是不仁不义，秦国要为楚国讨一个公道，如果齐国还不撤兵，那就决一死战吧！"

　　齐湣王哪里敢与秦、楚两国对抗，只好悻悻地下令班师。

　　楚顷襄王用慎子之计，一箭双雕，既保住了土地，又没有失信义。

### 韩信一书燕国降

秦朝灭亡后，刘邦和项羽为争夺天下展开了殊死决战。刘邦为牵制项羽，命令韩信从侧翼迂回。韩信能征善战，仅用四个月的时间就灭除了魏国、代国，越过太行山，逼近赵国。

赵王歇和赵军统帅陈余率领20万兵马集结在井陉口。谋士李左车向陈余献计道："韩信乘胜而来，锐不可挡，但他们长途跋涉，必定粮草不足。我们井陉这个地方山路狭窄，车马难行，汉军走不上100里路，粮草必然落在后面。我们派3万精兵从小路截断他们的粮草，再深挖沟、高筑垒，坚守营寨，不与他们交战，用不了10天，我们就可以活捉韩信。"

陈余笑道："兵书上说：兵力比敌人大10倍，就可以包围他，韩信不过二三万人马，我们怕他做什么？"一口拒绝了李左车的建议。韩信得知陈余不用李左车的建议，暗暗欢喜。他以背水为阵和疑兵之计一举击溃赵军，杀死陈余，活捉了赵王歇，然后出千金重赏，捉拿李左车。

几天后，李左车被缉拿归案。众将士以为韩信必杀李左车无疑，但韩信一见李左车，立即上前亲自为他松绑，并请李左车坐在上座，自己坐在下手，俨然是弟子对待师傅。

李左车道："败军之将，不敢言勇；亡国之大夫，不可图存。我是将军的俘虏，将军何以这样对待一个俘虏呢？"

韩信道："从前，百里奚住在虞国，虞国被消灭了，秦国重用了他，从此才强大起来。今天您就好比是百里奚，如果陈余采用了你的策略，我早已是您的俘虏了。正因为陈余不听您的建议，我才能有今天的胜利。我是诚心向您请教，请您不要推辞。"

李左车见韩信真心敬重自己，这才开口说道："将军连克魏、代、赵三国，虽然取得不小的胜利，但将士们已十分疲劳，再要去攻伐燕国，倘若燕国凭险而守，将军恐怕要感到力不从心。"

韩信问："先生认为该如何是好呢？"

李左车道："将军一日之内击败赵国20万大军，威名远扬，燕国不会不知道的。将军挟此余威，一面安抚将士和赵国百姓，一面派一使者去燕国，晓以利害，则可不战而使燕国屈服。"

韩信大喜，连声赞叹："先生高明之极，就这样办！"

韩信当即修书一封，在信中阐明了汉军的得天独厚优势，分析了燕国的处境及战与降的利害，又派了一名能言善辩的使者把信送往燕国，同时，又按照李左车的建议把军队调到燕国边境线上，摆出一副咄咄逼人的进攻架势。

燕国君臣早已得知赵国灭亡的消息，今见韩信大军压境，无不惶恐。燕王看了韩信的书信后，立即表示同意归降。

韩信只凭一纸书信，未费一兵一卒，就顺利地拿下了燕国。

### 兵不血刃占巴黎

"马背上的世界灵魂"——拿破仑，以有宏伟战绩的一生而彪炳史册，其兵不血刃占领巴黎的胆略和魄力也为世人折服。人们不禁惊叹："这才是真正的拿破仑！"

路易十八复辟后，拿破仑被困厄尔巴岛，但是人们痛恨路易十八的倒行逆施，怀念英雄拿破仑。拿破仑深知这一点，他还知道，在维也纳会议上，欧洲的君主们正在为分赃而争吵不休，尚无心他顾。正是这种洞察力赋予他新的惊人之举。

1815年2月26日傍晚，风狂夜黑，拿破仑突然带领1100余名士兵登船向法国海岸驶去。28日，他在海上向部下说："我将到达巴黎，而不必放一枪。"

3月1日，拿破仑到达里昂港，发表了著名的演说。他号召军队集合在自己的旗帜下，向巴黎进军，同时下令自己的军队在任何情况下都不准开枪。

拿破仑有意避免武装冲突，但他在格勒诺布尔与马尔尚的大部队遭遇了，回避是不可能了。拿破仑带头走向扼守拉弗雷隘口的王室军队，命令自己的部队左手持枪，枪口朝下，跟他前进。当部队快迈入射击距离时，拿破仑让部队停止前进，自己一人继续前进。他解开上衣，露出胸脯，对王家士兵说："士兵们，你们认出我了吗？你们当中谁想打死自己的皇帝？我领受你们的子弹。"士兵发出"皇帝万岁"的雷鸣般的欢呼声，拥向拿破仑。不断有各行各业的人加入拿破仑军队的行列，队伍滚雪球般地不断壮大，快速度向北挺进。

3月10日，拿破仑到达里昂城，被王室派来阻击拿破仑的狂妄的阿图瓦伯爵逃跑了，负责该城防务的麦克唐纳元帅也出逃了。

这时，波旁王朝又派内伊元帅对付拿破仑。内伊似乎信心百倍，他的军力显然要比拿破仑大得多。但内伊本人原是拿破仑"铁的队伍"中"勇士中的勇士"，他压根也不想反对拿破仑。拿破仑也很了解自己的老部下，他派了一个骑兵给内伊带去一张条子："内伊！到夏龙迎接我。我将像在莫斯科近郊之战后的第二天那样接见你——拿破仑。"内伊服从了。他拔出军刀高喊："官兵们！波旁王朝的事业已经彻底完蛋了！"他率部投向了拿破仑。

3月20日夜里，路易十八惊慌地同家人逃亡了。拿破仑还未到达枫丹白露，巴黎的杜伊勒里宫已撤下了白旗，升起三色旗；王宫地毯也将波旁王朝的百合花图案换上了帝国的金蜜蜂图案。在拿破仑的进军途中，巴黎报纸的报道调子也在逐渐变化："科西嘉岛的怪物在儒安港登陆"，"吃人魔王向格腊斯前进"，"篡位者进入格勒诺布"，"波拿巴占领里昂"，"拿破仑接近枫丹白露"，"陛下将于今日抵达自己的忠实的巴黎"。

3月19日晚，拿破仑进入枫丹白露。

3月20日晚，拿破仑在随从和骑兵的前呼后拥下进入巴黎。杜伊勒里宫前，欢呼拿破仑的声音像狂涛一样接连不断，震耳欲聋。当拿破仑的马车到达时，人们在叫喊、哭泣，直接向马车扑去，像发了疯似的冲向拿破仑。他们把随从人员挤走，把马车打开，在经久不息的叫喊声中把拿破仑抬进宫去，沿着宫里最大的楼梯，抬进了二层楼的房间。

奇迹就这样实现了。

## 较量在"第二战场"

板门店谈判，即朝鲜停战谈判，作为结束朝鲜战争的一场军事外交斗争，有着许多不同于其他军事谈判的特点，被称为"是一次史无前例的停战谈判"，在战争史上具有重要地位。谈判从1951年7月10日开始，到1953年7月27日在板门店签署停战协定为止，历时长达2年零17天。期间，双方在会场上唇枪舌剑，针锋相对；战场上激烈争夺，寸土不让。

这次谈判是新中国成立后第一次对外军事谈判，对手又是世界第一军事、经济大国——美国，中共中央、毛泽东主席对此很重视。在谈判前，鉴于将涉及军事、政治、外交等领域，会面临异常复杂多变的情况，中朝合作，建立了一个高度集中统一的谈判班子，密切配合，共同努力。

美国在战俘问题上坚持所谓"自愿遣返"原则。其实质是想通过宣扬有所谓"不愿"返回中、朝的战俘，美国愿意为了这些战俘的自由、人权而战斗，以丑化社会主义国家形象，从而获得政治上和心理上的胜利。中朝方在弄清美方的不轨意图后，根据日内瓦公约精神，提出全部遣返的合法方案，严正驳斥了美方提出的方案违反国际法，并揭露了美国扣留战俘的真相和为了"甄别"而残酷虐待战俘的事实。由于中朝方掌握有大量事实，摸清了美方的老底，迫使其节节后退，使"战俘问题"得以妥善解决。

中朝方了解到"联合国军"16国，加上韩国共17个国家，由于其目标不一致而矛盾重重。韩国坚决反对停战，希望美国帮助"收复"朝鲜，而英法则希望尽量控制战争规模，并尽快实现停战。美国面对这些分歧，不能置之不理，但同时它也有自己的打算。中朝方利用敌方矛盾，依赖政治宣传手段和军事手段，通过打击破坏或反对停战的敌人，分化瓦解敌人，逼敌就范。

同时，中朝方在每次会谈前，根据我方与彼方的情况，对谈判的各种条件进行认真研究。对可能遇到的问题进行周密准备并想好相应的对策。在会谈过程中，尽量让对方先提出提案，摸清对方的企图及底牌后，再提出自己的主张，从而使自己始终处于主动有利的谈判地位。这有效地对付了美方的漫天要价，应付了会场千变万化的情况，在谈判中抓住敌人破绽，提出合理的主张，从而使谈判最终成功。

这次谈判，促使美国放弃了"海空补偿"和索取开城的企图，并在战俘问题上让步，最终在"历史上第一个没有获得胜利的停战协定"上签字。

【商战谋略例说】

## 松下的适时撤退

1964年，松下通信工业公司突然宣布不再做大型电子计算机。对这项决定，大家都感到震惊。松下已花了5年的时间去研究开发，投下12亿元的巨额研究费用，眼看着就要进入最后阶段，却突然全盘放弃。松下通信工业公司的经营也很顺利，不可能发生财政上的困难，所以十分令人费解。

松下幸之助所以会这样断然地做决定，是有其考虑的。他认为当时公司用的大型电脑的市场竞争相当激烈，万一不慎而有差错，将对松下通信工业公司产生不利影响，到那时再撤退，就为时已晚了，不如趁着现在一切都尚有可为时撤退，才是最好的时机。

事实上，像西门子、RCA这种世界性的公司，都陆续从大型电脑的生产中撤退，而广大的美国市场，几乎全被IBM独占。像这样，有一个强而有力的公司独占市场就绰绰有余了。更何况在日本这么一个小小市场，就有富士通、日产、日立电器等七个公司抢滩，他们也都投入了相当多的资金，这样，等于是赌下整个公司的命运，松下也许会生存下来，也有可能就此消退，松下衡量得失后，终于决定撤退。

交战时，撤退是最难的，如果无法勇敢喊撤退，或许就会受到致命的打击，将领应该看透这一点。松下勇敢地来实行一般人都无法理解的"撤退哲学"，足见其眼光高人一等，不愧是日本商界首屈一指的大将。

## 巧钻空档占市场

在国际贸易中，商业竞争是你死我活，无所不用其极。许多国家以法律的手段保护本国企业，从而成为其他国家的强大对手。然而有的企业临危不乱，借用外国法律，巧钻空子，使自己的产品仍然能打入外国市场。

美国为了限制进口，保护本国工业，曾做出一项法律规定：当美国政府购买人发出购标后，收到美国制造商的商品报价单，则此价在法律上得到承认；收到外国公司的报价单，一律无条件提高50%。想以此提高美国人购买本国产品的机会。

然而，在美国的法律中，"本国产品"的定义是"一件商品，美国制造的零件所含的价值，必须占这一商品的50%以上"。日本机械制造企业根据这条规定，想出了一个妙招。他们生产一种有20种零件的产品，在本国生产19种零件，缺少的那一件在美国市场上买最贵的运回日本组装后再送往美国销售。

这样，一方面最大限度地利用了本国的零件和劳动力；另一方面，那个零件因为贵，占整个商品价值的50%以上，从而依据美国法律的定义，该产品可以作为美国国内的商品，直接和美国公司竞争。日本公司"借"美国法律这把"刀"，巧钻空当，杀进了美国市场。

## 商战中的迟人半步

新产品的开发，国外许多大公司都有自己独到的手段，但"迟人半步"的方法更受人们的青睐，让采用者受益颇深，被奉为新产品开发的良策。

日本的日产汽车公司，为了开发生产"SANI"汽车，不惜动用大量的人力物力在全国公开征求车牌，花大钱搞推销宣传，获得了极大的成功。这一成功也使得丰田公司欣喜若狂。原因何在？因为"SANI"的大宣传在日本全国激起了人们对汽车的兴趣。这对丰田公司来说，日产的工作，为它铺就了一条通向成功的康庄大路。借着人们对汽车着迷的热潮，丰田公司充分研究了"SANI"汽车的优缺点，制造了比这种车更好的"卡露罗"车。投放市场后，使丰田公司获得了比日产公司更佳的经济效益。

日本的松下电器公司，也是采用"迟人半步"方法的得益者。有人称它是一家模仿别人的公司，对此，松下公司毫不介意，因为它从这种做法中收到了极大的益处。

美国国际商业机器公司，几乎从没首先在市场上推出过位居新技术前列的产品。其他领先的公司开路，它就从这些公司的活动中得到教训，吸取经验。正如有的专家们分析的：国际商业机器公司很少在新技术方面走第一步，但也不落后很多。结果是，国际商业机器公司的新产品经常比其他公司要好。

数字计算机公司总结这方面经验说："我们有意在技术上落后二三年，我们让用户试用，让政府研究部门推着我们走。然后我们研制出一种可靠的产品供最终用户使用。"

休勒特-派克德公司更有自己的诀窍：凡是别的公司新产品问世，他们公司的工程师在用户那里检查本公司装备时就向用户探询那种新产品的优缺点，探询用户有什么具体要求，用不了多久，他们的推销员就登门来推销完全符合用户要求的自己公司的新产品了。结果是，用户满意，收益大增。

这些公司总是迟人半步，甘居第二位，并不是因为他们的技术能力差，而恰恰是在这迟迈的半步上作出了好文章。

巧妙地借用他人的力量，利用前人铺就的道路，与其快人一招，不如迟人半步，这正如弹珠跳棋的玩法。

## 营销中的文化差异

克里曼特·斯通所在的公司派了一批推销员去衣阿华州西奥克城进行推销活动。有一天晚上，他听到一位推销员抱怨说："在西奥克斯中心出售商品是不可能的，因为那儿的人是荷兰人，他们讲宗派，不想买生人的东西。此外，这片土地歉收已达5年之久了。我在那儿已经工作了两天，却没有卖出一样东西。"

斯通对这件事考虑良久，决定第二天与这位推销员一起驱车前往西奥克斯中心。当他们到达那儿以后，首先进了一家银行。当时那儿有一位副经理、一位出纳员、一位收款员。20分钟内，副经理和出纳员各买了一份他们公司所乐于销售的最大的保单——全单元保单。他们一个商店接着一个商店，一个办公室接着一个办公室地访问每个机构中的每一个人，有条不紊地兜售着他们的保险单。

一件惊人的事情发生了：那天他们所访问的每一个人都购买了全单元保单，没有一个例外。

为什么在同一个地方，别人的销售失败了，而斯通的销售却成功了呢？这主要是因为他对情况做了正确的分析，在了解销售对象的心理及处境的基础上，满足了客户的需求，因而取得了很大的收获。

他认为荷兰人讲宗派，正是销售成功的一个有利因素。因为如果你一旦将东西卖给一族中的一个人，特别是一个领袖人物，你就能卖东西给全族的人。你首先所必须做的一切，就是把第一笔生意做给一位适当的人，即使花费很长的时间或耗费很大的精力。

并且，这片土地歉收已经五年，人心惶惶，正是推销保险单的大好时机。因为荷兰人是极好的人，他们十分注意节约，做事认真负责，他们需要保护他们的家庭和财产。但他们很可能从没有购买过意外事故保险单，因为别的推销员也许与上述的那位推销员一样，知难而退，不了解客户的心理。如果我们的保险单只收很低的费用，却能提供可靠的保护的话，那么一定具有很大的吸引力。

斯通清楚自己的优势，又了解对方的心态，知己且又知彼，因而，一旦出马，就获得了成功。跟随他的那位推销员回到西奥克斯中心待了很长一段时间，每天都取得了一定的销售成绩。他吸取经验教训，向斯通学习，在自己失败的地方成功了，并且在他以后的推销活动中也屡屡获胜。

### 夺田千代乃的计谋

夺田千代乃是一位日本商人。20世纪70年代的"石油危机"发生后，夺田千代乃所经营的石油运输业由盛而衰，经营惨淡。

一个偶然的机会，夺田千代乃从一家报纸上了解到，日本人每年花费在搬家上的费用很高，但是搬家公司提供的行业服务却不能满足广大用户的要求。于是，她决定把在石油运输业上的投资转移到搬家这个行业。

为了把成千上万的分散户吸引过来，夺田千代乃首先想到了电话，如果谁要搬家，首先会在电话号码簿上查找搬家公司的电话号码，于是她想到了利用电话号码簿为自己公司打广告，同时她又了解到日本的电话号码簿是按行业进行分类的，同一行业、企业的排列顺序是以日语的字母为顺序，所以她把自己的公司命名为"阿托搬家服务中心"，这就使她的搬家公司在同行业中位居首位，用户在选择搬家公司时最容易发现它，接着，在选用电话号码的时候，夺田千代乃在电话局的空白号码中，选了一个既醒目又容易记住的号码"0123"。

公司正式营业后，她抓住顾客珍惜家财并且害怕家财暴露会招来一些麻烦的心理，设计了一种较为适用的搬家专用车，搬家时把家用物品放在这种专用车上，既安全可靠，又不为路人所见。

针对日本城市住宅多是高层公寓的特点，夺田千代乃又专门设计了搬家用的集装箱和专用吊车，使用这些集装箱和专用吊车，不仅大大提高了搬家效率，而且更可靠地保证了搬家过程中不至于损坏顾客的家用器具。

此外，在搬家的同时，"阿托搬家服务中心"还向顾客提供了与搬家有关的各种服务，如消毒、灭虫、清扫卫生、改换电话号码以及子女转学等各种服务。

夺田千代乃正是凭着她善于思维的大脑，不断创新，促使自己的事业蓬勃发展，不断壮大。

从1977年至今，"阿托搬家服务中心"在日本近50个城市中拥有分公司，年营业总额超过500亿日元，夺田千代乃也成为日本家喻户晓的搬家明星，1988年被评为"日本最有成就的女企业家"。

兵法中讲"上兵伐谋"，是指利用谋略而避免火力拼斗从而取得胜利。所谓"善之善者"是指那些运用高超的谋略、杰出的智慧，运筹帷幄，决胜千里的人。

经济中的"伐谋"又何尝不是如此呢？夺田千代乃的高明之处在于她并不是依靠竞争中的"压价"、"占领市场"，与对手打个头破血流，而是依靠她的智慧与不断创新的精神来树立本公司与众不同的形象，"点子取胜"是其成功的基本因素。

## 梅瑞公司化敌为友

在西方，企业与企业之间的竞争，往往是"你死我活"，异常激烈，用一句"同行是冤家"来形容，一点也不过分。

美国纽约的梅瑞公司为协调自己与其他同行的关系，缓和彼此的矛盾，别出心裁地开设了一间"咨询服务亭"。在全世界数不胜数的大商厦中，此"亭"也许是绝无仅有的。

"咨询服务亭"的宗旨是：顾客如在本公司内没有买到称心如意的商品，它负责指引顾客到有此类商品的公司去购买，即：把顾客推向自己的竞争对手。

"咨询服务亭"的开设不仅没有把顾客"逐走"，反而引来了更多的顾客。一些想购买奇特、贵重商品的顾客因为不知该如何处去买，所以专程进入梅瑞公司向"服务亭"询问。当然，公司内琳琅满目的商品是不会让他们空手离去的。

自"咨询服务亭"开设以后，梅瑞公司与同行们的关系大为好转。竞争对手们对梅瑞公司的友好之举都表示敬意。俗话说："投之以桃，报之以李。"对手们在友好对待梅瑞公司的同时，还主动上门与梅瑞公司交换"情报"，梅瑞公司因此而宏图大展。

## 商战"知彼"显神效

美国吉利公司首先发明了带活动刀片的刮胡刀，并以此申请了专利。这种活动刀片曾一度风靡全球，称雄世界，为吉利公司打下了扎实的基础。

在吉利刀片称雄世界17年之后，盖斯门公司向吉利公司发起了挑战。盖斯门公司对吉利刀片进行了充分的研究，在吉利刀片的基础上进行了技术性的改革。吉利的刀片上有三个孔，便于在刀架上固定。盖斯门对新刀片的洞口进行十分巧妙的设计，能同时适用于自己与吉利的刀架，并大做广告宣传，吸引顾客购买新改良的两面刮胡刀。盖斯门的新刀片推出以后，由于顾客赞赏这种刀片的通用性，都争相购买。在一阵"刀片旋风"刮过以后，吉利公司的刀片销售量大大减少。盖斯门公司初战告捷。

盖斯门公司的做法，引起了吉利公司的高度重视。吉利公司开始应战。经过周密的策划，吉利公司又推出了新的刀片和刮胡刀。但是，出乎吉利公司的意料，在不到一周的时间里，盖斯门又改进了普洛贝刮胡刀，使它适用于吉利的新刀片。盖斯门公司又赢得了市场。

原来，盖斯门通过了内线掌握了吉利的内部情报。不仅如此，盖斯门还掌握了顾客的心理。无论顾客手中拥有旧式的吉利刀架或是盖斯门的刀架，都会购买通用性好的普洛贝刀片。而顾客如果想要试用新的吉利刀片，就会想到通用性好的普洛贝刮胡刀。盖斯门公司以"知己知彼"为经营原则，重视研究对手的产品，注重技术的开发。盖斯门公司经过几番努力，借助强大的宣传攻势，推出了新的普洛贝刀片。这种刀片不仅适用于多种刀架，而且质量比以往的刀片更胜一筹。盖斯门公司的产品迅速占领了市场。

## 格外提升的奇效

美国20世纪福克斯影片公司总经理史高勒斯，经营着一所有固定资本一百万美元的电影院，这所影院是福克斯影片公司中经营情况最差的。为了解经营不善之谜，史高勒斯决定进行突击检查。一天上午十一时，史高勒斯事先不打招呼，来到了美国亚特兰大城，独自走进那家电影院。电影院里只有一个年轻小职员。史高勒斯问道："经理们在何处？"小职员回答道："他们都还没有来。"史高勒斯非常生气，又问道："经理不在时由谁来处理电影院的日常事务？"小职员回答："由我来处理。"总经理下命令道："从现在起你就是这家电影院的经理，任命书很快就到，希望你忠于职守。"小职员又惊又喜，只说了一句："我绝不辜负总经理的提拔。"

电影院在新经理的努力下，果然出现了转机。

史高勒斯在如此短的时间里作出决定，提拔一位小职员，决然不是冒失行为。在他看来，管理是一门艺术，艺术有时需要制造震撼人心的效果。史高勒斯的管理宗旨是：不拘一格提拔忠于职守、创造高效益的职员，绝不留用擅离职守、效益低下的职员。根据当时电影院的情况，至少这位小职员不会干得比原经理差。既然如此，何不当场任命，给他以格外的提升呢？

史高勒斯的提拔取得了良好的结果。

## 起死回生靠创新

20世纪80年代初，欧洲共同体牛奶产量年年递增，大大超过消费的增长，荷兰十来万牛奶户一下子成万户地往下减。这使专向养牛户卖奶桶奶罐这类设备的商人生意萧条，许多企业因此倒闭了。专门生产奶牛设备的GM公司产品尽管是一流的，但也积压在库里销不掉，公司前途岌岌可危。就在这关键时刻，公司聘用了一位新的经理勃劳沃。勃劳沃对形势进行了分析，他认为从整体上看，荷兰的养奶牛户减少了2/3，但是剩下的养奶牛户养牛头数却从平均10.4万头增加到41万头，而奶牛业的雇工人数全荷兰只剩不到1000人。就是说，由于减产限量和增税，迫使养牛户降低生产成本，减少昂贵的劳动力，不能再依赖大量人工的低效率奶牛饲养和挤奶设备了。因此，企业的唯一出路是把电子技术与传统的奶牛饲养方法结合起来，依靠高效、自动化设备，走产品电子化的道路。这个战略性的决策制定以后，他不惜一切，与朋友合作，买下一家濒临破产的电子企业，成立了自己的控股公司。

勃劳沃先生终于成功了。GM公司生产的电子化设备深受养牛户欢迎。如今，奶牛脖子上只要挂一个牌子，在喂草料时，电子计算机就会把它吃料的时间、进食量记录在案，还能控制给料量。奶牛挤奶时，电子栅栏驱赶着奶牛排队进入挤奶房，农民只需把挤杯套在奶牛乳头上，机器便会自动挤奶，到适当程度自动停止；挤出的牛奶通过管道自动流入冷却罐。这样，一个人可以同时照顾八头牛挤奶，一小时可以挤60头。如今，GM公司在西德、法国、英国、奥地利、比利时、爱尔兰都有分公司，向中东、北非、东南亚和中国也出口不少产品。

公司销售经理说："差不多有十年时间，公司像讨饭一样。"而现在这家公司年营业额达到6500万荷兰盾以上，在世界奶牛设备业里名列前茅。

## 创业之前先知己

日本西武企业集团的堤康次郎，在他过世之前，就立下遗嘱，以堤义明为继承人，但是，又特别叮咛，堤义明不可轻举妄动，要等待10年。他说："堤义明10年间不要有任何创业，即使有什么新构想，也不要立刻付诸行动。等到10年以后，才可以完全依照自己的想法去做事。"

堤义明遵照遗嘱行事，10年之后，他说："10年真是漫长而难熬，但是，我现在终于了解父亲的用心，也才真正知道他伟大的地方。"

这样做，对一个年方29岁、血气方刚的人而言，是很严格的考验。堤义明在大学时代，担任父亲的秘书时，就有过惊人的构想，想要建设滑雪中心，还要盖一座大游泳池。对于这样一个有才能、充满自信的年轻人来说，要他10年之内不准有所作为，任何构想不得付诸行动，真是一项重大的耐力考虑。

那么，为什么堤康次郎要在遗言中作这样的安排呢？

第一，因为西武集团的根基已相当稳固，且已形成有力的家庭企业集团，今后的经营，应该不会有什么问题。事实上，只要持续发展就足够了；

第二，堤康次郎了解堤义明有卓越的才能，也必定有相当的野心，想缔造比自己更辉煌的企业，但是，经验告诉他，年轻人往往凭着一股冲动而轻举妄动，反而自毁前程。

然而，最大的理由则是希望他花10年的时间，好好认识"自我"，然后再行动，所以，堤康次郎可能是在一种爱之深的心情下，才立下这样的遗言。另一方面，过去西武企业集团完全是由创立者堤康次郎一手包办。换言之，西武是堤康次郎的公司，而不是堤义明的。所以，若想完全掌握西武公司，就必须先全盘了解公司的状况，摸清管理各部门的窍门，再强化公司的体制，这是相当重要的步骤。此外，今后若想再发展其他的事业，就必须充分了解自我。堤康次郎以此教导堤义明，可见其用心之深。

事实上，堤义明后来自己也回忆说："我大约花了5年的时间，致力于巩固公司的根基，了解公司的财务及客户交易时的应对，学会百战不殆经营策略。经过这些考验之后，才逐渐扩展我想做的事业，如棒球、体育设施等，所以，此时我能像雄鹰般翱翔在天空中，自在而潇洒，完全是因为有10年充实的时间作准备所致。10年的待机而动，成效卓著。痛苦的煎熬，使企业家堤义明充分了解自我，并使其企业比原来壮大了两三倍，相信堤义明在这个稳固的基础下，今后绝不会遭受到致命的挫折和打击。正如孙子所说："不知彼不知己，每战必败"，待机而动是为了充分了解自己，尤其是身为企业家，更须牢记。

【人生智谋例说】

## 知州巧断盗锅案

杭州有家人丢了一只锅，虽不是什么贵重物品，但家中被盗，主人觉得晦气，总想查出个究竟出出气。一次，偶然经过集市，发现有个乞丐身边的锅很像自己丢失的那只——锅边有磕出的一块凹痕，于是上前查问，二人当场争吵起来。

事情闹到官府里，当时杭州的知州是枢密副使孙沔，他马上升堂问案。乞丐一上堂就高高举着胳膊连哭带嚷："老爷在上，小人被这人诬赖，说是偷了他家的锅。小人双手都已残废，如何能偷盗，偷了又如何拿得走，小人的这只锅都是别人帮忙搬来搬去。他连我这样可怜的残废都要敲诈，实在狠毒啊！"

孙沔看看眼前的乞丐，一只胳膊上的手被全部切掉，另一只手也仅剩两个指头。看他那副可怜的样子，不由生出怜悯之心，况且为了一只铁锅也用不着动刑。但是，又见那乞丐可怜之中隐隐透出几分狡黠，口齿伶俐，言谈油滑，像是个久经世事、老谋善变的人，他便决定用计试一试。于是一拍惊堂木，说："本案案情明白，被告乃残废之人，如何偷盗。本官裁决，锅仍归被告所有，原告凭空污人清白，本当重责，姑念初起，逐出堂外。"告状人垂头丧气地走了，可乞丐觉得事情出人意料地顺利，不敢就这样将锅带走，有些犹豫。孙沔再三安慰，说他本就生计艰难，又遭人诬告，值得同情，这样判决，既合理，又合情。直安慰得乞丐再无顾虑，连连叩头称谢。孙沔做出马上退堂的样子，一起身，指指地上的锅说："快快将锅带走，老爷我也要退堂歇息。"乞丐这才蹲下身，用仅有的两个手指，死死夹住锅，慢慢扬起胳膊，头一低，顺势将锅盖在头上，像戴帽子一样便当，顶起锅洋洋得意地走了。堂上的人看到乞丐这般熟练的动作都惊讶不已。孙沔见乞丐中计，立即差人将其捉回，升堂审问。终于乞丐无言以对，只好老老实实交代了。

## 钝舌侍者胜辩才

北宋初年，南唐王朝尚未灭亡，其国有广陵人徐铉，以学识渊博、通古达今、能言善辩而名声卓著。当时南唐每年要向北宋纳贡，有一次就是派徐铉北上。根据惯例，北宋要派一名官员去做押伴使，代表受贡一方。由于徐铉才名很大，北宋群臣都觉得自己学浅才疏，辩才难以与之抗衡，害怕被选中而受窘或出丑，有失大宋体面，故纷纷推诿。对此，宰相赵普很是为难，只好上奏宋太祖。

宋太祖倒很爽快，吩咐赵普道："你暂且退下。此事不必再议，朕亲自来选择就是了。"过了一会儿，宦官传出太祖旨意，命令殿前司速写出10个不识字的殿中侍者的名字。宋太祖接过名单，看也没看，只见他提起御笔，在那名单上随便点了一个人的名字，然后吩咐："就叫此人去做押伴使，我看他就可以。"

那位被御笔钦定的殿中侍者不知为什么偏偏派自己去，也没有得到任何指示，被弄得丈二和尚摸不着头脑。他想：俗话说"祸从口出"，我还是不说话，不与他舌战交锋为好。于是就硬着头皮去了，谁知正好撞着宋太祖的心意。

等他来到江边，上得船去，徐铉也在那里。见到朝廷押伴使到，徐铉马上滔滔不绝讲了起来，词锋如云，妙语连珠，周围的人都为他的能言善辩所折服。那侍者无言以对，只一个劲儿地听徐铉侃侃而谈，边听边装模作样点头而已。徐铉也不知他的深浅，见他点头，愈加喋喋不休，极力与他交谈。可那侍者依旧只是点头而已，一连几天，始终一言不发，更不用说与之辩论学问了。徐铉直说得唇焦口燥，舌尖生火，疲惫不堪，最后只好像那名侍者一样，坐在那里一声不吭了。

这则故事说明，当不能以战对战时，可以采取以避为战之策，以短抑长，用兵家的话来说叫作"不战而屈人之兵"。

### 李白醉草吓蛮书

据说唐玄宗时，渤海国的使者带着国书来到长安。唐玄宗召番使，命令翰林学士宣读番书。不料，翰林学士打开番书，见上面全是些鸟兽文字，竟一字不识。唐玄宗又命太师杨国忠宣读，杨国忠也一字不识。唐玄宗宣诏文武百官，文武百官也没有一个人识得。唐玄宗大怒，道："枉有你们这些文武百官。这封信认不出来，如何回话，番使回去定然嘲笑我大唐，认为我大唐王朝没有人■■"唐玄宗最后传旨："如果9天内还不能知道番书内容，一律处斩，另选大臣，保护大唐江山！"

翰林学士贺知章回到家中，长吁短叹，一筹莫展。贺知章的窘态惊动了家中的客人李白——李白因进京赶考，受到杨国忠和高力士的排挤，名落孙山，此时正寄居在贺知章家中。李白问明情况，道："可惜我李白金榜无名，不能为朝廷分忧解难。"贺知章问知李白能识番文，惊喜万分，立刻向唐玄宗作了汇报。唐玄宗赐李白进士及第，穿紫袍束金带，在金銮殿上接见了李白。李白捧起番书，用唐音译出，念道："渤海国大可毒书达唐朝官家：自你占了高丽，与俺国逼近，边兵屡屡侵犯我界，想出自官家之意。俺如今不可耐者，差官来讲，可将高丽176城，让与俺国■■若还不肯，俺起兵来厮杀，且看哪家败胜！"这分明是一份"宣战书"。唐玄宗问文武百官："番人要兴兵抢占高丽，有何策可以应敌？"

众人缄口不答。贺知章道："太宗皇帝3次远征高丽，都没有取胜。后来借助高丽内乱之机，派李勣、薛仁贵率百万大军才征服了高丽。如今天下太平，多年不遇战事，既没有良将，也没有精兵，如果打起仗来，很难说能不能取胜。"玄宗问："那我们该如何回复番使？"

贺知章指着李白说："陛下还是问李白吧。"

李白侃侃而谈："皇上尽管放心，明天召见番使，我当面回答他，也用鸟兽一般的文字。一定要他们的可毒知我大唐王朝威严，拱手束降。"

唐玄宗当即封李白为翰林学士，设宴款待。李白大醉而归，第二天上朝酒气还未退。借助酒劲，李白想起科考时被杨国忠和高力士侮辱的情景，上奏玄宗要求高力士为他脱靴、杨国忠为他捧砚磨墨。玄宗正在用人之际，立刻准奏。李白神清气爽，大笔一挥，不一会儿就写好了吓蛮书，献到玄宗面前。玄宗但见上面龙飞凤舞，却一字不识，心中暗暗吃惊，于是让李白宣读。李白朗朗念道："大唐开元皇帝，诏谕渤海可毒：自昔石卵不敌，蛇龙不斗。本朝应运开天，抚有四海，将勇卒精，甲坚兵锐■■方今圣度汪洋，恕尔狂悖，急宜悔祸，勤修岁事，毋取诛戮，为四夷笑■■"番使大为震惊。回到渤海国，番使将大唐国书交给渤海国国王，国王看后惊恐地说："天朝有神仙赞助，如何敌得！"于是，写了降表，归顺大唐王朝。

## 吴士宏面试

经过媒体的狂炒，吴士宏已成为中国人耳熟能详的名人。其实在这番炒作之前，她的经历与业绩就不断见诸报端，只不过没有如此密集罢了。

在吴士宏努力向上的过程中，以她初次到IBM面试那段最为精彩。

当时还是个小护士的吴士宏，抱着个半导体学了一年半许国璋英语，就壮起胆子到IBM来应聘。

那是1985年，站在长城饭店的玻璃转门外，吴士宏足足用了五分钟的时间来观察别人怎么从容地步入这扇神奇的大门。

两轮的笔试和一次口试，吴士宏都顺利通过了。面试进行得也很顺利。最后，主考官问她："你会不会打字？"

"会！"吴士宏条件反射般地说。

"那么你一分钟能打多少？"

"您的要求是多少？"

主考官说了一个数字，吴士宏马上承诺可以。她环顾了四周，发现现场并没有打字机。果然考官说下次再考打字。

实际上，吴士宏从未摸过打字机。面试结束，她飞也似的跑了出去，找亲友借了170元买了一台打字机，没日没夜地敲打了一个星期，双手疲乏得连吃饭都拿不住筷子了，但她竟奇迹般地达到了考官说的那个专业水准。过了好几个月她才还清了那笔债务，但公司也一直没有考过她的打字功夫。

吴士宏的传奇从此开始。

做一个假设，如果吴士宏当时没有注意到考场内没有打字机，她贸然回答自己不会打字，她肯定会失去这个良机，也不可能有今天的传奇人物吴士宏了。

察微知著，使你能从细微的小处着眼迅速分析出对自己有利和不利的因素，随机应变，把握机会。它还可以帮助你了解对方的想法和意图，做到知己知彼。这是需要不断练习和积累的。

## 面对"愚犬"

当你被一只恶犬在后面穷追时，你将怎样做呢？你怕它，拔腿就跑，行吗？你逃得越快，它追得越急，说不定到最后真的追上了你，张嘴咬你一口，咬得你皮破血流。

这种场合，到底应该怎么办呢？有经验的人一定知道：立即站住，转过身去面向着狗，或者干脆向它跑去，这时那只畜生会立即停止不追，一动不动地瞅着你，说不定会撒腿就跑，无影无踪了呢！

面对别人的恶意攻击，你是否像遇到恶犬那样掉头就跑呢？如果这样，你就在他面前暴露了你的怯懦和心虚，甚至于第三人都会觉得别人的指责是对的，否则你干吗心虚而胆小呢？如果你采取了对付狗的第二种做法，转身相向，谣言会不攻自破，而且以对方话中的漏洞，用他们的方式采取反攻还可以取得非比寻常的效果，这就是兵法中的"智者，务食于敌"。

坎普是美国早期的政界名人，当他首次在众议院发表演说时，因为刚从伊利诺伊州赶来，衣着打扮未免有点土气。现场听众中有一个言词犀利、善于讥讽的议员，插口说道："这位从伊利诺伊来的新客人，衣袋里还一定藏着满满的雀麦呢。"这句话使在场的听众哄堂大笑。假如换了别人，一定会感到万分难堪、面红耳赤，甚至会恼羞成怒，但坎普就是坎普，他深知那位议员的讥笑的确是有一定道理，因为自己确实土得可以，所以他选择了"转身相向"的办法，坦白地说："没错！我不但衣袋里装满了雀麦，头发里还藏着许多的种子哩！我们这些人住在西部乡间，确实有点土头土脑，但我们的雀麦和种子，却常常能够长出很好的幼苗来。"

短短几句驳斥，使坎普的大名轰动了全美国，大家给他起了个外号，叫作"伊利诺伊州的种子议员"。

聪明的人都有自知之明，知道自己不是个十全十美的人，当自己的缺陷被人攻击或讥笑时，绝无逃避的必要。如果对方说的是真话，无论是善意还是恶意都要接受下来，即使无法改正。

承认永远比躲闪明智，因为这样可以免得以后对方再拿它作借口，向你进攻，其实，有些时候，别人攻击你的缺陷，而你又毫不掩饰，人们反而会觉得这些缺陷微不足道，也许会觉得是个优点呢！

每个人都是希望被别人赞美的，当别人道破他的缺点或短处，或者是进行恶意攻击时，他也许会手足无措，也可能采取一点也不在意的态度，这两种方法都是不可取的。

"转身相向"是对于这种情况的一种最好反击，当然不是指去与对方争得面红耳赤，而是去坦然面对它，或者改正，或者干脆针对他的讽刺，将这种"缺陷"变为自己的长处。

实际上，对待"恶犬"的行为反应，才能证明你的交际手段是否高明。

## 巧妙激将

俗话说："请将不如激将。"激将的过程，就是一个经过认真分析、"知己知彼"的必然过程，其结果，自然是胜利在握。

人的自尊、名声、荣誉、能力……都可以作为"激将法"中的武器。

美国黑人富豪约翰逊决定在芝加哥为公司总部兴建一座办公大楼，出入无数家银行，但始终没贷到一笔款。

这天，约翰逊和大都会人寿保险公司的一个主管在纽约市一起吃饭。约翰逊拿出经常带在身边的一张蓝图准备摊在餐桌上时，保险公司主管对约翰逊说："这儿我们不便谈，明天到我的办公室来。"

第二天，当约翰逊断定大都会公司最有希望给他抵押借款时，他说："好极了，唯一问题是今天我就非要得到贷款的承诺。"

"你一定在开玩笑，我们从来没有在一天之内给过这样贷款的承诺。"保险公司主管回答。

约翰逊把椅子拉近说："你是这个部门的主管。也许你应该试试看你有无足够的权力把这件事在一天之内办妥。"

对方微笑着说："你这是逼我上梁山，不过还是让我试试看。"

他试过以后，本来说办不到的事儿终于办到了，约翰逊也在钱花光之前几个小时回到了芝加哥。

以激将法说服别人，务必找到方法击中对方的要害，迫使他就范。就这件事儿来说，要害是那位主管对他自己权力的尊严感。

约翰逊在谈话中暗示，他怀疑那位主管真拥有那么大的权力，主管听了这话，感到自己权力的威严受到了挑战，那好，我就证明给你看！最终那位主管果然不负所望。

当然，使用激将法也要把握时机和分寸。如果出言过早，时机不够成熟，反而容易使人泄气。出言过迟，良机已逝，又成了"马后炮"，收不到应有的效果。只有适时运用，才能效果显著。

### 知己知彼获全胜

1995年8月25日，前世界重量级拳王——922335号囚犯泰森在度过了三十多个月的铁窗生活后，经过了数月的恢复训练，在美国拉斯维加斯MGM广场的拳击台上露面了。

泰森的对手是绰号"飓风"的麦克尼雷，他又蹦又跳，气焰十分嚣张。泰森呢？平静得犹如一个与世无争的"白痴"。

比赛一开始，麦克尼雷就以"飓风"般的快速出拳把泰森打得连连后退，一直退到台角。"泰森'老'了。"有人在叹息。但是，泰森敏锐地躲过了麦克尼雷的一记又一记快拳，稳住阵脚，开始还击，双方展开了凶猛的对抗攻击。"泰森还没有'老'。"又有人在议论。突然，泰森抓住了一次稍纵即逝的机会，一拳将麦克尼雷击倒在地。

全场大哗。

麦克尼雷是好样的，他很快站了起来，于是，比赛继续进行。令千万双瞪得滚圆的眼睛迷惘的是：重新站起来的麦克尼雷与几秒钟前判若两人，他连招架之功都没有了；泰森仿佛从刚刚挥出的一拳中找回了三年前的那种气贯长虹的感觉，他的每一拳都给麦克尼雷以沉重打击，犹如打在麦克尼雷的心上，把麦克尼雷的信心都打没了。仅仅过了30秒钟，人们还没有看清楚是怎么回事，泰森就以一记凶猛异常的右直拳击中麦克尼雷的左下颌，麦克尼雷颓然倒在地上。

麦克尼雷的教练赶紧跑上拳台，看了看麦克尼雷的伤势，示意裁判终止比赛。裁判宣布比赛结束。

1分30秒！

太不可思议了。这场比赛原计划打10个回合，如今连1个回合也没有打完，许多观众还没有看清楚比赛是如何进行的。

在热烈的欢呼声中，泰森面色冷峻，连一点想象中的笑容都没有，他平静地向观众们挥手致意，然后匆匆退出赛场。

专家评论说：麦克尼雷太缺乏经验，而且有些猖狂。他个高、臂长，却采用近台短距离攻击，这种战术注定失败。

其实，为了这出狱第一战，泰森及他的经纪人、助手、陪练费了老大一番苦心：泰森的训练完全处于保密之中，麦克尼雷及各界人士一无所知。泰森的经纪人不时散布出一些假情报，如泰森步伐呆滞、泰森反应迟钝，等等。麦克尼雷或许并不相信这些假情报，但他错误地估计了泰森的实力，竟想以己之"短"一鼓作气击倒泰森，犯了战略性错误。与麦克尼雷的既不知彼、也不知己相反，泰森的经纪人在为泰森选择第一个对手时用心甚是良苦。当最后决定让泰森与麦克尼雷交锋后，有关麦克尼雷在拳台上与人对阵的录像带源源不断地出现在泰森面前的电视荧屏上，泰森对麦克尼雷的战术风格及击拳动作了如指掌，并制定了相应的对策。

泰森出狱第一战：一方是盲目出击，一方是知己知彼，谁胜谁负，局中人早已了然在心，只是，麦克尼雷败得太惨。

# 第四章

# 形 篇

本篇论述依据敌我双方军事实力的强弱而决定攻守的战略思想，解析"先为不可胜，以待敌之可胜"的作战原则，提出"修道而保法"等一系列达到自保而全胜目的的军事理论。

**【原文】**

孙子曰：昔之善战者，先为不可胜①，以待敌之可胜②。不可胜在己③，可胜在敌④。故善战者，能为不可胜，不能使敌之可胜⑤。故曰：胜可知，而不可为⑥。

不可胜者，守也⑦；可胜者，攻也⑧。守则不足⑨，攻则有余⑩。善守者藏于九地之下⑪，善攻者动于九天之上⑫，故能自保而全胜也。

见胜⑬不过众人之所知⑭，非善之善⑮者也；战胜而天下曰善⑯，非善之善者也。故举秋毫不为多力⑰，见日月不为明目⑱，闻雷霆不为聪耳⑲。古之所谓善战者，胜于易胜者也。故善战者之胜也，无智名⑳，无勇功㉑。故其战胜不忒㉒。不忒者，其所措必胜，胜已败者也㉓。故善战者，立于不败之地，而不失敌之败㉔也。是故胜兵先胜㉕而后求战㉖，败兵㉗先战而后求胜㉘。善用兵者，修道而保法㉙，故能为胜败之政㉚。

兵法：一曰度㉛，二曰量㉜，三曰数㉝，四曰称㉞，五曰胜㉟。地生度，度生量，量生数，数生称，称生胜。故胜兵若以镒称铢㊱，败兵若以铢称镒。

胜者之战民也，若决积水于千仞之谿㊲者，形㊳也。

**【注释】**

①先为不可胜：首先造成一种不可被敌军战胜的形势。先，首先。为，造成。不可胜，不可被战胜。②待敌之可胜：等待敌人有可能被我军战胜的机会。待，等待。敌，敌方。可胜，可以被战胜。③在己：在于自己，引申为决定于自己。④在敌：在于敌人，引申为决定于敌人。⑤不能使敌之可胜：不可能强使敌军提供被我军战胜的机会。使，强使。⑥不可为：不可以强求。为，强求。⑦不可胜者，守也：敌人之所以不能战胜我方，在于我方防守得宜。⑧可胜者，攻也：战胜敌人，取决于我方进攻得当。⑨守则不足：兵力不足时应着重防守。守，防守。不足，这里指兵力不足。⑩攻则有余：在兵力充足有余时才发起进攻。攻，进攻。有余，这里指兵力有余。⑪藏于九地之下：将军队隐藏在很深很深的地下，使敌人莫测虚实。藏，隐藏、隐蔽。九地，极深的地下。"九"是虚数，古人常把"九"表示数的极点。⑫动于九天之上：军队进攻如同从天而降，既出其不意又势不可挡。动，发动，这里可引申为进攻。⑬见胜：预见到胜利。见，预见。⑭众人之所知：一般人都知道。众人，这里指一般的人、平常的人。知，知道，引申为预知、预测。⑮善之善：好而又好。善，好。⑯天下曰善：天下的人都说好。天下，这里指天下的人。⑰举秋毫不为多力：能举一件像毫毛那

样极轻极细的事物不能算是力量大。举，举起。秋毫，野兽秋天长出的毫毛，比喻为极轻、极细的事物。多力，力量大。⑱明目：眼睛很亮。⑲聪耳：耳朵听觉很灵。⑳无智名：没有多智多谋的名声。智，智谋。名，名声。㉑无勇功：没有勇敢的战功。勇功，勇敢的战功。㉒战胜不忒：打胜仗不会有差错。忒，可以引申为"差"或"差错"。㉓胜已败者也：战胜已经处于必败之地的敌人。已败，已经失败，已经处于必败之地。㉔不失敌之败：不放过使敌人失败的机会。失，丧失。敌之败，敌人的失败。㉕胜兵先胜：胜兵，打胜仗的军队。先胜，这里是指事先取得必胜的形势。㉖求战：宣战。㉗败兵：打败仗的军队。㉘求胜：谋求胜利。㉙修道而保法：修明治道，严明法度。修道，修明治道。保法，保持法度，严明法度。㉚为胜败之政：能成为支配用兵胜败的主宰。为，成为。政，训"正"，引申为主宰。㉛度：度量，这里是指土地幅员的大小。㉜量：容量，数量，这里是指人口和物质资源的数量。㉝数：数量，这里是指兵员的数量。㉞称：衡量，这里是指衡量敌我双方实力的对比情况。㉟胜：胜利，这里是指取胜的可能性。㊱以镒称铢：以很重的事物去称量很轻的事物，自然是轻重悬殊。这里是比喻胜兵对败兵的力量相差悬殊。胜兵的实力占有绝对优势。镒与铢都是中国古代的重量单位。一镒等于二十四两；一两等于二十四铢。㊲决积水于千仞之谿：决开积水，从千仞之高的山顶山涧冲下来。决，冲决。仞，中国古代高度单位，一仞为七尺。谿，山涧。㊳形：这里的形指的是由军事实力而造成的形势。

## 【译文】

孙子说：从前善于用兵打仗的人，先要创造出不会被敌人战胜的条件，来等待可以战胜敌人的机会。不被敌人战胜的主动权，掌握在自己手中。能否战胜敌人，则取决于敌人是否有隙可乘。所以，善于用兵打仗的人，能做到自己不被敌人战胜，但不能肯定敌人一定会被我战胜。所以说，胜利可以预知，但不可强求。

要不被敌人战胜，应进行防御；想要战胜敌人，应采取进攻。采取防御，是因为兵力不足；实施进攻，是因为兵力有余。善于防守的人，深深隐藏自己的兵力；善于进攻的人，高度发挥自己的力量，所以能保存自己并取得完全的胜利。

预见胜利，不超过一般人的见识，不算高明中最高明的；经过激烈战斗而后取胜，即使天下人都说好，也不算高明中最高明的。这就像举得起秋毫算不得力大，能看见日月算不得眼明，能听到雷声算不得耳灵一样。古时候所说的善于打仗的人，总是战胜那些容易战胜的敌人。所以，这些所谓善于打仗的人所取得的胜利，既没有智慧的名声，也没有勇武的战功。所以他们取得胜利是不会有差错的。其所以不会有差错，是因为他们的作战措施建立在必胜的基础之上，是战胜那已处于失败地位的敌人。善于打仗的人，总是确保自己立于不败之地，同时又不放过任何可以战胜敌人的机会。因此，打胜仗的军队，总是先创造取胜的条件，而后才同敌人作战；打败仗的军队，总是先同敌人作战，而后希望在作战中侥幸取胜。善于指挥战争的人，修明政治，确保法制，所以能够掌握战争胜败的决定权。

兵法的基本原则有五条：一是"度"，二是"量"，三是"数"，四是"称"，五是"胜"。敌我所处的地域不同，产生了双方土地面积大小不同的"度"；国家土地大小的"度"，决定了资源、粮食多少的"量"；国家资源、粮食状况的"量"，又决定了所能动员和供应军队的"数"；军人多寡的"数"，产生了军队实力强弱对比的"称"；而力量强弱的"称"，最终决定了战争的胜败。所以，胜利的军队，在力量对比上，就像用镒比铢那样，占绝对优势；失败的军队，在力量对比上，就像用铢比镒那样，处于绝对劣势。

胜利者指挥军队与敌作战，就像在万丈悬崖决开山涧积水，所向披靡。这是一种军事力量的表现。

## 【评析】

本篇主要论述军队作战首先要使自己立于不败之地，然后寻求敌人的可乘之隙，以压倒的优势，打击敌人，达到"自保而全胜"的目的。这也是唐太宗说的："攻是守之机，守是攻之策，同归乎胜而已矣。"

/不可胜在己，可胜在敌/

战争必以流血为代价，必以胜负为结局。胜负乃兵家常事。孙子以"伐谋为上"的战略思想指挥决策，他以为最全面、最成功的胜利是我方不受损失，而迫使敌人放弃目标。如果"伐谋"不成，则应"伐交"，即利用外交手段迫使敌人放弃目标。而"伐交"不成，则只得"伐兵"了。伐兵就是双方交战。在双方交战中如何把握胜负呢？

孙子曰："昔之善战者，先为不可胜，以待敌之可胜；不可胜在己，可胜在敌。"古代善于作战的人，首先要创造不被敌人战胜的条件，待机而动，战胜敌人。这是历代军事家都证明过的真理——在战争中，必须保存实力。当然保持自我不败的实力，不一定能战胜敌人。战胜敌人，就要预测战机，不能蛮干。孙子的这一胜负论，强调了三个原则：把握不败给敌手的条件，以保持自己不败之实力；待机而动战胜敌人；预测战胜敌人的战机，而不蛮干。这些原则，体现把握机遇、转换战机的胜负观。这三个战守原则蕴涵着从实际出发的素朴的辩证唯物主义精神，决定了孙子所倡导的战争攻守形式。

/ 守则不足，攻则有余 /

攻守形式论是本篇的中心。本篇其实可作为战争形式学的一个雏形。像所有的事物一样，战争也是有其形式的。一般说来，战争的形式表现于战斗的形式上，主要有攻、守两种。孙子在本篇中，研究了攻守状态、攻守目的、攻守基础、攻守作用、攻守指挥、攻守利害、攻守运动以及攻守的依存变化关系。

攻守基础在于军事实力。"守则不足，攻则有余"：采取守势，是因为取胜条件不足；采取攻势，是由于取胜条件有余。战争双方一旦交兵，首先需要确定的问题是要进行进攻战还是进行防御战。这要求将帅对攻和守的含义要有确切的理解。战史发展至今，进攻与防御已形成两种基本的作战体系。在攻与守的各种系列中，又分许多类型，然而归其根，就是孙子所说的"守则不足，攻则有余"。这是决策攻、守指挥的基础。

进攻作为一种战争的指挥原则不是随意可为的决策，要做到有备无患、攻与守兼备。在进攻战中所遵循的运动原则是出其不意。在本篇中，孙子形象描绘了善攻者的形象——"善攻者，动于九天之上，故能自保而全胜也。"善攻将士的行动如在高不可测的云天之上，使敌方无法探知我方行动的方向，我方则可以寻机而动、出敌不意地取得成功。

防御，是与进攻相对的战争形式。守法，与攻法一样是一种相当重要的战斗形式。孙子描述守式的全胜战略时说："善守者，藏于九地之下。"因为我军的防御形式如藏于深深的地下，敌人当然无法窥其形态。自古用兵，变化不同，并无定论，然而经验证明："先议守而后论战，乃保万全也。"

/ 立于不败之地而不失敌之败 /

本篇中，孙子提出全胜战略，是以"立于不败之地，而不失敌之败"为指导原则的。首先，以修明政治，确保法制为夺取战争胜利的主要条件。其次，则以战略资源作为进行战争的物质保证。在军事方面，孙子继《计篇》再次论述军事预测的价值、将帅作用等重要战略原则。

在"不败而求胜"论中，孙子以兵法五论（度，量，数，称，胜）展开与深化了关于地形、兵员、资源等军事谋策科学的军事运筹研究。我国古代军事运筹产生于孙子，是世所公认的。他的理论泽被后世，其养分也为后世能人吸取。刘邦一统天下，离不开"运筹帷幄"的张良、陈平等人；皇叔刘备能与曹操、东吴分庭抗礼，同样少不了诸葛亮的良筹妙算。

孙子创造条件、伺机取胜的理论不仅在军事上是不二法门，在现实生活的各个方面，也是百试不爽。

【军事谋略例说】

## 度尚智计平贼乱

度尚是汉桓帝时的荆州刺史，胆识过人。当时，湖南长沙、零陵一带，盗贼蜂起，尤以卜阳、潘鸿二贼为烈。度尚奉命进剿，三战三捷，卜阳、潘鸿两人被迫退入深山，凭险顽抗。度尚意图乘胜进剿，一举平息贼乱，但官兵们的口袋中已装满了金银珠宝，人人不思再战，个个渴望回师。度尚见状，心生一计道："卜、潘二贼非等闲之辈，现已退入谷中，凭险固守。我军连连征战，已疲劳不堪，不便轻进。如今，我正在调集各路兵马来增援，待援兵到达后，合兵一处，一举破贼。援兵来到之前，弟兄们可以多多休息，养精蓄锐；也可以习武练功、上山打猎。"

命令一下，各营官兵无不欢天喜地。开始几天，官兵们还是有所约束；几天之后，上山的上山，打猎的打猎，白天几乎倾营出动，晚上则又吃又喝。闹得不亦乐乎。

一天，度尚趁军营中无人之机，暗派亲信人员潜入各军营中，将几座营盘一把火烧光。到了傍晚，外出行猎的官兵们陆续归来，见军营和私囊中的金银珠宝全部化为灰烬，不由得连连叫苦，又恼又恨。度尚乘机对官兵们说："卜、潘二贼着实可恶！不杀不足以平我等心头之愤。卜、潘二贼所居之处，金银珠宝堆积如山，大家奋力剿杀二贼，今日的损失，明日补回，大家意见如何？"官兵们无端遭受了这么大的损失，哪里还有不愿意的。

第二天，度尚出奇兵飞抵卜、潘二贼的山寨，卜阳、潘鸿只道是官兵还在吃喝、行猎，没有丝毫的防备，被官兵一阵猛杀猛砍，四散逃走，卜阳和潘鸿两人则被杀死在混战之中。

荆州的盗贼从此平息。

## 西夏王以弱制强

北宋年间，北疆外的西夏和辽（即契丹）逐渐兴起。公元1044年，辽国夹山部落八百户叛辽归西夏，辽主耶律宗真向西夏主赵元昊索归八百户人马。赵元昊不答应，两国因此大动干戈。

交战初期，辽国依仗占优势的兵力，连连取胜，西夏被迫从贺兰山败退。辽国穷追四百余里不舍，赵元昊见力战难以取胜，心生一计，写下"议和书"，派使者送至辽营，向耶律宗真和韩国王萧惠求和。与此同时，赵元昊下令将所有的粮食带走，继续后退，还四处放火，将牧草一烧而光。

韩国王萧惠接到"议和书"后，放声冷笑不止。"议和书"上写道："夏兵接连数败，已无力再战，请求韩国王同意罢战议和"萧惠对西夏使者说："早知如此，何必当初。现在才想求和，晚了！"

萧惠挥师直到西夏大营，但所到之处，早已人去营空，只有一片焦土、漫漫烟雾。萧惠气急败坏，率兵急追，耶律宗真紧随其后。

辽兵追赶几十里后，又是只见一片焦土，几座空营。如此数次，辽军又追赶西夏军前进了一百余里。赵元昊不给辽军留下一粒粮食、一束牧草，辽大军深入西夏腹地，人断粮、马断草，饥渴难耐，又困又乏。就在这时候，赵元昊指挥西夏大军犹如从天而降，从四面八方合围上来。辽军已是强弩之末，又兼无粮无草，顿时兵败如山倒。赵元昊乘胜追击，歼灭耶律宗真的大军，耶律宗真只率亲信数人逃出。

赵元昊避敌锐气，诱敌深入，果断出击，以弱制强，巩固了西夏国的地位。

## 法国大战俄奥军

曾经一度叱咤风云的人物拿破仑，在戎马倥偬的战争中也曾手不释卷地研读《孙子兵法》，并且在战争中加以出色运用。

发生在1805年的奥斯特利茨战役，是法军与俄奥联军在欧洲第三次反法同盟对法战争期间进行的最后决战。恩格斯曾对这场战役进行了这样的评价：

第四章·形篇

"奥斯特利茨战役是战略上的奇迹。只要战争还存在,这次战役就不会被忘记。"原来,拿破仑在这场战争中运用"卑而骄之"、"攻其无备,出其不意"的原理打了胜仗。在会战前,拿破仑命令前哨开始撤退,并派手下武官萨瓦里去见俄皇亚历山大,恳求休战议和。拿破仑还请求与俄皇直接会面,并想派全权代表进行和平谈判。拿破仑的上述举动,令俄、奥联军有了错误的判断。他们以为拿破仑胆怯了,法军精疲力竭难以应付俄奥联军了。于是,决定向正在退却的拿破仑发动进攻。

1805年12月2日,在奥斯特利茨以西,维也纳以北120公里的普拉钦高地周围的丘陵地带,展开了这场血腥大战。拿破仑料到俄奥联军想致法军于死地,一定会截断他去维也纳和多瑙河的退路。因此,拿破仑故意把自己的左翼调开,好像是不打算保卫这个地区。他以少数兵力利用河川进行防御,主力则集结于班托维茨至波省立兹之间的地区。12月2日晨,俄奥联军果然向狄尔立兹、索科尔立兹方向发起攻击。拿破仑以少量兵力在此狙击,牵制联军主力的进攻,而将法军主力集中于联军兵力较弱的中央和右翼阵地。战斗开始后,法军首先抵御了联军的进攻,随即把握时机抢占普拉钦高地。到了中午,法军在普拉钦方向击溃联军,并切断了狄尔立兹方向联军的后路。联军被逼到半冰冻的萨地斯湖上。这时,法军向湖水进行猛烈的炮火攻击。冰层被炸碎,联军的火炮等重型装备掉进水里,骑兵陷入泥淖,联军士兵或被淹死,或被冻死,或被打死,惨不忍睹。奥皇弗兰茨和俄皇亚历山大仓皇逃走,俄军司令官库图佐夫受伤且险些被俘,法军大获全胜。法军的全胜瓦解了第三次反法同盟。

【商战谋略例说】

## 三菱趁乱炒铜价

1973年3月,扎伊尔发生了叛乱。这件事,对于远隔重洋的日本企业,似乎没有多少意义,但日本三菱公司的决策人员却没有放过这一信息。他们经过分析认为,与扎伊尔相邻的赞比亚是世界重要的铜矿生产基地,有可能受到叛乱的影响,对此不能掉以轻心。

于是,三菱公司的决策人员便命令情报人员密切注视叛军的动向。不久,叛军向赞比亚移动。公司总部接到这一情报后经过分析,预见到叛军将切断交通,由此必将影响到赞比亚铜矿的输出,从而影响世界市场上铜的价格。

三菱公司经过推断，果断地作出决策，大量收购市场上的铜。而当时，叛军尚未切断交通，市场上铜的价格没有太大的波动。三菱公司趁机低价购进了大量的铜，待机卖出。

果然，后来扎伊尔叛军切断了赞比亚的交通，每吨铜价上涨了60多英镑，三菱公司将先前购进的铜卖出，赚了一大笔钱。三菱公司乘扎伊尔发生叛乱之机，劫了一笔横财。其成功的关键就在于公司决策人员多谋善断，从信息情报中寻找"火"源，并进行推断，从而将一般人所不曾留意的信息变成了财富。

## 不动声色囤粮食

20世纪70年代中期，日本一家贸易公司派驻外国的机构，不动声色地从国际市场中购进了大批粮食。由于利用了众多的代理人，这一行动并没有引起人们的注意。没过多久，苏联与美国达成了一项从美国进口大批小麦的协议。消息一经透露，世界粮食市场顿时价格暴涨。该公司趁机将已购进的粮食抛出，从而获得了巨额利润。巧合吗？不，这是一次极为成功的"趁火打劫"行动。

事情是从该公司驻莫斯科人员的一封电报引起的。在这封发往该公司东京总部的电报里提到，苏联的几名高级对外贸易专员启程前往美国纽约。这是一则极其普通的外事活动消息，一般人对此都视若无睹，但是该公司总部的分析人员却从中嗅出了发财的机会。他们认为：

第一，这么多高级专员同时前往美国绝非私人活动，那么这样高层次的外事活动为什么不公开见报？苏联有何难言之隐？

第二，这么多高级专员同时秘密出动，不正意味着将有势在必行的大行动吗？

第三，美苏两个大国如果有什么大行动都会影响到国际社会，这对本公司有何影响？或者从中可能获得什么样的机会？

总部立即电令其驻美国纽约的人员密切注意这些苏联人在美国的活动。尽管驻纽约人员接电后四处奔走，多方打听，但由于苏联专员一直没有公开露面，因此无法得知他们此行的目的，只知道美国的接待官员中有专管外贸的，也有专管农业的，最后还发现没有几天苏联专员就离开纽约飞往科罗拉多州去了。

总部接到驻纽约人员的汇报后，进行了综合分析：

第一，从资料中查明，苏联的几名高级贸易专员是分管农业产品贸易的，可见他们去美国与农产品有关。

第二，科罗拉多州是美国盛产小麦的粮仓之一，可见苏联人的科罗拉多州之行与粮食有关。

第三，科罗拉多州当年小麦的收成很好，苏联人的行动一直秘而不宣，显然是苏联当年粮食歉收，派人去美国是为了寻求粮食援助。

经过分析，总部得出如下结论：近期内美苏将达成大批粮食贸易协定，由此将引起世界粮价上涨，本公司不应该放过这次大好机会。

于是，一封封囤购粮食的秘密电报，从东京总部向各驻外机构发出，结果演出了本故事开始的那一幕戏。

## 投其所好近客户

查理斯·华特先生是美国纽约某大银行的职员。一次，某公司向该银行申请一笔贷款，银行对该公司的信用有怀疑，派华特先生去进行调查。恰好，该公司的董事长是华特先生的一位旧相识，华特先生便径直进入了董事长的办公室。

刚刚坐定，董事长的女秘书忽然从门后探进头来，说了一句话："真抱歉，今天没有什么邮票送给您。"

女秘书一眼看见办公室中有客人，把头缩了回去，董事长也有些不好意思，连忙向华特解释说："我有个儿子，12岁，正在收集邮票。"随后把话题一转，询问华特的来意。

华特毫不隐讳地讲明了自己的目的。董事长对银行的疑虑有些反感，故意不回答华特的问题，令华特十分尴尬，华特只好与董事长话别。

回到家中，华特久久不能平静。"太不够朋友了。"他想，"但是，任务没完成，不能交差，还得想办法呀！"华特忽然想起了那位女秘书，"该死的秘书小姐，也许正是因为她才把事情弄糟的。"华特在心中诅咒着。过了一会儿，女秘书的话又在耳边响起来：ّ"今天没什么邮票送给您。"华特跳了起来，"邮票！对，是邮票——董事长不是说他的儿子正在收集邮票吗？银行里每天都有来自世界各地的邮件，世界各国的邮票都有，为什么不在邮票上做做文章呢！"

第二天，华特带着数十枚精致的邮票去找董事长，并让女秘书先去通报："我是来给董事长送邮票的。"董事长立刻热情地接待了华特，两个人从眼前的几十枚邮票谈起，一直谈到最早出现的"黑便士"，董事长很高兴地把爱子的照片拿了出来，让华特观看。最后，不待华特开口，董事长就滔滔不绝地把该公司的情况一一向华特作了介绍，自己不明了的地方，董事长还召来部下，让部下给华特介绍。华特先生终于圆满地完成了上司交给的任务。

## 瘟疫带来好商机

1975年初春的一天，美国亚默尔肉食加工公司老板菲力普·亚默尔坐在自己的办公室里翻阅报纸，了解当天的新闻。

突然一则几十个字的短讯，使他兴奋得差点跳起来：墨西哥发现了疑似瘟疫的病例。他马上想到，如果墨西哥真的发生了瘟疫，一定会从加利福尼亚州或得克萨斯州边境传染到美国来。而这两个州又是美国肉食供应的主要基地。肉类供应肯定会紧张，肉价一定会猛涨。

当天，他就派家庭医生亨利赶到墨西哥。几天后，亨利发回电报，证实那里确有瘟疫，而且很厉害。

亚默尔接到电报后，立即集中全部资金购买加利福尼亚和得克萨斯州的牛肉和生猪，并及时运到美国东部。

不出所料，瘟疫很快蔓延到美国西部的几个州。美国政府下令：严禁一切食品从这几个州外运，当然也包括牲畜在内。

于是，美国国内肉类奇缺，价格暴涨。亚默尔趁机将先前购进的牛肉和猪肉抛出，在短短几个月里，他净赚了900万美元。亚默尔慧眼独具，发现了瘟疫即将流行的征兆，预测到可能出现的局面，把握和充分利用了瘟疫蔓延所带来的机遇，进而取得了成功。

趁瘟疫这把"火"，亚默尔"劫"到一大笔财，不愧是一名商战高手。

## 把握火候赢商战

日本制的电子计算机现在风行全世界，但是不少使用者可能不知道，电子计算机的摇篮不在日本，而是在远隔重洋的英美两国。

1950年，虽然大型电子计算机发展很快，但是由于它价格昂贵，结构复杂，使用不便，不能适应商业、科学技术等各方面的需要。原来广泛使用的电动计算机又不能满足一些新的科技要求。1962年，一种小型、灵活、便宜、使用方便的电子计算机问世了，它几乎是由美国威尔公司和英国隆姆洛克公司同时发明的。

然而这一发明成果并没有引起美国计算机制造业的重视。一些占主导地位的大公司在小型计算机领域内，无不毕尽全力从事电动计算机的研究和改进，使之达到几乎尽善尽美的程度。这些辉煌的成就使他们思想保守，反应迟钝，目光短浅，没有看出新生电子计算机强大的生命力。在威尔和其他公司发展电子计算机生产技术遇到较大困难时，这些大公司还暗自庆幸。他们更加坚信自己的电动机械式计算机才是正宗，电子计算机不过是旁门左道，没有什么发展前途可言。

密切注视市场及技术动向的日本声宝公司了解到这一切后，敏锐地觉察到这是一个大好机会。于是，趁着威尔等公司面临困难之际，果断地从美国引进样机，发挥自己生产晶体管收音机、电视机和家用电器累积的技术和生产经验，集中人力物力进行仿制，终于在1964年获得成功。接着，他们又发挥当时日本劳动力比美国廉价的优势，并采用了大规模集成电路，大幅度地降低了价格，形成强大的竞争力。

1971年，在电子计算机的故乡美国的市场上，日本货竟占80%以上！

及时地发现"火源"并把握"火候"（机会），充分发挥自己的优势是实行此项计策的唯一诀窍。任何事物都不会一成不变，因此"火源"总是不断出现，你能及时把握住吗？任何事物都是有利有弊的，绝不能说你毫无优势，当你的优势与机会重合时，马上行动，你就是成功者！

【人生智谋例说】

## 苏无名巧断珍宝案

唐朝武则天在位时，太平公主丢失了两箱奇珍异宝，武则天大怒，限令洛阳长史在三天内破案，否则严惩不赦。长史诚惶诚恐，派出捕快四处搜寻，捕快们没有寻到与案件有关的线索，却在途中遇到了以破案闻名的湖州别驾（官职名）苏无名。捕快们把苏无名推荐给长史，长史又把苏无名推荐给武则天，苏无名请求武则天将破案期限延长，武则天同意了。

苏无名回到衙门中，对众捕快说："过几天就是清明节，你们分头到城东门守候，如发现有穿孝服的胡人出城向北邙方向走去，就跟踪他们，观察他们的动向。但千万不要惊动他们，同时赶紧派人报告给我。"

到了清明节，捕快们乔装打扮，混在百姓当中，守候在城东门附近，果然发现有十多个胡人在北邙山扫墓。捕快们一面远远地跟随在后，一面派人去报告给苏无名。十多个胡人到了北邙山，在一座新墓前停下，摆上各种祭品，面向新坟跪下，哭了一通。祭奠后，又围着新坟转了一圈，然后离去。捕快们隐匿在树丛中，发现十几个胡人并无悲伤之情，哭声是硬装出来的，绕坟走动时还有人在笑，于是把这一切都报告给了匆匆赶来的苏无名。

苏无名立即下令捕人："赶快调集人马，将那十几个胡人捕捉归案，不许漏掉一人！他们就是盗窃太平公主珍宝的贼人。"又对捕快头头说："再派几个人将新坟掘开，太平公主的珍宝尽在坟内！"

捕快们立刻一一照办。十几个胡人被捕获后，对所窃珍宝之事供认不讳。挖开新坟，太平公主的珍宝果然全在坟中。

武则天重赏了苏无名，又向他请教破案之法。苏无名回话道："臣在来都城时曾与十几个胡人在东门不期而遇，当时看见他们抬着一口棺材出葬，神色有异，就怀疑他们不是好人，棺材内装的可能不是死人。后来听说公主丢失了珍宝，捕快们四处搜寻也找不到踪影，臣立刻想到了这伙歹人身上，只是不知道他们把棺材抬到哪里下葬去了。清明时节，照例应该出城奠祭，臣估计这伙歹人肯定会出城，于是派捕快在东门等候。歹人们哭得不悲伤，这证明坟内埋的不是人；歹人们围着坟转，并且发笑，证明珍宝还在坟内。臣请求陛下宽限破案时间，这是为了麻痹他们，否则，他们狗急跳墙，挖开坟墓，取出珍宝，逃之夭夭，这案件就不好侦破了。"

## 触龙劝说赵太后

战国时期，赵惠王刚死，孝成王继位，由他母亲赵太后执政。就在这多事之秋，秦国派出大军攻打赵国，赵国接连丢掉三座城池。万分危机之时，赵太后派使臣去齐国求助。齐王回话说，兵可以出，但必须以惠文王，即赵太后的小儿子长安君做人质。赵太后听说要以自己的小儿子做人质，脸色顿时变

第四章 · 形 篇

了，立刻拒绝了齐国的要求。

秦国见齐国按兵不动，更加猖狂，赵国危在旦夕。众大臣焦急万分，纷纷出面劝说赵太后让长安君去做人质，赵太后越听越生气，说："谁要再提让我儿子去做人质，我就往他脸上吐唾沫！"

众大臣退到一旁，不再说话。沉默了好久，老臣触龙慢慢地走了上来。赵太后心想，这又是一个来劝说的，她的火直往上蹿："好吧，可别怪我不客气！"赵太后一脸怒容，目光逼人，昂首立在那儿。

触龙走到赵太后面前，歉疚地说："老臣的脚有毛病，走不快，常常自我原谅，不知太后身体可好吧？"赵太后见触龙不是来劝说自己让儿子去齐国做人质的，便回答说："我是以车代步的。"触龙又问："太后的饮食如何？"太后说："我每天只吃粥。"触龙说："我的食欲很不好，每天勉强行走，一天走三四里路，食量稍稍有所增加，因此对身体有好处。"太后道："我是做不到了。"两人谈到这里，赵太后的怒气渐渐少了。触龙见太后面色好转，渐渐地把话题扯到自己的儿子身上，希望在自己死前，请太后给自己年仅15岁的儿子在宫廷中安排一个卫士的职务。赵太后吃了一惊，问："男人也疼爱他们的儿子吗？"触龙笑道："那当然，也许比女人疼爱她们的儿子更加厉害呢。"赵太后感到很有趣，气也消了，怒也没了，只顾和触龙推心置腹地交换起意见来。

触龙见时机已到，语重心长地对赵太后说："我们做父母的，哪个不爱儿子。太后疼爱长安君，封给他好地，给他贵重的用品，这都应该。同时，我们也应该让他为国立功。否则，一旦太后有不测，长安君寸功没有，怎么能在赵国安身呢？"

一句话说到赵太后心上。赵太后恍然大悟，说："你说得对啊，长安君就交给你了，你想把他派到哪里去就派到哪里去吧！"

触龙立刻派使者将长安君送到齐国，齐国见赵国讲信用，马上发兵增援赵国。秦国见状，只好撤兵，赵国的危险解除了。

## 林肯智揭伪证人

亚伯拉罕·林肯是美国的第十六位总统。他在就任总统前，曾经当过律师，接手过著名的阿姆斯特朗案件。

阿姆斯特朗是林肯的一位已故好友的儿子，为人正直、善良，但却被诬陷为谋财害命的罪犯。全案的关键在于原告方面的证人福尔逊，他在法庭上发誓说：10月18日晚，他在草堆后面，在明亮的月光下，清清楚楚地看见阿姆斯特朗躲在大树后面向被害人开枪射击，打死了被害者。

林肯坚信阿姆斯特朗是个无辜者，他在查阅了有关档案后，又实地考察了被害者遇难现场，然后以被告律师的身份要求法庭开庭复审。

在法庭上，林肯问福尔逊："你在草堆后面看见阿姆斯特朗，从草堆到大树有二三十米呢，你不会看错吗？"福尔逊毫不犹豫地回答："不会错，因为月光很亮。"林肯又问："你能肯定不是从衣着方面认清的吗？"福尔逊说："肯定不是。当时，月光正照在他的脸上。我清清楚楚地认出了他的那张脸。"林肯追问道："你能肯定时间是在晚上11点钟吗？"福尔逊耸耸双肩，道："毫无疑问。因为我当即回屋看了看表，那时正是11点一刻。"林肯最后问道："你能担保你说的全是事实吗？""我可以发誓！"福尔逊面对林肯和众多的听众，神情有些激动，"我说的全是事实！"

林肯向四周看了看，然后以不容置疑的口吻，郑重地宣布道：

"尊敬的陪审官，先生们，女士们：我不能不向大家宣布一个事实：这位福尔逊证人先生是一个地地道道的大骗子！"

法庭内顿时骚乱起来。

"肃静！肃静！"法官威严地吆喝道。

原告气咻咻地质问林肯："请律师先生回答，你有什么证据指责我的证人是骗子？"林肯微微一笑，不慌不忙地说："你的证人福尔逊先生口口声声说他在明亮的月光下清清楚楚地看到了阿姆斯特朗的脸，可是，请不要忘记，10月18日那一天是上弦月，在11点的时候，它早已下山了，福尔逊先生是如何看到明亮的月光和阿姆斯特朗的脸呢？退一步来说，即使是福尔逊先生把时间记错了，月亮还在天上，但在那个时候，月亮是在西天上，月光是从西照射向东的，大树在西面，草堆在东面，被告阿姆斯特朗如果真的是在大树后面，面向草堆，他的脸上是不可能有月光的，福尔逊先生怎么能看到月光照在被告的脸上并认出被告呢？"

法庭内发出一片哄笑声，听众、陪审官员以及法官们都为林肯无懈可击的分析而折服。

证人福尔逊狼狈不堪，他只好供认自己是被人收买来诬陷被告的，阿姆斯特朗被当庭宣告无罪释放。

　　林肯凭借聪明的才智，揭穿了伪证人的卑鄙行径，为无辜的阿姆斯特朗洗去了耻辱，也为自己赢得了声誉。

## 第五章 势 篇

本篇着重分析在对敌军实施战略进攻中如何从战略上运用"奇正"结合的原则,创造一种高屋建瓴、出奇制胜的态势,提出"择人而任势"的辩证法思想,主张灵活机动的用兵策略。

**【原文】**

孙子曰：凡治众如治寡①，分数②是也；斗众如斗寡③，形名④是也；三军⑤之众，可使必受敌⑥而无败者，奇正⑦是也；兵之所加，如以碫投卵⑧者，虚实⑨是也。

凡战者，以正合⑩，以奇胜⑪。故善出奇者⑫，无穷如天地⑬，不竭如江河⑭。终而复始⑮，日月是也；死而复生⑯，四时是也。声不过五⑰，五声之变⑱，不可胜听⑲也。色不过五⑳，五色之变，不可胜观也。味不过五㉑，五味之变，不可胜尝也。战势㉒不过奇正，奇正之变，不可胜穷㉓也。奇正相生㉔，如循环之无端㉕，孰能穷之？

激水之疾㉖，至于漂石㉗者，势㉘也；鸷鸟之疾㉙，至于毁折㉚者，节㉛也。是故善战者，其势险㉜，其节短㉝，势如彍弩㉞，节如发机㉟。纷纷纭纭㊱，斗乱而不可乱㊲也；浑浑沌沌㊳，形圆而不可败也㊴。乱生于治，怯生于勇㊶，弱生于强㊷。治乱，数也㊸；勇怯，势也㊹；强弱，形也㊺。

故善动敌者㊻，形之，敌必从之㊼；予之，敌必取之㊽。以利动之㊾，以卒待之㊿。故善战者，求之于势㊿，不责于人㊿，故能择人而任势㊿。任势者，其战人㊿也，如转木石。木石之性，安则静㊿，危则动㊿，方则止，圆则行㊿。故善战人之势，如转圆石于千仞之山㊿者，势㊿也。

**【注释】**

①治众如治寡：管理数量众多的人就如同管理数量很少的人那样。治，治理、管理。众，众多，这里指众多的人。寡，少，这里指数量很少的人。②分数：部分为分，什伍为数。分数就是指军队的编制。③斗众如斗寡：指挥众多的人作战就如同指挥很少的人作战那样。斗，战斗。斗众，指挥众多的人作战。④形名：旌旗曰形，金鼓曰名。形名就是指古代作战用的旌旗、金鼓。⑤三军：中国古代作战，军队常分为上、中、下三军，或左、中、右三军，故三军即可泛指军队。⑥必受敌：全部军队遭受敌军的攻击。必，通"毕"，可引申为完全、全部。受敌，遭受敌军攻击。⑦奇正：中国古代军事术语，当敌为正，旁出为奇。⑧以碫投卵：用坚硬的石头投击鸡蛋。碫，一种很坚硬的石头。卵，蛋。⑨虚实：虚，空虚，这里指用兵时防守空虚或实力空虚。实，充实、坚固，这里指用兵时军力充实或防守坚固。⑩以正合：正，这里是指正兵、正道。合，会合、交合，这里是指合战、交战。⑪以奇胜：以奇兵取胜，出奇计制胜。奇，奇特，这里指奇兵、奇计。⑫善出奇者：善于出奇兵（或奇计）的人。⑬无穷如天地：像天地运行一样，没有止境。

·104·

无穷，没有穷尽、没有止境。⑭不竭如江河：像江河的水那样长流不息，不会枯竭。竭，枯竭。⑮终而复始：这里是说，日月运行去而复来。终，终结。始，开始。⑯死而复生：这里是说春夏秋冬四季的变化有盛有衰，盛而又衰，衰而又盛。死，死亡。生，生长。⑰声不过五：声调不过五种。声，声音。五，这里指宫、商、角、徵、羽五种音调。⑱五声之变：宫、商、角、徵、羽五种音调的变化。⑲不可胜听：这里是指听不尽的音乐。胜，这里作"尽"解。⑳色不过五：这里是指自然界基本颜色不过红、黄、青、黑、白五种。色，这里指红、黄、青、黑、白五种基本颜色。㉑味不过五：这里是指一切食物都不过是酸、辛、咸、甘、苦五种基本滋味。味，滋味。㉒战势：这里是指因具体的兵力部署和作战方法而形成的战争态势。势，态势。㉓胜穷：完全穷尽。㉔奇正相生：正兵与奇兵相互依存，相互作用，相互转化。㉕循环之无端：像循历其环一样，没有首尾，没有止境。循环，循历其环。㉖激水之疾：像流速很快的湍激之水那样迅猛有力。激水，湍激之水。疾，迅猛。㉗漂石：把石头漂走。漂，漂流。㉘势：这里的"势"，是指一种居高临下的具有巨大冲击力的态势。㉙鸷鸟之疾：像鹰鸷那样快速猛烈。鸷鸟，一种很凶猛的鸟，如鹰、鸷之类。疾，快速、猛烈。㉚毁折：毁伤、杀死。㉛节：这里的"节"，是指时机、关节。㉜其势险：形势（态势）险峻。㉝其节短：时机短促。㉞彍弩：彍，张开。彍弩：张开的弩箭。㉟发机：扳动机钮，这里是指扳动弩箭的机钮，让弩箭瞬间射出。机，机钮。㊱纷纷纭纭：多而紊乱。纷纷，紊乱的样子。纭纭，多而乱的样子。㊲斗乱而不可乱：在人数众多又纷乱的状态中作战，却能使自己的部队保持一定秩序而不被打乱。斗乱，指在纷乱的状态中作战。㊳浑浑沌沌：混乱迷濛不清的样子。㊴形圆而不可败也：由于采用圆形阵式，故能首尾相接，运动自如，不致失败。形圆，即圆形，这里指的是一种圆形阵式。㊵乱生于治：能够示敌以乱，是来源于严格有序的军事训练和军事管理。乱，混乱。治，治理，引申为严格有序的管理。㊶怯生于勇：能够示敌以怯，是来源于将士们有勇敢顽强的素质。怯：怯弱、畏怯。勇，勇敢。㊷弱生于强：能够示敌以弱，是来源于本军有强大的实力。弱，懦弱、羸弱。强，强大。㊸治乱，数也：意思是说，军队的治或乱是由军人的编制和组织是否合理决定的。数，指"分数"，即军队的编制和组织。㊹勇怯，势也：意思是指士卒的勇敢或畏怯，是由战争态势的有利或不利决定的。㊺强弱，形也：意思是指军队战斗力的强大或弱小是由双方军队的实力显现的。㊻善动敌者：是指那些善于用计"调动"敌军的将领。动，调动。㊼形之，敌必从之：意思是说，只要通过伪装，示敌以形，敌军便会跟着走。形之，指示敌以形。㊽予之，敌必取之：意思是说，只要伪装给予敌军以"利"，敌军必定来夺取。予之，指给予敌军以"利"。㊾以利动之：指以利益调动敌军。㊿以卒待之：以重兵等待敌军到来，以便歼灭它。卒，泛指军队。㉛求之于势：诉求于有利的态势。求，诉求。势，态势。㊵不责于人：不苛责于部属与士卒。责，责备、苛责。㊶择人而任势：挑选人才去利用和创造有利的态势。择，选择、挑选。任势，利用或创造形势（态势）。㊷战人：指挥军队与敌人作战。㊸转木石：滚动木头与石头。㊹木石之性，安则静：木头与石头的性质是把它放在平坦安稳的地方，它们就能静止不动。性，性质。安，安稳。㊺危则动：这里是说，把木头或石头放在险峻陡峭的地方，它们就会滚动，而且势不可挡。危，危险，指险峻陡峭的地方。㊻方则止：方形的物体总是静止不动的。方，方形。㊼圆则行：圆形的物体总是要行走、滚动的。圆，圆形。㊽转圆石于千仞之山：从高达七千尺高的山顶向下滚动圆石，那力量是不可阻挡的。仞，中国古代衡量高度的标准，一仞为七尺。㊾势：是指在"形"（军事实力）的基础上，发挥将帅的主观作用，因而造成的有利作战态势。

## 【译文】

孙子说：通常而言，管理大部队，如同管理小部队一样，这属于军队的组织编制问题；指挥大部队作战，如同指挥小部队作战一样，这属于指挥号令的问题；庞大的军队一旦遭受敌人的进攻而不溃败的，是由于"奇正"运用得正确；对敌军所实施的打击，如同用石头打鸡蛋一样，是由于"避实就虚"运用得适宜。

作战总是用"正"兵挡敌，用"奇"兵取胜。所以，善于出"奇"制胜的将帅，其战法变化就像天地运行那样变化无穷，像江河奔流那样源源不竭。入而复出，如同日月的运转；去而又来，类似四季的更迭。乐音不过五个基本音阶，可是五个音阶的变化，就听不胜听；颜色不过五种色素，可是五种色素的变化，就看不胜看；滋味不过五种，可是五种味道的变化，就尝不胜尝；作战的形式不过奇、正两种，可是"奇""正"的变化，就无穷无尽。"奇""正"相互转化，就像顺着圆环旋转一样，无始无终，谁能穷尽它呢？

湍急的流水飞快地奔流，以致能冲走巨石，这是倾泻的水势造成的；鸷鸟迅速猛击，以致能捕杀鸟兽，这就是短促迅猛的攻击节奏所致。所以，善于指挥作战的人，他所造成的气势是惊险的，所发出的进攻节奏是短促的。惊险的气势就像张满的弓弩，短促的节奏就像击发弩机，把箭突然射出。战旗纷乱，人马混杂，在混乱之中作战，要保证我方军队整齐不乱；战车转动，步卒奔跑，在混沌不清的情况下打仗，要布阵周密，各方面都能对付可能发生的情况而不会被打败。在严整的基础上佯装混乱，在勇敢的基础上佯装胆小，在强大的基础上佯装弱小。严整或混乱，是由组织编制的好坏所决定的；勇敢或怯懦，是由局势的有利与否所影响的；强大或弱小，是由力量大小的对比所形成的。

所以，善于调动敌人的将帅，伪装假象迷惑敌人，敌人就会听从调动；抛出诱饵引诱敌人，敌人就会前来争夺。利用小利引诱调动敌人，再用伏兵待机歼击它。善于作战的人，要依靠并善于造成有利的态势以取胜，而不苛求部属。所以，他能选择人才去利用和创造各种有利的态势。善于利用态势的人指挥作战，就像滚动木头、石头一般。木头、石头的特性是，放在安稳平坦的地方就静止，放在险陡倾斜的地方就滚动。方形的木石容易静止，圆形的木石容易滚动。所以，善于指挥作战的人所造成的有利态势，就像转动圆石从万丈高山上滚下来那样，这就是所谓的"势"！

## 【评析】

本篇主要论述在有一定军事实力的基础上，发挥将帅的指挥才能，造成和利用有利态势，出奇制胜地打击敌人。《兵势篇》是孙子兵法军事指挥学的概说。军事指挥是决定战争胜负的又一主要内容。它与军事谋略、军事后勤并驾齐驱。本篇对将帅指挥原则，精妙的指挥技巧，任人、择势、争取指挥主动权等问题都有独到的论述。

### /奇正相生出奇制胜/

在《兵势篇》中，孙武提出了奇正概念，这对于用兵打仗是普遍适用的，古今中外，概莫能外。

的确，军队作战，无非处于两种态势：一是正面、公开迎击敌人，这是正兵；一是侧面、迂回、隐蔽地发起突然袭击，这是奇兵。这两者又是相互依存、相互促进、相互转化的。没有正兵，自然谈不上什么奇兵，但没有奇兵，也无谓正兵；没有正面的迎击敌人，奇兵也很难取胜，即使是取得某些成功，也不能保证全局性胜利；反之，亦难取胜。奇兵本身就是正兵的一部分；而奇兵袭敌之后，又会变成正兵。所以，凡打胜仗的军队都是正奇兵同时并用。

然而，在全面认识正兵与奇兵的作用时，孙武更重视奇兵的运用，提出了"以正合，以奇胜"的命题，认为运用奇兵是夺取胜利的主要战法。打仗是真正的你死我活的事情。只有正面硬拼，往往两败俱伤，难断胜负。故须运用奇兵出击，消灭敌人的有生力量，打乱敌方的军事部署。孙武认为，奇兵的特点是一种"势如弸弩，节如发机"之势，出敌不意快速、猛烈地袭击敌人。他强调指出：奇兵运用能否成功，关键是善于伪装，示形于敌；以小利调动敌军，引诱敌军上当。不过，示形的方式和计谋是千变万化的，这要相机而动。日军偷袭珍珠港，就是这方面的典型范例。

正奇结合、出奇制胜，包含着矛盾相反相成的哲理。而在矛盾属于你争我夺，甚至是你死我活的事物中，作为与"正"相反的"奇"的一面，在实践中常常要求人们在实行某种伪装和欺骗的条件下，抓住时机采取出其不意的突然行动，促进矛盾的迅速解决，推动事物的飞跃发展。这在战争中如此，在政治斗争乃至企业商战中也相类似。

### 顺势而治因人任势

"势"是指挥家利用地形、时机的特点所制造的鼓舞士气、振发军威的形势。激发部队声威的形势，是战争胜利的先导。孙子所言"势"，并非纯物质条件的，也不是纯精神的，而是以战争存在的物质环境为基础制造的军队声威。军队良好的声威，是十分珍贵的胜利因素。古语所谓"胜在得威，败在失气"，就是这个道理。保持卓越的军威士气之势，是胜利的根本保证。不过，战争环境往往与时俱变，今日顺势，环境可人，士气饱满，明日可能大变，环境竟无以存身。所以，在充满了意外的战争环境中，顺势而保持军威士气是十分必要的。顺势而治，也成为各级指挥员所必需的素质。

顺势而治的三原则为："治乱，数也；勇怯，势也；强弱，形也。"军队的勇与怯与军队所处的"形势"相关，而军队的强弱是军队实力的表现。但是，此三者在动态变化中，在一定条件下，乱治之间、勇怯之间、强弱之间都可以相互转化。"势"之转化，在于"顺势而治"，即利用有利的形势，调动敌人，使我方获得争取胜利的条件。

然而，形成"势"的因素不仅是客观战地环境，还有在人参与之后所造成的战略、战术优势。所以善于选择战机，形成压倒敌人的优势是十分重要的。孙子所说的"任势"就是强调利用有利的形势，组织指挥进攻，以求一举得胜。"任势"与择人密切相关，"择人而任势"是孙子实施奇正战略方针的途径之一。指挥官是审时度势、辨认战机、选择战机的关键人物。所以"任势"的本义乃是"人"发挥主观能动性，根据战场环境的诸要素，顺势而治，捕捉最有利战机，以战胜敌人。

"任势"的战略战术思想，不仅仅局限于战场，在政治、经济及文化领域都有利用形势、抓住时机取得成功的问题。比如企业经营活动，特别要抓住制造产品、供货、销售等重要环节。在产品销售时，就要测算好市场动态，按市场需要制造、推销产品，赢得利润。

【军事谋略例说】

## 曹操奇兵袭乌巢

东汉末年，群雄逐鹿。在几经征伐之后，黄河南北地区，逐渐形成了袁绍、曹操两大集团对峙的局面。袁绍兵多将广，地域辽阔，占有很大的优势，曹操担心袁绍攻伐，自己防不胜防，于是陈兵官渡（今河南中牟东北）以吸引袁绍。公元200年八月，袁绍率大军接近官渡，东西连营几十里。双方相持了三个月，互有伤亡，不分胜负。

曹操的实力远不如袁绍，时间一久，曹军的粮食供给发生了问题。曹操动摇起来，想撤军回许昌。他给在许昌的谋士荀彧写了封信，征询荀彧的意见。荀彧坚决反对曹操回师，他在回信中写道："袁绍军人数虽然众多但战斗力很差。我军以其十分之一的兵力扼守官渡半年多，袁绍竟不能前进半步，这就是证明。现在袁绍的军队也已很疲乏，此时正是出奇制胜的时候，万万不可错过良机■■"

荀彧的信坚定了曹操在官渡击败袁绍的信心。几天后，曹军捉获袁军的一个间谍，间谍供认：袁军将令韩猛押送粮车数千辆将要运至官渡，他是来给韩猛探路的。曹操立即派徐晃、史涣二将前去堵截。韩猛不敌徐、史二将，粮食全被徐、史劫走。

袁绍失去几千车粮食，十分懊丧。再次运粮时，他派大将淳于琼率万人护送，并将粮食囤积在距自己大营以北四十里的乌巢（河南延津东南）。袁绍手下的谋士许攸是曹操的故友，其亲属因触犯军法被袁绍的亲信谋臣审配关入监狱之中，许攸为自己的亲属争辩了几句，袁绍大怒，将其逐出军营。许攸一气之下离开袁绍，投降了曹操，并把袁绍的军粮全集中在乌巢一事报告给曹操。

曹操正在为如何才能出奇制胜而大伤脑筋，听完许攸的话，顿时胸有成竹。他连夜采取行动，命令曹洪留守大营，亲自率领5000精兵，打着袁军的旗号，骗过巡逻的袁军，在破晓之前赶到乌巢。5000精兵，人人带有引火的柴草，众人一齐动手，乌巢顿时火光冲天，而负责守护乌巢的淳于琼还来不及上马，就已成为曹操的俘虏。

乌巢的军粮被曹操焚毁后，袁军军心动摇。袁绍又偏听偏信郭图的话逼走了大将张郃、高览，士气愈发衰落。曹操抓住战机，发起猛攻，袁军折损7万余人，袁绍和儿子袁谭落荒而逃，逃回到河北时，仅剩下800余名骑兵。

## 以退为进反击战

1930年8月，蒋介石任命陆海空总司令武汉行营主任何应钦为"鄂、湘、赣三省剿匪总指挥"。10月，确定赣南为剿匪重点，着手部署第一次"围剿"。12月7日，蒋介石抵达南昌市中心洗马池，召开"剿共军事会议"，何成浚、朱绍良、鲁涤平及张辉瓒等10余人出席。蒋介石面授机宜，制定了"长驱直入，外线作战，分进合击，猛进猛打"的16字方针，调集了11个师2个旅，约10万人马，还派出3个航空队，进行第一次"围剿"。

毛泽东面对气势汹汹而来的10万敌军，据《孙子兵法》，提出了"大步进退，诱敌深入，集中兵力，各个击破，运动战中歼灭敌人"的策略。在此策略指导下，红军作战略退却，而蒋介石的10万大军就真的"长驱直入"了。江西剿匪总指挥张辉瓒，趾高气扬，信誓旦旦地要剿清红军，否则不愿生还。

但往往事与愿违。张辉瓒求胜心切，于12月20日晨率部逼近驻有红军主力的东固。清晨，浓雾弥漫，张部在雾中听见前方有人叫马嘶声，以为是红军主力，立即发动进攻，想捞一功。双方激战半日，等浓雾渐渐退去后，才发现对方是公秉藩的新五师，真是大水冲了龙王庙——一家人不认得一家人。为什么会发生这种情况呢？原来，毛泽东见公秉藩、张辉瓒两师朝东固扑来，避开其锋芒，退至龙冈。公秉藩捷足先登，占了东固，而张辉瓒却并不知晓，以为东固仍在红军手中，于是发生了这场自相残杀的闹剧。

张辉瓒被蒋介石臭骂一顿后，恼羞成怒，报仇心切，再次发动进攻。毛泽东调集优势兵力，由红三军负责正面攻击，红十二军任右路，红四军由上固转向龙冈西北侧，在苦竹岭一带张部必经之处布好了一个口袋，静等张辉瓒往里面钻。

翌日下午3时，浓雾四起，张部进入了埋伏圈，人生地不熟，且辨别不清方向，在朱德、毛泽东下达总攻令后，乱成了一团。十八师9000多人成了瓮中之鳖，顷刻瓦解，束手就擒，全军覆没。

但敌总司令张辉瓒却不知去向，擒了贼没有擒到王，岂能善罢甘休？战士们全面搜山，在一个山窝土洞中发现并活捉了张辉瓒。毛泽东诗兴大发，写下了"齐声唤，前头捉了张辉瓒"的豪迈诗句。

毛泽东在此次战役中避实击虚，以集击散，取得了辉煌的胜利，从而也打退了敌人的第一次"围剿"。

## 冰舰奇胜德国军

第二次世界大战中，英德海军在激战中均受到很大损失，英海军为了迎接德国海军即将发起的新的进攻，海军司令部经缜密的研究后得出一个结论：必须在两个月内造出5艘新的战舰，否则，难以迎敌。现实是，即使在半年内也不可能完成任务。

在英国皇家海军司令部，费瓦特将军以知人善用、足智多谋著称。费瓦特想起了一个叫阿加尔的工程师，他是费瓦特的同学，工作勤恳富有创新精神。费瓦特找到阿加尔，向他说明了海军部的窘况和任务的艰难，然后说："必须在两个月后的冬天交货！""冬天？"阿加尔沉思了一会儿。显然，"冬天"一词引起了他的联想，"好了，有希望了！我们可以完成任务。"

阿加尔的想法是：利用严冬滴水成冰的特殊气候，将钢板与"冰"结合在一起，制造"冰舰"。

费瓦特与阿加尔奋战了三天三夜，拿出了冰舰的设计方案。此后，他们利用巨大的制冷机，仅用1个半月就制造出了5艘大型冰舰。经多方面测试，完全可以投入战斗。

两个月后，德国海军果然又气势汹汹地向英吉利海峡驶来。但是，当他们发现英国海军多了5艘"白色的战舰"后，大吃一惊，他们不知道英国人是怎样造出来的。更令德国海军吃惊的是，他们的炮弹击中"白色战舰"后，"白色战舰"既不起火，也不冒烟（冰舰内壁用制冷机降温，舰体被击坏、击穿，只要及时加水进行冰冻抢修，洞口即可补好），而"白色战舰"上的炮火却打得他抬不起头来。在付出一艘战舰被击沉、一艘负重伤的沉痛代价后，德军舰仓皇逃走了。

德国人对"白色战舰"耿耿于怀。可是,第二年春天,当他们寻找"白色战舰"时,却哪里也看不到它们的踪影——"冰舰"已完成了它们的使命,在和煦的春风吹拂下,它们一点点地融化消失了。

### 巧施计谋获增援

第二次世界大战初期,希特勒纳粹德国的侵略战车横碾欧洲大陆,并在英吉利海峡集结重兵,准备强行渡海实施"海狮行动",英国处在危急之中。然而,大西洋彼岸的美国却仍沉浸在一片歌舞升平的气氛中。美国国会执意实行中立主义政策,罗斯福总统提出的援助英国的议案,一再遭议会否决。为了促使美国直接参加反法西斯战争,英国首相丘吉尔曾巧施计谋,并且取得成效。

1941年10月27日,在庆祝美国海军节的午餐会上,罗斯福总统突然宣布他获得了一幅希特勒政府最新绘制的附有说明的中南美洲地图。这幅地图明确地将中南美洲14个国家的疆界重新划分,例如将阿根廷和巴西的领土都扩大了;委内瑞拉、哥伦比亚和巴拿马合并成一个受希特勒控制的名叫"新西班牙"的国家;与美国利害攸关的巴拿马运河以至整个拉丁美洲都被纳入德国的势力范围。那幅地图表明希特勒的刺刀即将伸进美国的"后院",德国轰炸机可能随时飞临美国佛罗里达州上空。

这幅地图一公布,美国人再也沉不住气了。一星期后参、众两院废除了1935年通过的《中立法案》;罗斯福总统被授权在北大西洋对德国潜艇进行攻击,为英国的运输船队护航。

一幅地图竟然在一周内使美国对欧洲战争的态度发生了180度的大转弯。所以有人说,一幅地图拯救了英国和欧洲。

过了20多年,两位美国历史学家查阅了大量英国情报活动的文件,发现那幅地图竟是英国情报机构在丘吉尔的授意下绘制的。

但罗斯福总统是否真的相信了那幅地图呢?还是利用它,佯装相信来实现自己的参战政策呢?这就成了一桩历史悬案。

## 拿破仑鏖战奥军

马伦哥是一个小村庄，地处亚历山大城和托尔托纳之间的平原地带。1800年初，拿破仑决定在这里击溃奥军。

拿破仑的对手是强大的。当时，供应充足的奥军集中在意大利北方战场的南部。奥军统帅梅拉斯是一位久经沙场的正规将军，他把可能与拿破仑遭遇的所有地点几乎都想到了，就是没有想到马伦哥。因为他认为拿破仑不会愚蠢到经瑞士越过圣伯尔纳峡谷进军，在那条可怕的路上，酷寒、雪崩、暴风雪以及脚下的万丈深渊，随时都会把拿破仑和他的士兵埋掉。

然而，拿破仑选择的恰恰就是这条进军路线。

尽管大炮、弹药箱不时坠入深渊，尽管凛冽的北风不时将士兵们吹倒，但拿破仑始终坚定不移地指挥部队前进。5月16日，全军开始攀登阿尔卑斯山。5月21日，拿破仑带领主力到了圣伯尔纳峡谷。5月末，拿破仑的军队一个师跟着一个师地离开了阿尔卑斯山南部的峡谷，突然出现在奥军后方，直奔米兰。6月20日，拿破仑攻占伦巴第，然后又以迅雷不及掩耳之势占领了帕维亚、克雷莫纳、皮阿琴察、布里西亚。

梅拉斯急忙调集重兵去迎击从北部突然袭来的法军，双方的主力在马伦哥相遇。

奥军仍然处于优势：当拿破仑在峡谷中艰苦行军之时，梅拉斯和他的部下正在意大利的城市和乡村中以逸待劳；拿破仑身边只有2万人，而梅拉斯有3万人；拿破仑只有很少炮兵，双方大炮的对比是15门对100门。

6月14日晨，战幕一揭开，奥军就显示了强大实力，法军边战边退。下午两时许，法军的败局似乎已无法扭转，3时后，欢喜若狂的梅拉斯甚至派人去维也纳报告奥军已胜的消息，还列举了战利品和俘虏的数目。

拿破仑从容依旧，他再三向他的将军们强调："战斗尚未结束，要坚持，坚持！"

4时刚过，情况突然发生急剧变化：被拿破仑派往南方去切断敌人从热那亚撤退后路的德塞将军，率领他的一个师，以最快速度回到了拿破仑的身边。

拿破仑的信心陡增，他果断地命令德赛将军身边的小鼓手："小鼓手，敲进军鼓！"

跟着小鼓手猛烈的鼓声，随着德塞将军的闪闪剑光，德塞师向奥军席卷而去。接着，拿破仑的全军也蜂拥而上。在激昂的进军鼓声中，法军越过营垒和战壕，不停地开辟着胜利的道路。

奥军被彻底粉碎，一半奥军炮兵被俘，成千上万的奥军官兵被击毙、被俘虏。

【商战谋略例说】

## 标新立异出奇效

做生意的手法真是千奇百怪，有时抓住顾客的消费心理特点，改变一下经营方式，标一标奇，立一立异，往往会收到意想不到的经济效益。

在伦敦有个叫伊里奇的人，他开了一间饭店，自己兼任主厨。他这间饭店的经营手法很奇特：凡顾客到店用餐，餐后结账，侍者送上来的不是一般的账单，而是一张开列着顾客所吃的饭菜项目的单子，请顾客填上愿意支付的费用，侍者就按顾客所定的价钱收款。

伊里奇认为，目前伦敦的社会风气还不至于那么败坏，上馆子吃饭而不付钱的人毕竟是少数。拿自己的心态作比较，为了自尊，他只会多付钱，绝不会少付。

事实上，他这间饭店自开张以来，顾客如云，生意不但没有亏本，反而盈利额比原定的还要多。伊里奇说：来这里用餐的人并非人人都慷慨大方，但都懂礼貌，因而所付的饭菜钱往往合理，并不少于我们暗定的标准。只有那么一回，两位年轻的太太饱吃了一顿后，只付了8个英镑，便红着脸匆匆离去。

伊里奇取得成功的另一个诀窍，是他能凭自己擅长的法国、匈牙利、希腊和意大利的烹调术，每隔三四天换一份菜单，以更新顾客的口味，吸引更多的顾客。

在日本大阪有一间专营烧牛排的餐厅，由于生意清淡，雇佣的员工很少，连处理顾客用过的刀叉盘碟的人手也成问题，老板心里很是发愁。

一天，一位职工向老板建议说，何不改用筷子吃牛排呢？这么一来，既可省去洗顾客用过的刀叉之苦，又可适合东方人的生活习惯。老板觉得这位职工言之有理，就接受了他的建议。

第二天，店门前挂出了一张"用筷子吃牛排"的海报。人们看后非常好奇，纷纷进店尝试，一时间门庭若市。这家餐厅生意开始兴隆起来。

这一招跟伊里奇的招数一样，他们之所以取得成功，就在于抓住了顾客的消费心理：好奇、好玩、方便、愉快。一个成功的企业家，他所考虑的问题，首先不是如何去赚顾客更多的钱，而是想方设法，不断从各个方面去满足顾客新的需要。而自己的经济利益则就在这个不断满足的过程中，得到充分实现。

### 迂回侧击显奇效

在市场竞争中，往往没有必要经常从正面发起攻势，有时若换个角度或从侧面发动攻势，效果则可能会更好。这就要求企业家善于从角度的相关变化入手，转化积极因素，变弱势为强势。有时在市场竞争中，从新的角度思考问题，反而能独辟蹊径，借机发展。

多年前，美国的可口可乐和百事可乐曾经先后在台湾地区市场上市。可口可乐由中国台湾汽水厂代理，百事可乐则由康乐食品公司代理。从当时市场形势来看，可口可乐因为先行来台设办，所以一般消费者印象较深，上市伊始便已出尽风头。

百事可乐面对已经具有市场基础的竞争对手，行销战略的拟定确是倍觉艰辛。一方为争夺市场，一方则必须保卫市场，你争我夺间掀起了一场极为精彩的市场竞争。

百事可乐的行销策略以及推销活动，虽然较富于机动性，却始终无法超越可口可乐全球性的优势，因此一直屈居下风，被动的劣势似乎难以扭转。然而，可口可乐在"唯有可口可乐，方是真正可乐"的口号下，一举乘胜追击，大有逼迫百事可乐偃旗收兵的气势，使得百事可乐一时间士气低迷，销售陷入低谷。

百事可乐的代理商了解了正面攻击不可能在短期内有效，必须从别的角度考虑问题，于是便悄悄地准备开辟另一个饮料市场。在极端机密周详的策划下，第二年初春，百事可乐代理商以迅雷不及掩耳之势推出了华年达汽水，用以侧攻饮料市场，顿时受到消费者的喜爱。由于百事可乐代理商能从较低层次的广大消费者角度入手，市场价位又极具吸引力，虽然华年达汽水只是百事可乐公司的副品牌，但市场占有量却很大，加上华年达饮料整体行销策略完善，一时间占领了大部分的饮料市场。反观可口可乐，因为陶醉于可乐大战后的胜利，对开发新产品失去了必要的积极进取精神。这样，在华年达饮料全面上市后，可口可乐却不知所措，导致短期市场销售的败北。

## 出奇乃制胜之宝

出奇，历来为古今中外兵家制胜之道。当今的企业家要想在激烈的市场竞争中稳操胜券，也得巧出奇谋。奇，是指超出常识、常规、常法之外，给人以不凡、独到之感，即别人未能想到的他能想到，别人未曾涉足的他先涉足。成功的企业经营者往往都能善于了解消费者的要求，随机应变，拿出奇招。

在马尼拉市，有个叫吉姆·特纳的美国人开了一家餐馆。开始经营时，他按常规招了一帮年轻漂亮的姑娘当服务员，结果生意却很冷淡。

一个偶然的机会，吉姆认识了身高不足三英尺的矮人比鲁，于是产生了一个用矮人当餐馆服务员的设想。不久他招收了一支以比鲁为首的"矮人队伍"，办起了世界唯一的"矮人餐厅"。这个餐厅不再聘用靓女，上至经理下至厨师，都用矮人，最高不过1.3米，最矮的为0.67米。矮人餐厅的服务方式颇为独特：当客人走进餐厅时，马上会受到一位大头小身子的矮人的迎候，他满面笑容地向顾客递上擦脸毛巾。当顾客坐定后，又有一位矮人捧出一个几乎与自己身高相等的大菜谱，请顾客点菜。由于他的动作滑稽，常使顾客笑得合不拢嘴。就这样，矮人餐厅以世界上独一无二的奇特方式而闻名遐迩，各国慕名就餐者纷至沓来。相形之下，马尼拉的其他餐馆就只好甘拜下风了。

企业要提高知名度，便离不开宣传。

日本大阪有家最大的餐馆名叫"吃光"。该餐馆的董事长别出心裁地找来了10头牛，并给它们穿上标有餐馆名称、地址、价格等花花绿绿字样的衣服，还将洋葱、马铃薯、鸡、鸭、生鱼、海鲜等各式各样的食物活生生地挂在牛背上。将这些牛"打扮"好以后，他亲自带头，手执牛鞭，将牛群赶到了大阪市的街道上。突如其来的"表演"吸引了许多过路人驻足观赏，看后人们不禁捧腹大笑。就在人们的笑声中，"吃光"餐馆的形象就印在了顾客的心目中。结果，来这家餐馆就餐的顾客越来越多，他们总是兴高采烈地谈论起这桩有趣的牛群"表演"，该餐馆的营业额较以前增加了10倍。

这种不是广告的"广告"，既没有借助新闻媒介，也没有运用广告技巧，但却准确地迎合了顾客的好奇心理，使顾客对这家餐馆产生了深刻的印象。

## 冈村奇计来促销

20世纪中期以后，由于日本经济的飞速发展，日本人的生活习惯也日益西化，一些传统商品不再受到人们的欢迎。

1974年，日本紫色棉被大流行。本来，那时日本的寝床洋化，紫色棉被陷入滞销。但为什么突然之间又变成了畅销货呢？从几百年前开始，日本就有赠送紫色棉被给老人的风俗，尤其是小儿子赠送的紫色棉被认为代表着能够延年益寿。而再次使这一风俗流行，并成为一种广泛的社会时尚的则是川越市的一家棉被厂老板冈村。

冈村是一位很爱动脑筋的商人，面对积压如山的紫色棉被，冈村苦思冥想，终于想到了一个好主意。于是他便去向川越图书馆长请教了一个他自己编造的故事："在德川时代，听说川越有位孝顺的儿子送了一套紫色的棉被给他病弱的父母，他的双亲一睡在儿子赠送的棉被里，没多久就奇迹般地恢复了健康。这件事被当时的川越城主知道后，赏了他100两银子。请问这位城主是谁？最好将这故事详细地讲给我听，好吗？"

被蒙在鼓里的川越史专家，当然不可能知道这个冈村老板自编的故事。他说："棉被很早以前只有身份高贵的人才能使用，普通人是在德川时代以后才开始使用的。我并不知道你所说的这件事。"

故事虽然是编造的，但它的内容和影响却很快传播了出去。没过多久，冈村老板生产的紫色棉被就大为畅销，几乎无法应付纷至沓来的订单。

## 厚利多销杰克敦

杰克敦是个有独特见解的人，他不赶热闹，遇事冷静，最反对人云亦云。处理问题，他常常有些悖逆常情之举，使周围的人吃惊、不理解。正因为他能出奇制胜，所以取得了非凡的成就。

20世纪30年代初，欧洲经济大萧条，这时伦敦有一家制造印刷机的工厂倒闭。这一时期，印刷业很不景气，印刷机更是无人问津。那家倒闭的印刷机厂用极低廉的价格拍卖设备，也无人敢买，可两手空空的杰克敦却贷了款把这个破厂买了下来。

熟悉杰克敦的人都知道他从未搞过印刷机械业，是个外行，以为他是冲着低价而去的，估计他要上当倒霉了，一些好心人便劝他别干傻事。杰克敦却笑了笑说："这是一次难得的机会。"

接手工厂后，杰克敦马上派人研制一种新产品——"海报印刷机"。这种印刷机结构简单、成本低，专门向各公司、商店推销。这一时期因为经济萧条，商品都滞销，为了大力推销商品，各公司、商店都竞相印广告、海报宣传商品。杰克敦就是看准了这一点才买下工厂的。

每台机器成本不足300美元，可杰克敦却将售价提高到2500美元一台。杰克敦分析说："对于一种有特殊用途的产品来说，定价越高，越容易销。"果然，正如他预料的一样，一些稍大一点的公司都纷纷前来订购，印刷机销路颇好，杰克敦发了一笔财。

当时圆珠笔的使用尚未普及，其性能也有待改进。杰克敦招纳专门人才，用20天的时间研制出一种新型圆珠笔。此时西欧正掀起"原子热"，于是杰克敦便将该笔取名为"原子笔"，同时开动所有的宣传手段大肆宣传"原子时代奇妙之笔"的不凡之处——"可以在水中写字，也可以在高海拔地区写字。"英国人有追求新奇的特性，几家大百货公司都对此深感兴趣，仅伦敦百货公司就一次订购300支。这些公司进了货后，也都纷纷用杰克敦的宣传口号做广告，市场上竟出现了争购"原子笔"的壮观景象。

生产这种圆珠笔的成本不足1美元，可是杰克敦认为既然"原子笔"是与众不同的神奇之笔，就该有相应的高价格才相配，于是他将笔价提高到13美元一支。果然，因价格较高，消费者视其为珍贵之物，人人都以有一支"原子笔"为时髦和派头，订单像雪片似的飞向杰克敦的公司。

一年时间里，杰克敦便获利300万美元，当初其投入成本仅5万美元。当各路对手挤进圆珠笔市场时，笔价大跌，可这时杰克敦又抽身转产，去开辟新的产品市场了。

【人生智谋例说】

## 刺客仁义难两全

春秋时期，公子光派侠士专诸刺杀吴王僚夺取政权，当上了吴国国君，这就是吴王阖闾。阖闾当上国君后，忽然想到僚的儿子庆忌还在国外，顿时吓出一身冷汗。

庆忌这个人是当时天下有名的勇士，他能力举千斤，而且很有谋略。

阖闾急忙派人去找伍子胥商量。伍子胥是因躲避楚王的追杀才逃到吴国的，为了打回楚国，向楚王报仇，伍子胥便向阖闾推荐了一个叫作要离的人充当刺客。

要离是一个身材瘦小、外貌极其一般的人。伍子胥担心阖闾看不起要离，特意介绍了要离的身世，并带要离去见阖闾。阖闾看到要离弱不禁风的样子，大失所望，但碍于伍子胥的面子，勉强接见了要离，并问他："你知道庆忌这个人吗？他有万夫不当之勇，你不害怕吗？"

要离回答："大王的命令，我会尽力去做的。"

阖闾说："庆忌这个人，不光有勇力，而且有谋略，他不会轻易让别人接近的。"

要离道："我答应了伍子胥先生帮助您。请您杀掉我的妻子、儿子，弄断我的右臂，我就可以杀掉庆忌！"

阖闾没有想到要离会做出这么大的牺牲，他果然杀掉要离的妻子、儿子、弄断要离的右臂，还故意把要离妻儿的尸体在城中火化，以使庆忌知道。

要离"逃离"吴国，辗转到了卫国。卫国是庆忌生母所在地，庆忌就躲在卫国。庆忌与阖闾有不共戴天之仇，对吴国的事情了如指掌，但他不知道要离来卫国的目的，因此，要离到了卫国，庆忌立刻接见了要离。两个人"同病相怜"，很快成了"莫逆之交"。数月后，庆忌率大军打回吴国，企图向阖闾讨还血债，要离与庆忌同船而行。

战船行至江中时，刮起了大风。要离觉得这是行刺的大好时机，可以凭借风力弥补自己力量的不足，于是走到上风头，拿起一只锋利的长矛，趁庆忌一心指挥大军渡江之际，突然挺枪刺去。要离的第一枪刺掉了庆忌的头盔，庆忌从未想到过要离会刺杀他，头盔脱落，他还不知道发生了什么事，迟疑之间，要离已挺枪刺中他的心脏。庆忌大惊，挥手挡开了要离刺来的第二枪，把要离头朝下提在手中，向江水中浸了三次，然后把要离放在自己的膝盖上，对左右士兵说："这个人真是天下少有的勇士，不要在一天之内，使天下失去两位勇士了。我死之后，务必放他回国，以表彰他对主人的忠心。"说完，庆忌就死了。

庆忌手下的人遵照庆忌的命令，果然放了要离。但是，要离在回吴国途中突然停下来，对随从说："杀了妻子为君王服务，是不仁；为新的君王而杀死旧君王的儿子，是不义；为自己的生命而活下去，是贪生怕死，我有这三种罪恶，还有什么脸面活在世上！"说完，砍断自己的双腿，挥剑自刎。

## 吕不韦丞相之路

吕不韦是战国时韩国阳翟地方的大商人，他在赵国都城邯郸做买卖时遇到了在赵国做人质的秦国王孙子楚。吕不韦认为子楚不但是他发财的"摇钱树"，还可以使他得到许多政治上的好处，于是找到子楚，说："你是秦国的王孙，可是处境太艰难了，我可以助你一臂之力，光大你的门庭。"子楚苦笑道："先生，有话请讲。"吕不韦道："我听说你祖父已立你父亲安国君为太子，你父亲将来就是国君，难道你就不想做太子吗？"子楚说："我们兄弟二十多人，我是最不得父亲和祖父喜欢的，所以才被派到赵国来做人质，即使是父亲做了国君，那也轮不到我做太子啊。"吕不韦说："你父亲安国君最宠爱华阳夫人，但是华阳夫人却没有儿子，所以直到现在你父亲也没有确立自己的继承人。我们不能直接找你父亲安国君，但是却可以走华阳夫人那条路啊！"子楚心领神会，对吕不韦说："果然有这么一天，我愿与您同享秦国的天下。"

吕不韦当即拿出五百两金子，交给子楚，让他在赵国广交朋友，壮大势力，随后亲自拿着五百两黄金到秦国为子楚活动。吕不韦先用珍宝买通了华阳夫人的姐姐，然后托华阳夫人的姐姐将一大批奇珍异宝以子楚的名义送给华阳夫人，并说子楚在赵国日日夜夜不忘华阳夫人，视华阳夫人为自己的亲生母亲。华阳夫人得到这么多的礼物，又听到子楚惦念自己，心里当然很高兴，她的姐姐乘机就把吕不韦教给她的话跟华阳夫人说了一遍："妹妹现在年轻又漂亮，得到安国君的宠爱，可是你不能生育，连个儿子也没有，将来老了怎么办？"华阳夫人被说中了心事，顿时不安起来，问："照姐姐的意思该怎么办？"华阳夫人的姐姐说："不如趁早认一个儿子，让安国君立他为太子，到那时候，太子感恩图报，妹妹就没有后顾之忧了。照我看，子楚又孝顺又贤德，妹妹认子楚做儿子就可以。"华阳夫人认为姐姐的话有道理，于是找了个机会对安国君说："我得到您的宠爱，真是三生有幸，可是我没有儿子啊，万一您有个好歹，我怎么办？您的儿子之中，子楚最为贤明，我想认他做儿子，并请您立子楚为太子，将来我老了也好有个依靠。"安国君对华阳夫人百依百顺，立刻答应了华阳夫人的请求，立子楚为自己的继承人。

几年后，子楚的祖父秦昭王死了，安国君做了国君，史称秦孝文王。子楚在吕不韦的帮助下，偷偷从赵国回到秦国，做了太子，秦孝文王在位仅一年多就死了，子楚于是即位做了国君，史称秦庄襄王。秦庄襄王为了感激吕不韦，封吕不韦做丞相。吕不韦的发财、做官之梦完全实现了。

## 子昂摔琴名垂千古

为人处世，在"奇"字上下功夫，就有可能脱颖而出。唐朝初年，宫廷诗风盛行，陈子昂虽然满腹经纶，才华横溢，也不过是一个名不见经传的小小文人罢了。他初到长安，想要让人知晓自己的名声和才气，谈何容易！

这一天，陈子昂听说西市中有人卖一把古琴，标价千钱，因其价格昂贵，几天内都无人问津，只是招来越来越多的人围观。

于是陈子昂来到市集，拿出千缗钱当即买下这把琴。

众人吃惊地问，"为什么用这么高的价买琴？"

陈子昂说："这琴乃世间少有之珍品，奏出音响如天籁清声，弦弦珠玑，如风齐鸣。因为我酷爱此音所以出高价买下。"

众人又一惊，就请求陈子昂弹奏一曲给大家听听。陈子昂指琴说："明日请众位到宣阳城里，听我弹琴。"

这个消息一传十，十传百，很快传遍整个长安。到了第二天，宣阳城里挤满了无数来看琴听琴的人，大家都望着陈子昂。

这时，陈子昂走上城头捧起琴对大家说："我叫陈子昂，四川人，做有文章一百卷，奔走京城，碌碌尘土，不为人知。此琴虽名贵，乐虽动人，不及我的文章，因此，在我看来，它如废物一堆！"

说罢，他高高举起琴，一摔而碎。然后走下城头，把自己的文章一一赠与众人。

这样，只用一天时间，陈子昂的名字与他的才能便传遍了大半个京城。

后来，陈子昂果然成为名垂千古的一代大家，成为唐朝雄健诗风的最初的倡导者。

陈子昂以琴为友，在弄琴的过程中，传诵自己的文章，终于一鸣惊人。

## 施特劳斯巧妙退场

施特劳斯是闻名世界的音乐大师。1872年,施特劳斯率领他的交响乐团赴美演出,观众如醉、如痴。第一曲结束,场内便是雷鸣般的掌声和欢呼声。第一场结束,观众们便高呼:"施特劳斯先生,再演一首!"可是,一曲之后,观众仍不肯离去,嚷道:"再演一首吧!"又一曲之后,热情的观众还在狂呼:"大师!请再演一首,就一首■■"

施特劳斯和他的乐团既高兴又忧虑:有这么多"知音",谁能不高兴呢!可是,每天都演出到深夜,人人都精疲力尽,长此下去,如何是好?但是,又不能挫伤观众的热情,使观众扫兴■■施特劳斯不愧为是位伟大的作曲家,他很快创作出一支优美的新曲。第二天晚上演出时,当最后一支曲子演奏完毕,在观众热烈的欢呼声和恳请中,施特劳斯开始演奏这只新曲。观众们静静地聆听着,忽然,只见施特劳斯的指挥棒轻轻一挥,小号停止了吹奏,一名小号演奏家悄悄地退场而去。过了一会儿,在一个节拍与一个节拍的过渡处,施特劳斯的指挥棒,又是轻轻一挥,一位中提琴演奏者停止演奏,悄然退场■■

乐手一个一个地退场,但演奏仍在继续。观众们以为这是演奏的一部分,仍陶醉在美好的遐想中。

当最后一位乐手也停止演奏,退下场后,施特劳斯转过身来,彬彬有礼地向观众们深深地鞠了一个躬,然后走下舞台。

大幕徐徐落下。

观众们骤然明悟,暴风雨般的掌声顿时响彻全场。

# 第六章

# 虚实篇

本篇论述军事活动中"虚"与"实"的对立和转化的关系，特别阐明避实就虚、以实击虚的原则，强调"致人而不致于人"，掌握战争主动权的重要性，提出"避实而击虚"、"因敌而制胜"的经典军事理论。

【原文】

孙子曰：凡先处战地而待敌者佚①，后处战地而趋战者劳②。故善战者，致人而不致于人③。能使敌人自至者，利之④也；能使敌人不得至者，害之⑤也。故敌佚能劳之⑥，饱能饥之，安能动之⑦。出其所不趋⑧，趋其所不意⑨。

行千里而不劳者，行于无人之地也；攻而必取者，攻其所不守也。守而必固者，守其所不攻⑩也。故善攻者，敌不知其所守⑪；善守者，敌不知其所攻。微乎⑫微乎，至于无形⑬；神乎⑭神乎，至于无声，故能为敌之司命⑮。

进而不可御⑯者，冲其虚⑰也；退而不可追者，速而不可及也。故我欲战，敌虽高垒深⑱沟，不得不与我战者，攻其所必救⑲也；我不欲战，画地而守⑳之，敌不得与我战者，乖其所之㉑也。

故形人而我无形㉒，则我专而敌分㉓。我专为一㉔，敌分为十，是以十攻其一也，则我众而敌寡；能以众击寡者，则吾之所与战者，约㉕矣。吾所与战之地不可知㉖，不可知，则敌所备者多㉗；敌所备者多，则吾所与战者，寡矣。故备前则后寡㉘，备后则前寡，备左则右寡，备右则左寡。无所不备，则无所不寡㉙。寡者㉚，备人者也㉛；众者，使人备己㉜者也。

故知战之地，知战之日，则可千里而会战㉝。不知战地，不知战日，则左不能救右，右不能救左，前不能救后，后不能救前，而况远者数十里，近者数里乎！以吾度之，越人之兵虽多㉞，亦奚益于胜㉟败哉！故曰胜可为㊱也。敌虽众，可使无斗㊲。

故策之而知得失之计㊳，作之而知动静之理㊴，形之而知死生之地㊵，角之而知有余不足之处㊶。故形兵之极㊷，至于无形；无形，则深间不能窥㊸，智者不能谋㊹。因形而措胜于众㊺，众不能知㊻。人皆知我所以胜之形㊼，而莫知吾所以制胜之形㊽。故其战胜不复㊾，而应形于无穷㊿。

夫兵形象水(51)，水之形，避高而趋下，兵之形，避实而击虚。水因地而制流(52)，兵因敌而制胜(53)。故兵无常势(54)，水无常形。能因敌变化而取胜者，谓之神。故五行无常胜(55)，四时无常位(56)，日有短长(57)，月有死生(58)。

【注释】

①待敌者佚：等待敌人的，就主动安逸。待，等待。佚，安逸、从容。②趋战者劳：仓促应战，则疲劳被动。趋，快步而行。③致人而不致于人：能调动敌人

而自己却不被敌人所调动。致，招致。人，这里是指敌人。致人，招致敌人，可引申为调动敌人。致于人，被敌人所调动。④利之：以利引诱敌人。⑤害之：妨害、阻挠敌人。⑥敌佚能劳之：意思是说，敌人本来安逸，却能使他变得疲劳。劳，使……辛劳、疲劳。⑦安能动之：意思是说，敌军本来安守营寨，却能使他们转而出战。安，安稳，这里是指敌军安守营寨。动，使……行动，这里可引申为使敌人出战。⑧出其所不趋：意思是说，我军出击的地方，是敌军无法救援的地方。出，这里是指出兵、出击。趋，趋向、疾趋。⑨趋其所不意：意思是说，我军奔袭之处，出乎敌方意料之外。趋，疾走。这里引申为奔袭。意，意料。⑩守其所不攻：所守之地是敌人无法攻取的地方。守，防守。攻，进攻。⑪不知其所守：指敌军不知道应在哪里防守。⑫微乎：微，微妙。乎，语气词。⑬无形：没有形踪或不留形踪。形，形踪。⑭神乎：神，神奇。⑮为敌之司命：意思是说，能主宰敌军，指挥敌军。司命，命运的主宰。⑯进而不可御：意思是说，我军进攻而敌军无法抵挡。进，进攻。御，防御、抵挡。⑰冲其虚：意思是说，冲击敌军防守空虚、薄弱之处。冲，冲击。虚，空虚，这里指防守薄弱的地方。⑱高垒深沟：意为很高的壁垒和很深的壕沟。垒，壁垒。沟，壕沟。⑲攻其所必救：意思是说，我军进攻的地方，正是敌方必定要救援的地方。救，救援。⑳画地而守：据地而守。画，界线。画地，画出界线。㉑乖其所之：把敌人引到别的方向，与它预定的企图相反。乖，背离。之，往、去到。㉒形人而我无形：使敌军暴露形迹而我军却不暴露形迹。形，形迹，此作使动词，意思是使现形迹。人，指敌人、敌军。㉓我专而敌分：我军兵力集中而敌军兵力分散。专，集中。分，分散。㉔我专为一：指我军集中到一处。一，这里指一起、一处、一个地方。㉕约：很少。㉖吾所与战之地不可知：意思是说，敌方不知道我军将会在什么地方与他们作战。所与战，所与之作战，即指我军将要与敌军作战。不可知，这里是指敌方不可知。㉗敌所备者多：敌方为防备我军进攻，所用的兵力分布在多处。备，准备、防备，这里指兵力防备。多，这里指许多地方、许多方面。㉘备前则后寡：用兵力防备了前面，后面的兵力便少了。㉙无所不寡：没有哪个地方兵力不会少。㉚寡者：之所以寡，也就是兵力少的原因。㉛备人者也：被动地防备敌人。备人，防备别人。㉜使人备己：使别人防备自己。此指使敌军防备我军。㉝千里而会战：奔赴千里与敌交战。㉞越人之兵虽多：越人之兵，指越国的军队。孙武曾被吴王阖闾任命为将，当时吴国与越国正在争雄，所以他说"越人之兵虽多"。㉟奚益于胜：对作战的胜利没有什么帮助。奚，为何、何有。益，益处。㊱胜可为：打胜仗是可以努力争取的。可为，可以有所作为，也就是可以努力争取到。㊲可使无斗：意思是说，可以设法使得敌军没有机会与我军作战（较量）。斗，战斗、较量。无斗，无法参加战斗较量。㊳策之而知得失之计：意思是说，经过策度、策算，了解到敌方计谋的得失优劣。策，策度、策算。得失之计，这里是指敌方计谋的得

·125·

与失。㊴作之而知动静之理：意思是说，同用一些诈术挑动，以了解敌军活动的规律。作，动作，这里指挑动。也有的人把作读为“诈”。理，规律。㊵形之而知死生之地：意思是说，通过示形于敌，以了解敌军所处的优势和致命的薄弱环节。形，这里作动词用，意思是为示形于敌。㊶角之而知有余不足之处：意思是说，能通过试探性的较量，以了解敌方兵力的强弱。角，较量。有余不足，这里是指敌方兵力的有余或不足，也就是兵力的强弱。㊷形兵之极：意思是说，我军伪装示形于敌达到了最佳状态。形兵，伪装示形于敌之兵。极，极点。㊸无形，则深间不能窥：意思是说，我军伪装到了不露任何形迹的最佳状态，以至于深藏在我军内部的敌方间谍也无法窥见我军的行止。深间，深藏的间谍。窥，窥见。㊹智者不能谋：意思是说，最精明能干的将领也会束手无策。智者，聪明的人，这里指精明能干的将领。谋，计谋。㊺因形而措胜于众：意思是说，依据敌方的情况，采取灵活的措施，取得了胜利，并使这胜利呈现在众人面前。因，依据。形，形势、情况。措，措施、措置。㊻众不能知：众人不能明白。㊼皆知我所以胜之形：意思是说，都知道我军取得胜利的（外在的）作战方法。形，形态、形状，这里指外在的作战方法。㊽莫知吾所以制胜之形：意思是指，不知道我军所以能够克敌制胜的奥妙。制胜，取得胜利。形，这里是隐形，也就是（内在的）奥妙。㊾战胜不复：不重复使用克敌制胜的手段。战胜，这里作名词用，指战胜敌人的手段。㊿应形于无穷：意思是说，战术应适应敌情的变化无穷。应，适应。形，形势，这里可作“敌情”解。51兵形象水：用兵的规律就如同水流的规律一样。兵，用兵打仗。形，形式，引申为规律。52水因地而制流：水是依地势的高低而形成不同的流向。因，依。地，地势。制，决定，形成。流，流向。53兵因敌而制胜：用兵打仗因敌情的变化而决定夺取胜利的方法。54兵无常势：用兵打仗，没有一成不变的态势。常势，恒常之势、一成不变的态势。55五行无常胜：意思是说，金、木、水、火、土没有哪一样是永恒占优势的（因为按照中国古代的五行说，金、木、水、火、土是相生又相克的）。五行，指金、木、水、火、土。56四时无常位：春、夏、秋、冬四季总是相互更迭，没有哪一季是常驻不动的。四时，指春、夏、秋、冬。57日有短长：一年之中的白天有的长，有的短。日，这里是指白天。58月有死生：月亮在一月之中也有盈有亏。死生，这里指月亮的盈亏。

## 【译文】

孙子说：凡先到达战场等待敌军的军队就安逸主动，而后到达战场仓促求战的军队就疲劳被动。所以，善于指挥作战的人，能调动敌人而不被敌人调动。能使敌人自动进入我预定地域的，是用以小利引诱的结果；能使敌人不能到达其预定地域的，是制造困难阻止其行动的结果。所以，敌军休整得好，就要设法使其疲劳；敌军粮食充足，就要设法使其饥饿；敌军驻扎安稳，就要用计使其移动。要向敌人不能赴援的地方出兵，要在敌人意料不到的地方行动。

行军千里而不疲劳，是因为行进在没有敌人防御的地方；进攻而必然取胜，是因为攻击到敌人无法防守的地方；防守而必能稳固，是因为防守的是敌人无法进攻的地方。所以，善于进攻者，能使敌人不知道怎样防守；善于防御者，能使敌人不知道该怎样进攻。微妙呀！微妙到看不出任何形迹。神奇呀！神奇到听不到丝毫声息。所以，我军能够成为敌人命运的主宰。

进攻而使敌人不能抵御的，是因为冲击敌人空虚的地方；后退而使敌人无法追击的，是因为退得迅速而使敌人追赶不上。所以，我军想要交战时，敌人虽然高垒深沟也不得不与我作战，这是因为我军攻击了敌人所必救的地方；我军不想交战时，即使不修工事画地而守，敌人也无法同我交战，这是因为我军设法改变了敌人的进攻方向。

能察明敌军情况而不让敌军察明我军情况，这样，我军的兵力就可以集中而敌军兵力就不得不分散了。我军兵力集中在一处，敌军兵力分散在十处，这样，我军就可以用十倍于敌的兵力去攻击敌军，于是我军就占优势，敌人就处于劣势了。能够集中优势兵力攻击劣势的敌军，那么与我军正面作战的敌军就有限了。我军所要进攻的地方敌军不得而知，既然不得而知，那么其所要防备的地方就多；敌军所要防备的地方多，那么我军进攻所遭遇的敌人就少了。所以，防备了前面，后面的兵力就薄弱；防备了后面，前面的兵力就薄弱；防备了左边，右边的兵力就薄弱；防备了右边，左边的兵力就薄弱；到处都防备，就到处兵力薄弱。兵力之所以薄弱，是因为处处分兵防备；兵力之所以充足，是因为迫使敌人处处分兵防备。

所以，如果能够预料在什么地方交战，在什么时候交战，即使是跋涉千里也可以去与敌人交战；如果不能预料在什么地方交战，在什么时候交战，那就会导致左军无法救右军，右军无法救左军，前军无法救后军，后军无法救前军，何况军队之间的距离远则数十里，近也有数里呢？依我分析，越国的兵力虽多，但对争取战争的胜利又有什么益处呢？所以说，打胜仗是可以努力争取的。敌军虽多，可以使它无法投入战斗。

所以，要通过策划筹算，来分析得失利害；要通过调动敌军，来了解其动静规律；要通过示形诱敌，以摸清其生死命脉的所在；要通过战斗、侦察，

第六章 · 虚实篇

以探明敌军兵力部署的虚实强弱。

所以，佯动伪装到最好的地步，就看不出形迹。看不出形迹，即使深藏在内部的间谍也窥察不到我军的底细，老谋深算的敌人也想不出对策来。根据敌情变化而灵活运用战术，即使把胜利摆在众人面前，众人还是不知其中之妙。人们只知道我取胜的作战方法，但不知道我是怎样根据敌情变化灵活运用各种作战方法的。所以，每一次获胜，都不是重复老一套的方法，而是适应不同的情况，变化无穷。

用兵的规律就好像水的流动，水流动的规律是避开高处而流向低处；用兵的规律是避开敌人坚实之处而攻击它虚弱的地方。水因地形的高低而制约其流向，用兵要根据敌情而决定取胜的策略。所以，用兵作战没有固定不变的方式方法，就像水没有固定的形态一样。能根据敌情变化而取胜的，就叫作用兵如神。所以，五行相生相克，没有哪一个固定常胜；四季依次更替，没有哪一个固定不移；白天有短有长，月亮有缺有圆。

## 【评析】

本篇主要论述在作战指导上必须"避实而击虚"，"因敌而制胜"，调动敌人而不被敌人所调动，主动灵活地争取战争的胜利。本篇是《兵势篇》中"任势"战略思想的进一步发挥和深化，孙子在本篇提出了主动的运兵原则、兵形像水的理论以及示形诱敌的作战原则。

### /先发制人以逸待劳/

孙子说："故善战者，致人而不致于人。"意思是，在双方交战中，高明的将帅要会调动敌人，而不被敌人调动。"调动"敌人，就要先发制人，以逸待劳，在战场上成功地左右敌人，使敌人处于左右为难的境地，直接或间接地听从我方的调遣。我方的军事活动，能自如地处于主动地位，就是争取胜利的基本保证。

孙子从"利害"高度提出获得战场上主动权的两种方法：利诱与胁迫。利诱法，能使敌人自己上钩；胁迫法，能使敌人想来而不能来。综合运用这两种手段，就能使安逸的敌军疲劳；使安守营垒的敌军出巢作战。这就获得了战场上的主动权。不过，主动运兵方法，还常表现在双方交战时，对出击时间、突然行动以及随机变化的反应上。先发制人，最可靠的就是要看准时机后动手行动，而且要"兵贵神速"。

主动性运兵原则的奥妙在"避实击虚"的"虚实"二字上。出兵指向敌人无法急救的地方，行军在敌人意料不到的地方。言外之意，我军行动在敌人不设防的虚处，所以进攻时，敌人无法抵御。退却时，敌人无法追击。这样，我军则可以获得攻、守、进、退的主动权。

## 形兵之极至于无形

"形人而我无形"——是本篇的又一要点。所谓"示形"，是关于我方军事行动隐藏或暴露于敌人的一种战术运用。"示形"理论为军事侦察学奠定了基础。

孙子曰："形兵之极，至于无形；无形，则深间不能窥，智者不能谋。"这是说，在战争中，我方军事活动，包括兵员运动、资源储备、武器装备等都应该高度秘密，保密到使敌人无形可窥，即是全方面地封锁各种信息，使敌军无计可施。

示形诱敌，其形式无穷，最高明的示形法，是根据敌情变化灵活运用战法，因时、因地、因人、因物而变化。"应形于无穷"，是使众人在目睹双方胜负的现实中，只知道胜利的现实和胜方取胜的一般战法，而不知道胜方是怎样运用"示形"术取胜的。孙子认为，"人皆知我所以胜之形，而莫知吾所以制胜之形。"这是"示形法"战术的巅峰，是发人深省的。

战争是难以穷尽的特殊的"艺术"，内蕴着无尽的复杂因素，孙子的"战胜不复"，就是揭示这一真理的。每一次取胜敌人的战法，从来都是不会重复的。一个成功的将帅，会驾驭规则与模式，绝不局限于某些规则与模式。每一次战斗都是独特的，从战斗需要出发而采取的"示形"术，绝难重复前人的模型。在双方交战中，众人只知我方"示形诱敌"取得胜利的战果，而不知其中的奥妙，乃是"示形"术的极致。在众人对于我方的示形战术，处于知其然而不知其所以然的状态时，我方愈发占有主动权，获胜希望愈大。

## 兵形像水因敌制胜

兵形像水是孙子所概括的用兵规律。

孙子在本篇提出了主动用兵、示形诱敌等战法后，又揭示："夫兵形像水，水之形避高而趋下；兵之形，避实而击虚。水因地而制流，兵因敌而制胜。"此处，孙子以生动的比喻，说明了用兵的规律。水流有固定的趋势：受地形制约，避高而趋下；水流没有固定的规则，要因敌情而变。因敌情而变的战术原则，揭示了指挥作战的机动灵活性。

应变出奇以取胜。指挥战争，本无常规，千变万化，敌莫能知。军情永远处于变化之中。正如流水一般，"兵无常势，水无常形"。正是"实""虚"的可变性，能够"因敌变化而胜者，谓之神"，足见灵活应战的可贵。

在我们变换战术时，要有取得最后胜利的目的。打得赢就打，打不赢就走，灵活用兵，不怕暂时失败，一时损失。一个主将，不以毁灭敌人兵力为战争目的，实施巧妙的机动，是错误的。灵活作战本身不是目的，只是达到胜利目的的手段。消灭敌人的武装力量，取得胜利才是战争的目的。因事、因人、因时、因地，采取灵活机动的战术，正是"兵形像水"的主旨所在。

## 【军事谋略例说】

### 张巡借箭守雍丘

唐玄宗天宝十五年（公元756年），安禄山起兵反唐，派叛将令狐潮率重兵包围了雍丘（今河南杞县）。守将张巡留1000人守城，自己带领1000精兵，打开城门，分数队冲出。张巡身先士卒，冲进敌阵猛砍，兵士个个奋勇作战。叛军做梦也没想到张巡敢冲出城，措手不及，连连向后退。第二天令狐潮架起云梯，指挥士兵登城。张巡又率领士兵把用油浸过的蒿草捆点燃后抛下城来，登城的士兵被烧得焦头烂额，非死即伤，惨叫之声不断。

此后60多天里，只要一有机会，张巡就突然出兵攻击，或是夜里从城上缒下一队勇士杀入敌营，敌军日夜惊慌。张巡还用计夺取了叛军的大批粮食和盐。

粮盐虽足，但城中箭矢已消耗得差不多了。张巡又想出一条妙计。他让兵士扎了许多草人，给它们穿上黑衣。当夜，月色朦胧，张巡命令兵士用绳子把草人陆陆续续地缒下城去。城外叛军见这么多人缒下城，纷纷射箭，一时间箭如飞蝗。射了半天，叛军发觉不对劲，因为他们始终没听到一声喊叫声，而且又发现这一批刚拉上城去，那一批又坠下来，方知中计，所射的都是草人。这一夜，张巡竟得箭10万支。

当天深夜，张巡把外罩黑衣、内穿甲胄的士兵从城上放下去。叛军见了，都哄笑起来，以为又是草人。以后数夜，张巡都是如此，城外叛军全不在意。

一切准备就绪，张巡决定发起总攻。这一日，张巡又把500名勇士趁夜色缒下城去，勇上们奋勇突进敌营。叛军一点准备也没有，立时大乱。接着，叛军的营房四处起火，混乱中，也不知来了多少官军，张巡率军直追杀出十余里，大获全胜。

## 巧计解天京之围

太平天国革命时期，1858年，清军围困天京，太平军受到严重的威胁。太平军在陈玉成、李秀成的统一指挥下，于9月在乌衣、浦口与清军会战，大败清军，再度摧毁清军江北大营；11月三河镇之战，又大败湘军，全歼湘军精锐六七千人，湘军悍将曾国华战死，李续宾自缢。这两战的胜利，振奋了太平军的士气。但是，当时的形势，清军江南大营还直接威胁着太平天国的中央政权。以曾国藩为头子的清湘军，正兵分四路向皖北进攻，逼近安庆。因此，解除天京之围，打破东西两线敌人的威胁，是太平军面临的紧迫任务。

1860年1月，干王洪仁玕与李秀成共同制定了一个以摧毁清军江南大营为主要作战目标的计划。这一计划的战略思想是：向清军兵力虚弱的湖州、杭州进攻。由于浙江是清军江南大营的粮仓，清军必然会拨出兵力返回杭州、湖州救援，太平军乘机撤出，攻打江南大营的清军，解救天京之围。按照这一战略思想，李秀成率领部队自浦口渡江到芜湖，会合左军主将李世贤等，一同进攻湖、杭。而清军唯恐杭州丢失，断了清军江南大营的粮食供应，急忙派出2/5的兵力，直奔杭州回救。这时，太平军在杭州城上竖满了战旗，虚设疑兵，暗中使了一个金蝉脱壳计，退出杭州，绕山区小道，日夜兼程，疾驰北返。当敌人还没有弄清太平军的去向时，各路太平军已会师建平（今郎溪县，距南京180公里），随后兵分两路进援天京，一举摧毁敌营50余座，歼敌数万，扫平江南大营，解了天京之围。为了扩大战果，太平军又急下苏州、常州，追歼溃退的残敌。这一场天京解围战，历时五个月。

天京解围战，是李秀成等将领采用"攻敌必救，乖敌所之"战术，取得胜利的战例。

## 李牧巧施美马计

　　战国时期，塞北的匈奴人经常南侵，骚扰赵国的边疆，掠夺百姓的财物、牲畜。将军李牧奉命驻守雁门关，抵御匈奴。李牧兵马有限，在较长一段时间内处于守势，匈奴人则依仗强大的骑兵，纵横奔驰，不把李牧放在眼里。

　　一天，匈奴人把数百匹好马赶到河边洗浴。李牧在雁门关上远远望见，馋得心头直痒痒，心想"要是能把这数百匹好马夺到手，既壮大了自己的实力，又大杀了匈奴人的威风，多美的一桩事！"但是，李牧知道，只要他打开雁门关的城门，匈奴人就会把马群赶回去，而且，匈奴大军离小河也不远。李牧想着、看着，看着、想着，猛地从数百匹欢腾嘶叫的骏马中悟出一条妙计来："匈奴人的骏马尽是雄性，如果用几百匹母马来引诱它们，逗引它们全跑过河来，再把它们赶入城市，岂不是白白得到数百匹骏马！"母马城内就有，不需远求。李牧下令挑选了几百匹母马，让士兵们把母马牵出城，系在隔河的树阴下。不一会儿，一匹匹母马仰头向着河那边嘶叫起来；河那边匈奴人的数百匹公马听到母马的叫声，一个个抬起头来向河这边的母马张望。接着，几匹公马带头嘶叫起来，似乎是在回答母马的"召唤"。随后，几匹公马率先游过河，向树阴下的母马奔去。群马有了"带头者"引路，一阵狂嘶，纷纷渡河狂奔而去，看马的匈奴人想拦也拦不住。早已守候在河岸旁的赵军将士乘机一涌而出，将数百匹好马赶入雁门关中。

　　李牧"就地取材"，用"美马计"夺得匈奴人数百匹好马，壮大了自己。这一奇计在唐朝"安史之乱"中得以再现。

　　当时，唐将李光弼与叛将史思明在河阳形成对峙局面。史思明自恃兵强马壮，不把李光弼看在眼里，每天都要驱赶战马到河边洗浴。李光弼眼睁睁地看着上千匹的骏马就在眼前，却又不敢轻举妄动。

　　李光弼突然想起了李牧的"美马计"，他想："李牧之计，或许是传说，今天，城内有的是母马，我何不试它一试？"于是下令把城中的全部母马挑选出来，总共选得500匹。李光弼命令把幼马系在城内，当史思明的马跑到河边后，将500匹母马全部驱赶出城。母马到了城外，念及在城内的幼马，一匹母马叫了起来，其余的母马也都跟着嘶叫不止。对面河中史思明的千余匹骏马听到叫声后，公马率先渡河而来，剩余的母马依恋同伴，也跟着渡过了河，唐军官兵高高兴兴地把千余匹骏马赶入城中。

## 避实击虚的海战

中途岛战役是美军面对优势的日军，采取"避实击虚"的战略方针，结果使整个形势发生逆转，由被动变为主动，由防守变为进攻，从而获得全胜的战例。

日军偷袭珍珠港之后，美军太平洋舰队元气大伤，主要作战舰艇远远少于日军。当时，美军在中途岛只驻有27艘军舰和23艘辅助船只，作战飞机348架。为了夺取美军在太平洋的桥头堡中途岛，诱歼美军太平洋舰队主力，1942年5月27日，日本联合舰队司令官山本五十六率联合舰队，包括八艘航空母舰在内的各种舰艇105艘，飞机1000余架，官兵约10万人，按预定计划分别由各基地出航。

6月5日拂晓，日军南云舰队进至中途岛西北预定攻击准备的位置。日军第一批飞机共一百多架立即飞临中途岛，实施轰炸。驻太平洋地区美军司令尼米兹在优势的日军进攻面前，为保存兵力，待机攻击日军航空母舰，马上命令中途岛上所有作战飞机升空备战，仅以地面防空部队和少量的战斗机对付日机。日军首次轰炸未取得预期的效果。

清晨6时许，日军第一批突击的飞机陆续回到南云舰队的4艘航空母舰上，加油装弹。准备第二批突击的飞机，原计划攻击美军航空母舰，由于未发现目标，故临时改为攻击中途岛上可能返航的美机。于是，这些飞机急忙卸下鱼雷，改换炸弹。正待起飞时，突然接到发现美军航空母舰的警报，他们又急忙卸下炸弹，赶换鱼雷。此时，第一批突击的飞机正在陆续返航，南云舰队的4艘航空母舰上人吵机吼，乱成一团。尼米兹抓住这一有利时机，命令隐蔽于中途岛东北的舰载飞机和中途岛上已返回的飞机，集中力量对日军航空母舰进行猛烈袭击。日军"赤诚"号、"加贺"号和"苍龙"号三艘航空母舰连连中弹，火光冲天，最后连同大量舰载飞机一起沉没。山本五十六闻讯后，慌忙率主力舰队前往救援，又遭美军飞机攻击。

6日下午，日军"飞龙"号航空母舰又被击沉。日舰队慌忙撤退，尼米兹乘胜追击，又击毁了日军的一些舰艇。中途岛海战以美军的胜利和日军的惨败告终。日军损失4艘航空母舰、10艘巡洋舰和300架飞机，伤亡约3500人。

美军损失1艘航空母舰、1艘巡洋舰和150架飞机，伤亡仅300人。

## 激战蒙地喀昔诺

蒙地喀昔诺战役是第二次大战后期的一场激战。这是盟军和德军之间，为了一个战争目标而战的近代史上最激烈、损害最大的一次战役。

从1943年到第二年的冬天，美军和英军由意大利的西海岸北上，前往罗马。在通往罗马的路上，德军设下了格斯道佛防线，形成这道防线中心的就是蒙地喀昔诺。"蒙地"是山岳的意思，"喀昔诺"是平地拔起500米峭壁的山。这巨大断崖的山麓，有一个以山名来称呼的市镇——喀昔诺镇。盟军如想向北进入这个地区，必须攻占喀昔诺镇。

盟军投入巨大兵力，接连几次攻击均告失败。正面攻击失败，从两翼迂回攻击失败，突破作战也告失败。因此，盟军在第四次进攻时决定改变战略，采取迷惑敌人的作战方案。这次的作战计划，由四个不同的行动组成，各作战分部各司其职，分头进军。

这次作战计划的真正要点是故意发动假攻势，不让对方知道作战行动的意图。也就是说，要让德军方面信以为盟军即将展开大攻势的地方，不是喀昔诺镇，而是持续战斗数周仍未结束的安济奥。

这个欺敌作战的方案，将分两阶段实施。第一阶段，让英军第8军的部队在极机密情况下从意大利东海岸移往喀昔诺战线，以便增援，这项行动成为整个作战的关键。由于德军未能发现，英军成功地侵入这个地区，并阻断了国道6号公路，使喀昔诺镇陷于孤立。

第二阶段是，对德军要诈，让他们以为攻击目标是安济奥。美军的一个师团，为要接受严格训练，以备突破作战，而被遣返沙莱诺——那不勒斯地区。这种动向将全部通过意大利人，向德军方面逐一报告。他们在前往那个地点的各条道路上，竖立印有加拿大军枫叶纹章的路标；故意发出假通讯联络，让德军方面所有的监听员信以为有两个师团奉命充当登陆部队。在那不勒斯港，英国海军进行强袭登陆作战训练。登陆用舟艇集结在这个地区，空军反复在契维塔海岸上空进行侦察飞行。盟军的欺敌行动计划获得巨大成功，转移了德军的注意力。盟军乘机在午夜对喀昔诺的德军据点猛袭。由于这次奇袭太过突然，德军完全措手不及，因而失利。在联合作战的猛袭重压下，德军节节败退，只过了6天，盟军便顺利攻占了蒙地喀昔诺。

蒙地喀昔诺终于攻陷了，取得这场战役胜利的关键是成功的惑敌行动。

【商战谋略例说】

## IBM 的成功之道

　　IBM是世界电脑市场的龙头老大，二三十年代白手起家，20世纪60年代就已占领了电脑市场的三分之二。到20世纪90年代，IBM仍然在电脑世界中独占鳌头，它所拥有的资产已超过500亿美元。

　　商场即战场。IBM的发展也不是一帆风顺的，它也有竞争、挑战和对手。然而它在每次竞争中，总是力争主动，完善自己，从而在战胜对手的过程中使自己一步步强大起来。

　　在计算机市场上，首先向IBM开炮的是雷明顿·兰德公司。1951年，兰德公司向美国统计局出售了第一台商用计算机，首次向IBM发起了挑战。

　　商业竞争不同于体育比赛，能够由双方交替发动进攻。商业竞争的成败，决定于各自的经济实力、谋略和下手的时机。谁抢先在这些方面占据优势、掌握主动权，谁就是胜利者。

　　所以，兰德公司的进攻使IBM的主席小沃森大吃一惊。他立即召开上层会议，研究对策。

　　IBM抢先倾注自己的全部实力，从宣传攻势到网络专家，从占据技术领先优势到研究开发更新的产品，每一步都精心设计，巧妙安排；同时，密切注意兰德公司的倾向，分析对方的每一个企图。终于，IBM这种全方位的进攻使它在这场竞争中占据了上风，一路领先，始终处于主动的地位。结果兰德公司在强敌面前败得溃不成军，只好落荒而逃。

　　一波刚平，一波又起。一些陆续强大起来的电子计算机公司联合起来，结成了阵容庞大的盟军，向IBM射去密集的炮弹，想一举轰毁IBM的阵地。在这场围剿战中，盟军耗去了高达30亿美元的广告费。

　　面对盟军异常凌厉的攻势，IBM没有四面出击、以牙还牙。它采取了最优秀的防御策略——推陈出新，不断用自己更新、更优良的新产品取代自己过时的旧产品，以最优质的产品取得市场的主动权，那么敌人就会不攻自破。

　　于是，IBM推出了这样的广告词：比IBM更优良、更便宜、更好。很快，它的新产品XT型个人计算机上市了，它具有硬盘装置，能存储5000页资料。市场上响起了一片叫好声。

　　盟军的叫嚣声渐渐减小了，给人一种后劲不足的感觉。

紧接着，装备有全新微处理器的AT型个人计算机又在计算机新产品展览会上一展雄姿，大放异彩。它的功能没有任何一家其他计算机公司敢与之抗衡。

盟军阵脚大乱，无数的中小型计算机公司被迫关门或严重亏损。

IBM在发展过程中，时时都在迎接挑战，每一次都能以多变的谋略技巧争得主动，将对方打倒在地，从而保住了自己在计算机行业中的地位。

### 副经理登门谢罪

日本东京的一家百货公司在晚间停业盘点货物时，发现多了一台"索尼"牌唱机的内件——毫无疑问，这是白天售出唱机时漏装了内件，公司上至经理，下至店员无不大吃一惊。他们搬出售货发票，一张一张地查对，然后根据发票上的地址、姓名向购买索尼唱机的人一一进行查询，忙了整整一个通宵，天亮以后终于在某旅馆里找到了一位购买了索尼唱机的美国顾客。

美国顾客为唱机没有内件而大动肝火，准备早餐后就去找该公司"算账"。这时候，电话铃响了，他急忙拿起话筒。

"您好！您在昨天购买了一台索尼唱机，对吗？"

"是的。"美国顾客怒冲冲地说，"可是它没有内件■■"

"真对不起！这是我们工作的最大失误，特此向您表示十二分的歉意。"

百货公司的工作人员一面在电话里向美国顾客再三道歉，一面通知顾客：公司马上派人把新的唱机给他送去，请他在住处稍候。

过了50分钟，百货公司的一位副经理携一名年轻职员敲开了美国顾客的门，俩人一见到顾客立即鞠大躬，行大礼，并口口声声说是来谢罪的。副经理和年轻职员不但送来了新唱机，加赠著名唱片一张、蛋糕一盒、毛巾一条，年轻职员还郑重地宣读了一份公司的备忘录，上面记录了公司上下是如何通宵达旦地纠正自己所犯下的这一错误的。

美国顾客大为感动，不但一腔怨气没了，而且，在以后很长一段时间，他逢人就讲这件事，日本东京的这家百货公司也因此声誉鹊起。

### 苏联愚弄美国人

1973年，苏联人在美国放风说，打算挑选美国的一家飞机制造公司为其建造一个世界上最大的喷气式客机制造厂，该厂建成后将年产100架巨型客机。如果美国公司的条件不合适，苏联就将同英国或联邦德国的公司做这笔价值3亿美元的生意。

美国波音飞机公司、洛克希德飞机公司和麦克唐纳-道格拉斯飞机公司这三大飞机制造商闻讯后，都想抢到这笔"大生意"，所以，便背着美国政府，分别同苏联方面进行私下接触。苏联方面则在他们之间周旋，让它们竞争，以更多地满足苏方的条件。

波音公司为了能够抢到这笔生意，同意苏联方面的要求：让20多名苏联专家到飞机制造厂参观、考察。

在波音公司，被视为上宾的苏联专家，不仅仔细参观飞机装配线，而且钻到机密的实验室里"认真考察"。他们先后拍了成千上万张照片，得到了大量的资料，最后还带走了波音公司制造巨型客机的详细计划。

波音公司热情地送走苏联专家后，满心欢喜地等待他们回来谈生意、签合同。岂料这些人却如乘黄鹤而去，杳无踪影了。

不久，美国人发现了苏联利用波音公司提供的技术资料设计制造了伊柳辛式巨型喷气运输机。这种飞机的引擎是美国罗尔斯-罗伊斯喷气引擎的仿制品，而有关制造飞机的合金材料，也是从美国获得。

原来，苏联专家穿了一种特殊的皮鞋，其鞋底能吸引从飞机部件上切削下来的金属屑，他们把金属屑带回去一分析，就得到了制造合金的秘密。

苏联专家的偷技绝招，使得一向精明的波音公司叫苦不迭，有苦难言。

这一例中，苏联为了获得美国飞机制造商制造巨型客机的详细材料，故意放风说要挑选美国的一家飞机制造公司为其建造喷气式客机制造厂，从而"声东击西"，瞒住了波音公司，获得了巨型客机的制造材料和有关制造飞机的合金材料的秘密。

## 无中生有辟商路

为了发展被称作"无烟工业"的旅游工业，增加经济收益，日本人曾不惜采用"无中生有"的办法。地处日本偏僻地区的伊那镇，便依靠此招大发其财。

伊那镇本是一个旅游资源贫乏的地方，但当地政府为了聚财，硬要人为地"创造一个古迹"。他们派出大队人马，四处了解民风民俗，经过几个月的折腾，好不容易才搜集到了关于侠客勘太郎的民间故事。尽管这是一个子虚乌有的神话，但主管部门却借题发挥，大做文章。

于是过了不久，伊那镇火车站广场上，奇迹般树立起一座勘太郎的铜像。在书店里，人们惊奇地发现了许多描写勘太郎侠骨仁心、扶危济困的故事书。在旅游品店里，突然冒出了勘太郎木雕、勘太郎腰带、勘太郎兵器等新玩意儿，甚至在街头到处传唱着勘太郎的歌曲。

经过如此这般的刻意经营，勘太郎竟被捧为家喻户晓的盖世英雄，而勘太郎的诞生地伊那镇，自然也随之吃香起来，成了闻名遐迩的观光胜地。

## 声东击西推销术

一年冬天，美国冰类食品的销售势头见涨，于是，人们大量需要冰棍、冰淇淋的说法逐渐传播开去。

本来就跃跃欲试的冰商们以为机会到了，高速度大批量地生产出了冰棍、冰淇淋。谁知道，人的口味却是变幻无穷的。冰商们生产出来的冰凉之物，没有遇上热心的消费者，冰品店前门可罗雀。

其中一位冰商四处奔走，想方设法要出售陈货，但却处处碰壁。在回家的路上，他猛然间看见了一张马戏团的海报，一时灵性大发，有了推销冰品的妙计。

那位冰商想出的是"声东击西"的妙法，他立即马不停蹄地与各马戏团联系，并派出公司员工到各马戏场入口处给观众赠送炒热的"咸豌豆"。人们边看马戏边吃豌豆自然十分舒心。既饱眼福，又饱口福，何乐而不为！况且，这种口福是别人送上门来的，只有傻瓜才不会去享受这福分。

在演出休息时，突然冒出一群卖冰棒、卖冰淇淋的小孩大声吆喝："卖冰棍哟！""卖冰淇淋哟！""既舒心，又解渴，快来买哟！"

人们刚吃完那些"咸豌豆"，开始并不觉得怎么渴，经小孩这么一吆喝，好似忽然醒悟过来，觉得喉头里干得直冒烟火。一见"冰冰凉"的好东西，犹如久旱逢甘雨。观众纷纷解囊购买冰棒，有的人一连吃几支也不过瘾！

一连5天，这位冰商将商品全部推销给了看马戏的戏迷们。

这位美国冰商，先是实情实意送"咸豌豆"，燥其热，此为"声东"；接着是卖冰棍，降其温，此为"击西"。

这一送一卖、一"东"一"西"，就显出了这位美国冰商善于平地起风雷、有效地推销滞销货的过人之处。

企业在销售商品时，为了刺激市场需求，往往采用多种优惠手段，来吸引顾客。不过，"声东"一定要有声有色，吸引力强，才能够达到"击西"之目的。

在美国，更有一件咄咄怪事。一天，有500个人都接到一家公司邮寄送给的油漆刷的木柄，请顾客到他的店中领油漆刷的另一半。

第二天，又有1000多人收到了该公司寄来的油漆刷子，并还收到一封热情洋溢的信：

"朋友，您难道不愿意油漆您的房子，让贵宅换上新装吗？为此，鄙店特地赠送您一把油漆用的刷子。"

"我店从今天起3个月内为特别优惠期，凡是手执信函来我店的主顾，油漆一律8折优惠。"

"敬请别失去好机会！"

区区馈赠使许多人产生了好感，觉得有一把刷子不好好利用未免暴殄天物，于是，有750人到商店来购买了油漆，并成了这家商店的老主顾。

原来，油漆店的醉翁之意不在酒，他赠油漆刷之真正目的是推销其油漆。

## 索尼公司的"带头牛"策略

20世纪70年代，日本索尼公司为把彩电打入美国市场而绞尽脑汁。在当时的美国人眼里，索尼彩电是受人歧视的杂牌货，为此，索尼公司国外部部长卯木肇先生费尽心机，但一筹莫展。

一日，他偶然路过一处牧场。当时夕阳西下，飞鸟归林，一位稚气的牧童牵着一头雄壮的大公牛走进牛栏，一大群牛紧随其后，温驯地鱼贯而入。眼前这种景象使卯木肇先生灵感大发，他暗自思忖：何不找一家"带头牛"商店率先销售索尼彩电呢？

真是个好主意！卯木肇选中了当地最大的电器推销商作为主攻对象。第二天上班时，他兴冲冲地赶到马希利公司求见经理，但吃了闭门羹。在连续碰了三次壁后，经理终于同意接见，但甩下一句硬邦邦的话："我们不卖索尼的产品。你们的产品像瘪了气的足球，踢来踢去没人要，只能降价拍卖。"

卯木肇先生马上在当地报刊上重新刊登广告，再塑商品形象，并继续说服这位经理。谁知马希利公司经理又提出："索尼的售后服务太差。"卯木肇没有争辩，而是马上设立特约服务部，并在报刊上公布特约服务部的地址和电话号码，保证随叫随到。

然而，在第三次会面时，马希利公司的经理仍在挑剔。他说索尼在当地形象不佳，知名度不够，消费者不欢迎，因而拒绝销售。尽管如此，卯木肇先生仍不气馁，他看到了希望之光。因为，这位经理挑剔的理由越来越少，这是成交的先兆，值得继续努力。

卯木肇立即召集30多位工作人员，规定每人每天拨5次电话，向马希利公司订购索尼彩电。这接连不断的求购电话，把马希利公司的职员搞得晕头转向，在忙乱中误将索尼彩电列入"待交货名单"，使得经理十分恼火。

在这种情况下，马希利公司勉强同意代销两台索尼彩电试试。卯木肇大喜过望，当即送上两台彩电，并选派了两名年轻能干的推销员与店员一起推销，休息时轮流请店员喝咖啡。卯木肇给这两位推销员立下了"军令状"，规定如果一周之内卖不掉这两台彩电，就不要回索尼公司。出乎意料的是，当日下午4点，两台彩电已经售出，马希利公司又订购了两台。至此，日本索尼彩电挤进了芝加哥市"带头牛"商店，一月之内竟然卖出700余台。

## 生出一棵"摇钱树"

1984年圣诞节前，尽管美国不少城市朔风刺骨，寒气逼人，但玩具店门前却通宵达旦地排起了长龙。这时，人们心中有一个美好的愿望：领养一个身长40多厘米的"椰菜娃娃"。

这是怎么回事？大家知道，领养娃娃都要到民政部门去，怎么会到玩具商店去呢？玩具商店竟敢卖小孩？

商店的这一奇招，招来不少好奇者。他们跑到商店来看个究竟。

原来，"椰菜娃娃"是一种独具风貌、富有魅力的玩具，她是美国奥尔康公司总经理罗拔士创造的。

通过市场调查，罗拔士了解到，欧美玩具市场的需求正由"电子型"、"益智型"转向"温情型"。他当机立断，设计出了别具一格的"椰菜娃娃"玩具。

与以往的洋娃娃不同，以先进电脑技术设计出来的"椰菜娃娃"千人千面，有着不同的发型、发色、容貌，不同的鞋袜、服装、饰物，这就满足了人们对个性化商品的要求。

另外，"椰菜娃娃"的成功，还有其深刻的社会原因。离婚给儿童造成心灵创伤，也使得得不到子女抚养权的一方失却感情的寄托。而椰菜地里的孩子正好填补了这个感情空白，这就使得"椰菜娃娃"不仅受到儿童们的欢迎，而且也在成年妇女中畅销。

罗拔士抓住人们的心理大做文章，他别出心裁、"无中生有"地把儿童玩具变成一个让人们认为有血有肉有生命有温情的"领养娃娃"。

奥尔康公司为了达到有与真的娃娃一样的效果，每生产一个娃娃玩具，都要在娃娃身上附上出生证、姓名、手面、脚印、出生时辰等。他们还在娃娃的臀部盖上"接生人员"的印章。顾客领养时，要庄严地签署"领养证"，以确立"养子与养父母"关系。

经过对顾客心理与需要的分析，罗拔士又作出了创造性决定："配套成龙"——销售与"椰菜娃娃"有关的商品，包括娃娃用的尿布、奶瓶、床单、衣服、推车、背包，以至各种各样的玩具。

领养"椰菜娃娃"的顾客大多真的是把它当作领养的有生命的娃娃，把它当作感情的寄托，因而他们在购买"椰菜娃娃"时常常将这一整套东西都买下来。

这样，奥尔康公司的销售额就大幅度增长。

如今，"椰菜娃娃"的销售地区已扩大到英国、日本和香港等国家和地区。罗拔士正考虑试制不同肤色及特征的"椰菜娃娃"，让她走遍世界各国，保持奥尔康公司在玩具市场上首屈一指的地位。

奥尔康公司靠发挥自己的想象力，虚构了惹人喜爱的"椰菜娃娃"。当"椰菜娃娃"成了摇钱树，它又引发了一系列相关产品的诞生，"无中生有"使得奥尔康公司受益无穷。奥尔康公司因而也就成为世界上有名的玩具公司之一。

## 小布贩以实击虚

只要能领导市场潮流，就能在市场上占一席之地。

美国百华公司的总经理路华德，可以称为推销方面的天才。

在路华德还是一个小布贩，还没有进百华公司之前，发生的一件事很能表现他的这一才能。

有一天，百华公司的老板萨耶回家，看到妻子买了一块新布料。萨耶心中不高兴，说："这种布料我们自家店里面有的是，从去年上市以来，一直卖不出去，你买它干吗！"

妻子却任性地答道："料子虽然不算太好，但花色却很流行。卖布的人告诉我说，今年的州游园会上，这种花色将会是最流行的，像社交界名流瑞尔夫人和泰姬夫人在今年的游园会上都会穿这种衣服的。布贩只告诉了我一个人，并告诉我不要把这个消息泄露出去。"

那个布贩就是聪明的路华德了。

果然，游园会那天，全场的妇女当中，只有那两名贵妇和少数几个妇女穿那种花色的衣服。萨耶太太也是其中之一，真是喜形于色，出尽风头。游园结束时，很多妇女接到通知单，上面写着：瑞尔夫人和泰姬夫人所穿的新布料，本店有售。

这就是路华德的计谋；他懂得妇女的一窝蜂心理，只要能让贵妇们穿上他的布料，那么他就掌握了市场上的主动权。因为这些贵妇是当地的时装向导，只要她们一穿，其他的女人都会跟着她们学，那他的布料就会成为抢手货。在游园会开始之前，他就将这种布料大批购回店中。

游园结束的第二天，路华德的店铺万头攒动，人群拥挤，人们争先恐后地抢购。路华德进一步采用匮乏战术来激起购买欲，他在门前贴了一大张纸：衣料售完，明天进货。那些抢购的人，唯恐第二天买不到，很多人预付了定金。

路华德就是这样施妙计掌握了市场主动权，避免只是被动地回应市场。

他的这一才华被百华公司所赏识，在路华德加盟的10年中，百华营业额增加了600倍。归纳其成功原因，就在于路华德是市场的主人。

## 利而诱之商战无敌

"利而诱之"是商战必胜的法宝。俗话说，"无利不起早"，正是这个道理。

顾客是商业活动的主体，而顾客所好是多方面的。

1. 求实心理。实用和方便，强调商品的质量和实际效用，讲求适用、耐用、使用方便，并有良好的售后服务。

2. 求安全心理。要求使用时保障安全，特别是药品、洗涤、卫生、电器、交通工具等。

3. 求廉心理。即选价心理，要求经济实惠、物美价廉。

4. 求新心理。追求商品的时尚和新颖，外观质量、品种、样式、款式等出新。

5. 爱美心理。利于美化人们生活，具体是千差万别的商品。

6. 慕名心理。喜爱名牌产品，信服名牌货。

7. 仿效心理。对耐用消费品同别人保持同一步调，购买别人已拥有的同类产品。

8. 侥幸心理。贪利思想驱使，想花小钱得大利。如"有奖销售"中奖小轿车、摩托车、彩电等。

消费者购买心理动机，对于生产者、销售者的经营具有相当大的影响。经营者应研究这些，为满足顾客要求，受到他们的欢迎，要运用策略，投其所好，吸引更多的顾客，从而提高自己的竞争能力。

日本有一家普拉斯公司，专营纸张、文具、图钉、回形针、尺子等文教小用品。开始经营不景气，濒临倒闭破产。后来仔细对购物者进行观察分析，发现购买者来购货，不是仅买一件，而是三五件一齐买，便想出了一个新颖的经营点子——文具组合，将文具及剪刀、透明胶带、小卷尺、塑料尺、小订书机、合成浆糊等，放进一个设计精巧、轻便易带的盒子里，盒子外表则印上色彩鲜艳和形象生动的图画。这一改造，其实只在包装的盒子上。因其迎合了中小学生的需要，也受到了机关及各界员工们的普遍欢迎。所以一经上市，很快就成为热门商品。上市的第一年，就销售了300多万盒。获得了意想不到的巨额利润。之后又进行了改进，向高档化、立体化发展，在盒子里安上电子表、温度计等，使它更臻完美，外形更精美、多样化，使其风行全球，普拉斯也就成了名牌商号。

"利而诱之"，在经营中就是"投其所好"，关键在于对消费者的购买心理仔细研究，认真分析，把自己置身于顾客的角度，想顾客之所想，求顾客之所求，从而追求适销对路的产品，探求最佳的经营方式和服务方式，以满足各类顾客的需求。

只有这样，才会商战无敌。

【人生智谋例说】

### 行刺不成献宝刀

东汉末年，董卓专权，他迫使汉献帝封他为丞相，在朝中横行霸道，大臣们敢怒而不敢言。

这一天，王允秘密召集一些大臣，商议除掉董卓，但始终想不出一条好计策来。眼见董卓为所欲为，身为汉朝老臣不能为国除害，为主分忧，有的大臣哭了起来。

正在这时，有个人从座位上站起来，放声大笑，他说："大丈夫做事，说干便干，何必像妇孺一样，哭哭啼啼，优柔寡断！"众人一看，乃是曹操。

曹操字孟德，曾为顿丘县令，黄巾起义后，升为济南相，很有才干。董卓进京后，也看出曹操不是等闲之辈，为培植党羽，便封曹操为骁骑都尉。曹操表面对董卓也很恭敬，董卓便把曹操当成了亲信。

曹操说："我屈身董卓，就是为了取得他的信任，以便寻找机会为国除害。现在老贼对我越来越信任，我愿意拿一把快刀进入老贼居室刺死他！"王允一听，十分高兴，连忙赠给曹操一把宝刀。

曹操带刀来到董卓居室，恰值董卓也有事要同曹操商量，他问曹操："孟德为何此时才来？"曹操将计就计，答道，"我的马走的太慢，因此来迟。"董卓立即命侍从到马厩里给曹操选一匹好马，侍从答应着去了。屋中只有董卓和曹操两个人，曹操见此良机，急忙从怀中抽出宝刀，恰在此时，董卓突然转过身来，大声喝问："孟德何为？"曹操一见董卓发觉，知道再难行刺，灵机一动，连忙跪在地上，双手平托宝刀，十分谦恭地说："我近日得到一口宝刀，特来献给丞相！"董卓接过一看，果然是把宝刀，心中喜欢，竟没有怀疑曹操。

这时侍从已牵来一匹马，董卓就带着曹操到外面看马。曹操连赞："好马！真是一匹好马。我骑上它试试！"说着，骑上马，飞驰而去。

原来，董卓已感到自己积怨太多，担心有人行刺，就在自己的床里边安了一面镜子。所以曹操抽刀之时，他已从镜中看得清清楚楚。曹操行刺不成，反而白送了一把宝刀。

曹操走后，董卓把孟德献刀之事对李儒说了。李儒听后，告诉董卓："孟德不是献刀，他是要行刺主公。"董卓一听，七窍生烟，立刻派人去捉拿，但曹操已不知去向。曹操本就只身一人在京城，又无法拿他的家人治罪，董卓只得作罢。

## 纪昀巧解"老头子"

《四库全书》是清朝乾隆年间历时10余年编纂而成的大型丛书，收书3500余种，计近7万卷。它的总编纂官就是清代大学者、文学家纪昀。他学识渊博，富有辩才，也不乏幽默机智。大概是靠了这个本领，加之小心谨慎，他才能在随侍皇帝时巧为周旋，始终未酿祸灾。

《四库全书》是乾隆皇帝下令编纂的，每编成一部分，乾隆都要亲自阅览。纪昀倾全力精心修订，而且在每书首页写了提要，阅读起来非常方便。乾隆对此十分欣赏，又让他撰写了简明目录。聪明的纪昀在校订古籍时，常常有意地漏校几处，极易发现，乾隆审阅时就可予以纠正，并煞有其事地为此发道谕旨，责备总纂官工作不力，还劳圣上亲自校正疏漏。从中显示乾隆的博学远识，不愧为圣明天子。这样一来，满足了乾隆处处胜人一筹的虚荣心。其实二人心照不宣，只是没有也绝不能说破而已。

可是纪昀有一次险些触犯皇上。

这一年时值盛夏，纪昀带领他的庞大队伍紧张地修纂《四库全书》，没想到乾隆会前来视察。纪昀去衣裸背聚精会神地干得正欢，一见皇上驾到，来不及穿衣，怕皇上怪罪，就一下钻到桌案下面，拉上帷帐藏了起来。乾隆看在眼里，想寻开心，故意坐在案边不动，让屋中人安安静静按部就班地照常做事。

纪昀蜷缩多时，听听已没有动静，从帐幔里伸出头来悄声问道："老头子走了吗？"不想乾隆就候在一边，一听大怒："纪昀大胆，将朕称作老头子，是何道理？速速陈奏明白，否则以犯上罪处死。"

纪昀着实吃了一惊，知道这下得罪不浅，按照大清"大不敬"的律条，乾隆一句话他就马上身首异处了。他急忙爬出来先叩头谢罪，继而不急不慢地禀告："臣子称皇上为万岁，岂不是老？皇上为万民之首，岂不是头？皇上乃真龙天子,岂不是子?'老头子'乃称谓之缩略语也,祈祝皇上万寿无疆。"

几句话说得乾隆心花怒放、龙颜大悦,说:"亏你能言善辩,苏秦、张仪在世也不过如此,快快起身,朕今日赦你无罪。"

## 十岁缇萦救父亲

西汉初年,刑法十分严酷。

当时,有一位名医叫作淳于意。淳于意曾做过齐地管理粮库的小官太仓长,后得名师指教,潜心学医,声誉鹊起。在汉文帝四年的时候,淳于意被人诬告了一状,按法律要被押送至京城长安执行"肉刑"(刺字、割鼻或砍去一只脚)。淳于意没有儿子,只有五个女儿,眼见父亲要被押送走,五个女儿哭作一团。淳于意心绪烦乱,叹道:"唉,生女不如生男,到了紧要关头却没有一个能跟我去打官司!"

淳于意的小女儿缇萦才十多岁,听到父亲的话后,心如针刺,她想:"女子和男子都是人,为什么就不如男子?"她对四个姐姐说:"我陪父亲去长安,就是死,也要为父亲辩明清白,搭救父亲!"

缇萦收拾行李,跟随着父亲,一路上餐风饮露,备受艰辛,终于到了长安城。缇萦一到长安城就四处向人打探救父亲的办法,一位好心人被小缇萦救父的精诚之心所感动,对她说:"皇上曾经有令,百姓如有急难的事情不能解决,可以直接给皇上上书,你父亲果真冤枉,为什么不试一试呢?"缇萦听后,谢过好心人的指点,立刻写了封十分诚恳的书信,亲自送到皇宫,请求守卫皇宫的卫兵转呈给汉文帝。缇萦在信中写道:

"我是太仓小吏淳于意的小女儿,名叫缇萦。我父亲在齐地做官时,人人都称赞他廉洁奉公;后来,父亲行医各地,为人治病。父亲精通医学,深受称道,偶尔有治不好的,那也是病人已不可救药,与父亲无干。如今,父亲被歹人诬告,被判处以肉刑。我知道人一旦诛死是不会复生的,人被处以肉刑,割掉鼻子不能再长出来,砍掉一只脚不能再接上,脸上被刺了字人就破了相,以后,这个人想改过自新也办不到了,这是多么令人痛心啊!我是一个弱小的女子,情愿入宫为官婢,替父亲赎罪■■"

汉文帝读罢缇萦的信,很为缇萦舍身救父的一片诚心所感动,又听说淳于意是个颇有名气的良医,于是下令免除淳于意的刑罪,随后,又下诏免除

"肉刑"，以罚做苦工和打板子来取代。

缇萦力求主动，大胆"告御状"，不但救了父亲，还使天下的人都免除了"肉刑"的痛苦，传为古今一大佳话。

## 苏代巧说立魏相

苏代是战国时期有名的说客。

春秋战国时期的一个耐人寻味的现象是：诸侯各国都拥有一批"游士"，他们把"游士"派到其他国家去担任要职，以获取对自己有利的情报或更大的好处。

这一年，魏国的相国田需死了，相国这一左右国政的要职立刻成为国内、国外政客们关注的焦点。当时，秦国的张仪、齐国的孟尝君、韩国的犀首都在魏国做官，都对相国一职垂涎三尺。楚国的权臣昭鱼担心这三个人掌权，因为谁掌权都对楚国不利，于是急忙向苏代求计。

昭鱼对苏代说："田需死了，张仪、孟尝君、犀首都想谋取相国一职，他们谁当相国都对楚国不利，趁魏王还没拿定王意，先生赶快想个办法啊！"

苏代问："您认为谁当相国才会对楚国有利呢？"

昭鱼道："太子。"

苏代思索了一会儿，说："好吧，我马上到魏国去，让太子当上相国。"

苏代到了魏国，见到魏王，对魏王说："我刚从楚国来，楚国的昭鱼很担心魏国的相国一职由谁来担当。我对昭鱼说：'魏王是位经验丰富的国君，他绝不会选择张仪、孟尝君、犀首中的任何一个人。'"

魏王笑道："你怎么会知道我不会这样做呢？"苏代说："张仪为相，必然依附秦国；孟尝君为相，与齐结盟无疑；犀首为相，不用说，肯定跟韩国好。大王心中了然，何必问我呢？"魏王连说："不错！不错！"稍停，又问苏代："先生认为何人可为相国？""当然是太子了。"

苏代随口答道，"太子为相，张仪、孟尝君、犀首都会去讨好太子，也都会尽心尽力，魏国还有什么后顾之忧！"魏王点头称好。

苏代离开魏国后，魏王果然任命太子为相国。张仪、孟尝君、犀首各从自己的利益出发，互相牵掣，魏国无所作为，昭鱼如愿以偿。

## 孟尝君巧借耳环

孟尝君是战国时期有名的四公子之一,在齐国担任相国的重要职务。这一年,齐王的夫人死了,孟尝君为此大伤脑筋:齐王要立谁为夫人呢?倘若是个与自己作对的人,那就麻烦了,搞不好,相国要职也会被别人夺走。

齐王有七名宠妾,个个如花似玉,齐王经常与七名宠妾在一起。

孟尝君想:"齐王要立夫人肯定会从这七人中挑选一位,不过,哪一位是齐王最喜欢的呢?"孟尝君想来想去,想到了一个好主意,他命人制作了七个耳环,每个耳环都用上等美玉制作,其中一个耳环最精巧、最珍贵,然后把七个耳环献给齐王,齐王看到这么精美的耳环,立刻高兴地把它们赐给了七个宠妾。

过了几天,孟尝君再次进宫会见齐王,悄悄地观察齐王身边的七位美人,见她们都戴上了自己进献的耳环,其中一位美人戴上那一对特殊的耳环更显得楚楚动人。告别齐王回府后,孟尝君立即命人起草奏章,劝齐王立那位楚楚动人的美女为夫人。齐王接奏,正合心意,便立最中意的美人为夫人。

那位当上了夫人的美人身价倍增,自然不会忘记孟尝君,所以孟尝君还是平平安安地做他的相国,齐国百姓也安居乐业。

## 吕后求计安太子

刘邦立惠帝为太子后,戚夫人又生了一个儿子,取名如意。戚夫人十分得宠,所以每每要求刘邦废了太子,改立如意。刘邦起初并不在意,戚夫人连连恳求,刘邦遂存了废长立幼之念。吕后见此情势,焦急万分,急忙让自己的弟弟建成侯吕泽把张良请到家中问计,张良推脱不过,只好献上一计。

原来,当时天下有四位名士:东园公、夏黄公、绮里季、角里先生。刘邦十分看重这四个人,但四名士因为刘邦傲慢,誓不为汉臣,逃往山野,隐居起来。张良建议吕泽把他们请出来辅佐太子,刘邦见后或许会放弃废除太子的念头。吕后大喜,连忙派吕泽拿着太子的亲笔信,带着厚礼去恭请四名士,四名士权衡利弊后,果然出山来辅佐太子,在吕泽家住了下来。

汉高帝十一年,英布叛汉。当时,高帝刘邦正在患病,想派太子统兵出征,讨伐英布。吕后得知后,不知如何是好,急忙让吕泽去向四名士求教。四名士说:"太子出征,战胜不能提升,战败却要遭祸。况且,那些将军都是早年跟随皇上打天下的虎将，如何肯听从太子号令？此行肯定无功而还。再加上戚夫人日夜陪伴主上，如意又早晚都在主上面前，这样一来，太子实在是凶多吉少。"四名士建议吕后亲自去找刘邦求情，让皇上亲自出征。

吕后立刻去见刘邦，边哭边把四人所教之言说了一遍：刘邦不知情由，说道："我也看竖子难以将兵，还是我自己去吧。"张良也乘机建议说："可让太子为监军，监管关中兵马。"刘邦于是亲自出征，留下太子。

刘邦于第二年得胜回朝，由于病情日益加重，更换太子的心情也就更加急切了。一日刘邦在宫中设宴，太子相陪。饮酒之间，刘邦突然看见太子身后站着四个老人，一问，四人各自报上名号，刘邦方知是自己多年寻访不到的那四位名士。这四人还接着说："太子大仁大孝，天下拥戴，所以我们特来投奔。"刘邦听后，心中暗想："连这四人都来保太子，看来太子羽翼已丰。"从此，刘邦再也不想更换太子了。吕后这才将一颗悬着的心放了下来。

## 审时度势稳局面

为人处世，应该根据对方的心理，审时度势，采用不同的对策，应付不同的情况。

1945年"五四"那一天，云南大学在操场上举行纪念大会。

到会的人很多，大家情绪都很热烈。

大会刚开始时，天公偏不作美，下起雨来。许多人争相避雨，秩序开始乱起来。

主持会议的人连声嚷道："不要动，大家站好，就要开会了！■■"

效果还是不大。

此时闻一多正好在讲台上，主持人就请他出面鼓鼓士气。

闻一多站起来向正在朝四面移动的人群讲道："同学们！我给你们大家讲一个故事。两千多年以前，周武王决定起义，去打倒暴君纣王。

"就在出兵的那一天，像我们现在一样，忽然下起雨来了。许多人都觉得很不吉利，建议武王改期。

"这时候管占卜的，就说是当参谋的人吧，出来啦，他说这不是坏事，这是'天洗兵'，是老天爷帮我们忙，把兵器上的灰尘，都洗得干干净净的，打敌人更有力啦！

"我们今天也碰上了这样的机会,这就是天洗兵!不怯懦的人回来!走近来!勇敢的人站过来!■■"

闻一多先生的话打动了人心,大家都不再走动,会议顺利地开始了。

闻一多先生在突然下雨的情况下,巧借武王伐纣出师"天洗兵"的典故,使人们深受鼓舞,从而抑制了避雨的举动,人们冒雨听讲,秩序井然。

闻一多先生应变有术。根据突如其来的情况借题发挥,表现了高度的智慧和才能。应变有术,也叫随机应变。以突发事件为话题,能够有效地吸引对方的注意力,保证活动正常进行。

心理学以为,突然的事件、刺激,是引起人们注意的重要原因,在这些突然刺激出现时,人都会被吸引而忽视正在进行的活动,因此一味劝说人们不去注意突然刺激,效果并不理想。

闻一多先生未像会议主持人那样焦躁地大喊,而是以"雨"为题,大谈"天洗兵"典故,这就适应了听众的注意特点,加之他又引申出"不要怯懦,勇敢地接受'天洗兵',像武王伐纣那样同黑暗势力斗争"的含义,巧妙地扣住大会议题。

闻一多先生能够根据观众的注意力,随机应变地演讲,最终使会场局面平稳。

## 聪明的寡妇

前清有位女子,自幼兰心惠质,婚后夫家虽然不富裕,小夫妻间倒也融洽恩爱。

不想一年后丈夫忽染绝症,撒手归西。其时少妇还不到20岁,而家中婆母早已亡故,只有40多岁的公公与日渐长大的小叔子。那少妇日夜操持家务,并不嫌劳累,但正值青春妙龄,夜夜独守空帐,日子久了,就生出再嫁的念头来。

但此事非同小可,夫家所在之地素以"民情淳厚、风俗清明"著称,族人们非常看重贞节操守,乡镇里还建有贞节牌坊多座,贸然提出改嫁的要求,必为夫家族中不容。

怎么办?少妇终于想出一条计策,并趁回娘家之机请人拟定了诉状藏好。

后来,外村的一位男子托媒人前来说合,少妇同意,但果然遭夫家及族人的坚决反对,无奈,只好诉之公堂。少妇拿出早准备好的诉状,递进县衙。

诉状上仅有十六个字："夫亡妇少，翁壮叔大，瓜田李下，该不该嫁？"

县令阅后，沉吟良久，批准了再嫁的请求，并暗暗为这少妇的慧思所折服：她并没有正面向节烈风俗开火，而是指出可能更加伤风败俗的危险境地，从而达到自己的目的。

避开难以解决的主要矛盾，避开直接的锐利交锋，而是从另一角度出发，以一种较为温婉的方式提出，果然是一位聪明人！

### 避实击虚以情动人

为人处世，常会与人发生一些小的摩擦，如何能避开唇枪舌剑而巧妙达到和解的目的？如何在能力不允许的情况，与对方争锋？这就需要"避实击虚，以情动人"。

在美国经济大萧条时期，有一位17岁的姑娘好不容易才找到一份在高级珠宝店当售货员的工作。

在圣诞节的前一天，店里来了一位30岁左右的贫民顾客。

他衣衫褴褛，一脸的悲哀、愤怒，他用一种不可企及的目光，盯着柜台里那些贵重的高级首饰。

这时，姑娘要去接电话，一不小心，把一个碟子碰翻，六枚精美绝伦的金戒指落到地上。

她慌忙捡起其中的五枚，但第六枚怎么也找不着。

这时，她看到那个30岁的男子正向门口走去，顿时，她意识到戒指在哪儿。

当男子的手将要触及门柄时，姑娘柔声地叫道："对不起，先生！"

那男子转过身来，两人相视无言，足足有一分钟。

"什么事？"

他问，脸上的肌肉在抽搐。

"什么事？"

他再次问道，充满着一种说不出来的哀怨的神情。

"先生，这是我头一回工作，现在找事儿做很难，是不是？"

姑娘神色黯然地说，眼眶中充满着哀伤的泪水。

男子长久地审视着她，终于，一丝柔和的微笑浮现在他脸上。

"是的，的确如此。"他回答。

"但是我想，您在这里会干得不错。"

停了一下，他向前一步，伸手与她相握。

"我可以为您祝福吗？"

他转过身，慢慢向门走去。

姑娘目送他的身影消失在门外，转身走向柜台，把手中捏着的一枚金戒指放回了原处。

没有批评，没有呵责，然而，姑娘却成功地要回了青年男子偷捡的那一枚金戒指。

假如这姑娘以硬碰硬，戒指要不回来不说，必然会给店家留下不好的印象。

## 卡芬女士的成功

法国是世界公认的时装王国。那里人才辈出，才华横溢的时装设计师比比皆是，要想在他们中间崭露头角可不是容易的事。享誉法国和世界的时装设计大师卡芬女士便是脱颖而出的幸运者，她成功的秘诀就在于"避锐击惰"。

在一般人的印象中，时装总是为那些个头高挑的女性设计的，而个子不高的妇女常常被忽略和遗忘，事实也大抵如此。当时没有哪一个服装设计师是专为矮人设计服装的。卡芬女士生活在领导世界时装潮流的国度里，对此有自身的感受。她从小就对服装有着浓厚的兴趣，并得到名师的指点，一直想开家服装店专卖自己设计的服装。但巴黎是时装的天下，竞争激烈，要有所发展非常困难。"专卖矮个妇女的时装"这一灵感激发了她，她决心用自己创造性的劳动，填补时装设计的空白，在时装王国里独树一帜。

"我的身高只有1.55米，在妇女中身材是比较矮的。"卡芬女士坦率地说，"年轻时看着时装展示会上那些长腿细腰的模特儿，我总在想，女性都爱美，美并不是高个子妇女的权利，个子不高的妇女也希望穿得漂漂亮亮，为什么没有人替她们设计时装呢？所以我选择了这一方向。"

1941年，经过精心筹备，卡芬在巴黎金字塔大街开设了自己的服装店，她在设计时根据矮个妇女的特点，注意扬长避短，例如从不过多地袒胸露肩，袖子也避免蓬松臃肿。整个时装的风格自然大方，线条明快，富于青春气息。她开店之时正是德国法西斯占领巴黎耀武扬威的时期，占领军对法国人做生意有许多限制，但卡芬服装店由于具有自己的特色，开业伊始便被许多身材不高的妇女光顾。1945年德国投降后，卡芬把服装店移至香榭丽舍大街，并首次挂出"卡芬公司"的牌子。从此她被人称为"卡芬女士"，以至真实姓名反倒被人淡忘了。

由于卡芬专为身材不高的女性设计时装，做工又十分考究，公司总是门庭若市，就连当时演艺界一些身材不高的女明星，如维拉·克卢佐、索菲·多米埃等人都纷纷要求卡芬女士为她们设计演出服装。

时至今日，卡芬女士回忆起50年前的往事，仍禁不住情绪激动，神采飞扬。她庆幸自己当时没有卷入同行的竞争当中，避开了他们的锐气，而选择了这个当时无人竞争的领域。这个正确的决策，为她带来了巨大的成功。

避锐击惰与避实击虚，这样的计谋往往更有利于势单力薄的一方，因为只有避开强大对手的优势，才有可能使自己争得一定的生存空间，而且他们弱小的外表，无人问津的选择方向也容易使对手忽略其真正的实力。藉此才能打败对手。

卡芬女士的成功，足以让每个想要以弱胜强的有志之士借鉴，选择好市场，创出特色，自己也会有"神采飞扬"的一天。

第七章

# 军争篇

本篇阐述在战争中为将者必须把握的基本战略和战术，着重论述如何变不利条件为有利条件，总结战争规律，探索出在战争中夺取制胜条件的基本方法，提出"用兵之法"的八条原则。

### 【原文】

孙子曰：凡用兵之法，将受命于君，合军聚众①，交和而舍②，莫难于军争③。军争之难者，以迂为直④，以患为利⑤。故迂其途，而诱之以利⑥，后人发⑦，先人至⑧，此知迂直之计者也。

故军争为利⑨，军争为危。举军而争利，则不及⑩；委军而争利，则辎重捐⑪。是故卷甲而趋⑫，日夜不处⑬，倍道兼行⑭，百里而争利，则擒三将军⑮，劲者先⑯，疲者后⑰，其法十一而至⑱。五十里而争利，则蹶上将军⑲，其法半至。三十里而争利，则三分之二至。是故军无辎重则亡⑳，无粮食则亡，无委积㉑则亡。

故不知诸侯之谋㉒者，不能豫交㉓；不知山林、险阻、沮泽之形㉔者，不能行军；不用乡导㉕者，不能得地利。故兵以诈立㉖，以利动㉗，以分合为变㉘者也。故其疾如风㉙，其徐如林㉚，侵掠如火㉛，不动如山㉜，难知如阴㉝，动如雷震㉞。掠乡分众㉟，廓地分利㊱，悬权而动。先知迂直之计者胜㊲，此军争之法也。

《军政》曰："言不相闻㊳，故为金鼓㊴；视不相见㊵，故为之旌旗㊶。"夫金鼓旌旗者，所以一人之耳目㊷也。人既专一㊸，则勇者不得独进，怯者不得独退，此用众之法㊹也。故夜战多火鼓㊺，昼战多旌旗，所以变人之耳目㊻也。

故三军可夺气㊼，将军可夺心㊽。是故朝气锐㊾，昼气惰㊿，暮气归㉘。故善用兵者，避其锐气，击其惰归，此治气㉝者也。以治待乱㊴，以静待哗㉟，此治心者也。以近待远，以佚待劳，以饱待饥，此治力㊲者也。无邀正正之旗㊳，勿击堂堂之陈㊴，此治变㊵者也。

故用兵之法：高陵勿向㉛，背丘勿逆㉜，佯北勿从㉝，锐卒勿攻㉞，饵兵勿食㉟，归师勿遏㊱，围师必阙㊲，穷寇勿迫㊳。此用兵之法也。

### 【注释】

①合军聚众：把民众聚集起来，组成军队。合，集合、结集、会集，这里可引申为组织编制。聚，聚集。②交和而舍：两军处于对峙状态。交，相交、相互。和，中国古代的军门称为和门。舍，驻扎。③军争：在作战中，争取夺得胜利的有利条件。军，军事，这里指打仗。争，争夺，这里指争夺利益。④以迂为直：把迂回曲折的弯路变为近便的直路。迂，迂回、曲折。直，径直。⑤以患为利：把有害的事情变为有利的事情。患，害处、有害。利，利益、有利。⑥故迂

其途，而诱之以利：让敌军走迂回道路，以小利引诱敌军，把它牵引到别的方向。故，所以。其、之，代词，指敌军。⑦后人发：比敌军后出动。人，指敌军。⑧先人至：比敌军先到达战地。⑨军争为利：军争有利。为，这里作"有"解。⑩举军而争利，则不及：率领全部携带武器辎重的军队去争夺先机之利，就会因行动迟缓而不能按时到达。举，全、尽。举军，指全部携带武器辎重的军队。争利，争夺先机之利。不及，来不及、赶不上。⑪委军而争利，则辎重捐：率领委军去争夺先机之利，那就会把作战必需的重装备和辎重都丢掉。委，委弃、丢弃。委军，指丢弃了笨重装备和辎重的军队。⑫卷甲而趋：收起铠甲，轻装急进。卷，卷起、收起。甲，铠甲。趋，疾走。⑬日夜不处：日夜不休息。处，处所，此指休息、停顿。⑭倍道兼行：加速前进，昼夜不停。倍道，指行军速度加倍。兼行，日夜不停。⑮擒三将军：三军将领都被俘虏。三将军，指上、中、下或左、中、右三军将领。擒，被擒，被俘虏。⑯劲者先：体质健壮的人会先到达目的地。劲：有力，引申为体质健壮。⑰疲者后：体质弱的人就会落后。疲，体质羸弱。⑱其法十一而至：用这种方法，只有十分之一的人能按时到达目的地。法，方法。十一，十分之一。⑲蹶上将军：将会损折前军统帅。蹶，失败、损折。上将军，指前军统帅。⑳军无辎重则亡：军队如果不带有器械、营具、粮秣、服装等辎重就会灭亡。辎重，指军用的器械、营具、粮秣、服装等。㉑无委积：没有储备物资。委积，储备物资。㉒不知诸侯之谋：不了解各诸侯国的计谋。诸侯，指春秋时期各诸侯国。谋，计谋、谋略。㉓豫交：与之结交。豫，通"与"。㉔沮泽之形：沼泽地带的地形。沮泽，水草丛生的沼泽地带。形，地形。㉕乡导：指熟悉本地形带引道路的人。乡，通"向"。导，引导。㉖兵以诈立：用兵打仗，以善于运用诡诈、欺骗之术取胜。诈，诡诈、欺骗。立，成立，引申为取得成功、取得胜利。㉗以利动：以利益驱之使动。动，驱动。㉘以分合为变：意思是说，根据敌情和地形，或分散兵力，或集中兵力，灵活机动，变化莫测。分，分开、分散，这里指分散兵力。合，聚合，这里指集中兵力。变，变化。㉙疾如风：像风那样的迅疾。疾，迅疾。㉚徐如林：这里是说，用兵舒缓时像树林那样轻轻摇动。徐，缓慢、舒缓。㉛侵掠如火：发起攻击时像火一样的猛烈。侵，进犯。掠，掠夺。侵掠，可解释为"攻击"。㉜不动如山：指军队坚守时像山一样的稳固。㉝难知如阴：指像阴天那样情况不明，难以测度。难知，难以测度。阴，阴天。㉞动如雷震：行动犹如迅雷。㉟掠乡分众：兵分数路掠取敌国的领土。乡，乡里，这里指敌国领土。分众，这里指分兵。㊱廓地分利：扩大占领区，分兵夺取敌方资源。廓，同"扩"。利，指有利的阵地。分利，指分兵夺取敌方的资源。㊲悬权而动：权衡利害而后行动。权，指秤锤。悬权，即称秤，可引申为权衡利害。㊳先知迂直之计者胜：率先了解和运用迂直之计的人会取得胜利。㊴言不相闻：作战时，以语言指挥，声音听不清楚。言，言语、讲话。㊵金鼓：金，指金钲，鸣金为退。鼓，指战鼓，击鼓为进。㊶视不相见：这里指作战时，以动作指挥，人们看不清楚。㊷旌旗：旌，中国古代的一种旗帜。旌旗，泛指旗帜。㊸一人之耳目：进而统一士卒们的行动。一，统一、一致。人，这里泛指士卒、军队。㊹人既专一：士卒行动既然有了统一的指挥。专一，统一、一致。㊺用众之法：指挥千军万马作战的方法。用，使作，引申为指挥。众，指军队士卒之众。㊻火鼓：火光与锣鼓。㊼变人之耳目：适应士卒的耳目。变，这里作"适应""便利"解。㊽三军可夺气：三军之众可以使它丧失掉锐气。夺，夺走，引申为丧失。气，这里指锐气。㊾将军可夺心：虽身为将帅，也可以使他们丧失掉坚强的决心和意志。心，决心。㊿朝气锐：朝，早晨。锐，旺盛。朝气锐：这里是指，军队开始作战时士气旺盛。㊿昼气惰：昼，白昼，这里指中午。惰，怠惰、懈怠。昼气惰：这里是指，战斗打响一段时间，军队士气懈怠。㊿暮气归：暮，傍晚。归，止息、衰竭。暮气归：这里是指，到了战斗后期，军队士气衰竭。㊿治气：掌握军队士气的方法。治，这里作"掌握"。㊿以治待乱：以我军的严整有序对付敌军的混乱无序。治，严整有序。待，对待，对付。㊿以静待哗：以我军的沉着镇静对付敌军的喧哗不安。静，镇静。哗，喧哗不安。㊿治心：指掌握军队心理的方法。心，这里指心理。㊿治力：掌握军队的战斗力。力，这里指战斗力。㊿无邀正正之旗：意思是说，不要迎击旗帜严整、队列雄壮的敌军。邀，邀击、迎击。正正，严整。㊿勿击堂堂之陈：不要去攻击阵容强大、实力雄厚的敌军。堂堂，壮大。陈，通"阵"，即阵容。㊿治变：这里是指，掌握机变的方法。变，机变。㊿高陵勿向：不要去仰攻占据了高地的敌军。高陵，高山地带。向，此指仰攻。㊿背丘勿逆：不要去正面攻击背靠着丘陵险阻地带的敌军。背，指背靠着。丘，丘陵，此指丘陵险阻。逆，指正面攻击。㊿佯北勿从：不要去追击假装打了败仗的敌人。佯，佯装、伪装。北，败北、打了败仗。从，跟从、跟随。㊿锐卒勿攻：不要去攻打士气旺盛的敌军。锐卒，士气旺盛的军队。㊿饵兵勿食：不要贪吃敌人作诱饵的小股部队。饵，钓饵。饵兵，指作诱饵的小股军队。㊿归师勿遏：不要去阻击撤退回国的敌军。归师，撤退回国的军队。遏，阻遏。㊿围师必阙：把敌军包围起来后要留一面缺口。围师，被包围的军队。阙，同"缺"。㊿穷寇勿迫：不要过于逼迫已经陷入绝境的敌人。穷，穷途、绝路、绝境。迫，逼迫。

【译文】

孙子说：大凡用兵的法则，主将接受国君的命令，从组织民众、编制军队到与敌人对阵，整个过程中没有比争夺制胜条件更困难的了。而争夺制胜条件最为困难的地方，是要把迂回的弯路变为直路，把不利化为有利。所以，要让敌人迂回绕道，并用小利引诱敌人，这样就能比敌人后出动而先到达战略要地。这就是掌握了以迂为直的计谋。

所以，争夺制胜条件既有有利的一面，也有危险的一面。如果全军携带所有轻重装备去争利，就不能及时到达战略要地；如果丢下笨重的军用装备去争利，那么这些重型装备就会损失。因此，卷起盔甲，轻装急进，昼夜不停，加倍行程赶路，走上百里去争利，那么三军将领就有可能被俘；强壮的队伍先到，疲弱的士卒掉队，其结果是只会有十分之一的人马赶得到。走五十里路去争利，先头部队的将领可能会受挫折，队伍只有半数赶得到。走三十里路去争利，可能只有三分之二的兵力赶得到。要知道，军队没有随军辎重、粮食接济、物资补充，也就不能生存。

所以，不了解诸侯各国的战略意图，就不能同其结交；不熟悉山林、险阻、沼泽等地形，就不能行军；不利用向导，就不能取得地利。所以，用兵打仗要依靠奇诈多变才能争取成功，要根据是否有利来决定自己的行动，要根据敌情来分散或集中兵力。所以，军队的行动应当迅速如疾风，舒缓如森林，攻击时如烈火，不动时像山岳，隐蔽时像阴天看不见日月星辰那样，冲锋时如迅雷不及掩耳。掳掠敌方的乡邑，以得到更多的军需品，扩张自己的领土，获取更多的资源，都要衡量利害得失，然后决定行动。事先懂得以迂为直的计谋就容易胜利，这就是争夺制胜条件的原则。

《军政》中说："因作战时语言指挥不能听到，所以设置金鼓；因动作指挥不能看见，所以设置旌旗。"金鼓、旌旗，是用来统一指挥军队的信息工具。人们的视听既然一致，那么勇敢的士兵就不会单独前进，怯懦的士兵也不会独自后退了。这就是指挥大部队作战的方法。

所以，夜间作战多用火光和鼓声，白天作战多用旌旗。这些不同的指挥讯号，是为了适应人们的视听而变化使用的。

所以，对于敌人的军队，可以打击它的士气；对于敌军的将领，可以动摇他的决心。军队刚投入战斗时士气饱满，过一段时间便逐渐懈怠，到了最后就疲乏思归了。所以，善于用兵的人，总是避开敌人初来时的锐气，等到敌人松懈疲惫时再去打它，这是掌握军队士气的方法。用自己的严整来对付敌人的混乱，用自己的镇静来对付敌人的急躁，这是将领运用心理战术的方法。用接近战场的自己的部队来对付远道而来的敌人，用自己休整好的部队来对付奔走疲劳的敌人，用自己粮饷充足的部队来对付饥饿的敌人，这是有效运用军队战

第七章 · 军争篇

斗力的方法。不打击旗帜整齐、装备精良的敌人，不攻击阵容严整、实力强大的敌军，这是掌握机动变化的方法。

用兵的法则：敌军占领高地，就不要去仰攻；敌军背靠高山，就不要从正面攻击；敌军假意退却，就不要去跟踪追去；敌军锐气正盛，就不要去攻击；敌军用小股兵作诱饵，就不要上钩；敌军退回本国，就不要去拦截；包围敌人时，要留个缺口；敌军已陷入绝境时，不要过分逼迫。这些都是用兵的法则。

## 【评析】

本篇是论两军争利争胜的问题。像人类所有事物一样，军事争战自有它的规律可循。在《虚实篇》中，孙子概括军事争战的总体规律为"兵形像水"，就此而提倡"避实而击虚"的行动原则。本篇以治敌术为中心，提出了军争的总体原则——"以诈立，以利动"。研究了军争的目的性，军争中军队的行动原则、行动模式、行动的传导系统及治敌术——战术的原则及方法。

本篇是《孙子兵法》战术学的重要组成部分，所揭示的战争指挥思想及行动方式在今日仍有重要的借鉴价值。

### ／以迂为直以患为利／

在战场上，争得了主动权就可以"以患为利"——把困难变为有利。争取战场上的主动权，即所谓"先机之利"，有利也有危险。掌握战场上主动权一般受后勤、外交、政治、地理环境等因素的制约。

首先，后勤是筹措战场物资、组织保障力量的基础，古代作战所遵循的"兵马未动，粮草先行"的方针，就是把后勤工作摆在先行地位。本篇中孙子指出："军无辎重则亡，无粮食则亡，无委积则亡。"也是这个道理。

其次，军争是外交谋策活动。军事以后勤保障为基础，同时以外交谋策为先导。战前必须测知敌国及有关盟国的动态，否则是不能决定攻伐及联合诸侯国的方针的。军争之前必要的外交谋策是行动的第一步。

再次，地理环境也是军争的条件之一。孙子指出："不知山林、险阻、沮泽之形者，不能行军；不用乡导者，不能得地利。"可见，地理环境有"死生之势"。只有巧妙利用环境，趋利避害，才能为军争的胜利服务。

具备军事条件之后，方可实施军争的整体运动原则。

## 军以诈立以利动

"诈"是最高层次的军事理智之一。"兵不厌诈",古今皆然。兵史证明,军争不是简单地靠兵力数量,其中技巧往往是军争决胜的条件。

"兵以诈立",概括了军争技法的主要内容。军争中,将帅必须以"诡道"为指南,以"奇正"变化为术,立足于"诈",战胜敌人。

"以利动"乃是"兵以诈立"的深化。"诈"术制敌的行动以对我是否有利为鹄的,有利于我方的,则行;不利于我方的,则止。"以利动"的方式为"分合为变",即根据敌情变化,分别采取分散兵力、集中兵力的方式随机应变。

"兵以诈立"作为军争技法的战略指导,决定了军争中军队的行动模式,行动原则,行动的传导系统。

用兵之法,从动静态势研究,有动有静。行军之时,要隐蔽使敌人不知,就要静。有时因机而变,行军之时应特意张扬造成声势,以威慑敌人,就要动。动与静有机相连,权衡形势,相机而动。所以孙子主张"悬权而动"。"悬权而动"是指军队要根据军情地势,权衡缓急,斟酌取舍,贵在随机应变。

第二次世界大战中,希特勒出兵占领西欧诸国,几乎是兵不血刃,他用的便是"以诈立,以利动"的战法。这是魔鬼的伎俩。这样的例子真是史不绝书。

## 三军可夺气将军可夺心

"三军可夺气,将军可夺心"是《孙子兵法》中士气理论的核心。所谓"士气"就是将士的勇敢精神。

在军争中,最终决定胜负的不是单纯的数量对比,精神上的勇气也起着重大作用。将士是军争的根本,而将士则以志气为根本。军事争战中可以遭受某种挫折,但士气不可以颓败。士气也可能因环境困绝而低落,而必胜于敌人的信念不可受挫。具有必胜之志,果敢善战,则无战不胜;具有昂扬之气,刚毅不屈,则无征不服。

在军争中,形成我军的高昂士气是将帅的指挥艺术。利用敌人士气衰竭态势,以求军争胜利,乃是将帅更为精彩的指挥艺术。孙子主张运兵时对敌人"避其锐气,击其惰归"的方略,如此定胜无疑。公元前684年,爆发了齐鲁长勺之战。当时齐强而鲁弱,可战争的结果是鲁国以弱胜强。这为"士气"

论提供了有力的证明。当然，"治气"离不开"治心"，"治心"离不开"治力"。孙子强调"以近待远，以佚待劳，以饱待饥，此治力也"。此处说的"治力"的方法与"治气"、"治心"统一为一体，相辅为用。

【军事谋略例说】

## 四面楚歌动军心

公元前203年八月，楚汉议和，划鸿沟为边界，"中分天下"。一个月后，项羽领军东归。

刘邦也想回西部去。谋臣张良、陈平劝谏道："天下三分之二已归我们所有，目前楚军粮草不足，士兵疲乏，正是灭项羽的大好时机，岂可养虎遗患。"刘邦突然醒悟：刚订和约，项羽引兵东撤，一定疏忽麻痹，确实是天赐良机。他火速派人令韩信、彭越同时出兵，自己亲率大军追击楚军，合力灭楚。

但是韩信、彭越均未发兵。刘邦孤掌难鸣，于固陵追上项羽，被项羽打得大败。

刘邦无奈，只得采用张良的计策：裂地分封。封韩信为齐王，封彭越为梁王。使者一到，韩、彭二人果然领兵前来会师。

公元前202年十一月，汉大将刘贾渡淮河入楚地，诱降九江守将，兵围寿春。韩信西进占彭城，项羽四面受敌，转战南撤，退至垓下（今安徽灵璧南）。刘邦军紧紧跟来，四面围上。

刘邦将会合后的30万大军统统交给韩信指挥，韩信布下十面埋伏，将项羽重重包围在垓下。但项羽此时尚有十万兵马，八千子弟兵，他坚守大营不出战，韩信一时也无法取胜。

楚军被困日久，粮食渐渐吃光，隆冬之际寒风凛冽，兵士衣服单薄，饥寒交迫，军心不稳。

这天晚上，夜深人静，突然从汉营飘来一片楚歌，且伴有箫声，甚是凄凉哀怨："寒夜深冬兮，四野飞霜。天高水固兮，寒雁悲怆。最苦戍边兮，日夜彷徨……"

项羽听了，大吃一惊，心想："汉军难道已经完全占领了楚地？他们怎会有那么多的楚人？"

楚歌仍不断地传来，听得清清楚楚："虽有田园兮，谁与之守？邻家酒热兮，谁与之尝？白发倚门兮，望穿秋水。稚子忆念兮，泪断肝肠■■"楚军将士不禁潸然泪下，这悲凉凄苦的歌声使他们想起了家园，想起了自己的父母与妻儿■■

歌声彻底动摇了项羽的军心，三三两两的楚军士兵开始逃离楚营，到后来竟整批整批地逃跑，大将季布、钟离昧等也相继溜走，连项羽叔父项伯也去投奔张良。眼见败局已定，谁也不愿再在这里等死了。一夜之间，数万大军只剩一千多人。

项羽无计可施，借酒浇愁，唱起一首悲凉的歌："力拔山兮气盖世，时不利兮骓不逝；骓不逝兮可奈何，虞兮虞兮可奈何？"

虞姬夫人十分悲痛，持剑起舞作歌，歌毕自刎，其兄大将虞子期也引剑自刎，死在妹妹身旁。项羽率八百余骑突出重围，又于乌江边被汉军追上，项羽自刎而死。

其实，项羽不知，那晚在汉营中唱楚歌的不全是楚地人，乃是张良布置的"攻心夺气"之计策。张良把在楚地的英布的九江士卒全分散到各营，让他们教所有的汉军将士唱楚歌，目的就是瓦解项羽军心。

## "退避三舍"一箭三雕

春秋时期，晋国公子重耳逃亡在楚国时，楚王设宴款待他。酒过三巡，楚王乘酒兴对重耳说："有朝一日，公子返回晋国，将如何报答我？"

重耳想了想，回答道："如果托大王洪福，我真的能够回晋为君，我一定让晋国与楚国友好相处。如果迫不得已，两国不幸交战，我一定下命令让我国军队退避三舍（一舍合30里）以报大王恩德。"

四年之后，重耳返回晋国，当了国君，史称晋文公。晋文公励精图治，选贤任能，几年后就使晋国强大起来。接着他又建立起三军，命先轸、狐毛、狐偃等人分任三军元帅，准备征战，以称霸中原。

晋国日益强大，南方的楚国也日益强盛。公元前633年，楚国联合陈、蔡等四个小国向宋国发起攻击。宋国向晋求援，晋文公亲率三军增援宋国。

楚军统帅成得臣是个骄傲狂暴的人。晋文公深知成得臣的脾气，决心先激怒他，然后消灭他。成得臣急于寻找战机，晋文公就设计暂不与他交锋。当初与楚王宴饮，晋文公许诺如与楚军交战，一定退避三舍，这一次，晋文公信守诺言，连退三舍（90里），一直退到城濮这个地方才停下来。

其实，晋文公的后撤是早已计划好了的，可以一举三得：一是争取道义上的支持；二是避开强敌的锋芒，激怒成得臣；三是利用城濮的有利地形。

楚将斗勃劝阻成得臣道："晋文公以一国之君的身份退避我们，给了我们好大的面子，不如借此回师，也可以向楚王交代。不然，战斗还未开始，我们已经输了一场。"

成得臣说："气可鼓而不可泄。晋军撤退，锐气已失，正可乘胜追击！"于是，挥师直追90里。

晋、楚双方在城濮摆下战场，晋国兵力远不如楚国，因此，晋文公也有些担心。狐偃道："今日之战，势在必胜，胜则可以称霸诸侯；不胜，退回国内，有黄河天险阻挡，楚国也奈何不了我们！"晋文公因此坚定了决战和取胜的信心。

战斗开始后，晋军下令佯作败退，楚军右军挥师追赶，一阵呐喊声中，胥臣率领战车冲出。胥臣所率战车驾车的马上都披着虎皮，楚军见了，惊惶地乱跑乱叫，胥臣乘机掩杀，楚右军一败涂地。

先轸见胥臣获胜，一面命人骑马拉着树枝向北奔跑，一面派人扮成楚军士兵向成得臣报告：右军已经获胜。成得臣远望晋军向北奔跑，又见烟尘滚滚，于是信以为真。

楚左军统帅斗宜申指挥楚军冲入晋军狐偃阵中，狐偃且战且退，把斗宜申引入埋伏圈，将楚军全歼。先轸故伎重演，又派人向成得臣报告：左军大胜，晋军败逃。

成得臣见左、右二军获胜，亲率中军杀入晋军中军之中。这时，先轸与胥臣、狐偃率晋军上军、下军前来助战，成得臣方知自己的左军、右军已经大败。成得臣拼命突围，又被晋将挡住去路，幸得晋文公及时发出命令，饶成得臣一死以报当年楚王厚待之恩，成得臣才得以逃回本国。

城濮之战后，晋军声威大震，晋文公一跃成为春秋"五霸"之一。

## 避锐击惰胜敌军

东汉中平六年（公元189年）二月，凉州王国率军进犯陈仓，左将军皇甫嵩与前将军董卓奉命率军四万赴援陈仓汉守军。董卓主张速进，认为"速救则城全，不救则城灭"。但皇甫嵩却认为：百战百胜，不如不战而屈之。善于用兵打仗的，应先做到自己不被敌人战胜，尔后待机战胜敌人。陈仓虽小，然而城池坚固，不容易轻易攻取。凉州王国虽然强大，然而久攻陈仓不下，士兵一定疲惫，等到敌人疲惫的时候再攻打，这才是全胜之道。

由于皇甫嵩采取缓进以避其锐、待机以击其衰的作战方针，致使凉州王国自冬至春，攻城80余日却不能攻克，最后在部队已陷入力疲气衰的情况下，不得不撤围而退。这时，皇甫嵩抓住这个有利战机，力排董卓阻挠，挥军追击，连战连捷，歼灭王国所部万余人，王国本人则落荒而逃。

"以饱待饥"是"避锐击惰"这一战略原则的应用。它的意思是对于远道而来、急于决战的进攻之敌，根据"敌饥我饱"的实际情况，采取以饱待饥、坚壁不战的方针，既可以避其锐气，又可以消耗和疲惫敌人，为尔后反击和歼灭敌人创造条件。唐初李世民击败宋金刚的柏壁之战，就是运用这种战法的一个战例。

唐武德二年（公元619年）九月，据守马邑称帝的刘武周，在突厥的支持下，南下攻占太原后，派宋金刚率军继续南进，企图夺取河东，进图中原。李世民奉父命进驻柏壁。他对诸将领说："宋金刚率军千里来到这里，精兵强将都带来了。武周太原称帝，主要依靠的就是宋金刚的兵力。宋金刚人数虽然多，但远道而来，粮食匮乏，一路上烧杀掳掠，以充军需。我们应该坚壁不战，等待他们饥疲之日，决战。"

李世民任宋金刚如何挑战，总是不出来迎战，并派遣大将刘洪断绝宋军的粮道。这样相持了半年多，宋军粮尽，被迫北撤。李世民挥军反击，奋追不舍，将其大部歼灭，从而取得了柏壁之战的决定性胜利。

## 诸葛亮七擒孟获

孟获是南中地区（今云南、贵州、四川部分地区）少数民族领袖。刘备死后，孟获趁机造反。诸葛亮为巩固大后方，分兵三路讨伐孟获，一举将孟获活捉。孟获不服，道："我是中了你们的埋伏才被捉住的，如果是硬拼硬打，你们不是我的对手。"诸葛亮笑道："好，那就放你回去，我们再打一仗。"

诸葛亮放走孟获，众将有些不解。诸葛亮说："此次远征，并非争地夺城，而是为了使南中地区各民族百姓甘心服从我们蜀汉，以后不再叛乱。这就是《孙子兵法》中所说的'攻心为上，攻城为下'。"众将叹服。

孟获离开蜀营，收拾残兵败将夺过泸水，将所有船筏都渡靠南岸，又命令大、小酋长率本部人马修筑土城，企图借泸水天险和土城死守。诸葛亮从当地人那里了解到泸水下游150里处的沙口水浅，可以扎筏渡过去，于是派大将马岱率3000人马在土人带领下夜半渡水，奇袭孟获，再次把孟获活捉。孟获仍旧不服，诸葛亮再次将孟获释放。

诸葛亮一连六次活捉孟获，又一连六次释放孟获。孟获屡战屡败，本部兵马均无斗志，孟获便向马戈国主请来三万藤甲军。藤甲军身穿藤甲，刀枪不入，弩箭射在藤甲上也不能穿透，蜀兵接连吃了败仗。但是，藤甲军的藤甲有一个致命弱点，藤甲是用油反复浸泡过的——怕火。诸葛亮发现了藤甲军的致命弱点，将藤甲军引入一个狭窄的山谷中，截断藤甲军的归路，在山谷中放起火来，藤甲军被烧得焦头烂额，全军覆没，孟获再一次被活活捉住。

诸葛亮传下命令：放孟获回去，让他整顿兵马，再决一胜负。孟获满面惭愧，说："七擒七纵，这是自古以来没有过的事情。我虽然不是读书之人，但也懂得做人的道理，怎么能这样不懂羞耻呢？"说完，跪倒在地，脱掉一只衣袖，露出胳膊，向诸葛亮请罪道："丞相天威，我们再也不敢反叛了！"诸葛亮问："你真心愿意臣服吗？"孟获回答："我们世世代代要铭记丞相的再生之恩，怎么敢不服。"诸葛亮于是传令摆下酒宴，宴请孟获及各路酋长，仍旧让孟获任南中地区各少数民族的头领。

从此后，孟获对蜀汉忠心耿耿，南中地区成了蜀汉征伐北魏的可靠后方。

## 岳家军威震中原

南宋时，由于宋朝皇帝懦弱无能，半壁河山已沦为敌土。金兵意图一举消灭宋朝，集中了全国的主力部队倾巢而出，仅其先头部队就有万余人，而岳家军只有几千人，与金兵实力相比，敌众我寡。岳家军兵力虽少，但士气高昂，全体将士怀着与国土共存亡的决心，誓与金兵拼到底。岳飞命令部将董先首先出战，迎击南侵的金兵。董先率军迎敌而上，挥军直插敌军纵深地带。经过连续几天的行军，宋军与金兵相遇。此时，宋军全军上下摩拳擦掌，已做好与金兵大战一场的准备。但是，出人意料的是，董先下令全军立即后撤，一撤就是一百里。就这样，岳家军遇上金兵就退，连退三日，每日一百里。董先的部将对这种做法有些不满，他们议论：不战而退，何必当初纵敌深入？董先听后，丝毫不加以理会。直到第三天，部队退完了三百里，安营扎寨后，董先才对大家说："现在拼命的时候到了，大家赶快做好准备，明天与敌人决战。"

第二天，尾随追击的金兵先头部队刚刚赶到，董先乘金兵立足未稳，指挥全军，一鼓作气，迅猛反击。金兵由于几天来没有遇到丝毫的抵抗，顺利地追击，不仅拉长了战线，而且根本没有想到岳家军会突然反击，果然初战即败。在岳家军的强大攻势下，金兵步步后退，一直退到唐州的牛蹄、白石地区，才摆脱了紧追不放的岳家军。金兵觉得追兵已远，便停止前进，埋锅做饭，作片刻的休息。不料，就在他们放下武器开始吃饭时，传来了一阵喊杀声，只见岳家军从四面八方冲杀过来。金兵被这突如其来的冲杀吓呆了。在岳家军一阵大砍杀中，金兵溃散。就这样，岳家军一天就俘获了一千余名骑兵和三千多匹战马。

原来，董先在纵敌深入后，计从心来。董先认为敌人大兵进逼，士气正旺，而自己兵力不及金兵，正面硬拼，势必会损兵折将。因此，董先决定采取疲劳金兵、挫其锐气、伺机伏击的战略，以撤退为掩护，在金兵的退路上设下伏兵，等到金兵疲倦、士气低落时，发起突然的反攻，一举击败金兵。而当金兵退至唐州在牛蹄、白石地区时，埋伏在这里的岳家军乘机冲杀出来，大败金兵。

## 奥斯特里茨战役

拿破仑称帝后，俄、奥、普等国结成"反法联盟"，企图一举打败拿破仑。拿破仑决定先发制人，他神速进军，在距俄奥联军约65公里的皮尔诺扎下营。这时候，俄奥联军不仅在兵力、武器上占优势，而且，大批后续部队还在源源不断地补充进来。还有，十多万的普鲁士军队正在向奥地利开进，准备加入战斗。

拿破仑知道，时间拖得越久，自己失败的可能性越大。但是，俄奥联军并不急于开战，他们在等待后续部队和普鲁士的十多万人马。拿破仑心急如焚，"决战！决战！决战！必须立即决战！"急迫中，拿破仑忽然想到：俄皇亚历山大是个刚愎自信的人，他被自己追得到处跑已经够丢脸的了，如果创造一个"机会",让亚历山大认为完全能打败他的法国敌人,他一定不会放过这一"机会"!

第二天,一名法国军官拿着拿破仑的亲笔信去见亚历山大和奥皇,他向亚历山大和奥皇送去了一个信息:拿破仑希望与俄皇举行个人会谈,商议休战问题。亚历山大断然拒绝会见拿破仑,但却派了一名使者去与拿破仑会谈,使者回来对亚历山大说:"拿破仑的士兵衣衫不整,毫无斗志,这正是打败拿破仑的好机会,千万不能与他和谈,上他的当!"亚历山大果然上当,不顾俄国将领库图佐夫等人的劝告,下令与拿破仑决战。

拿破仑见亚历山大和奥皇中计,故意连连后退。即使在决战开始前的最后一分钟,他仍不放弃阻止普军参战的决心。拿破仑针对普鲁士国君贪得无厌而又目光短浅的弱点,授意法国外交大臣再三向普鲁士人表示友好,并保证把汉诺威地区割让给普鲁士。普鲁士竟相信法国外长的话,下令十余万军队停止前进。

1805年12月2日,法国与俄、奥联军在奥斯特里茨展开决战。拿破仑命令部队先放弃普拉岑高地向后撤,把联军吸引过去,然后又以精兵攻占普拉岑高地,并把全部大炮拉上高地,对准完全暴露在炮口下的俄奥联军猛烈轰击。俄奥联军损兵折将,被迫向一条刚刚结冰,但冻得不结实的湖上跑去。当联军将士登上湖面,企图向对岸逃遁时,法军的炮弹一颗一颗准确地落在了湖面上,在一片哀嚎中,数千名联军官兵与他们脚下的冰一起沉入湖底。

战斗结束,俄奥联军死伤1.5万人,2万多人被俘,其余的全部四散逃命。奥斯特里茨战役宣告了俄、奥、普反法联盟的彻底解体和失败。

## 断后勤以弱胜强

1812年6月,拿破仑统率60万步兵、骑兵和炮兵,向俄国发动了大规模的进攻,以图占领莫斯科。当时俄国在前线作战的部队仅21万人,并且装备落后,处于明显的劣势。面对法军的强大攻势,俄国元帅库图佐夫决定实行诱敌深入,在运动中消灭敌人有生力量的战略。

库图佐夫指挥俄军向东实行战略退却的同时,沿途坚壁清野,烧毁来不及运走的作战物资,使法军得不到粮食和其他的物资;抽出一部分兵力,以小部队作战的方式,袭扰法军的侧后,疲劳法军;组织地方武装不断袭击法军的后方供应基地和交通运输线，造成法军的后顾之忧。由于俄军采取了正确的战略战术，使法军战线拉长、兵力分散、补给困难，在一定程度上减弱了法军的锐利攻势。

9月5日，俄军在博罗季诺地区选择了有利地形，布置兵力，与法军交战。这次战斗，俄军取得了明显的战果，法军伤亡惨重，损失了许多将领。鉴于法军兵力仍处于优势，反攻的时机尚未形成，库图佐夫率军继续向东撤退。拿破仑挥师直逼莫斯科。9月14日，库图佐夫指挥俄军撤出了莫斯科，并放火烧城，给法军留下一座空城。法军占领莫斯科以后，由于补给奇缺，加上疾病和严寒的威胁，兵力不断削弱，处境日趋困难。10月中旬，拿破仑被迫率领法军撤出了莫斯科，开始退却。库图佐夫抓住这一有利的时机，转入战略反攻。俄军采取正面追击和平行追击相结合的战法，不断对法军"分割围歼"。沿途地方武装也配合袭击溃退的法军。提前降临的严寒，又使大量的法军士兵冻死、冻伤。到11月中旬，法军兵力仅剩3万多人。12月，拿破仑率剩余的军队逃回了本国。

这次战役，俄军以少胜多、以弱胜强，采取了诱敌深入、消灭敌人的有生力量并适时反攻的正确战略。由于法军深入敌后，拉长了战线，后勤供应出现困难。俄军就是利用法军的这一致命的弱点，频频袭击法军的粮食后勤供应线，造成法军补给奇缺，最后法军被迫撤退，俄军乘机发起反攻，取得战争的胜利。这次战争，法军共损失50多万人，1100多门大炮，16万匹军马。

## 蒙哥马利巧胜敌

第二次世界大战时期，蒙哥马利将军率领的第8集团军和德国元帅隆美尔指挥的德意"非洲军团"，在北非展开了一场大规模的龙虎斗。这两位对垒的将军，都是本国能征善战的骁将，鹿死谁手，殊难预料。

"沙漠之狐"隆美尔在阿莱曼战役中首战失利，被迫转入防御。但其防御工事的坚固程度在沙漠战场上前所未有，它不仅有宽而广的地雷场，而且没有公开暴露的侧翼。为了进一步取得胜利，蒙哥马利没有立即发动进攻，而是精心策划了代号为"轻盈"的反攻计划，意在彻底打垮隆美尔。

为了迷惑敌军，蒙哥马利专门组建了一支用来惑敌的A部队。这支队伍中有商业银行家、药剂师、音乐厅的魔术师、电视剧作者、艺术家、情报人员和几名大学教师,是个纯粹的杂牌军。也正是这支杂牌军,凭着高超的伪装欺骗手段,有效地把将在北线上担任主攻任务的1000辆坦克、1000门火炮、81个步兵营、几千辆军车和数万吨物资伪装了起来,使之看上去就像是运送物资的大卡车,使德军误认为这些车辆只不过是英军前线步兵的军需补给车。

在南线的佯攻方向上,A部队更做了大量文章。他们用音响、烟幕等模拟大部队的集结,并铺设了假输油管和假铁路,在沿途设下无数供水站,致使德军对英军将在南线发动主攻深信不疑。

经过一系列的隐真示假后,英军于10月23日夜万炮齐鸣,从南北两线开始进攻。由于英军的进攻出其不意,再加上隆美尔正抱病回国休养,致使德军前线指挥官施图姆搞不清英军的战略意图,不知所措。最后,施图姆综合战前的侦察情报和战时从前线发回的战况描述,更加确信英军的主攻方向在南线,遂把一个最精锐的师调出主战场。英军在主攻方向上的压力减轻后,进展相当顺利,将德军切割成独立的几段,使德军伤亡惨重。

隆美尔匆忙返回战场,但已无回天乏力,"非洲军团"处于劣势,最后只得败逃突尼斯。

**【商战谋略例说】**

## 陈知州买马

明代制度规定民户要为官府饲养马匹,并且以州县为单位按期收齐,向京城交递。要求所交马匹身高三尺八寸,牙齿少,形体肥壮。凡交纳优良马的官吏,可以获得保荐,因此地方官催收甚急。然而许多州县都不能自己繁殖这种马,只能从马贩子手里购买。因为求购殷切,马价不断上涨,花钱不少,仍然还凑不足所需马匹。

开州知州陈霁岩对此种情况洞晓于心,决意惠及民众,夺马贩暴利。到开马市这一天,他装出漫不经心的样子,一直等到马贩子们差不多到齐之后,才出来看马。原来在此前一天,他就把负责解送马匹的差吏叫来,问到:"今年各县马的行情,你们都知道吗?"众人都叩头回答说:"知道。"接着,陈知州便悄悄对他们说:"我心里现在很急于买马,但明天看马时,大家都要装作不着急的样子,如此如此。"众差吏听了心领神会,各自散去。

这天,马贩子都带来了很多马,有的高达四尺,十分威武。可陈知州却表示不要，并对他们说："马的高矮主要怕比较。高马难寻找，我宁愿就要矮一点的马，一匹高的也不买，这样也就显不出矮一点的来了。我已经正式发公文到朝廷负责马政的太仆寺去了，说这次只交新近繁殖、饲养的马驹。"此时众差吏都上前报告，说再延3天，可以赶上另一趟马市，到那里去选购，一定能买到所要的马，价钱也合适多了。陈知州当即答应了众差吏的请求。看到知州这种态度，马贩子们感到很失望，可又没有别的办法，只好争着降低售价，以求把马卖出去。这样，开州需要的马很快就全部买齐了，总共只花了两天时间。

## 卢作孚发展航运

20世纪30年代以前，我国长江航运业务完全被外国轮船公司所垄断。

民族企业家卢作孚痛感祖国航运事业的落后，于1930年代创办民生公司，向帝国主义列强发起挑战。列强们是不能容忍中国的民族航运事业发展的，他们联合起来，向民生公司发起攻击，企图一举扼杀民生公司。外轮的主要做法是：大幅度降低货物的运价，将民生公司拖垮——由上海运一件棉纱到成都，原价25元，他们降为2元；运100斤药材，原价6元，他们降为1.2元。对于客轮，外轮不仅降低票价，还向旅客免费赠送物品，如赠送雨伞等。

面对严峻的挑战，卢作孚不屈不挠。像外轮那样大幅度降价是不可能的，因为那点点钱连买燃料都不够。卢作孚一面加强经营管理、提高服务质量，一面乘30年代初掀起的反帝浪潮东风，大力宣传爱国思想，发出了"中国人不坐外国船"、"中国船不装外国货"的号召。卢作孚还积极组织"重庆抗日救援大会"，联合各民众团体召开"收回内河航运权大会"，各界人士纷纷响应，以不坐外国船、不用外国船运货的实际行动，支持卢作孚的爱国之举。

外国轮船公司"搬起石头砸了自己的脚"，轮船空空荡荡，生意萧条，扼杀民生公司的阴谋彻底宣告破产。

卢作孚高举爱国大旗，击败了实力强劲的外国轮船公司，使民生公司得以迅速发展。

## 日本公司的伎俩

美国S公司与日本B公司进行过一场许可证贸易谈判。

谈判开始后，先由美方代表发言。美方代表详详细细介绍了己方的立场、态度和具体措施，日方代表只是埋头记录。美方代表发言结束，向日方代表征求意见，但所有日方代表都你望我、我望你，目中一片迷惘。美方代表不知出了什么事情，感到很奇怪，日方代表则说："我们不明白。"美方代表问哪些地方不明白，日方代表回答，"全不明白。"然后，补充了一句："请允许我们回去研究一下。"第一轮谈判就这样结束了。

数星期后，美、日又开始了第二轮谈判。令美方代表惊异的是：日方代表全是新人。于是美方代表只好从头开始，将美方的立场、态度、具体措施逐一作了详细介绍。日方代表认真地作着记录，没有一个人打岔。美方代表介绍完毕，向日方代表征求意见，日方代表又是你瞪我、我瞪你，谁也不开口说话。美方代表再次征询意见，日方代表说话了："我们不明白。""什么地方不明白？""全不明白。"日方代表提出休会，他们要回去研究，美方代表只好同意。

马拉松式的"一言堂"谈判持续了半年多，被激怒的美国人大骂日本方面毫无诚意。就在这时，日本B公司的代表团突然飞至美国。这一回，不待美国人开口，他们就拿出精心准备好的方案，以无可挑剔的语言与美国人讨论所有的细节，美国S公司的代表毫无准备，只好与日本B公司签订了一个对日方明显有利的协议。

## 洛克菲勒的狡猾

美国大财阀洛克菲勒在密沙比发现了蕴藏丰富的铁矿，但他同时又发现这块土地早已有了主人——他们是梅里特兄弟，德国人。洛克菲勒恨自己来晚了一步，只好耐心地等待时机。

1873年，经济危机席卷全美国，市面银根紧缩；梅里特兄弟一筹莫展。一天，梅里特兄弟家中来了一位不速之客——本地牧师劳埃德。梅里特兄弟款待了客人，并与客人友好地交谈起来。言谈中，梅里特兄弟谈到了现实的窘困，劳埃德关切地说："不就是资金不足吗？我有一个很有钱的朋友，看在我的面上，也许，他会帮助你们的。"梅里特兄弟喜出望外，立刻恳请劳埃德助一臂之力。劳埃德一口应允，数天后，劳埃德回复梅里特兄弟，说他的朋友答应帮忙，请梅里特兄弟立一张字据以为凭证。这是合情合理的事，梅里特兄弟想也没想，就按照劳埃德的口述写了一张字据："今有梅里特兄弟借到考尔贷款10万元整，利息3厘，空口无凭，特立此为证。"梅里特兄弟写完后，又念了一遍，觉得没有什么不对的地方，就在字据上签了字。

过了半年。一天，劳埃德突然来到梅里特兄弟家中，对兄弟两人说："我的朋友洛克菲勒来了一个电报，要求马上索回那笔贷款。"梅里特兄弟慌了，因为那笔巨款早已被他们用到矿产上去了，根本无力立即偿还。兄弟两人被迫走上法庭。

梅里特兄弟的英语不很熟练，对美国的法律也知道得有限。劳埃德的律师在法庭上引经据典，侃侃而谈："借据上写得十分明确，是考尔贷款。依据美国法律，考尔贷款是贷款人可以随时追回的贷款，借款人要么立即偿还，要么宣布破产。"

梅里特兄弟在借款之时只想到要付利息，做梦也没想到"考尔"会有这么多的含义。兄弟俩恍然大悟：是劳埃德把他们领入了洛克菲勒设下的陷阱。但是，为时已晚，梅里特兄弟只好含泪宣布破产，把苦心经营的矿产全部卖给洛克菲勒，作价52万元。

换句话说，洛克菲勒只用10万元就买下了可创造出数不尽财富的密沙比大铁矿。

## 柯尔的以退为进

英国友尼利福公司总经理柯尔可谓是一位深谙"以退为进"道理的大师。在企业经营和商业谈判中，柯尔不时采取退让策略，把更多的利益让给对方，而这样做的结果则往往是退一步却进了两步。

非洲东海岸是块富饶的宝地，柯尔很早就在这块土地上建立了友那蒂特非洲子公司，从业人员达14万。公司的重要财源之一是依靠栽培食用油料落花生。二战结束后，非洲各地掀起民族独立运动高潮，独立的国家纷纷把土地收归国有，友那蒂特非洲子公司也时刻面临被逐出的危险。在这个关键时刻，柯尔飞到非洲，在老朋友的帮助下，对友那蒂特非洲子公司采取了六项改革措施：

1. 子公司在各地的首席经理人员一律采用非洲人；
2. 非洲人与白人同工同酬；

3. 成立干训所，培养非洲人干部；
4. 与所在国互惠互利；
5. 以退步来寻找生存之道；
6. 不可拘于体面问题，而应以创造最大利益为目的。

在与几内亚政府交涉时，柯尔主动表示将公司撤出去。几内亚为柯尔的诚意所感动，出人意料地表示希望柯尔的公司留下来。在与加纳政府交涉时，柯尔主动地把栽培地交还加纳政府，加纳也为柯尔的诚意所感动，请柯尔的友尼利福公司为政府食用油料的买卖代理人，这意味着柯尔在加纳是食用油经营权的唯一占有者。在非洲其他国家，柯尔的主动退让策略也都得到了大小不同的"回报"。实际上，在风起云涌的非洲独立运动中，柯尔不但没有受到损失，反而有所收获。

## 松下的精神武器

松下电器产业集团，是日本六大独立企业集团之一，是目前日本最大的民用电器公司，是世界上发展迅速的典型企业之一，号称"家电王国"，有"不知萧条的企业"和"世界健康儿童"的美称。

松下集团的创始人松下幸之助，在日本负有盛名，被誉为"日本电子工业之父"、"经营大王"和"经营之神"。松下公司能从一个微不足道的小作坊发展成为规模庞大的跨国公司，其中的原因固然很多，但与创始人松下幸之助纵横捭阖的攻心策略有极密切的关系。他认为"企业是由人组成的"，强调发挥人的作用，注重维系人心。他还采取精神的与物质的刺激办法，使职工紧密聚集在公司内，拼命地工作，以保证其高效率和高额利润。

松下幸之助注重营造企业凝聚力，重视精神的作用，他将企业的经营意图、指导思想、观点、信念灌输到所属人员中去，人称"爱说教的松下"。在1933年，松下幸之助提出了"松下电器公司应遵循的精神"，即工业报国精神、光明正大精神、团结一致精神、奋斗向上精神、礼貌谦让精神、适应形势精神、感恩报德精神。这就是所谓"松下七精神"，职工上班前，下班后，全体肃立齐唱社歌，齐声朗诵"七精神"，最后还来个"训词"。

除在精神上攻心外，松下幸之助还巧于运用物质手段实行所谓"高福利"政策，使职工能以公司为家，全力以赴投入到工作中去。他鼓励职工向公司投资，建立"储蓄制度"。在公司改组为有限公司后，为了奖励职工购买股票，开始实行附有奖励金的"投资储蓄制度"。松下公司自1965年起，在日本最先实行五日工作制，虽工作时间减少了，但职工积极性却更高了，对公司更为有利。松下公司还建立了新的"职工拥有住房制度"，同时改善了住宅分售、贷款制度，使职工安定下来；又建立了福利养老金制度，根据职工个人志愿，把退休金改为终身养老金。

松下公司从1966年起，建立了工种与工作能力相结合的工资体系，按照实力的顺序提拔和升级，以充分发挥每个人的才能。此外，公司还在各工厂所在地广泛设置体育娱乐设施，力图在职工中造成这样一种印象：松下公司是"既愉快又赚钱的场所"，借以拴住人心。松下还向职工灌输所谓"全员经营"、"群智经营"的思想，即松下电器的经营，是"用全体职工的精神、肉体和资本集结成一体的综合力量进行经营"。宣传所谓的"职工自家事"，意在使职工觉得"自己是松下电器的主人公"。

松下幸之助建立了提案奖金制度，公司不惜重金征求职工的建设性建议。1976年所颁发的奖金超过30万美元。吸取建设性建议，既可以降低成本、改善产品质量、提高工作效率，又可以激励职工的士气，给人一种工人可以参加管理的印象，协调了劳资关系，增强了公司的内聚力，使公司得益匪浅。

正是在松下幸之助采取的这些措施和策略的导引下，公司争取了人心，使职工对公司产生亲切感，在职工中造成了一种与公司命运与共的印象，积极投身于公司的生产和经营，使松下公司迅速崛起，并且长盛不衰。

## 售后服务学问深

美国凯特皮纳勒公司是世界性的生产推土机和铲车的大公司，它在广告中说："凡是买了我们产品的人，不管在世界哪一个地方，如果需要更换零配件，我们保证在48小时内送到你们手中，如果送不到，我们的产品就白送你们。"

他们说到做到。有时为了把一个价值只有50美元的零件送到边远地区，不惜用一架直升飞机，费用竟达2000美元。

有时无法按时在48小时内把零件送到用户手中，就真的按广告所说，把产品白送给用户。由于经营信誉高，这家公司历经50年而生意兴旺不衰。

在西方，人们称高明的推销员是有道德、有感情的人，原因就在于他们很重视维持好买卖双方的关系，照顾双方的利益，使买方很满意。

美国道奇汽车公司的头号推销员史密斯，年过半百，擅长提供超级服务。在美国，推销一辆车只能赚几百美元，而且国产车不如外国车好卖。史密斯于1986年挣了17.5万美元，卖的全是美国货。

史密斯的买卖特点是，不仅在卖货前为顾客提供周全的服务，而且在做完买卖后，他总是记住老顾客，尽力帮助他们。所以史密斯的顾客几乎全是回头客，即买过他东西的人总喜欢再来找他，或者推荐别人来买。

有一次，史密斯接到一位老顾客的电话说，他办了一家汽车服务公司，接送病人去医院，刚巧，他的"道奇"车的汽化器坏了，附近又找不到备件。史密斯二话没说，放下电话，就把陈列室的一辆汽车上的汽化器卸了下来，马上开车亲自给那位顾客送去，就在这件事发生后不久，那位顾客又从他手中买走63辆面包车。

这些企业就是通过售后服务，维持企业信誉，以信誉扩大影响，争取主顾，使主顾对商品建立安全感、信任感，诱发其连续购买的欲望和行为，使其成为永久客户。

## 谈判之前"鸿门宴"

有一个外国公司的总经理，为了一桩十分重要的生意，亲自飞往日本参加商业谈判。经过13个小时的飞行，这位总经理感到精疲力尽，于是临下飞机时对随行人员吩咐说："我们现在最需要的是痛痛快快地洗个澡，然后美美地睡上一觉。所以下飞机后，我们哪里都不去，直接到旅馆。"

没想到，他们刚走下飞机的舷梯，与他们谈判的那家日本公司的欢迎队伍早都站在那里等候着了。一个公关小姐上前对外国总经理说："欢迎您到日本来。我们公司的总经理已经为您准备了欢迎晚宴，现在已经恭候多时了，请您一定赏光。"她一边说一边不停地躬身施礼，其盛情使人实在难于推辞。无奈，外国总经理一行先去赴宴。

宴会上，不但酒菜十分丰盛，而且东道主表现得特别热情。不知哪里来的那么多的部门负责人，一个个地劝外国总经理喝酒，这位总经理喝得很痛快，直到深夜才到旅馆休息。第二天一大早，外国总经理还在睡梦之中，日方便来人敲门，说日方代表已恭候多时了。这位总经理匆匆忙忙地洗漱、穿戴完毕，来到谈判桌前。日方代表准备充分，精神焕发，头脑清醒，口齿伶俐，而外国总经理和他的随行人员还酒醉未醒，满脸倦意。这场谈判以日方的胜利而告终。

用酒宴招待客人，一般无有恶意。但日本人在谈判前安排的酒宴，实属"鸿门宴"。日方的笑脸和热情之中，暗藏着"杀机"。虽然不是置人于死地，却也是要诱对方上当受骗。

### 律师妙计救公司

美国国会通过限制经济垄断的反托拉斯法后，许多大企业被解散。当时在美国数一数二的大企业洛克菲勒财团下属的美孚公司自然也被起诉。但是经过石油公司的上下努力，打通了政界和司法界，案子未能成立。美孚石油公司得以继续经营。

由于美孚石油公司的名声太大，所以一直倍受人们瞩目。洛克菲勒的对手对于美孚石油公司侥幸未被解散十分嫉妒，一直耿耿于怀，不断制造各种不利于洛克菲勒的舆论，并通过国会、舆论界、司法界向洛克菲勒施加压力。美孚石油公司在这种情况下，顽强经营了20年后，美国国会迫于舆论的压力，终于又一次对美孚石油公司提出起诉。这一次，洛克菲勒也觉得在劫难逃。面对即将产生的巨大的经济损失，洛克菲勒整天闷闷不乐，无精打采。他多次召开董事会研究对策，又利用各种关系进行疏通，但都没有什么效果。

正当洛克菲勒进退维谷、准备听从国会发落时，美孚石油御用的法律事务所里有一个叫杜勒斯的青年律师要见洛克菲勒。洛克菲勒因为心情不好，本不想见，但出于礼貌还是抽空和杜勒斯见了一面。

一见面杜勒斯就说："我有一个绝妙的办法可以挽救公司。"

洛克菲勒一看是个年轻律师，开始并没有放在心上，但看着这个年轻人一副自信的样子，又不忍心泼冷水，于是就心不在焉地说："你有什么好办法说来听听吧！"

杜勒斯说："反托拉斯法不过是限制大公司，我们让各分公司独立经营不就可以了吗？"

洛克菲勒一听有些道理，接着反问："各分公司都独立，我们怎么办，那不等于架空我了吗？"

杜勒斯笑了笑，心想，老洛克菲勒也是聪明一世，糊涂一时。他不紧不慢地说："各分公司宣布独立，丝毫不影响您的权力，不过是改头换面而已，公司不会有什么损失，损失的恐怕就是您的总裁名分。"喝了一口水，杜勒斯接着说："我们把各州的石油公司分别改成分公司，如纽约美孚石油公司、新泽西美孚石油公司、加利福尼亚美孚石油公司、印第安纳美孚石油公司等等，这些公司分别都有一个名义老板，实际上还是由你操纵。这样一来，美国美孚石油公司虽然名义上已经不存在了，实际上仍然存在。我认为，现在只能采取这种丢名保实的办法才能渡过难关。"

洛克菲勒边听边点头称是，连连称赞："OK！OK！后生可畏，后生可畏。"

主意一定，立即行动，不到一周时间，一个庞大的美国美孚石油公司便不复存在，取而代之的是眨眼间如雨后春笋般冒出的各州美孚石油公司，这一下，参议院也无话可说了，再也不提起诉的事了。

杜勒斯的改头换面术，实际上是一种牺牲表面名分、保全实际内容的做法。在企业竞争中，难免遇到各种挫折，当必须做出部分牺牲时，一定要把握住利弊关系，不要被表面问题所迷惑，而要积极争取主动，牺牲表面的东西，保存实质。

## 借征婚打开销路

美国一位杰出的言情小说家托马斯·希尔创作爱情小说多部，在他成名之前，连写的数本小说均销售不佳。特别在他呕心沥血精心创作了《豪门淑女》一书后，由于销路不畅，出版商拒付稿费，希尔穷困潦倒，难以为生。

为了扭转这一颓势，希尔就在一家著名的杂志上登了一则征婚启事：

本人，男，42岁，某大公司总裁，拥有亿万家产，欲征求未婚淑女为妻，应征者须具备《豪门淑女》小说中女主角的气质与个性。自认为符合条件者，请寄近照，先友后婚，来函必复……

大卫·里甘

这则征婚启事刊出之后，未婚的淑女在"亿万富翁"的吸引下，为了了解自己是否具有中选的资格，纷纷购买《豪门淑女》来阅读。而其他各色人等则在好奇心的驱使下，想知道《豪门淑女》女主角是何等人物，竟令"亿万富翁"垂青不已，公开登广告访求，都不约而同地到书店买这本《豪门淑女》来看。

一时间，男男女女人手一册《豪门淑女》，连续加印数次，仍然供不应求。征婚启事成了人们街谈巷议的热门话题，该书更是洛阳纸贵，希尔立刻成了畅销书排行榜作者中的一员。他的其他本来销路不佳的作品，也跟着沾光，销路节节上升，出版社当然也大发其财。

托马斯·希尔靠此招一举成名，而那些渴盼嫁给"亿万富翁"的淑女们，只能空做一场美梦而已。

## "精工"迂回斗"瑞士"

瑞士表驰名世界。

到了1967年，一位叫服部一郎的日本人突然站了起来，向世界钟表业的霸主——瑞士表提出了挑战。

服部一郎当时是日本第二精工舍的社长，他知道：瑞士钟表业的优势是机械表，要战而胜之，就必须开拓不同于机械表的"新表"。服部一郎把希望寄托在"石英表"上。

"石英表"源自"石英钟"——1927年，美国人W·A.马里逊试制成了真空电子管式石英钟，但体积却大如衣柜。服部一郎率领精工舍的技术人员用了整整十年终于把衣柜般大的"石英钟"变成了可以戴在手腕上的"石英表"，它是依靠一个小纽扣式的电池和石英水晶振荡子来"走动"和"显时"的。

精工牌石英表领先瑞士问世后，服部一郎客观地分析了自己的技术、人才、资金状况，觉得自己还不能与瑞士表抗争，于是有意识地避开了瑞士这个手表市场，而是先在本国和瑞士以外的国家推销，以免"打草惊蛇"。瑞士对于领先于自己一步的日本精工牌石英表果然没有介意。

服部一郎和精工集团一面以迂回战术"包围"瑞士表，一面集中大量的人力、财力从事石英表的新技术、新产品研究与开发。到了1990年，"精工"的产量已跃居世界第一位，精工集团觉得向瑞士表发起总攻的时候到了，于是以重金买下日内瓦的"珍妮·拉萨尔"手表销售公司，以实用的中、高档手表，以钻石、宝石装饰型超高档手表和以黄金装饰的"珍妮·拉萨尔"、"精工·拉萨尔"等新型超级手表同瑞士表进行竞争。

瑞士人大为震惊。他们以牙还牙，在全世界范围内展开轰轰烈烈的宣传攻势，极力开拓销售领域，以期重振瑞士表的声威。但是，他们还是失败了——老谋深算的"精工"以其得力的措施终于赢得了世界钟表行业的第一把"交椅"。

【人生智谋例说】

## 齐姜设计遣重耳

齐姜是春秋时齐桓公的女儿，聪明、漂亮且胸怀大志。晋国的公子重耳因内乱而逃到齐国后，齐桓公就把齐姜嫁给了重耳。

重耳在国外已飘零了十余年，如今在齐国住上等房屋，吃美味佳肴，有娇妻侍妾陪伴，渐渐地把恢复晋国君位的大志忘在了脑后。重耳贪图享乐，忘乎所以，但跟随重耳逃亡在齐国的九位大臣却心急如焚。一天，九位大臣在桑树下商议劫持重耳离开齐国，不料，却被在桑林中采桑的女侍偷听到了。女侍把大臣们的话如实转告给齐姜，齐姜又一字不漏地转告给重耳，劝重耳为前程着想，离开齐国，向其他国家求援，以恢复君位。谁知，重耳听后却不以为然，说："我没想离开齐国啊，再说，我也舍不得离开你。"说完，就把齐姜揽入怀中。

齐姜知道重耳被一时的安乐所迷惑，舍不得离开齐国，于是找到重耳的几位大臣，对他们说："我知道你们想要劫持公子，离开齐国，这是为公子复位着想啊！可是，公子本人却迷恋齐国，不想走。我想在今天晚上把他灌醉，你们连夜载他出走吧！只是，公子如果有复位的那一天。请不要忘记我。"九位大臣想不到一个女子竟会如此深明大义，连连向齐姜致谢。

当天晚上，齐姜办下一桌丰盛的酒宴，请重耳开怀畅饮。齐姜又说又笑，重耳好不得意。夫妻两人，你一杯，我一杯，齐姜连连劝酒，重耳喝得酩酊大醉。这时候，早已等候在外面的几位大臣匆匆走了进来，他们把重耳抬出屋，放在车上，赶着车，一刻不停地离开了齐国都城。等重耳酒醒后，一行十人，已经在齐境以外了。

后来，重耳在秦穆公的帮助下，回到晋国做了国君，史称晋文公。晋文公没有忘记齐姜，派人把齐姜从齐国接到了晋国。

## 义士救赵氏孤儿

战国时期，赵国的大司寇屠岸贾与相国赵盾有仇。

屠岸贾是国君的宠臣，他在国君面前对赵盾进行诬陷。然后，亲率大兵包围了赵府，把赵盾的儿子赵朔及赵家的三百多口人全部杀死。清点人数时，发现只有赵朔的妻子——赵国国君景公的姐姐逃走了。

原来，赵朔的妻子身怀六甲，即将生育，她事先得到消息，逃回了王宫。

屠岸贾派重兵围住王宫，只等赵朔的妻子生下孩子后，把孩子杀死，以绝后患。

相国赵盾有两个忠实的门客：公孙杵臼和程婴。赵家满门抄斩后，公孙杵臼约程婴一齐殉难。程婴说："赵夫人怀了孕，如果生下男孩，我要把他抚养成人；如果生下的是女孩，我们再死不迟。"不久，赵夫人生下一个儿子，程婴是一位医生，假作给赵夫人看病，进入宫中。赵夫人认识程婴；对程婴说："这孩子是赵家的一点骨肉，请你一定要带出去，有朝一日好为赵家报仇。"说完，进入内室，服毒自杀。

程婴把孩子放入药箱中，匆匆带出王宫，正遇到下将军韩厥。韩厥为赵家抱不平，屠岸贾准备屠戮赵府的消息就是他告诉赵朔、赵夫人的。韩厥放程婴入宫后，先后把身边的士兵打发走，独自一人等候程婴。韩厥对程婴说："我知道你药箱里装的是赵氏孤儿。我韩厥虽在屠岸贾手下，但我不是坏人。现在，你快走吧！我死了之后就再也没人知道这事了。"说完，拔出宝剑，自刎而死。

程婴向韩厥的尸体拜了几拜，提着药箱，飞快逃离了王宫。屠岸贾得知赵氏孤儿已被人救走，又怕又恨，立即派人在全国范围内张贴告示：限三天之内交出赵氏孤儿，否则，把全国半岁之下的男婴孩全部杀光！

程婴眼见赵氏孤儿难保，对公孙杵臼说："屠岸贾要杀半岁以下婴孩，赵氏孤儿难保。我的妻子刚刚生下一个儿子，与赵氏孤儿不差几天，我想让我的儿子冒充赵氏孤儿，抱着他去自首，赵氏孤儿就交给你了。"

公孙杵臼问程婴："你多大年纪了？"程婴回答："45岁。"

公孙杵臼指着满头银发，说："我今年已70岁了。你想，孩子要报仇，至少还要等20年，到那时候我已90高龄，谁能保证我活那么长的时间呢？我看，你还是把亲骨肉送到我这里来，然后告发我藏匿赵氏孤儿，抚养赵氏孤儿的重任就交给你吧。"

程婴抱着公孙杵臼放声大哭。

第二天,程婴向屠岸贾"告发"了公孙杵臼,屠岸贾亲自率领三千甲兵进入首阳山中将公孙杵臼抓获。屠岸贾问:"孤儿在哪里?"公孙杵臼矢口抵赖。屠岸贾冷笑一声,命令甲士们四处搜寻,终于在一处暗室中搜出了白白胖胖的"赵氏孤儿"。屠岸贾将"赵氏孤儿"细细端详一番,狠狠地摔在岸石上,将"赵氏孤儿"摔成肉饼。

20年后,赵氏孤儿长大成人。

这时候,景公对飞扬跋扈的屠岸贾已越来越不满,并决心除掉屠岸贾。程婴见时机已到,将赵氏的冤情禀告景公。在将军魏绛的支持下,景公将屠岸贾斩杀,为赵盾一家平反昭雪。

### 不说话打赢官司

这是一则古老的英国民间故事:

一天,一个穷人骑马到外地去,到了中午,他把马拴在一棵树上,然后,坐到一边去吃饭。这时候,一个有钱有势的人也骑马来到这里,并把马也拴在那棵树上。穷人吃了一惊,说:"请不要把马拴在那里,我的马还没驯好呢,它会踢死你的马!"有钱有势的人回答:"我想拴在哪里,就拴在哪里,用不着你一个乡巴佬来教训我!"拴好马后,他也坐下来吃饭。过了一会儿,真如穷人所警告的那样,两匹马互相踢咬起来,不待它们的主人跑上前,野性未驯的穷人的马已把对方的马踢死了。有钱有势的人勃然大怒,扯住穷人,把穷人带到法官那里,让穷人赔他的马。法官问穷人:"你的马是怎样踢死他的马的!"穷人心想:"他是有钱人,跟他争辩也说不清楚,不如先不说话,且看看他怎么说。"于是一言不发。法官又问:"你的马真的踢死了他的马吗?"穷人还是闭口不言。法官一连串提出了许多问题,穷人就是不开口说话。法官对有钱有势的人说:"看看,他是个哑巴,不会说话,怎么办呢?"有钱有势的人急了:"他不是哑巴!刚才见到他时,他还说话了呢。"法官问:"他说什么了?"有钱有势的人说:"他说:'请不要把马拴在那里,我的马还没驯好呢,它会踢死你的马!'"

法官皱起眉头,说:"这么看来,过错不在他了。他已在事先警告过你，因此，他不应该赔偿你的马。"

有钱有势的人只好自认晦气。

法官又问穷人："你为什么不回答我的问话呢？"

穷人回答道："尊敬的法官先生，我是个穷人，一时间又找不到很好的话来为自己辩护。我想，还是由他自己来说吧——现在，他不是把问题说得很清楚了吗？"

# 第八章 九变篇

本篇论述在战争中必须根据地形和敌情的变化灵活处置，变通应敌，分析战场上经常遇到的各种需要变通应敌的情况和方法，提出有备无患的战略思想和作为将帅应防止与克服的五种重大险情。

## 【原文】

孙子曰：凡用兵之法，将受命于君，合军聚众。圮地无舍①，衢地交合②，绝地无留③，围地则谋④，死地则战⑤，途有所不由⑥，军有所不击⑦，城有所不攻⑧，地有所不争⑨，君命有所不受⑩。

故将通于九变之利⑪者，知用兵矣；将不通于九变之利者，虽知地形，不能得地之利矣；治兵不知九变之术⑫，虽知五利⑬，不能得人之用⑭矣。

是故智者之虑⑮，必杂于利害⑯。杂于利，而务可信⑰也；杂于害，而患可解⑱也。是故屈诸侯者以害⑲，役诸侯者以业⑳，趋诸侯者以利㉑。故用兵之法：无恃其不来㉒，恃吾有以待㉓也；无恃其不攻，恃吾有所不可攻㉔也。

故将有五危：必死㉕，可杀㉖也；必生㉗，可虏㉘也；忿速㉙，可侮㉚也；廉洁㉛，可辱㉜也；爱民㉝，可烦㉞也。凡此五者，将之过也㉟，用兵之灾也。覆军杀将，必以五危㊱，不可不察也。

## 【注释】

①圮地无舍：在山林、险阻、沼泽的地方不能宿营。圮，倒塌、毁坏。舍，住舍，这里指部队宿营。②衢地交合：意思是说，在与多国相邻的地方要重视与邻国结交。衢，通衢。衢地，这里指与邻国相接四通八达的地方。交合，结交，这里指与其他诸侯国结交。③绝地无留：在缺乏生存条件或地形十分险恶的地方，部队不能停留。绝地，缺乏生存条件或地形十分险恶的地方。留，逗留、停留。④围地则谋：意思是说，当部队进入四面地形险恶、敌军可以任意往来而我军却难以出入的地区，则应设计谋尽快离开。围，包围，指四面地形险恶、敌可往来、我难出入之地。谋，这里指设谋、设计。⑤死地则战：意思是说，当部队陷入前无进路、后有追兵的死地时，只有与敌作决死之战。死地，前无进路、后有追兵、必得死战之地。⑥途有所不由：意思是说，部队进军时，有的道路不能走。途，道路。由，经由、通过。⑦军有所不击：意思是说，对于有的敌军不能进行攻击。军：军队，这里指敌军。击，攻击。⑧城有所不攻：有的城邑不应攻取它。⑨地有所不争：有些地方不可以去争夺。⑩君命有所不受：君主的命令，有时也不能接受或照办。君，君主。受，接受。⑪将通于九变之利：意思是说，将帅通晓在遇到上述九种情况时必须加以变通处置的利益。将，将帅。通，通晓、熟练。九变，指从"圮地无舍"到"地有所不争"的九事之变。变，权变，引申为变通处理，临机处置。⑫九变之术：九变的具体手段和方法。⑬五利：指从"途有所不由"到"君命有所不受"等五变之利。⑭得人之用：充分发挥全军

将士的战斗力。人，这里指军队将士。用，作用，引申为战斗力。⑮智者之虑：聪明的人思考问题。智者，聪明的人。虑，思虑、考虑。⑯杂于利害：既有利也有害。这里是指，思考问题既考虑到有利的一面，也考虑到有害的一面。杂，掺杂、有混合。⑰务可信：任务可以顺利完成。务，任务。信，通"伸"，这里可引申为完成、成功。⑱患可解：灾患可以解除。患，灾患、祸患。解，解除。⑲屈诸侯者以害：意思是说，要使别的诸侯国屈服，必须用他们最畏惧的灾害去威胁他们。屈，屈服，这里作使动词用，意为"使屈服"。害，危害、灾害。⑳役诸侯者以业：意思是说，要以种种事情去役使别国人民，使之疲劳不堪，不得安逸。役，役使。业，事业。㉑趋诸侯者以利：意思是说，要以利益引诱，使得别的诸侯国归附。趋，趋附，这里作使动词，意为"使趋附"、"使归附"。㉒无恃其不来：意思是说，不要依靠寄希望于敌军不来进犯。恃，依恃、依靠。其，代指敌军。不来，指不来进犯。㉓恃吾有以待：要依靠自己有充分准备。待，等待，引申为有准备。㉔恃吾有所不可攻：意思是说，要依靠于自己有充分准备，不可被攻克。不可攻，不可被攻克。㉕必死：必定要死斗、死拼。㉖可杀：意思是指，可能遭到敌军诱杀。杀，指诱杀。㉗必生：一味贪生。生，这里指贪生。㉘可虏：可能遭到敌军俘虏。虏，俘虏。㉙忿速：这里指性情急躁，容易愤怒、偏激。忿，愤怒。㉚可侮：意思是说，可能因受到敌方设计的侮辱而领兵轻进，遭致失败。侮，凌侮。㉛廉洁：这里指重视人格名誉。㉜可辱：意思是说，可能因受不了敌方使用人格羞辱之计而轻易出战。辱，侮辱。㉝爱民：这里指有"仁人爱民"之心。㉞可烦：依古人解释为，有些有仁人爱民之心的将领，常常因为要保护人民而不顾远近、不自量力地轻易出击。这样的将领有可能中敌军的烦扰之计频繁出击，以致疲劳不堪，最后被战而胜之。烦，烦劳、烦扰。㉟将之过也：将领的过失。将，将领。过，过失、过错。㊱必以五危：指"覆军杀将"都是由这五种危险引起的，不可不充分注意。必，一定、肯定。以，由、因。五危，指上述"必死"、"必生"等五事。

## 【译文】

孙子说：大凡用兵的法则，将帅接受国君的命令，组织民众，编制成军队，出征时在沼泽连绵的"圮地"不可宿营，在多国交界的"衢地"应结交诸侯，在极为困窘的"绝地"不可停留，遇到难以突破的"围地"要巧出奇谋，陷入生死存亡的"死地"就要殊死战斗。有的道路不要通行，有的敌人不可去打，有的城邑不能去攻，有的地方不宜去争，君主的命令在一定条件下也可以不执行。

所以，将帅能精通以上各种机变的运用，就懂得用兵了。将帅不精通以上各种机变的运用，虽然了解地形，也不能得到地利。指挥军队不知道各种机变的方法，虽然知道"五利"，也不能充分发挥军队的战斗力。

所以，聪明的将帅思考问题，必须充分兼顾到利害两方面的条件。在不利的情况下考虑到有利因素，大事便可顺利进行；在有利的情况下考虑到不利因素，祸患就能预先排除。所以，要使各国诸侯屈服，就要用其最厌恶的事情去伤害他；要使各国诸侯穷于应付，就要用其感到危险的事情去烦劳他；要使各国诸侯归附于我，就要用小利去引诱他。所以，用兵的法则是，不要寄希望于敌人不来，而要依靠自己充分的准备去等待、迎击敌人；不要寄希望于敌人不进攻，而要依靠自己有使敌人无法攻克的力量。

所以，将帅有五种重大的险情：只知死拼就会被杀，贪生怕死就会被俘，急躁易怒便经不起刺激，太过自爱便受不了侮辱，盲目"爱民"则会因为掩护居民而导致烦恼。这五种危险，是将帅的过错，也是用兵的灾难。军队覆灭，将帅被杀，都是由于这五种危险，不能不引起充分重视。

## 【评析】

本篇主要论述根据情况灵活运用规则的问题，强调考虑问题要兼顾利害两个方面，提出了有备无患的备战思想。

战场上是千变万化的，胜败除了要看双方兵力的多少，还要看指挥员的应变能力。孙子用"九变"来形容这种变化，可见变化之多。没有变化而墨守成规，那自然要被灵活多变的对手打败。这其中所说的要有所"不为"、"君命有所不受"、"以实力制敌"、"利害两顾"等都是很重要的军事原则。

### ╱君命有所不受╲

将帅受命于君王，然而战场上风云变幻，总有与原来战略目的、战术设计不同之处，君王的指令，总赶不上"变化"的速度。因此，根据实际情况，"君命有所不受"，是将帅进行指挥的另一原则。机械地执行君王指令而不考虑战场形势，只能导致良机错失、军队失败的结果。

正因为如此，将帅要根据具体情况变通应敌，临机处置。譬如："军有所不击"，是为了战争的整体目标，有的敌人可以不打，也就是说，要有选择地打击目标。孙子在《军争篇》中就说："兵以诈立，以利动。"所以用兵之法就不能简单化——见敌人就打。对于假装败走的敌人，就不要跟踪追击；

对于引诱我军的敌军，也不要上当去攻打。"军有所不击"正是为了击中敌人的要害，歼灭必须歼灭的敌人，取得战争的胜利。与此相类似，"途有所不由"、"城有所不攻"、"地有所不争"等，都是从战略整体考虑，而采用的灵活多变的对敌策略。

打仗如此，商战也一样。商场如战场嘛！从一定意义上说，商场的情况之复杂，变化速度之快，机遇之短暂，并不亚于兵刃交锋的战场。一个企业家如果不敢给下级以必要的临机处置权，将会在商战中丧失许多机会，这样的企业是没有多少发展前途的。相反，如果企业家心怀大志，高瞻远瞩，敢于赋予企业各部门主管人员，特别是负责对外营销的主管人员以相当的自主决断权，他的企业便必定能屡屡抓住机遇、出奇制胜。

### /利害两顾有备无患/

鉴于"九变"的指挥原则，孙子又概要地提出了利害两顾而有备无患的战略思想。

孙子认为："智者之虑，必杂于利害。"这就要求，将帅在思考及处理问题时要利害两顾。在有利情况下考虑到不利的方面，事情便可以顺利进行；在不利情况下，考虑到有利的方面，祸患就可以解除。当年，曹操因兵少粮急，士卒疲惫，兵心不稳，处境困难，而欲退保许昌。谋士荀彧则认为，袁绍力量也已衰竭，正是出奇制胜的良机。曹操纳臣善言，终获官渡之战胜利。史例可鉴，发人深思。

在备战思想上，孙武提出了"无恃其不来，恃吾有以待也；无恃其不攻，恃吾有所不可攻也"的观点，强调任何时候都不要把希望寄托在敌人"不来"、"不攻"上面，而要充分准备，使敌人无机可乘，无懈可击。老子说："祸莫大于轻敌。"也正是阐明了有备无患的战略思想。俗话说："人心隔肚皮。"又说："害人之心不可有，防之心不可无。"都是说的这个理。

### /处变不惊从容对敌/

将帅统帅三军，他的一个命令，一个行动，不仅关系到三军将士的生死，还关系到国家的安危、百姓的存亡，因此，孙子极力主张将帅要有良好的个性修养，要有大将风度，要冷静沉稳，不急不躁，处变不惊，从容对敌。这是孙子"慎战"思想的具体体现。

将帅素质是许多军事家都十分重视的问题。孙子在本篇中指出将帅"五危"，是从五个方面研究将帅素质上的某种缺陷可能导致的各种危机，将帅运兵指挥战役时，失败往往不来自于外部条件（如：敌强、我寡、地形恶劣、供给不足、敌情不明、兵卒训练尚差等等），也不来自于指挥不当，而是来自于将帅个人的素质缺陷。

真正合格的将帅理应是不避生死之险、智勇双全者，性格完美无缺，且具有远见卓识的仁者。而不是只捉住事物一端，困守至死的庸才。他们虽勇敢但并非拼死蛮干；他们善于保存军队的实力，却不委屈贪生；他们性格刚毅但并不暴躁，且经得起诋毁、误解；他们洁身自爱却又不怕诽谤；他们爱民爱兵，却有大局观念。完全符合《计篇》中所论的合格将帅条件——智、信、仁、勇、严五德齐全。

【军事谋略例说】

## 陆逊从容退江东

三国时期，诸葛亮在五出祁山前联合东吴同时攻魏，孙权派荆州牧陆逊和大将军诸葛瑾率水军向襄阳进攻，自己亲率10万大军进至合肥南边的巢湖口。魏明帝曹睿一面派兵迎击西蜀的军队，一面率大军突袭巢湖口，射杀吴军大将孙泰，击溃吴军。

诸葛瑾在途中听说孙权已经退兵，急忙派使者给陆逊送去信件，建议陆逊退兵。使者很快返回，告诉诸葛瑾：陆逊正在与部下围棋，读罢信后，只把信件放在一边，又继续下棋去了。诸葛瑾又问陆逊部队的情况，使者回答说：陆逊的士兵们都在两岸忙着种豆种菜，对魏军的逼近并不在意。

诸葛瑾不放心，亲自坐船去见陆逊，对陆逊说："如今主公已经撤军，魏军必然全力以赴地来进攻我们，将军不知有何妙计？"

陆逊道："如今魏军占有绝对优势，又是携大胜之威，我军出战，绝难取胜，自然只有撤退一条路可走了。"

诸葛瑾道："既然要撤，为何还按兵不动？"

陆逊回答"敌强我弱，我军一退，敌人势必掩杀过来，那种混乱局面，不是我、你能控制的了的。我的想法是这样■■"陆逊屏退左右，悄声说出了一条计策，诸葛瑾听后，赞叹不已。

诸葛瑾辞别后，陆逊从容地命令军队离船上岸，向襄阳进发，并大肆宣扬：不攻下襄阳，誓不回兵。

魏军听说陆逊已弃船上岸，向襄阳开来，立刻调集人马，准备在襄阳城外迎战吴军。一些将领对陆逊是否真的进攻提出质疑，但魏军统帅早已接到密探的报告，说陆逊的部队在两岸种豆种菜，毫无撤退之意，魏军因而统一了认识，全力备战，准备给陆逊毁灭性的打击。

陆逊率大队人马向襄阳挺进，行至中途，突然下令停止前进，并改后队为前队，疾速向诸葛瑾的水军驻地撤退。诸葛瑾离开陆逊回到水军大营后，早已把撤退的船只准备妥当，陆逊的将士一登上船，一艘艘战船就满载将士们扬帆驶返江东。

魏军久等陆逊，不见陆逊的影子，待发觉上当，挥师急追时，陆逊全部人马已平安撤走，魏军追至江边，只好望"江"兴叹。

## 宗泽沉着守汴京

北宋靖康元年，金军攻克宋都城汴京（今河南开封），将徽、钦二帝俘虏而去。第二年宋高宗赵构即位，史称南宋。赵构起用主战派将领，收复了汴京，并任命将军宗泽为汴京留守。这一年的十月，金军再次南下，赵构仓皇逃至扬州，将汴京城留给了宗泽。

金军在迅速占领秦州（今甘肃天水）至青州（今山东北部）一线的许多重镇后，兵临汴京城下。但见城头旌旗猎猎，而城内却毫无战争的景象：做生意的做生意，娶媳妇的娶媳妇，大街小巷，人来人往，一派安详。金军统帅疑心顿起，认为城内有诈，下令暂缓攻城。

原来，金军逼近汴京的消息传至汴京后，汴京上下人心惶惶，宗泽的僚属们也都沉不住气了，但又不见宗泽的身影，只好相约去宗泽府邸找宗泽探察虚实。不料，入府一看，宗泽正在跟一位客人下围棋，那种专注的神情，仿佛压根儿不知道金人打来一样。众人大惑不解，连连向宗泽报警。

宗泽笑道："我们收复汴京后，招募了众多抗金义士，在汴京城外修筑了24座堡垒，沿护城河构筑了坚固的堡垒群，还制造了1200辆决胜战车，足可与金军决一死战。眼下敌军来势汹汹，兵力上又远远超过我们，我们就应该避其锐气，以计谋来迷惑敌人，然后伺机击退他们。敌我尚未短兵相接，诸位就这样慌乱，士兵和百姓们该会怎样想呢？"

众僚属被宗泽说得面红耳赤。

按照宗泽的布置，僚属们一个个领命而去，于是，金军在列阵于汴京城外时，看到了上述反常现象。

金军按兵不动，派出间谍四处侦察，但不待他们把情况摸清楚，到了第三天，驻扎在城外的一支宋军在统制官刘衍的率领下，擂响战鼓，冲入了金营。金军没想到宋军竟敢首先发动进攻，急忙上马迎战。这时，城楼上的宗泽一面击鼓助威，一面向早已埋伏在金军后翼的宋军发出出击信号。金军遭到前后夹击，顿时大乱，抛下大量辎重和沿途掠夺来的财物，落荒向北逃去。

自此以后，金军在较长的一段时间里，不敢再犯汴京。

## 绞城失守皆因利

春秋战国时期，各诸侯国之间合纵连横，争战不息。公元前700年，楚国发兵攻打位于湖北郧地的绞国，迅速兵临都城，团团合围。绞侯看到楚国兵强马壮、气势旺盛，自知出城迎战，凶多吉少，就凭借绞城易守难攻的地势，紧闭城门，坚守不出。楚军数次进攻，均被击退。如此相持一个多月后，楚国大夫莫傲屈瑕经过仔细分析敌我双方情况，认为绞城只可智取，不可力克，想出了一条"以鱼饵钓大鱼"的诱敌之计。

屈瑕对楚王说："攻城不下，不如利而诱之。"楚王问他诱敌之法，屈瑕建议：趁绞城被围月余，城中缺少薪柴之时，派些士兵装扮成樵夫上山打柴运回来，敌军一定会出城劫夺柴草。先连续数十天让他们获些小利，等他们放松警惕，麻痹大意后，就会疏于防范，定会派出大批士兵出城劫夺柴草。我们就趁机设下伏兵断其后路，然后聚而歼之，乘势夺城。楚王担心绞国不会轻易上当，屈瑕肯定地说："大王放心，绞国小而轻躁，轻躁则少谋略，有这么香甜的钓饵，不愁他不上钩。"

楚王就按照屈瑕的计谋而行，派一些士兵装扮成樵夫上山打柴。绞侯听探子报告有樵夫进山砍柴的情况，忙问这些樵夫有无楚军保护。探子回报说，他们三三两两进山，并无兵士跟随。绞侯马上布置人马，待樵夫背着柴草出山之时，就突然袭击。如此绞国果然顺利得手，抓了几十个樵夫，劫夺了不少柴草。

连续数天之后，绞国从未失手，收获颇大。见有利可图，且并无风险，绞国士兵出城劫夺柴草的越来越多。

楚王见敌人已经吞下钓饵，就决定迅速张网捕鱼。等绞国士兵仍像以前那样出城劫掠时，樵夫们故意装作吓得没命地奔跑。绞国士兵紧紧追赶，不知不觉就被引入楚军的埋伏圈内。一时间伏兵四起，杀声震天，绞国士兵弃刀丢枪，四散溃逃，死伤无数。楚王此时亲率大军攻城，绞都城中空虚，无力抵抗，只得投降。

## 魏国巧施诱饵计

战国时期，各诸侯国合纵连横，互相征伐。秦国与赵国结成联盟，约定一起攻打魏国，打败魏国后，将原属魏国的邺城割让给赵国。

魏国探知此事后，十分恐慌，魏王召集群臣商议对策。最后，大夫芒卯献上一条妙计。他对魏王说："此事不值得忧虑。秦赵之间关系向来不好，现在他们联合在一起，不过是为了瓜分我国的领土，扩大自己的领域。我们只要给赵国一点好处，它就会断绝与秦国的联合。"芒卯又谈了具体的实施方案，魏王甚为赞同。

于是，魏王就依计而行，派使者张倚出使赵国。张倚到了赵国对赵王说："如今大王联合秦国攻打我国，无非是想得到邺城。而邺城早晚都要失陷，为了避免战争，使百姓免遭战争之苦，魏王出于仁爱之心，决定不必交兵就将邺城献给大王，请大王接受。"

听到唾手可得邺城，赵王心中大喜。他又问张倚："若寡人接受了此礼，那魏王有什么期望呢？"张倚回答说："魏赵关系一直很好，而魏秦之间素有敌意。秦国乃虎狼之国，请大王权衡利弊。如果您想同魏国永结友好，请大王与秦国断绝联盟，然后可得邺城，不然，魏国将不惜与城共存亡。"

赵王与群臣商议后，决定接受邺城，而与秦国断交，并关闭了与秦的边境通道。为了兑现与魏国达成的协议，就派一支部队去接收邺城。守城的大夫芒卯对赵将说："我奉命守城，怎能拱手把城池交出来呢？张倚把邺城献给赵王，那是张倚的罪过，你去找张倚吧！"赵将无奈之下，只好引兵而退。

直到此时，赵王才知上了魏国的当。而秦王也正因赵国的毁交之事而恼怒，准备联合魏国攻打赵国，赵国局势一时岌岌可危。

赵王无奈，只得把五座城池割让给魏国，争取魏国与自己联合，共同抗秦。

这正是，魏国巧施诱饵计，唾手而得赵五城。

## 利而诱敌破敌军

北宋年间，名将曹玮奉命带领精兵十万余人与党项羌族作战。当时，党项军得知曹玮前来，为了先发制人，他们首先出兵冲击宋军的阵势。只因宋军势力强大，党项兵少，初次交战便失利。党项军感到集中力量对宋军进行强攻的战法难以取胜，于是改用化整为零，主动撤退，避实击虚的战法。这样，给宋军出了难题。如果宋军乘胜追击，达不到全歼党项军的目的，因为党项军会利用地形熟的特长加速分散撤退。如果宋军不追击，就会眼睁睁地看着敌人在自己的身边溜走，从而保存实力与宋军继续对抗，使宋军陷入旷日持久的疲劳战。战机稍纵即逝，必须当机立断。这时曹玮采取了一种以利诱敌的战法，敌撤我也撤。他先是命令部队停止前进，不要追击。等敌人走远了，就命令士兵赶着缴获的牛羊和马匹，携带着其他战利品，缓缓后撤。这样，士兵赶着牛、羊、马，整个部队显得松松垮垮，拖拖拉拉。

党项军看到宋军这种情况，以为曹玮军贪图牛马小利，部队必然会散乱无用，如果突然回击，一定能打得宋军措手不及。于是党项军停止了撤退，回兵进行反击。

曹玮得知敌军回兵反击的消息后，不但不慌乱，而且命令部队放慢速度，待队伍到达一个地形有利的地区时，干脆命令部队停下来不走了，组织军队迎战。当曹玮军队做好一切迎战的准备时，党项军也追上来了。曹玮的部将请求发令出击。不料曹玮不但不指挥部队马上出击，反而派人对党项军的将领说：你们远道而来一定很疲劳，我们不愿趁你们疲困之机决战，请你们先休息一会儿，再决战。此时，党项军队确实疲惫不堪。因此，他们一方面加强警戒，防止宋军突袭，一方面利用时间休息。此时曹玮仍不下令出击，直到党项军休息片刻之后，曹玮才下令全军出击冲杀。宋军将士奋勇争先，党项军的将士也挥刀迎战，两军开始了大决战。仅仅一顿饭的功夫，党项军就被杀得人仰马翻，宋军大获全胜。

这次战役，曹玮运用了以利诱敌的计谋，当敌人有计划地撤退时，如果宋军紧追不舍，敌军就会化整为零，那样就不利于消灭敌军。而用贪图小利的假象欺骗敌军，可以引诱敌军返回袭击。同时敌军由于一去一返，连续不断地走了近百里，已相当疲劳了，这样就是疲劳敌人的战法。事后，宋军的许多将领才弄懂了曹玮的作战意图。

## 李牧示弱惑匈奴

战国后期，赵王派大将李牧守卫北部边防，抵御匈奴。

但李牧在雁门（今山西东北部）一带一驻数年，始终是积极备战，谨慎防守，不主动出战。匈奴人以为李牧不敢和他们交锋，就连李牧的一些士兵也认为主将怯敌。

赵王听说李牧一味备战防守，并不出战，很不满意，派人督责。但李牧依然不改守备方针。赵王遂撤下李牧，让别的将领顶替他。但也就是从这时起，赵国北疆的形势急转直下。李牧戍边之时，与匈奴相持数年，国土无丧失，军队无伤亡，边境人畜两旺；自从换了主将，只一年多时间，赵军就与匈奴交锋数次，且连连失利，部队伤亡很重，边境地带的农牧生产也遭到破坏。

赵王只得请李牧复出戍边。李牧提出：只有同意自己实行原来的守备方案，才能领命。赵王只得应允。

李牧回边防线，和以前一样，抓紧练兵，亲自教士兵骑马射箭。他要求士兵小心管理烽火台，匈奴来犯时应该迅速收拢牛羊，进入阵地自保，不可擅自出击。他还派军士打扮成牧人模样，深入匈奴境内了解敌情，随时掌握情况变化。就连队伍内的军职设置也完全是根据实战需要，租税收入作为军卒的粮饷，统一归大本营掌管。再加上李牧体恤手下将士，不断改善士兵的生活，军士都希望杀敌立功，报效主将对自己的恩德，士气非常旺盛。

匈奴人始终以为李牧怕他们，一点也没觉察李牧已备好1300乘战车、13000匹战马、10万名优秀射手和5万人组成的冲锋队。一场大战就在眼前。

这一天，许多牧民把成群成群的牛马赶到原野上放牧。举目而望，遍地牛马羊。

匈奴人见有利可图，就派小股部队冲过来，试探李牧。李牧丢下数千人败逃。匈奴人以为李牧实实在在是个胆小鬼。匈奴单于得报，决定亲率大军南下攻赵。

岂料，李牧败退只是诱敌之计，他布下许多奇特战阵，将军奋勇，士卒争先，这一仗，大破匈奴10万铁军。从此，匈奴十分惧怕李牧，十余年不敢南侵。

## 萧惠轻敌遭惨败

公元1049年，辽主派大将萧惠统率大军进攻西夏。萧惠是辽国的老将，战功显赫，此次出征，兵多将广，粮船、战舰绵延百里。

萧惠趾高气扬，他认为：新登基的小西夏王还不足两岁，西夏国由太后掌权。一个是幼子，一个是女人，能有多大本事与自己抗衡！

大军进入西夏境内，始终未见西夏一兵一卒，萧惠起疑，遂派小队人马前去侦察。侦察人员还没有回来，萧惠又心急起来，命令部队立刻出发。属下劝阻说："我们远路而来，情况不明，应该安营布防，以防意外，不可深入。"原来，此时萧惠军中的战马都用来运输粮草等军用物资，骑兵战士步行，一点战斗准备也没有。

萧惠不以为然，命令部队继续前进。

这一天，辽军刚刚安营，派出侦察的骑兵跑回来，气喘吁吁地说，前方发现西夏大军。萧惠竟然喝令把侦察人员绑起，要把他推出去斩首，因为他以为侦察人员在虚报军情。

就在此时，战鼓声、喊杀声响成一片，西夏兵从山坡上猛冲下来，势不可挡。辽军仓皇应战，抵挡不住，四散奔逃，萧惠和一些将士们尚未穿上盔甲，就慌忙上马。西夏军万箭齐发，射向溃逃的辽兵，辽兵成片成片地倒下。萧惠奋力死战，方才逃得性命。

萧惠盲目自信，被西夏军杀了个措手不及，损兵大半，连亲生儿子也死在乱军之中。

## 随机应变战辽军

宋太宗赵光义为了防止将领们拥兵自重，每到用兵之时，才临时任命官员担任指挥使、招讨使等职务，带兵出征。另外，将军出征之前，皇帝还要亲自授予阵图，要求指挥官必须按着规定的阵图作战，不管战事如何，一律不许更改，就是败了，也无大罪，不然，严惩不贷。这样一来，尽管宋朝兵多将广，武器精良，但由于照图打仗，在和辽国作战中屡战屡败，因此，每次出征，士兵们都又疑又惧，士气十分低落。

辽国燕王韩匡嗣于公元979年9月又领兵侵犯宋边境。太宗命云州观察使刘廷翰率兵御敌，命崔翰、赵延进、李继隆等带兵参战。

临行之时，太宗故伎重演，又把阵图赐给了众将，命他们按图作战，还要"务求必胜"。

宋军行到满城之时，辽兵漫山遍野，从东西两面蜂拥而来，登高望去，只见烟尘滚滚，望不到边际。

众将眼看辽兵就要冲上来了，急忙按图布阵。太宗这次赐给他们的阵图是把大军分成八阵，每阵之间相隔百步远，把兵力分散开。

兵力这样分散，能挡住辽兵铁骑的冲击吗？大家禁不住惊慌恐惧起来。"皇上派我们来，不就是要把敌人打回去吗？按着图上打法，非败不可，情况紧急，只有集中兵力、才能胜利。这样虽然有不照图打仗的罪名，但总比丧师辱国好得多！"赵延进大声地说，他决心根据实际情况布阵排兵。

"万一败了，那可如何是好？"崔翰忧心忡忡地说。

"如果兵败，罪名由我承当。"赵延进坚定地说，因为他见辽国大军已迫近，不能再迟疑了。

可崔翰还是犹豫不决，擅改圣旨的罪名实在令他恐惧。

"兵贵神速，怎能预定？这违背圣旨的罪名，我一人承担了，如再迟疑，可就来不及了！"李继隆也催促说。

崔翰终于下定决心，把八阵改为二阵，前后呼应。还派人去诈降。辽燕王韩匡嗣深信不疑，不加丝毫防备。

没过多久，战鼓齐鸣，杀声震天，宋军突然杀出，辽军措手不及，很快败退下去；宋军穷追猛打，许多辽兵坠入坑谷。这一仗，宋兵杀死辽兵万人，活捉三千，缴获战马千匹，兵器不计其数。

捷报传到京师，宋太宗没有追究不按图作战的责任，反而封赏赵延进。但奇怪的是，在以后的对辽作战中，赵光义还是搞那老一套：战前赐阵图，定策略，大将们不得违背，战争的胜负情况，也就可想而知了。

## 先发制人服鄯善

公元13年，汉明帝派班超率领36名将士出使西域，想跟西域各国建立友好关系。

班超首先到了鄯善国，国王热情接待了他们。可是没几天，国王突然对他们冷淡起来。班超想：准是匈奴使者也到了鄯善国，匈奴人多势众，国王惧怕匈奴人，当然就冷淡我们了。

恰在此时，鄯善国侍者来送饭，班超突然问道："匈奴使者住在哪？"鄯善国本来对这件事瞒得很严，不料被班超一语说破，侍者以为班超早已知道此事，只好如实奉告。班超立即把侍者扣留起来，对随行的36人说道："匈奴人刚到这里，国王的态度就变了，如果他派兵把我们抓起来交给匈奴人，那还有活命吗？"

众人都道："事到如今，只有同舟共济，生死关头，一切听从将军指挥！"

"不入虎穴，焉得虎子！"班超奋然说，"我们只有杀了匈奴使者，才能断绝鄯善国王投靠匈奴人的念头。"

当晚，气温骤降，飞沙走石，班超率30余轻骑，顶着寒风，直奔匈奴人驻地。接近营寨之时，班超命10人持鼓，绕到营寨后面，叮嘱他们见前面火起，就击鼓呼喊，虚张声势；又命20人各持弓箭、刀枪，摸到敌营前埋伏。一切布置停当，班超率领数骑冲进敌营，顺风放火。霎时，火光四起，战鼓声，喊杀声响成一片。匈奴人从梦中惊醒，惊慌失措，顿时乱做一团。班超一马当先，连杀三人，部下一拥而上，匈奴使者和30多随从当场被砍死，余下的100多名匈奴士卒全部葬身火海，班超部下无一人伤亡。

第二天，班超将匈奴使者的头扔在鄯善国王的脚下，鄯善国王吓得面如土色。班超乘机向他宣传汉朝的威德，劝他与汉和好。鄯善国王本来对匈奴经常来勒索财物不满，又见汉使者有勇有谋，当即答应与汉朝建立友好关系。

班超到了西域不久，匈奴使者也来和西域联络感情，在遇到事先没有料想到的情况时他沉着应战主动出击，取得了出使西域的第一个胜利。以后，他又处处争取主动，避免被动，先后使于阗、疏勒等西域诸国归服了汉朝。此后，他治理西域30多年，为当地的发展做出了巨大的贡献。

## 歃血结盟化干戈

长征途中，要经过大凉山区的一段彝族聚居区。那时彝族人对红军一无所知，以为又是"汉兵"入境抢掠杀戮。因此，当他们看见山下的红军战士，就成群结队涌出寨门，挥动着土枪、长矛、弓箭，一边呐喊，一边射击，阻止红军进山。

刘伯承见状，便命令先遣部队停止前进，与几位指导员商量对策。如果采取强攻，必然破坏民族团结，有损红军在群众中的威望，又耽误行军日程，破坏整个红军的北上计划。要想顺利通过，只有做好彝族头人的工作，求得他们的谅解，除此别无良策。刘伯承派人找到了一个翻译，对山寨进行了详细的调查，得知大凉山上有两个彝族部落，一个叫"沽基"，一个叫"罗洪"；又得知山上还有两个"孔明寨"，相传此处就是三国蜀相诸葛亮七擒孟获的古战场。这个孔明寨，就是当年屯兵的营寨。这一历史名称得以沿袭下来，说明孟获的子孙对诸葛亮有一定的感情。这是争取头人的一个有利因素。

商定之后，刘伯承便派出代表，带上翻译进山与头人对话，宣传共产党主张民族平等，红军与彝族亲如一家的道理；反复说明红军这次进山，只是借道北上，并不在寨子住宿，更不会拿人民一针一线▋▋经过反复谈判，彝族"沽基"头人小叶丹被说动了。他从寨子里走出来，但一看到山下的红军，疑团又涌上心头，生怕这些"汉人"进寨后会闹腾得鸡犬不宁。

红军代表灵机一动，根据少数民族重义气的特点，提出刘司令员愿与他结为兄弟，并"歃血为盟"。这一来，小叶丹高兴了。红军代表把一只手枪送给他，以示诚意。小叶丹也把一匹黑骡子作为回赠的礼品。谈判就这样成功了。

拜盟的仪式在一片海边举行。一个彝民长者，从海里舀了两碗清水，捉来一只大公鸡，高声念道："×月×日×时，红军刘司令，与沽基小叶丹，在海边结为兄弟，如有反悔，如同此鸡。"念完，用刀将鸡脖子一抹，把鲜血滴进碗里，然后，恭恭敬敬地把碗放在并排跪着的这一对汉彝兄弟面前。刘伯承端起碗，对天发誓："我刘伯承愿与小叶丹结为兄弟，如有反悔，天诛地灭！"说完一饮而尽。小叶丹一面大笑，连说："好，好"，一面也端起大碗，把血水吞进肚里。

当晚，刘伯承把小叶丹迎到红军驻地，在汉族寨子里摆上好酒，与这位彝族兄弟开怀痛饮。接着，刘伯承又与"罗洪"头人进行了交往，让他们与当地汉人搞好关系，加强民族团结，以对付共同的敌人。横在长征路上的这道"关隘"，就这样在党的民族政策感召下，用民间常用的"结盟"方式，顺利地打通了。

## 崔可夫变通应敌

崔可夫是第二次世界大战中骁勇善战的名将之一。

1944年，苏德战场的形势发生了根本性的变化，但德军在连连失利之后也总结出了苏军进攻的规律：在进攻发起前的1～2天，必然实施战斗侦察。针对这一特点，德军创造了全新的"弹性防御"战术：一旦受到苏军威胁，立即撤离受威胁的地区，保存实力；或者改变战斗队形，诱敌深入，并增派预备队赶赴受威胁地区，突然发起反攻。崔可夫决心改变常规的进攻方法，把实施战斗侦察和战术进攻结合起来，攻破"弹性防御"。以往的战术侦察是在攻击发起前的1～2天，崔可夫将战术侦察提前到发起进攻前的2～3小时内进行。以往的战斗侦察只停留在某一地段，崔可夫将战斗侦察扩大到即将进攻的整个战场进行。为防止敌人逃脱，崔可夫不断投入新的兵力，使德军无法"脱身"，进而使"弹性防御"失去弹性。崔可夫的方案得到了苏军最高统帅部朱可夫的支持，并在解放波兰的战役中得到了成功的验证。当时，崔可夫任第8集团军司令员，其对手是德国"北乌克兰"集团军群。崔可夫命令各侦察队在炮火急袭后几分钟向敌军第一道堑壕发起猛攻，很快控制了一些有利地形，随后命令集团军主力立即发起全面进攻。德军起初不以为然，当他们意识到第8集团军已从战斗侦察转入主力进攻时，已经为时过晚——第8集团军以迅雷不及掩耳之势突破德军的第一、第二两道防线，越过普雷斯卡河、西布格河，进入波兰国境。德"北乌克兰"集团军群一败涂地，连后退都来不及，就被苏军迅速包围、歼灭。

## 哈勒欣河决胜战

1936年，日本军国主义为实现其独霸亚洲、占领苏联远东地区的野心，企图以快速突击的方式围歼哈勒欣河东岸全部苏蒙部队，夺取并扩大哈勒欣河西岸的广大地域，为以后的军事行动做准备。为此，日军将设在海拉尔的第6集团军全部调到哈勒欣。

斯大林识破了日军的企图。为确保远东的稳定，给日军以毁灭性的打击，斯大林经过慎重筛选，将这一重任交给了白俄罗斯军区副司令员朱可夫。

朱可夫是一位士兵出身的传奇式将军（后来晋升为苏军元帅、苏军最高统帅部副统帅、斯大林的第一副手）。他坚定地认为：战役战术的突然性是决定这次战役胜败的关键。为此，在精心拟定作战计划的同时，朱可夫还拟定了一整套迷惑敌人的计划：战略物资的运输、储存，作战部队的调动、集结，各兵种的演练、布防等等，都在极其隐蔽的情况下进行；故意制造假情报传递给日军，如使用容易被破译的密码，有意识地让日军获取"重要情报"，朱可夫还印制了几千张传单和一批《苏联红军战士防御须知》发给战士，使日军错误地认为苏军只是在组织防御。

为保证进攻的突然性，朱可夫在发起进攻的十多天之前，运用各种音响器材逼真地模拟出飞机的轰鸣声、坦克的运行声、大部队的行进声等等，令日军习以为常，思想麻痹。

另一方面，朱可夫运用各种手段，周密地侦察和精确地验证日军的布防情况、武器装备和日军的战斗能力等敌情，真正地做到了知己知彼。

朱可夫在日军毫无觉察的情况下，成功地把35个步兵营、20个骑兵营、498辆坦克调到了预定的位置。在战斗行动前4天至前1天，逐级向指挥官传达战役计划，在进攻前3个小时才向战士发布战斗命令。

日军计划在8月24日向苏军发起进攻。

朱可夫将进攻的时间提前了4天，定在8月20日的凌晨。

20日凌晨5时45分，总攻击开始。苏军150架轰炸机和近100架歼击机牢牢控制了制空权。在开战后的一个半小时内，日军的炮火竟无力进行任何还击，战斗进行了整整10天，入侵蒙古边界的日军第6集团军全军覆灭，苏军伤亡1万人，日军伤亡为5.2~5.5万人。

哈勒欣河战役使日本军国主义者对苏联的实力有了一次重新认识，哈勒欣河地区从此平静下来，苏军最高统帅部的战略意图完全得以贯彻、实现，朱可夫也因此声誉大增。

【商战谋略例说】

## 精明老板巧广告

梅派京剧艺术的创始人梅兰芳在北京唱戏红透了京城，上海丹桂戏院的老板觉得把梅兰芳请到上海来，让上海人一睹梅兰芳的"芳"容和一"聆"梅兰芳的金嗓，自己绝不会有亏吃。老板向梅兰芳发出了邀请，梅兰芳欣然应允。这时候，戏院老板才突然想起上海人对梅兰芳几乎是一无所知，于是苦思良策。

几天后，上海一家大报纸头版的整个广告牌面登出了广告的全部内容——仅三个大字:"梅兰芳",而且一连三天都是这样。

一石激起千层浪。上海人被这三个字吸引住了——"梅兰芳?是个'女人'?什么样的'女人'?为什么要登这么大的广告?"人们议论纷纷,大街小巷、酒馆茶馆,到处都听到有人在询问、在议论。登广告的那家报馆更是忙得不亦乐乎,询问电话一个跟着一个,不少人还登门造访,但报馆的答复是"无可奉告!"

人们把目光再一次聚集到报纸上。果然,到了第四天,还是那家报纸,还是头版版面,在人们已熟悉的的"梅兰芳"三个大字下面出现了几行清晰的小字"京剧名旦,假座丹桂第一大戏院演出《彩楼配》、《玉堂春》、《武家坡》"。三天来的疑团刚刚解开,一个新的疑团又涌上心头:"梅兰芳到底是个什么样的人?"于是,上海人争先恐后地涌至丹桂大戏院。

首场演出:爆满。

丹桂大戏院的老板就是以这种方式把梅兰芳介绍给上海人的。

梅兰芳的高超演技令上海人称绝!此后,大戏院场场爆满,梅兰芳名扬上海,戏院老板也乐得合不拢嘴。

## 反弹琵琶经营术

"反弹琵琶"是依据"反常思维"而形成的。它是指经营者不循常规,反向求异,以异务稀,以稀取胜,在顾客需要而他人意想不到的时间和品种上多出冷门,创造机遇。

南方某市一个商场的成功就是很好的案例。现如今"平价大展销"、"清仓物资大减价"、"廉价大酬宾"等大幅标语挂满了各个街口和店铺门面,市民们耳濡目染,几乎全是一个"廉"字,渐渐对此生发出一个"厌"字来。这家商场敏锐地觉察到了市民的心理变化,灵机一动,变"廉价一条街"为"高档商场":高雅的服饰、琳琅满目的珠宝、炫目的金银首饰、全新的电子产品应有尽有,令人耳目一新。"高档商场"里的商品,最低的千元一件,万元一件的是平常,最高的一件商品为42万元——然而,商场非但没有令人却步,反而引来一大批不"凡"的客人:港商、澳商、"暴发"的大款开张仅一个月,商场的销售额即创下了1000万人民币的纪录。

可见,这一谋略是运用产品竞争的逆向策略,为企业经营创造新的转机。

"反弹琵琶"可以从以下几个方面实施：

时间：与季节相逆，推出反季节产品。此时顾客虽少，但经营者更少，况且，适应某些顾客的购买心理，认为淡季购买的人少，价格便宜，选择余地大。

回归：与产品创新相逆，推出"复古"新品。近年来，中国一些厂家推出三四十年代盛行的旗袍，并再次流行，就适应了人们消费行为上的"怀旧心理"。

功能：与产品质量相逆，推出实惠产品。质量无疑是产品的生命，但并非所有产品的内在技术标准越高，销路就越好。如有的厂家生产鞋垫、袜子、手绢及妇女卫生用品等，由通常的"耐用型"向"一次使用型"的产品转化而取得了胜利。

## 本田的危机管理

在竞争激烈和危机频繁的日本社会，本田公司总是能逢凶化吉，这是不是全靠运气？一位著名的经济管理学家曾这样问本田宗一郎。本田告诉他："我们的运气就是本田式的危机管理。"

对于世界汽车行业来说，每80辆轿车中就有一辆是"本田"牌。在世界最大的汽车市场美国，1992年轿车销售总量为630万辆，其中本田公司所生产的轿车占了1/4。然而，使本田公司首先取得引人注目的成功，从而扬名天下的，还是本田摩托车。在汽车工业界，本田技研工业公司在日本国内排名老三，在世界上，距"通用"、"福特"、"奔驰"等"巨无霸"更远。但在摩托车工业界，本田技研工业公司不仅在国内是龙头老大，在世界上也是首屈一指。1991年，本田技研工业公司的摩托车产量为134余万辆，出口51.8万辆，印有"HONDA"标志的摩托车飞驰在世界各地。

70年代初，正当本田牌摩托车在美国市场上畅销走红时，总经理本田宗一郎却突然提出了"东南亚经营战略"，倡议开发东南亚市场。

此时摩托车激烈角逐的战场是欧美市场，东南亚则因经济刚刚起步，生活水平较低，摩托车还是人们敬而远之的高档消费品。公司总部的大部分人对本田宗一郎的倡议迷惑不解。

本田是经过了深思熟虑的。他拿出一份详尽的调查报告向人们解释："美国经济即将进入新一轮衰退，摩托车市场的低潮也开始来临，假如只盯住美国市场，一有风吹草动我们便会损失惨重。而东南亚经济已经开始起飞，按一般计算，人均年产值2000美元，摩托车市场就能形成。只有未雨绸缪，才能处乱不惊。"

一年半以后，美国经济果然急转直下，消费市场首当其冲，许多企业的大量产品滞销，库存剧增，几十万辆本田摩托车也压在库里。然而天赐良机，与此同时，东南亚市场上摩托车却开始走俏。本田立即根据当地的条件对库存产品进行改装后销往东南亚。

由于已提前一年实行旨在创品牌、提高知名度的经营战略，所以产品投入市场后如鱼得水。这一年，和许多亏损企业相比，本田公司非但未损失分毫，而且创出了销售额的最高记录。

总结这一经验，本田公司从此形成了居安思危、有备无患的经营策略。每当一种产品或一个市场达到高潮，他们就开始着手研究开发新一代产品和开拓新市场，从而使本田公司在危机来临时总有新的出路。

## 不为近利而动心

井植岁男（以下简称井植）是二次大战后的企业家，他因成功地将三洋电机公司经营发展成为大企业而扬名国际市场。

三洋公司曾经有一批新产品，正准备大量生产的时候，却发生了困难，那就是装置电灯部分的支轴断掉了。这个问题相当严重，井植十分惊讶，立刻找人来调查，结果，意外地发现已经生产的产品中，有一半以上都可能发生这种情况。

但是，报纸上已大幅地刊登广告，产品上市的日期也近在眼前，却发生了这种致命性的错误，使得井植忧心如焚。事实上，在他主持公司还不到一年时，就曾经发生资金运转不灵的情形，公司差点因此倒闭，现在又面临这种困境，井植不禁打了寒战。

这些产品大约有10000个，相当于两个月的生产量，井植心想：这么重大的损失，到底是不负责任地卖出去呢？还是眼光放远些，尽速收回？虽然不顾一切地将产品卖出，可以获得眼前的利益，将资金暂时稳住，但是这些不良产品，将损伤公司辛苦建立的良好形象，以后在市场上，可能永无立足之地。

权衡利害得失两方面的结果，井植毅然决然下令收回所有的产品。

井植这种深谋远虑、顾全大局的作风，真可算是孙子所谓的"智者之虑"了。

## "精工"兵败"卡西欧"

日本精工与卡西欧两家公司，曾是手表制造业的竞争对手。

瑞士人发明研制了石英电子表以后，精工公司预测到在未来的一段时间内，市场将大量需要这种物美价廉的手表。于是，精工公司便以仿造瑞士表为主，推陈出新，很快占据了国际市场。卡西欧公司在这一竞争中成了败将。

然而，卡西欧公司并不气馁。经过分析，他们认为尾随精工之后，难以取胜，因此，必须另谋出路。他们一方面装作若无其事的样子，并放出风来，说准备转产；另一方面却在暗中以石英晶体为振荡器的显示技术为目标，大力进行研制，经过反复实验，终于开发了精确度更高、造价更低的石英电子手表。这样，精工公司不得不采取新的策略，以迎接卡西欧公司的挑战。

此后，卡西欧公司又以石英振荡器为中心，开发出了除电子手表之外的一系列新的电子产品，如收录机、电子钟、文字处理机、计时器和电视机等，公司效益日益提高。

卡西欧公司在与精工公司竞争中处于劣势时，故意放风说要转产，实则是为了掩盖其研制廉价电子表的目的。从而它得以在竞争对手不在意之时占领手表市场，成为精工公司的劲敌。

孙子兵法"九变"篇中说"无恃其不来，恃吾有以待也"，"势"篇中说："凡战者，以正合，以奇胜"，"虚实"篇中也说："出其所不趋，趋其所不意。"这些都是"兵不厌诈"的道理。

所以求胜的方法必须是把握机会和空隙，以司空见惯的行动，出奇制胜。

## 西铁城表进印度

乞拉明齐是印度的一个城市。它的闻名于世多亏了日本的西铁城手表。

日本的西铁城手表自问世以来就以其质量上乘而小有名气，但在钟表业这个领域，日本是个"后来者"，无论在哪个国家，它都会受到瑞士钟表强有力的挑战。为此，日本钟表业的推销商们无不绞尽脑汁，各显其能。田中三郎就是众多推销商中出类拔萃的人物。

田中三郎在印度推销"西铁城"自动手表时，适逢印度河附近的村落发生了一件怪事——一场异风过后，天上下了一场奇异的金币雨，村民们拾到金币后，无不欢喜若狂，新闻界对此作了如实报道。田中三郎从金币雨中获得了灵感，他买了一张从孟买到乞拉明齐的飞机票，带上300块"西铁城"手表上了飞机。

飞机进入乞拉明齐后，渐渐减速下滑。田中三郎等飞机降至能在飞机上清楚地看到地面的房屋树木时，迅速打开舱座边的小窗，把300块手表从窗口向地面抛下。

第二天，"乞拉明齐下了一场西铁城表雨"的新闻传遍了全印度，"完好无损"的西铁城自动手表给了印度国民深刻的印象——昨日还默默无闻的"西铁城"，一天之间就震动了整个印度。"西铁城"顺利地占领了印度市场。

## 三角形思考方式

日本的坪内寿夫是位杰出的企业家。坪内寿夫发迹前在日本的四国经营电影院，因为经营得法，小有所获，于是他便想扩大自己的经营。

这时候，"自由船公司"想廉价出售自己的造船厂，坪内寿夫在朋友的劝告下买下了这个造船厂，创办了"来岛船坞"。

坪内寿夫对于造船业并不内行，开始的时候，船坞入不敷出。坪内寿夫思来想去，觉得要发展自己的船坞，还必须把目光对准附近的渔民。这些渔民的渔船很陈旧，只能在近海捕捞，如果能造出一种强马力渔船到深海去捕捞，捕捞量会极大地提高，这是渔民们所希望的。

但是，渔民们手中没有钱，不可能购买坪内寿夫所设想的那种强马力渔船。

坪内寿夫想到了分期付款：渔民们先驾船去捕鱼，卖掉鱼后用赚来的钱分若干次付款。坪内寿夫很快就发现，即使是这样，渔民们对于购买一条价格昂贵的渔船也有困难，因此，必须设法把渔船的售价降到最低。最后，坪内寿夫想到应该先造出一只样品船，当渔民们亲眼看到、亲手摸到之后，立刻会产生一种"占有"感——"我要买的就是它！"

人们把坪内寿夫的这三个互相交错的想法称为"三角形思考方式"。

"三角形思考方式"使坪内寿夫把"来岛船坞"变成了一个最能赚钱的船坞。

## 匮乏战术建奇功

美国的希尔兰奇珠宝公司是一家有百余年历史的"老店"。说它"老"，是因为它历史悠久。其实，百余年来，珠宝公司一直门庭若市，长盛不衰。

希尔兰奇珠宝公司的兴旺发达归功于它成功地运用了"匮乏战术"。

珠宝公司的黄金首饰、珍珠项链素以纯度高、制作精美而为"大款"、"大腕"们青睐，各国的客商也对该公司的首饰刮目相看。

但是，希尔兰奇珠宝公司并不是无限量地制造、销售，而是将其产品控制在一定目标的市场范围内，以保持产品的紧俏地位。

为防止假冒产品出现，公司设立了专门的销售点，制作了"希尔兰奇"保修专用卡。悠久的历史、绝对一流的产品加上一丝不苟的服务质量，使希尔兰奇永远立于不败之地。

法国最著名的经销皮箱公司——维顿公司的销售战略与希尔兰奇珠宝公司极为相似。

为了防止不法商人盗用维顿公司的名义销售伪劣皮箱，维顿公司仅在巴黎和尼斯各设一家销售店，在世界各国的销售分店也严格控制在27家。对于皮箱的销售量，维顿公司也是严格控制在一定的目标市场范围内。曾经发生过这样一件事：一位日本客人三天登门十多次，每次都提出要购买50只，但彬彬有礼的售货员每次都告诉客人，库里所存不多，只能卖给他两只。

"匮乏战术"是商战中一项成功的经验，但不是人人都能灵活运用它。

## 奇异绝妙的销售术

一般地说，顾客在购物时的心理都是想占点便宜。

美国一位叫詹姆斯·卡什·彭尼的老板就是利用顾客的这种心理，着实地捞了一把。

彭尼开的是零售商店。这一年，美国的经济衰退，大大小小的商店生意都不景气。彭尼为扭转商店的萧条局面，招揽顾客，想出了一条妙计：

彭尼在一块胶合板上抠了大约50个洞，每一小洞的旁边分别写上10%、20%、30%、40%等数码，然后把一只只玻璃瓶放在小洞后面，并将它们放在柜台上。每当有顾客来购物时，彭尼就放出一只小老鼠，小老鼠钻入哪只玻璃瓶，就按那个洞旁标明的百分比打折扣售货物，如果钻入标明40%数码的那个小洞后的玻璃瓶，当然就要折价40%卖出本店的商品。

彭尼是个聪明人，他早已洞悉了老鼠的生活习性——它们只喜欢待在有同类的地方，当小老鼠在每个小洞前踟蹰时，它们是在探寻是否有同类待在里面，彭尼早已把几粒老鼠粪便放入了标有10％、20％小洞后的玻璃瓶中，小老鼠嗅到了同类的粪便味，认为里面有同类，于是欣然而入。因此，顾客们只能买到折价10％或20％的货物——在当时的市场上，其他商店的货物大多也折价10％或20％出售。

络绎而来的顾客们并不知道这其中的奥秘，小小老鼠着实给彭尼增加了不少的收入。

## 电器公司破产启示

德律风根电器公司在1982年还是前联邦德国20家最大的企业之一，拥有一百多年的光辉历史。但是，仅仅过了一年，1983年，该公司就不得不因产品滞销而宣告破产。

德律风根电器公司以生产家用电器为主。20世纪70年代后半期，世界范围的家用电器市场发生了重大变化：

1. 发达国家对一般家用电器的需求已趋向饱和；
2. 贫穷国家对电器化望尘莫及；
3. 发展中国家已拥有大批量生产家用电器的能力。

但是，德律风根电器公司的主要领导墨守成规，缺乏开拓精神，对电器市场的变化熟视无睹。进入20世纪80年代后，该公司的产品已出现滞销势头，公司领导仍未引起警惕，没有开发高尖端电子产品，及至产品大量滞销后，公司领导已回天乏力，只好宣布公司破产。

## 以利诱人攻心术

大多数消费者对商品的价格极为敏感，甚至超出了对商品质量与性能的关注。有效地利用这一消费心理，就可以创造无尽的财富。于是，价格大战开始了。

哈罗斯百货公司位于英国伦敦市中心海德公园一隅，是从一间杂货铺发展成为目前欧洲最大的百货公司，已有150多年的历史。如今，这里是一幢共有5层楼的庞大建筑，总面积有12万多平方米。楼内设施一应俱全，其数量之多，令人惊讶。如该公司有12部扶手电梯、50部升降机，拥有2000部电话机；升降机和扶手电梯每年累计行走量约10万公里；而电话的使用量平均每天1万次，圣诞节前后则高达2万次。

哈罗斯公司取得这一辉煌业绩靠的就是"以利诱人"的办法，即"哈罗斯疯狂大减价"，也就是在每年的圣诞节及新年前后，哈罗斯百货公司以出人意料的价格，实行所谓"疯狂大减价"。届时，慕名前来购物的顾客如潮水一般涌来。白天，如云的顾客摩肩接踵，挤得这里水泄不通；入夜，这里仍然万头攒动，人声鼎沸。如此盛况再加上商场四周悬挂着的闪闪发光的万盏灯火，真是风光十足。

哈罗斯的发展可谓是惊人的，而综观其经营管理的方方面面，最主要的手法就是"疯狂大减价"。其实这种做法在商界也是司空见惯的，每每到处可见诸多商店推出"大减价"、"不惜血本大酬宾"之类的手段以吸引顾客。然而像哈罗斯这样持之以恒，有规律又使人感到有利可图的大拍卖却不多见。其实，大减价、大拍卖、大酬宾仍然可以获得可观的利润，商店一旦声名远扬，树立了自己的形象，其效果是巨大的。

哈罗斯百货公司靠着持之以恒的"疯狂大减价"，为自己做了最好的广告，提高了它在广大消费者中间的知名度。这既扩大了销售额，又使自己闻名于世，令消费者向往，连英国女王每年也到这里购物。至于圣诞节及新年举行的大拍卖，更吸引了成千上万的欧美亚洲顾客。这里还有几个数字可以进一步证明哈罗斯百货公司营销策略的成功：该公司现有雇员6000人，每月付给他们的薪金要超过400万英镑；1850年该店的营业额是1000英镑，而时隔136年的1986年的营业额是3.1亿英镑！1986年1月8日这一天的营业额就达600万英镑！

哈罗斯舍小利为自己树立形象，吸引超量顾客，从而赢得了巨额利润。

## 大宇公司独具慧眼

在现代社会中，机遇与挑战同在，风险与利润共存。只有具备冷静的头脑、敏锐目光的人，分析出机遇带来的利与弊，分清自己有利与不利的因素，才能把握机遇，不让它与自己擦肩而过。

韩国著名的企业家金宇中被公认为韩国企业界的"出口大王"。他所领导的大宇集团是享誉世界的知名企业，大宇生产的各种产品也随着大宇集团的声名远播而遍布世界各地。

20世纪70年代以来，美国与亚洲新兴的工业化国家之间的贸易摩擦越来越激烈，美国从维护本国的利益出发，逐渐倾向于采取贸易保护主义政策。

当时金宇中开拓美国纺织品市场的努力刚刚有了起色。他先与生产缥丝的日本三菱会社签订了独家销售合约，把三菱会社生产的丝料运回韩国加工成布料，并委托釜山制衣厂把布料做成衬衣，然后全部运往美国销售，由于这种极细的缥丝箔制成的衬衣质地柔和，触感很好，因此这种衬衣在美国一上市便大受欢迎，很快风行全美。3年之内，大宇集团仅此一项业务就获利润1800万美元。

1974年，韩国企业界盛传美国即将对纺织品的进口实行配额限制。在此种形势下，绝大多数纺织品出口商都开始压缩纺织品输美规模，转而将焦点放在开拓新的国际市场上。然而，金宇中并没有像其他纺织品出口商那样亦步亦趋地压缩输美规模，相反，他采取了一个果敢的行动，实行公司总动员，充分利用年底余下不多的时间，全力扩大公司纺织品的输出数量。

此举获得成功。1974年大宇集团纺织品输美的规模一跃而居于东亚地区的企业榜首。金宇中也因此被誉为美国配额制度造就的唯一胜利者。

金宇中的超人胆识，来自于他超人的眼力，他很清楚地知道，美国对外国公司进出口配额制度的制定，必须参考前一年的输美业绩，如果前一年的进口数量大，那么后一年给的配额数量就多，所以在其他出口商纷纷压缩出口规模的情况下，大宇集团生产的纺织品能在美国市场上独领风骚。

"好风凭借力"，金宇中趁着大宇集团生产的衬衣风行美国的有利时机，说服了在美国拥有数家连锁店的施伯公司接受大宇集团的试销计划，把公司生产的全部产品纳入了施伯公司的销售网。从而成功开创了韩国出口公司直接与美国大公司开展业务的先例，打破了长期以来韩国出口商必须通过日本大商社的中介并由美国进口商销售的惯例。

从此以后，大宇集团的事业蓬勃发展，到1981年为止，大宇集团的外汇贸易额超过15亿美元。这在韩国企业界中是独一无二的。

美方限制进口配额，对于每一个出口至美的销售商都是一次挑战，面对众多同行纷纷压缩出口的现实，大宇公司独具慧眼，及时调整了出口政策，从而扩大了出口规模，赢得了成功。

## 吉姆的"祖鲁人原则"

世界上有一种原则，叫"祖鲁人原则"。这一原则的大意是：只要选择一个比较狭窄的课题钻研下去，就会成为这方面的行家里手。比如说，你在《读者文摘》上看到一篇有关祖鲁人的文章，仔细读过之后，你就比你这条街区的人对祖鲁人要知道得多些。如果你再跑到图书馆把有关祖鲁人的书籍都借来看，你就知道得更多。如果你去南非到祖鲁人住的地方继续研究，你就比英国任何一个人对此题目知道得更多。

祖鲁人原则是伦敦北区的吉姆20岁时发明的。

吉姆把祖鲁人原则用到证券市场上。他仔细钻研较为狭窄的净利收入领域，而不去研究公司的资产。他把他的全部钱财都购买他认为有前途的一家公司的股票，而不是分散冒险。他投入2800英镑，3年之后资本增值为5万英镑。

起初吉姆做些小额的证券生意，他的事业慢慢发展起来。半年之后，姆一沃尔克证券有限公司成立。7年之后，公司成了欧洲屈指可数的大财团；1972年，他已拥有2.9亿英镑的资产。

到了1973年，证券市场崩溃，银行发生危机，地产市场关闭。1975年吉姆从公司辞职出来后，背了100万英镑的亏空，不但成了一名破产富豪，而且还面临新加坡政府的刑事起诉。

吉姆背着100万债务，还要支付利息、生活开支和雇人的开销，外加租用写字楼的费用。他细算了一下，在三四年内，最低要赚到250万才能还清那100万的债务。在亏欠100万的情况下要做到这一点，是很艰巨的。

怎么办呢？吉姆先后做了三件事：头一件事是稳住债主；第二件事是维持信用；第三件事是设法赚钱。幸运的是，有个名叫罗兰的朋友愿意同他合作。他们合办了一家公司做房地产生意。公司买下了伦敦巴特西附近的一座大厦，共有192间单元套间。他们先付出30万英镑买下，转手以100万卖出，赚了约70万英镑。然后他们又买下了巴克利大厦，付出50万英镑，6个星期后以70万英镑转手卖出。

与此同时，吉姆还为孩子写书。这也赚了一些钱，但是不多，他写了29本书，其中有些只是不到1000字的小册子。

吉姆一边做房地产生意，一边写书，又想重新涉足股市。但是他的合伙人罗兰对股票生意不感兴趣，两人为此分道扬镳，罗兰连本带利提走了他的钱。

这时吉姆仍然欠债，他用分期付款方式还债。他在股票生意上赚了些钱，用赚来的钱去填以前的窟窿。拖了四五年光景，吉姆终于把100万债务连本带利全部还清了。随着欠款的还清，他的信心也在逐渐增强起来。

这时吉姆开始对黄金感兴趣。

他的一个朋友想创建一个金矿，吉姆和一些友人共筹集了100万美元。这家金矿叫作百年矿业公司。他们物色到一位具有丰富开矿经验的人。他们和一家名叫美国矿业勘探公司的美国公司做成了第一笔生意，这桩交易做得很成功，他们以100万美元的公司资本，做成了一笔2200万美元的交易。

从1973年起，吉姆认为渔场是一种新的"赌博"，因为渔场的风险很大。他买下的渔场是一段河流，有几公里长。他可以在这段河流的任何水域里捕鱼。渔场在苏格兰，吉姆的公司名叫鲑鱼资产公司。后来公司又买下了几处渔场：泰晤士河2处，安嫩河1处，埃查格河1处。买这些河段的捕鱼权花费了几十万英镑。

在吉姆到来之前，埃查格河和安嫩河的河口上还扎着网，鲑鱼不能由此溯流而上去产卵。吉姆买下河段后就下令把网撤掉了。在此之前在河口扎了网的河上，平均每年捕到23条鲑鱼，吉姆把网拿掉后，当年就比别人多捕了142条鲑鱼。鲑鱼是一种极其名贵的鱼，每条可卖3000英镑。3000英镑乘以多的142条鲑鱼，就是40多万英镑。

此后，吉姆在加拿大的米拉奇又买下了一处最美丽的渔场，大小共600英亩，内有一个高尔夫球场，一个速射靶场还有许多鱼。他说他仅在18天里就捕到144条鲑鱼。他是花20万美元买下的，不用费什么劲，轻而易举就能卖到200万美元。

吉姆做到了有备无患，并奋发向上，成为世界闻名的渔业大王。

### 【人生智谋例说】

## 平原君利令智昏

战国时期，秦国攻取了韩国的野王（地名），又成功地截断韩国救援上党郡的道路，使上党郡落入秦国的口袋之中。上党郡有17座城池，郡守冯亭眼见上党郡不保，便召集部下商量道："与其把上党郡送给秦国，不如干脆投降赵国。赵国得到上党郡，一定会派军队来，这样，对我们韩国也会有好处。"

冯亭派使者带着书信和上党郡的地图到了赵国。赵孝成王问平阳君赵豹："冯亭投降我们，你看这是件好事，还是件坏事？"赵豹说："冯亭是想把矛盾转移给我们赵国。试想，上党郡已在秦国掌握之中，我们得了上党郡，秦国能善罢甘休吗？"

平原君则贪图韩国的17座城池，他说："我们跟各诸侯国争战多年，一共才得到几座城池？现在不费吹灰之力即可得到17城之大利，秦国有兵有将，难道我们赵国的兵将只会白吃饭吗？"平原君的话正合赵王的心意，于是重赏了冯亭，派平原君去接收上党郡的17座城池。

秦昭王得知赵国派人收取了上党郡，勃然大怒，立刻派大将白起进攻赵国。赵王派大将廉颇迎战，双方相持不下。不久，秦昭王用计离间了赵王与廉颇的关系，赵王撤换了廉颇，代之以只会"纸上谈兵"的赵括。长平一战，赵国40万大军被秦军俘获、活埋，秦军一直逼近到赵国的都城邯郸城下。

司马迁在《史记》中评述这件事时说："平原君'利令智昏'，贪冯亭邪说，使赵陷长平兵四十余万众，邯郸几亡。"

## 处变不惊化危机

唐宪宗时期，裴度任中书令。有一天，手下的人前来报告说，他的大印不见了。做官丢了大印，此事非同小可，轻则罢官，若真惹出什么麻烦来，说不定还要遭灭顶之灾。然而裴度听了报告后，并不惊慌，只是说知道了。他告诫左右的人说："此事千万不能张扬，只当没有丢印一样。"左右的人心中都疑惑不解，猜不到裴度心中是怎么想的。更令周围人吃惊的是，裴度似乎完全忘记了丢印的事，当晚还在府中设宴，与众人饮酒作乐，十分自在。当酒饮至半酣时，有人发现大印又被放还原处。左右便迫不及待地向裴度报告这一喜讯，然而裴度依然满不在乎，好像没有发生过丢印的事一样。那晚，宴饮十分畅怀，直到尽兴方才罢宴，然后各自歇息。

左右始终不明白裴度为什么如此胸有成竹。事后很久，裴度才提起此事。他对左右的人说道："丢印一事一定是管印的官吏私自拿去用了，恰好又被你们发现。如果嚷嚷起来，偷印者担心出事，很可能会偷偷将印毁掉。如果他毁证灭据，印又从何而找呢？如今处之以缓，不让偷印者感到惊慌，他用过之后必定悄悄放还原处，大印不愁不能失而复得，也不会发生什么意外，那我为什么不这样做呢?"说得左右连连点头称是。

三国时代,魏将张辽也同样显示了处变不惊的过人之处。有次张辽奉命屯兵长社,当时军中有人作乱谋反,趁夜深人静之机,忽然惊呼军营起火,一时全军上下骚动不已。张辽闻讯,立刻断定其中必有奥秘,于是厉声命令周围的人道:"众将士听令,任何人不得乱动,保持镇定,以防有人故意制造混乱!"然后他宣布说:"凡是没有谋反的人统统安静下来,看到底是谁在闹事!"而他自己则仗剑环顾全营,身子一动不动。结果很快就无人作声,军中将士全都安静下来。那些鼓噪混乱的谋反者见势不妙,深怕暴露自己的险恶用心,更是不敢再出一声。张辽就这样轻易地化解了一场动乱,显示了大将风度,稳定了军队。

## 虞公因利惹难

公元前659年夏天,晋国兴兵攻伐虢国。伐虢必须经过虞国,如果虞国不让晋国的军队过境,晋国就束手无策。大臣荀息对晋献公说:"虞国的国君虞公是个鼠目寸光的小人,见钱眼开,大王只要把我们的国宝送给虞公,他一定肯答应借我们一条路,让我们通过虞国。"

荀息说的"国宝"是指晋国马厩中原产于屈地的千里马和国库中原产于垂棘的璧,晋献公最珍爱这两件奇物,对荀息说:"这可是我最喜欢的宝物啊!再说,虞国有宫之奇这样的贤臣在,他们怎么会蠢到'借路'给我们这种地步呢?"

荀息道:"我们把千里马和璧送给虞公,不过是把千里马从这个马厩牵到那个马厩中,把璧从这个仓库放到那个仓库中,这些马厩和仓库早晚都是您的啊!宫之奇这个人足智多谋,但他不敢犯上强谏,虞公绝不会听从他的劝告。"

晋献公接受了荀息的建议,派人把千里马和璧送给虞公,虞公果然不听从宫之奇的劝告,借路给晋国。晋军经虞国到达虢国,攻占了虢国的都城,虢国迁都到上阳(今河南三门峡市东南),拼力死战,晋军知难而退,回到晋国。

公元前655年,晋国聚集精兵良将,再次向虞国借路攻伐虢国。宫之奇劝说虞公道:"虢虞两国相互依存,虢国灭亡了,虞国也就日薄西山了。所谓'辅车相依,唇亡齿寒'说的正是虢虞两国今天的形势。试想,车都不存在了,辅(车轮中连接车毂和轮圈的一条条直棍儿)还能有吗?嘴唇没有了,牙齿就会觉得寒冷。请大王三思而行。"

虞公道:"晋国和我是同宗(同为姬姓),绝不会害我!"再次拒绝宫之奇的劝告,借路给了晋国。

宫之奇回到家中,对众人说:"晋国此次出兵,势在灭虢,回国途中,一定不会放过我们虞国,大家逃命去吧!"于是,带领族人逃离了虞国。

这一年八月,晋军大兵经虞国进入虢国,迅速攻克虢国的上阳,灭亡了虢国。凯旋途中,晋军趁虞公毫无防备之机,一举灭亡了虞国,虞公成了晋军的俘虏,千里马和美璧也都重新回到晋献公手中。

## 春申君盲信丧命

春申君是战国时期著名的四公子之一,名黄歇,楚国人。

楚考烈王在位期间,春申君执掌楚国的大权。楚考烈王没有儿子,春申君多次为楚王选美女入宫,但仍然无一怀孕。春申君担心国君去世后,围绕君位一事会发生内乱,因此暗暗着急。

春申君门下有一名食客名叫李园,是赵国人。李园的妹妹颇有姿色,李园想把妹妹献给楚王,但听说楚王宫中的美女都不生育,唯恐自己的妹妹入宫后也不能生育,于是想出一条妙计,故意向春申君请假回赵国去了。隔了很长时间,李园才从赵国回来。春申君问李园为何耽搁了这么长的时间,李园回答:"齐王派人聘我妹妹入宫为王妃,我与齐的使者周旋,所以延误了归期。"春申君也很好色,心想:既然是齐王想聘,肯定长得不错。便问:"入宫了没有?"李园道:"还没有"。春申道:"可否带来让我一见?"李园道:"我有心让妹妹伺奉您唯恐您不满意。"春申君大喜道:"你把她带来吧!"

春申君将李园的妹妹纳为侍妾,没过多久,李园的妹妹就怀孕了。李园的妹妹遵照李园的嘱托,对春申说:"夫君在楚国为相二十多年了,这是楚王信任你的缘故。楚王现在没有儿子,他死了之后,肯定要立他的兄弟即位,他的兄弟要委任自己的亲信为相,到那时夫君的相位就保不住了。妾身现在已经有孕,别人又不知道,夫君何不把我献给楚王,到那时如能生下个儿子,天下不就是夫君的了吗?"春申君还以为此妾是在为自己着想,毫不怀疑。他妻妾成群,一想到又有这么多的好处,便把李园的妹妹秘密地移出相府,然后把她推荐给了楚王。

楚王被李园的妹妹所诱,整日与李园的妹妹在一起,数月后,李园的妹妹分娩,果然是个男孩!楚王欣喜万分,当即立这个孩子为太子,李园也因此地位日益显赫。

李园成了楚国的权贵,渐渐感到春申君成了他最大的政敌,他又担心春申君会把太子的真相说出来,便网罗刺客,下决心杀掉春申君。

李园的阴谋被春申君的门客朱英探知。朱英将李园的阴谋告诉给春申君,并献计道:"李园现在养了不少亡命之士,这是为了对付您的。现在,楚王病入膏肓,没有几天活头了,楚王一死,李园就会首先进入宫中,杀掉你,夺取大权。如果让我到宫中充当侍卫,楚王一死,李园入宫,我就立即杀掉他,你就可免去灾祸了。"

春申君对朱英的话视为一笑,说:"李园对我很好,你多心了!"朱英见春申君大难临头还不觉醒,害怕自己与春申君一起蒙难,连夜逃离了楚国。

公元前238年4月,楚考烈王病逝。李园果然抢先入宫,待春申君赶到时,李园的刺客一涌而出,将春申君当场刺杀,又把春申君全家斩尽杀绝。

春申君盲目自信,疏于防患,又不听取属下的意见,不仅自己亡于非命,还祸及家族,可悲可叹。

## 南文子挫败智伯

战国初期,晋国大权落入智伯手中。智伯为了提高自己的声望和扩大实力,不断对外发动战争,邻近的小国纷纷遭殃。

这一年,智伯把目光盯住了弱小的卫国,他的如意算盘是:让晋国太子颜佯作在晋国待不下去的模样,逃到卫国避难,自己派精兵混在太子颜的出逃队伍中,以作内应,等自己兴兵后,里应外合一举灭掉卫国。

太子颜带领一队人马"逃"到卫国边境,向守关卫将陈述了自己"逃离"晋的原因,期望能进入卫国,见到卫国国君。卫将急忙将情况汇报给卫王,请示卫王是否可以放太子颜一行人入关。卫王觉得太子颜的话可信,于是下令准备车马,去边境迎接太子颜。卫国大臣南文子是个智勇双全的贤臣,卫将禀报卫王的话,他全听在耳中,这时,他挺身劝道:"大王怎么能仅凭几句话就让他进入我国呢?我听说太子颜是个安分守己的人,怎么会突然犯罪?再说，从太子颜说的话来看，他'犯'的罪也不至于非出逃不可啊！"卫王恍然大悟，但是，转而一想，太子颜来投奔自己，不去迎接也不对，便下令道："告诉守关将军，太子颜来我国，要欢迎！太子颜的随从不能太多，车辆不超过五乘。"智伯的阴谋破灭了。

　　智伯不甘心自己的失败。过了一段时间，智伯为表示对卫国的"友好"，派人给卫王送去了数匹骏马和无暇白璧。卫王看着骏马、捧着白璧，乐得合不拢嘴，诸位大臣也七嘴八舌地连连夸赞，唯独南文子站在一边，一言不发。

　　卫王感到奇怪，问南文子："你好像有什么心事似的，为什么闷闷不乐啊？"

　　南文子回答："晋国是个大国，我们是个小国，天下哪里有大国无缘无故送东西给小国的道理啊！大王不担心这里面还有其他缘故吗？"

　　卫王放下白璧，道，"你说得对，我们应该提防晋国才是。"随即下令：守疆将士，不得松懈！发现敌情，立即传报！

　　智伯派人把骏马和白璧献给卫王，目的是要麻痹卫国，趁卫国失去警惕，乘虚而入。骏马和白璧送给卫王不久，他就率领晋军抵达晋、卫的边境上，令他吃惊的是：卫国不但没有放松戒备，反而严阵以待。智伯悻悻地对身边的将佐说："卫国有能人在，我们不要再打它的主意了！"于是，班师回国。

## 范雎巧施离间计

　　范雎原是魏国人，因逃避追杀，逃到秦国，被秦王任命为宰相。一天，秦国派往赵国的间谍回来报告："许多游士聚集在赵国都城邯郸，商讨合纵抗秦之事，准备攻打秦国。"范雎对秦王说："游士与秦国并无利害冲突，他们谋划伐秦，不过是为了荣华富贵，一己私利，我有办法对付他们。"

　　范雎派了一名叫唐雎的大臣带着5000斤黄金到赵国，让他把黄金送给众游士。唐雎没有完全领悟范雎的意图，只把黄金送给了那些对秦国表示友好的人，结果这些游士更大力为秦国说好话，而反对秦国的游士依然说秦国的坏话。

　　唐雎回到秦国，把情况如实报告给范雎。范雎说："再给你5000斤黄金，这一次不必问黄金送给了谁，只要全部送完就是立下大功！"

唐雎回到赵国，请众游士到自己居处饮酒作乐，然后以重金相赠，5000斤黄金只送出去一半，游士们就争斗不止。黄金送完，攻秦之举也无人响应了。

秦王问范雎："你怎么知道黄金送去，攻秦之举不战自灭呢？"

范雎笑着为秦王打了个比方，他说："大王的宫中养着几只狗，现在，有的在打盹，有的在站着，有的在乱跑，这是因为它们彼此没有利害冲突，因此各行其是；如果扔给它们一块骨头，它们就会为争夺骨头咬成一团，我让唐雎把黄金赠给那些人，就是这个缘故。"

## 宋太祖杯酒收兵权

公元10世纪初，统一的大唐帝国瓦解了。从此，中国陷入了"五代十国"长期混战的分裂局面。饱尝了战争苦难的人民，渴望国家的统一、社会的安定，在时代需要中，赵匡胤脱颖而出。

宋太祖赵匡胤，后唐天成二年（公元927年）出生于一个官僚世家。他从小就无心功名，内心装着的是要依仗武艺建功立业的雄心。他练骑术，学射箭，从难从严，刻苦砥砺。他凭着一身好武艺，投奔到后汉枢密使郭威的帅幕下，找到了一个施展才能和抱负的立足点，当时他23岁，风华正茂。

由于赵匡胤机灵、有才气，郭威的养子柴荣把他拉到身边委以重任。后来柴荣继位称帝，也就是历史上的周世宗。从此，赵匡胤为周世宗卖力效忠，屡立战功，最后官至定国军节度使兼殿前都点检（禁军最高统帅）。柴荣死后，七岁的柴宗训即位。此时的赵匡胤掌握军事大权已经整整六年。

赵匡胤是个计谋很深的人。六年来，他在禁军和藩镇中结拜了武艺高强而又讲义气的石守信等十兄弟；在自己的幕府内，又网罗了赵普等心腹为他出谋划策。

显德七年（公元960年）大年初一，后周朝廷突然接到契丹、北汉联合入侵的边报。小皇帝未核实军情，就匆忙派赵匡胤率领宿卫禁军前往抵御。消息不胫而走。与此同时，京城里迅速传播着"将以出军之日，策点检为天子"的流言。

第二天大军出发，当晚到达离开封几十里地、紧靠黄河岸的陈桥驿。将士思变，议论纷纷。最后，军人们把一件早已准备好的黄龙袍披在赵匡胤身上。这就是历史上有名的"陈桥驿兵变"。

赵匡胤做了皇帝以后，力扫五代弊政，以武力使中原和南方广大地区重新得到统一。但他却对石守信等帮他打天下的兄弟很不放心，决定采取一项巧妙而大胆的行动。

宋朝立国后的第二年（公元961年）七月，宋太祖召石守信等人赴宴。酒兴正浓的时候，太祖屏退左右，对石守信等故友说他们对自己的帮助及皇上不好当等等。最后又说道："皇帝谁不想当？即使你不想当，黄袍加身也不得不当。"石守信等人听到这，吓得哭了起来，望太祖给指一条生路。太祖含蓄地要他们释去兵权，到地方上做个大官。

第二天，石守信等禁军将帅一个个"病"倒了，都称不能上朝。太祖十分高兴，对他们大大地赞赏了一番，然后把他们都派出京外做官，免掉了其军事实权。这样宋太祖在杯酒从容间，就解去了勋臣统领禁军的要职。

宋太祖生逢乱世，但他不甘沉沦，以他的胆识、智慧成了宋朝著名的开国君主。

## 张学良处变不惊

1928年6月，张作霖与蒋介石在关内作战失败，由北京乘火车退往东北沈阳。由于张作霖未能满足日本侵占满蒙的全部要求，引起日本军国主义者对张作霖极大的不满，决心除掉他。4日清晨，当张作霖乘专列经过京奉路和南满路交叉处的皇姑屯车站时，被日本关东军预埋的炸弹炸死。

6月4日，恰巧是张学良的生日。这天，他正和杨宇霆、孙传芳及军团部高级幕僚们，在北京的寓所万宇廊聚会。接到奉天密电，得知父亲被炸的消息后，张学良悲痛欲绝。他知道事关重大，绝对不能慌乱，故表现得十分镇定。此后十几天，他所采取的一系列措施，充分表现了张学良处变不惊的个性。

首先，张学良同杨宇霆等人商议，将所辖部队的撤退细节一一作了妥善安排，并把自己的军团部安全撤退到滦县。然后，他把军团的指挥权交给杨宇霆，自己则秘密地从滦县乘车，启程返回奉天。为了遮人耳目，防止日本人再搞阴谋加害自己，他特地剃了发，换上灰色的士兵服装，化装成"伙夫"模样，乘坐普通的闷罐军车，安全回到奉天帅府。

张学良回奉天后，见到父亲被炸的惨状，伤心至极，号啕大哭。但由于刚到东北，一切事情均未安排妥当，如果消息外露，可能会引起动荡和混乱，日本人则会乘机浑水摸鱼。张学良忍住悲痛，决定密不发丧，对外只是谎称张作霖虽然被炸受伤，但并无生命危险。他严禁闲杂人员进入张作霖卧室，每天仍令厨房给张作霖"开饭"，令医生给张作霖"换药"等等，不露一点儿破绽。日本人虽然多次派人设法打听，但都被巧妙应付过去。张学良将各方面的事情都作了精密安排之后，才于6月21日正式给父亲发丧。7月4日张学良子继父业，任东北保安司令。

日本人本想通过制造皇姑屯事件，除掉对其已无大用处的张作霖，乘张作霖死后引起的混乱，攫取更大更多的权益。他们估计年轻气盛的张学良可能会急于为父报仇，而使东北陷入混乱，日本就可趁火打劫，出兵东北，用武力彻底解决问题。哪知张学良竟能如此处变不惊，平静地处理了这一突发事变，稳定了东北局势。张学良以自己的智慧挫败了日军的阴谋，摆脱了危机。

## 罗斯福将计就计

第二次世界大战中，日本海军企图在中途岛与美国海军展开决战，将美军逐出太平洋，并拟定了作战计划。但是，美军情报机关截获并破译了日军的密码，然后，针锋相对地制定了歼灭日本海军的行动计划。正当日、美海军都在紧锣密鼓地进行战争部署时，美国芝加哥的一家报纸不知通过什么途径获得了美国海军的行动计划，并把它当作独家新闻刊发在报纸上。

美国情报机关和日本情报机关都大吃一惊，随后，立即把这一情报报告给各自的首脑。

罗斯福也大吃一惊，如此严重的泄密，其后果不堪设想，但是，罗斯福在惊诧之后又立刻冷静下来，他认为：如果对这家报纸兴师问罪，必然会惊动日本人，日本人立刻就会取消中途岛的作战计划，更加严重的是，日本人会警觉起来，对他们自己的"密码"的可靠性发生怀疑，倘若日本人"更新"他们的"密码"，美国情报机关又只好从零开始■■

罗斯福采取的对策是：听之任之，故装"不知"。

罗斯福一装"糊涂"，日军首脑则真的糊涂起来，他们得出的结论是：美国人是在讹诈，其实，他们根本没有破译日本的密码。

因此，日军不但没有终止中途岛大战的计划，而且连密码也没有更换。

中途岛一战，日本海军撞入美军精心设下的陷阱中，损失惨重。

中途岛大战后，日本海军永远地失去了它在海上的优势。罗斯福总统处变不惊，大智若愚，使美国海军从此掌握了海上作战的主动权。

## 第九章 行军篇

本篇论述行军作战的战略要领,诸如行军时如何安营扎寨,如何观察和利用地形,如何判断敌情,总结历史上诸多战争的经验,列举出三十余种观察、判断敌情的方法,提出"令之以文,齐之以武"的治军原则。

【原文】

孙子曰：凡处军、相敌①：绝山依谷②，视生处高③，战隆无登④，此处山之军⑤也。绝水必远水⑥；客绝水而来⑦，勿迎之于水内⑧，令半济而击之⑨，利；欲战者，无附于水而迎客⑩；视生处高，无迎水流⑪，此处水上之军也。绝斥泽⑫，惟亟去无留⑬，若交军于斥泽之中，必依水草而背众树⑭，此处斥泽之军也。平陆处易⑮，而右背高⑯，前死后生⑰，此处平陆之军也。凡此四军之利⑱，黄帝之所以胜四帝也⑲。

凡军好高而恶下⑳，贵阳而贱阴㉑，养生而处实㉒，军无百疾㉓，是谓必胜。丘陵堤防㉔，必处其阳，而右背之㉕，此兵之利，地之助也。上雨㉖，水沫㉗至，欲涉者，待其定也。凡地，有绝涧、天井、天牢、天罗、天陷、天隙㉘，必亟去之，勿近也。吾远之，敌近之；吾迎之，敌背之㉙。军行有险阻、潢井、葭苇、山林、蘙荟㉚者，必谨覆索之㉛，此伏奸㉜之所处也。

敌近而静者㉝，恃其险也；远而挑战者，欲人之进也㉞；其所居易者，利也；众树动㊱者，来也；众草多障㊲者，疑也；鸟起㊳者，伏㊴也；兽骇㊵者，覆也；尘高而锐㊶者，车来也；卑而广㊷者，徒来也；散而条达㊸者，樵采㊹也；少而往来㊺者，营军也；辞卑而益备㊻者，进也；辞强而进驱㊼者，退也；轻车先出，居其侧㊽者，陈也；无约而请和㊾者，谋㊿也；奔走而陈兵㉛车者，期㉜也；半进半退㉝者，诱也；杖而立㉞者，饥也；汲而先饮㉟者，渴也；见利而不进者，劳也；鸟集者，虚㊱也；夜呼㊲者，恐㊳也；军扰㊴者，将不重也㊵；旌旗动㊶者，乱㊷也；吏怒㊸者，倦㊹也；粟马肉食㊺，军无悬缶㊻，不返其舍㊼者，穷寇㊽也；谆谆翕翕㊾，徐与人言㊿者，失众㊱也；数赏者，窘㊲也；数罚者，困㊳也；先暴而后畏其众㊴者，不精之至㊵也；来委谢者㊶，欲休息也。兵怒而相迎㊷，久而不合㊸，又不相去，必谨察之。

兵非益多也㊹，惟无武进㊺，足以并力、料敌㊻、取人㊼而已。夫惟无虑而易敌者㊽，必擒于人。卒未亲附而罚之，则不服㊾，不服，则难用也；卒已亲附而罚不行，则不可用也。故令之以文㊿，齐之以武㊱，是谓必取㊲。令素行以教其民㊳，则民服；令不素行以教其民，则民不服。令素行者，与众相得㊴也。

【注释】

①处军、相敌：带领军队行军、扎营、作战，观察判断敌情。处军，处置军

队,指带领军队行军、扎营、作战等。相敌,观察、判断敌情。②绝山依谷:军队穿越山地要依傍着溪谷行进。绝,渡过、穿越。依,傍依。谷,这里指溪谷。③视生处高:要把军队驻营于地势高、视野开阔的地方。视,视野。生,生动、生机,这里引申为开阔。视生,就是指视野开阔。处高,处于高地。④战隆无登:不要去仰攻占据高地的敌军。隆,这里指高地。登,攀登。⑤处山之军:这里是指,处置、部署部队在山地行军作战的原则。处,处置、布置。⑥绝水必远水:意思是说,军队穿越河川地带时,要在距离河流较远的地方驻扎,以免陷入背水一战的死地。水,这里泛指河川地带。⑦客绝水而来:敌军渡河前来进攻。客,这里指敌军。⑧勿迎之于水内:不要在敌军刚到河边时便迎击他们。迎,这里指迎击。水内,这里指水边。⑨令半济而击之:使敌军渡河渡至一半时才发起攻击。令,使。济,过河、渡河。半济,渡河才渡过一半。⑩无附于水而迎客:附,附近,靠近。不要在靠近河流的地方同敌作战。⑪无迎水流:意思是说,不要在河的下游驻扎,以免敌军在上游决水或投毒而遭失败。水流,水流往下,这里指河的下游。⑫绝斥泽:这里是指军队在穿越盐碱地和沼泽地时。斥,盐碱地。泽,沼泽地。⑬亟去无留:迅速离开不要停留驻扎。亟,急、迅速。⑭依水草而背众树:意思是说,要依傍着水草,背靠着树林扎营。依,依傍。背,背靠。⑮平陆处易:意思是指,在平原地带也要选择平坦的地方安营。平陆,此指平原地带。处,安处。易,指平坦的地方。⑯右背高:军队的侧翼要背靠高地以为依托。右,指军队的侧翼。背,背靠。高,高地。⑰前死后生:意思是说,在平原地带作战,要选择背靠山险、面向平易的地势。死,死地,这里指地势较低、易攻难守之地。生,生地,这里指地势较高的险峻之地。⑱四军之利:意思是指,在四种地带行军作战求取胜利的原则。四军,指在山地、河川地、盐碱沼泽地、平原地四种地带行军作战。利,取利。⑲黄帝之所以胜四帝也:这就是当年黄帝之所以能够战胜四帝的原因。黄帝,传说中的汉族祖先。四帝,指黄帝时代四周的部落领袖。相传黄帝曾先后打败了炎帝、蚩尤等部落,统一了黄河流域。⑳凡军好高而恶下:大凡军队扎营都是喜欢选择地势较高的干燥地方而讨厌地势低下的潮湿地方。军,这里是指驻军扎营。㉑贵阳而贱阴:重视向阳明亮之处,而不喜欢阴暗背光之处。贵,重视。阳,这里作"向阳"解。贱,轻视、不喜欢。阴,阴暗。㉒养生而处实:军队扎营要选择水草丰盛、粮食充足、军需物资供应方便的地方。养生,这里是指水草丰盛,粮食充足,军队容易休生养息。处实,这里是指军需物资供应方便的地方。㉓军无百疾:军队中将士不会沾染各种疾病。百疾,各种疾病。㉔邱陵堤防:这里指在有邱陵堤坊的地区。㉕处其阳,而右背之:在丘陵堤防地带行军打仗,军队要占据向阳的一面,并且将主要侧翼背靠着它,以之为依托。处,占据。阳,向阳的一面。㉖地之助也:利用地形的辅助。地,地形。㉗上雨:河的上游下雨。上,这里指河的上游。㉘水沫:河水的

第九章 行军篇

225

泡沫，是洪水到来的表现。㉙绝涧、天井、天牢、天罗、天陷、天隙：涧，山间流水的沟。绝涧，是指两岸山势峭峻、水流其间的险恶地形。天井，四周高峻、中间低洼的地形。牢，牢狱。天牢，是指一种四周地势险恶、易进难出的地形。罗，罗网。天罗，是指一种四周荆棘丛生、军队进入后如同陷入罗网难以摆脱的地形。陷，陷阱。天陷，是指一种地势低洼、泥泞易陷的地形。隙，狭窄的缝隙。天隙，是指一种两边高山壁立、中间道路狭窄、难以行军的地势。㉚敌背之：让敌军去背靠它。背，作使动词，使背。㉛潢井、葭苇、翳荟：潢，积水池。潢井，指地势低陷、积水很多的地方。葭苇，芦苇，泛指水草，这里指水草丛生的地方。翳荟，草木茂盛，这里指草木茂密多障碍。㉜谨覆索之：这里是说要认真地、反复地进行搜索。谨，谨慎、认真。覆，反复。索，搜索。㉝伏奸：伏兵与奸细。㉞敌近而静者：这里是说，靠近我军的敌军却能保持安静。近，靠近。㉟欲人之进也：这里指希望对方的军队轻进。进，轻进。㊱所居易者：这里是指，敌军在平坦地带驻扎。易，平易，此指平坦地带。㊲众树动：树林摇曳摆动。众树，众多的树，即树林。㊳众草多障：这里指敌军在杂草丛生的地方设置了许多障碍。众草，杂草。障，障碍。㊴疑：使动词，使疑，使迷惑。㊵鸟起：鸟雀惊飞而起。起，这里指惊起。㊶伏：埋伏，这里指伏兵。㊷兽骇：野兽惊跑。骇，惊骇。㊸覆也：这里指敌军大举进攻，蔽天盖地而至。覆，倾覆、遮蔽。㊹尘高而锐：尘土高扬，直冲云天。尘，尘土。锐，锐直。㊺卑而广：这里指尘土飞扬不高但面很宽广。卑，低下。㊻徒来也：这里是说敌军的步兵到来了。徒，徒步，这里指步兵。㊼散而条达：这里指飞起的尘土分散而细长。散，分散。条达，细长貌。㊽樵采：这里是指敌军砍柴伐木。樵，砍柴。采，伐木。㊾少而往来者：这里指飞起的尘土少而且是一来一往，此起彼落。㊿辞卑而益备：敌方表面上言辞谦卑，实际上却在加强战备。辞，言辞。卑，谦卑。备，这里指战备。(51)辞强而进驱：以诡诈的言辞作掩护，勉强驱军前进。辞，措辞。强，勉强。进驱，驱军前进。(52)轻车先出，居其侧：战车先出来列放在侧翼。轻车，战车。侧，这里指侧翼。(53)无约而请和：敌军没有陷入困境却主动请和。约，约束，这里指陷入困境。(54)谋：这里指阴谋。(55)奔走而陈兵：敌军迅速奔跑，并且用战车摆开阵势。(56)期：期望，期求。(57)半进半退：进进退退，似进似退。(58)仗而立：仗，兵器。此指敌军倚靠着武器站着。(59)汲而先饮：这里是说，汲水的敌军争着先喝。汲，汲水。(60)鸟集：鸟雀群集，这里指军营之上，鸟雀群集。(61)虚：空虚。(62)夜呼：这里是指敌军士卒半夜惊叫。(63)恐：恐惧，恐怖。(64)军扰：这里是指敌军营内纷纷扰扰。扰，纷扰。(65)将不重也：这里指敌将不持重。不重，不持重。(66)旌旗动：这里指旌旗不规则地摇动。动，摇动。(67)乱：这里指敌军队伍混乱。(68)吏怒：这里指敌军军官躁怒。怒，躁怒。(69)倦：这里指敌军将士疲倦。(70)粟马肉食：用粮食喂马，宰杀牲口食肉。粟，粮食，这里作动词用。粟马，以粟喂马。肉食，宰杀牲口食肉。(71)军无悬缶：军中把炊具都收拾起来了。缶，汲水用的瓦罐，这里泛指炊具。悬缶，把炊具收拾悬挂起来。⑫不返其舍：士卒们不再回到军营去。舍，此指军营。⑬穷寇：无路可走、决意拼死突围的敌军。穷，穷途、无路可走。⑭谆谆翕翕：这里指敌军长官对士卒讲话显出一副诚恳和气的样子。谆谆，教诲不倦。翕翕，和合的样子。⑮徐与人言：轻声细语同别人谈话。徐，缓慢。⑯失众：失去了众人之心，这里指失去了军心。⑰数赏：一再地奖赏。赏，奖赏。⑱窘：窘迫，无计可施。⑲困：困厄，困难。⑳先暴而后畏其众：这里是说，敌军长官先对部下横施暴虐，以后又害怕起部下叛变来了。暴，暴虐、行暴。畏，畏惧。㉑不精之至：不精明到了极点。精，精明。㉒来委谢者：这里指敌方派遣使者前来委婉地表示谢罪。委，委婉。谢，谢罪，此指赔礼谢罪。㉓兵怒而相迎：这里指敌军盛怒而来。怒，愤怒。㉔久而不合：指敌军久久地不向我军进攻。合，合战。㉕兵非益多也：军队并不一定是越多越好。益多，以多为益，越多越好。㉖惟无武进：意思是说，只是不要恃勇轻进。惟，只是。武进，恃勇轻进。㉗足以并力、料敌：意思是说，只要能充分地判明敌情，集中使用兵力就行了。足，足够。并，合并，引申为集中。料，预料，引申为判明。敌，这里指敌情。㉘取人：这里指取得部下的信任和支持。取，取得。人，此指部下。㉙惟无虑而易敌者：意思是说，只有那不深思熟虑而又轻视敌军的人。惟，只有。易，轻易。易敌，轻易地对待敌军。㉚卒未亲附而罚之，则不服：意思是说，当士卒们还没有亲近依附时便施加刑罚，士卒们便会怨愤不服。亲附，亲近依附。罚，刑罚。㉛令之以文：意思是说，要用政治教育的方法使士卒们接受命令。令，命令、号令。文，文教，此指政治教育。㉜齐之以武：意思是说，要用强制性的军纪使士卒们统一行动。齐，整齐、统一。武，武力，此指强制性的军纪。㉝必取：必定取得，这里指必定会取得部下的敬畏与拥护。㉞令素行以教其民：意思是说，要用平素发布的军令都必定坚决执行的事实来教育士卒。令，命令、军令。素，平素、平时。㉟与众相得：这里指与部下关系融洽。得，亲和。相得，关系融洽。

## 【译文】

孙子说：凡是处置部署军队和观察判断敌情，都应该注意：通过山地，必须靠近溪谷；驻扎部队，要选择前面视野开阔的高地；敌人占领高处，不宜前去仰攻。这是在山地行军作战的原则。横渡江河，必须在远离江河处驻扎；敌人渡水而来，不要在河边迎击，而要等他们渡过一半时去攻击才有利；如果要想与敌军决战，不要紧靠水边布兵列阵；沿河驻扎军队，也应选择高处，使前面视野开阔，不要面迎水流。这是在江河地带行军作战的原则。通过盐碱沼泽地带，要迅速离开，不可逗留；如果同敌军相遇于盐碱沼泽地带，必须驻扎在附近有水草并且背靠树林的地方。这是在盐碱沼泽地带行军作战的原则。在平原上应占领开阔地域，主要侧翼应依托高地，前低后高。这是在平原地带行军作战的原则。以上四种军队行军作战原则运用带来的好处，就是黄帝之所以能够战胜其他"四帝"的原因。

  凡是驻军，总是喜欢干燥的高地，厌恶潮湿的洼地；要求向阳，回避阴暗；接近水草，保证军需。这样，军中百病不生，胜利就有保证了。在丘陵堤防地带，应占领朝南向阳的一面，使主要侧翼背靠着它。这些对于用兵有利的措施，是利用地形作为辅助条件的。上游下雨涨水，洪水冲来，如果想要涉水过河，应等待水流稍定，然后才通过。凡是遇上"绝涧"、"天井"、"天牢"、"天罗"、"天陷"、"天隙"这六种地形，必须迅速离开，不要接近。我军应远离这类地形，让敌军去靠近；我军应面向着这类地形，而让敌军去背靠。进军路上，如果遇有悬崖绝壁、湖沼、水网、芦苇、山林和草木茂盛的地方，必须谨慎地反复搜索，这些都是敌人可能设下埋伏或隐蔽侦察的地方。

  敌人逼近时很安静，是倚仗它占领的地形比较险要；敌人远道而来挑战，是想引诱我方前进；敌人所驻扎的地形平坦，是因为它这样做有利可图。树林里许多树木摇动，表明敌人隐蔽前来；草丛中有许多遮障物，表明敌人布有疑阵；鸟群突然飞起，表明下面有伏兵；野兽惊骇奔跑，表明敌人大举突袭；尘土高扬而尖，表明敌人的战车来了；尘土低而宽广，表明敌人的步兵来了；尘土疏散飞扬，表明敌人在砍伐柴薪；尘土少而时起时落，表明敌人正在结寨扎营。敌人派来的使者措辞谦逊却正在加紧备战的，是准备进攻；敌使者措辞强硬而摆成前进姿态的，是准备后退；敌军战车先出动并占据侧翼的，是在布列阵势；没有陷入困境而来讲和的，是另有阴谋；敌人急速奔跑而摆开兵车列阵的，是期待与我决战；敌人半进半退的，是企图引诱我军。敌兵倚着兵器而站立的，是饥饿的表现；敌兵打水的人自己先饮的，是干渴的表现；敌人见利而不前进的，是疲劳的表现；敌人营寨上集聚鸟雀的，是营内空虚的表现；敌人夜间惊叫的，是恐慌的表现；敌军内部惊扰纷乱的，是敌将没有威严的表现；敌军旗帜动摇不整齐的，是队伍混乱的表现；敌人军官易怒的，是士兵疲倦不听从指挥的表现；敌军用粮食喂马，宰畜食肉，收拾炊具，不返回兵营的，说明敌人打算拼死突围。敌将低声下气同部下讲话的，是因为失去众心；敌军一再犒赏士兵，说明敌军处境窘迫；敌军屡屡重罚士兵，说明敌军已陷入困境；敌将先对士兵凶暴而后又惧怕众士兵的，是不精明到了极点；敌人派使者来委屈谢罪的，是敌人想要休养生息；敌人发怒迎战却久不与我交战又不离去的，就一定要谨慎地观察敌人的意图。

　　用兵作战并不是兵力越多越好，只要不武断冒进，并能集中兵力，判明敌情，取得众人的信任和支持，就足够了。那种无深谋远虑而又自恃轻敌的人，势必会被敌人俘虏。士卒还没有亲近依附时就处罚他们，他们就会不服，不服就无法使用。士兵已经亲近依附而不执行军法，这样的军队也是无法打仗的。所以，要用政治教育士卒，用军法整治部队，这样才能战必胜攻必取。平时能认真执行命令，教育士兵，战时士兵就能服从指挥；平时不能认真执行命令，又不教育士兵，战时士兵就不会服从指挥。平时所以能认真执行命令的，是由于将帅与士兵关系融洽的缘故。

## 【评析】

　　行军篇主要是研究古代行军作战时的指挥与侦察活动的规律，可视为春秋时代的作战条例和战术分析。在行军作战中，将帅主要是根据战略原则制定作战条例，以应敌取胜。

　　所谓作战条例就是在战略原则指导下作战的形式与方法，是战争艺术的具体化。一般说来，战术是由军事技术水平决定的。在作战过程中，制定战术条例时应考虑敌情、我情与地形。不同的敌情与地形，决定了所采用战术的不同。

　　孙子在本篇中首先提出了地形论的作战原则。

### /处军相敌兵利地助/

　　行军作战首先要从判断敌情出发，而研究敌情则必须先从地形研究出发，山地、河川、沼泽、平原等地理条件不同，相应的作战方案也定有所不同。

　　孙子认为，古代黄帝战胜四方部族首领，就是成功地利用了地形条件之便而取胜的，所以他也高度重视"处军、相敌"在作战指挥中的重要作用。

　　作为战争的行为科学，孙子从后勤供给、攻守利弊两个方面评价地理环境因素对战争的制约。他说："凡军好高而恶下，贵阳而贱阴，养生而处实，军无百疾，是谓必胜。丘陵堤防，必处其阳，而后背之，此兵之利，地之助也。"驻军一定要选择在高地与向阳处，这些地方便于兵士生活。生活环境适宜即可免于诱发疾病，这是军队胜利的根本。孙子的这一思想已被后来战例实证,十分正确。

孙子在制定了四种地形的军事活动原则后,又提出根据地形的动态环境而判断敌情的三十二种方法,体现了春秋时代作战侦察的特色。

## 察微知著胸有成竹

古人说:"用师之本,在知敌情","未知敌情,则军不可举"。孙子在总结前人的经验之后,详细介绍了三十二种直接观察、判断敌情的方法,后人称之为"相敌"三十二法。

这三十二法,原则上可分为两类:(一)依据自然景象的特征和变化来观察,判断敌情。如:"群鸟突然飞起,是下面有伏兵"("鸟起者,伏也");"走兽到处乱跑,是敌人大举来袭"("兽骇者,覆也")。(二)依据敌人的行动来观察、判断敌情。如:"敌军离我很远而又来挑战的,是企图诱我前进"("远而挑战者,欲人之进也");"敌军急速奔走并摆开兵车列阵的,是期求与我决战"("奔走而陈兵车者,期也")。

孙子的"相敌"三十二法,是古代战争指挥经验的精华。他所建立的关于战术经验与多种战争现象的模型分析对于后世战争是具有借鉴价值的。这种借鉴价值不在于完全按照古代模式解决现代战争问题,而在于借鉴孙子的模型分析方式发展现代军事科学及其相关学科。孙子所处的时代距今已有两千多年,他能透过一些微不足道的征候,通过逻辑推理,察微知著,看到事物的本质,实在是高明之极。这些方法,不光适用军事,同样也可应用在商战中。在企业经营中,一句话、一条消息、一张照片就会使企业增加百万收入或使拥有百万巨资的企业倒闭的现象,真是屡见不鲜。

## 恩威并用刚柔相济

孙子在如何治军这一问题上强调要"令之以文,齐之以武",也就是文武兼施,赏罚并重。

"文"的手段,在用政治、道义教育士卒的同时,还包括爱护士卒和奖赏士卒。但是,孙子在强调要"视卒若爱子"的同时,还告诫:如果士卒对将帅已经亲近依附,但却不能执行军纪军法,这样的军队也是不能打仗的。言下之意,将帅对士卒不能放纵。

"武"的手段,以军纪军法约束士卒,使士卒畏服,但孙子同时又指出:将帅在士卒亲近归附之前,就贸然处罚士卒,士卒就不会顺服,这样的军队也是不能用来打仗的。言下之意，使用"武"的手段，也要掌握分寸。

战争要求铁的纪律。治军之要就在于严明军纪赏罚分明。赏罚作为治军的手段，要让士兵都懂得履行职责的重要；同时要教育兵士使之有自尊心，有责任感，有义务感，有自信心，或许这在封建时代是难以实现的，但在今日则应最大程度地激发将士的自觉性，使部队获得最大战斗力。

如今，"微笑外交"、"和气生财"、"关心职工利益"等等，在各个领域都广泛流行；而与之相对应的是"完善规章制度"、"健全法制"等等。"文武"之道，一张一弛，谁运用得好，谁就是胜利者。

【军事谋略例说】

## 整军纪，亡羊补牢

五代十国时，后汉爆发了李守贞、赵思绾、王景崇沆瀣一气的"三镇之乱"，后汉朝廷派大将郭威统兵征伐。郭威出征前向老太师冯道请教治军之策，冯道说："李守贞是员老将，他所依靠的是士卒归心，如果你能重赏将士，定然能打败他。"郭威连连点头。

郭威率兵进抵李守贞盘踞的河中城（今山西永济县蒲州镇）外，断绝了河中城与外界的联系，以长期围困的方法，逼迫李守贞投降。遵照冯道的教诲，郭威对部下有功即赏，将士受伤患病即去探望，犯了错误也不加惩罚，时间长了，冯道之法果然赢得了军心，但却滋长了姑息养奸之风。

李守贞陷入重围，几次想向西突围与赵思绾取得联系，都被郭威击退，几乎是一筹莫展。一天，李守贞忽然听到将士们在议论郭威治军的事情，眉头一皱，想出一条计来：他让一批精明的将士扮作平民百姓，潜出河中城，在郭威驻军营地附近开设了数家酒店，酒店不仅价格低廉，甚至可以赊欠。郭威的士卒们三五成群地入酒店喝酒，经常喝得酩酊大醉，将领们却不加约束。李守贞见妙计奏效，悄悄地遣部将王继勋率千余精兵乘夜色潜入河西后汉军大营，发起突袭。后汉军毫无戒备，巡逻骑兵都喝得不省人事，王继勋一度得手。

郭威从梦中惊醒，急忙遣将增援，但将士们你看我，我看你，竟畏缩不前。危急中，裨将李韬舍命冲出，众将士才发一声呐喊，鼓足勇气，跟了上去。王继勋兵力太少，功亏一篑，退回河中城。

这一次突袭为郭威敲响了警钟，使郭威痛感军纪松弛的危险，于是下令："如果不是犒赏宴饮，所有将士不得私自饮酒，违者军法论处。"

谁知，军令刚刚颁布，第二天清早，郭威的爱将李审就违令饮酒。郭威又气又恨，思索再三，还是令人将李审推出营门，斩首示众，以正军法。

众将士见郭威斩杀爱将李审，放纵之心才有所收敛，军纪得以维护。不久，郭威向河中城发起攻击，一举平定了李守贞，又平定了赵思绾和王景崇，"三镇之乱"结束了。

## 谨观慎察破楚军

公元前575年四月，晋厉公联合齐、宋、鲁、卫四国攻打郑国。

楚国是郑国的盟友，立即出兵支援。双方的军队在鄢陵（今河南鄢陵西北）相遇。

当时，楚郑联军共有兵车530乘，将士9.3万人；晋军先期到达鄢陵，有兵车500乘，将士5万余人，而宋、齐、鲁、卫的军队还没有到达鄢陵。楚共王见诸侯各军未到，就想乘机击溃晋军，故此命令大军在晋军大营附近列阵。

晋厉公率众将登上高地观察楚军列阵情况，并研究决战计划。晋将大多惧于楚郑联军的兵力优势，主张坚守不战，以待友军来到。晋军中军主将栾书在仔细观察敌阵后，发现楚郑军士气不佳，认为几天之后，楚郑联军必然疲乏，因此也主张等待友军来到后再出战。唯有新军副将郤至在观察了敌阵之后发表了主战的意见。

郤至说："根据我的观察和掌握的情报来看，楚郑联军有六个致命的弱点，立即出击，定能获胜。第一，楚军人数不少，但老兵多，这些老兵行动迟缓，根本没有什么战斗力；第二，郑国的军队一团糟，到现在还没有列成像样的阵势，这说明他们缺乏训练，不堪一击；第三，两军都在喧闹不止，没有一点临战的紧张气氛；第四，据我所知，不但楚郑两军协调不好，就是楚军内部，中军和左军也在闹意见■■"

郤至说得有理有据，晋厉公和众将都赞同郤至的建议：立即发起进攻。

将军苗贲皇原是楚国人，对楚军很熟悉，乘机献计道："楚军的精锐会在中军，只要能打败他的左、右两军，再合力攻打中军，楚军必败。"

晋厉公接受了苗贲皇的建议，命令晋军首先向楚右军和郑军发起猛烈攻击。战斗开始后，晋厉公的战车忽然陷入泥沼中，进退不得，楚共王远远地看在眼里，亲自率领一支人马杀奔而来，企图活捉晋厉公。不料，"螳螂扑蝉，黄雀在后"，晋将魏锜早已发现楚共王的企图，一箭射去，正中楚共王的左眼，楚共王拔箭，连眼珠都带了出来。楚军见楚共王负伤，军心浮动。这时候，晋厉公的战车从泥沼中挣脱出来，晋厉公指挥晋军掩杀过去，楚军以为诸侯四国的军队已经赶到，阵势大乱，纷纷后撤，一直退到颍水（今河南许昌西南）南岸方才停止，当天晚上就班师回国了。

晋军以少胜多，论功行赏，郄至立下首功。晋厉公奖赏众将士后，在鄢陵连饮三天，而后凯旋而归。

## 李自成失察大败

公元1644年，李自成率农民起义军攻入北京，崇祯皇帝上吊自杀。李自成被胜利冲昏了头脑，认为天下已定，对部下的恣意胡为采取了听之任之的态度。

其实，天下远未平定：拥有重兵的宁远总兵吴三桂还在山海关，而山海关外的八旗子弟早已对明朝天下垂涎三尺——李自成对此竟毫无所知！

在李自成的纵容下，京城内刮起一股"追赃风"：在京旧官按职位高低摊派饷银，多者十万，少者几千，如有不交者，严刑拷打。"追赃风"越刮越烈，连商人、富户也不能幸免，京城内一片怨哭声。

镇守山海关的吴三桂本已决心投降李自成，但就在赴京途中，吴三桂得知了父亲吴襄因"追赃"受酷刑拷打奄奄待毙，而自己的爱妾陈圆圆已被李自成的大将刘宗敏夺走的消息。吴三桂怒不可遏，立刻返回山海关，向李自成宣战，同时派遣使者与关外摄政的多尔衮亲王取得联系，向多尔衮"借兵"。多尔衮得知明朝崇祯皇帝已死，占据北京城的是李自成的农民起义军，觉得是夺取明朝天下的"天赐良机"，立刻满口应允，便调集八旗精锐，浩浩荡荡地向山海关进发。

李自成得知吴三桂反叛，亲率六万人马，以吴三桂的父亲为人质，怒气冲冲地杀向山海关，双方在山海关前展开决战。

吴三桂本不是农民军对手，在激战的关键时刻，武英郡王阿济格和大将扈尔赫率领数万八旗子弟兵突然出现在战场上，漫山遍野地向农民军冲杀过来。李自成和他的农民军从来没见过奇装异服的八旗军队，又见其来势凶猛，

第九章 · 行军篇

一个个抛下戈矛，掉头就跑。李自成见大势已去，杀掉吴襄，仓皇向北京撤退。吴三桂与八旗军队穷追不舍，李自成连战皆败，被迫退出北京。

从此，李自成由胜利走向了彻底的失败。

## 老儒献计取陈留

郦食其是秦末高阳（今河南杞县西）的一位老儒生，很有才学和胆量，只因家境衰落，得不到器重，在家乡流浪，被人称为"犯生"。

公元前208年，刘邦率兵西进，路过高阳，郦食其前去求见。刘邦很讨厌儒生，听卫兵说来者是个穿着儒生的衣服、戴着儒生的帽子的人，立刻说："告诉他，说我没闲功夫会见儒生！"

郦食其在外面听见，勃然大怒，道："我是高阳酒徒，非儒人也！"

刘邦听来者出语不凡，马上跑出去迎接郦食其。

郦食其对刘邦说："足下兵马不过区区一万人，又是深入到秦军的腹地作战，要粮没粮，要补给没有补给，这不是一件危险的事吗？"

刘邦正为自己孤军作战、后勤补给困难重重而一筹莫展，急忙向郦食其求教，道："刘邦才疏学浅，请先生指教。"

郦食其道："兵法云：'因粮于敌，故军食可足也。'将军为什么不到秦军的粮仓中去取运粮食呢？"

刘邦见郦食其话中有话，于是更加恭敬地向郦食其请教。郦食其慢吞吞地说："我们身边就有一个现成的大粮仓——陈留县城，那里面的粮食堆积如山，足够将军一万人马食用两年有余，将军何不挥师先取陈留，以解后顾之忧！"

刘邦道："还请先生示刘邦夺取陈留的妙计。"

郦食其道："我与陈留县令相识多年，愿凭三寸之舌去劝说他归附将军，如若不从，请将军夜间带兵攻城，我在城里做内应。"

刘邦连连致谢。

郦食其告别刘邦，径至陈留县城。县令见是故人，盛宴相待。席间，郦食其纵谈天下大势，以利害得失示县令，不料县令却慷慨陈词，愿与陈留共存亡。于是，郦食其便大谈守城之计，县令高兴起来，连连与郦食其"干杯"，不久就喝得酩酊大醉。

郦食其灌醉了县令，到了夜半时分，悄悄跑到城门下，打开城门，放刘邦的人马进入城中。可怜的县令还在酣睡中就已成了刀下之鬼。

刘邦夺得陈留县城，打开粮仓，果然看见粮食堆积如山。从此后，刘邦行军作战再不用为筹措军粮而担忧，西进途中，不抢不掠，深得百姓拥护，队伍也一天天壮大起来。

郦食其因献计有功，被刘邦封为广野君。

## 邓艾奇兵渡阴平

三国后期，司马昭分兵多路南征蜀国。蜀将姜维在剑阁凭借天险，与魏国镇西大将军钟会苦苦对峙，一时高下难分。

魏国的另一镇西大将军邓艾对钟会说："将军何不派遣一支队伍，偷渡阴平小路，奇袭成都，出其不意，攻其不备。料想姜维必回兵救援，将军可乘机夺取剑阁。"

钟会大笑，连称："妙计！妙计！"并说邓艾是最佳人选，请邓艾早日起兵。待邓艾走后，钟会不屑地说："盛名之下，其实难副。邓艾不过是个庸才罢了！"

原来这阴平小路都是高山峻岭，地形极其险要。如果从阴平偷渡，西蜀只要用100人扼住险要；再派兵阻断进犯者的归路，进犯者就非冻死、饿死在山里不可。难怪钟会对邓艾做出这样的评价。

邓艾深信从阴平小路奇袭西蜀定能成功。他派自己的儿子邓忠带精兵5000充当先锋，在前面凿山开路，搭梯架桥；又选出精兵3万，带足干粮绳索，跟在先锋后面向前进发，每走100多里，就留下3000人安营扎寨，以防万一。

邓艾率军在悬崖深谷中，披荆斩棘。行军20多天，行程700里，未见人烟。当他们来到摩天岭时，被摩天岭天险挡住。邓忠对父亲说："摩天岭西侧是陡壁悬崖，无法开凿，我们前功尽弃了。"邓艾观看了摩天岭地形，对众人说："过了摩天岭，就是西蜀的江岫城。'不入虎穴，焉得虎子'？"说罢，用毡子裹住自己的身体，滚下摩天岭。

副将们见主将率先滚下山岭，一个个跟着用毡子裹住的身体滚了下去。那些没有毡子的人，用绳子束住腰，攀着树枝，一个跟着一个往下下。就这样，开山壮士及2000兵士都过了摩天岭。

邓文率领魏军突然出现在江岫城下，守将马邈不知魏军是如何到来的，吓得魂不附体，不战而降。邓艾将阴平小路沿途军队接到江岫，然后挥兵直奔绵竹、成都。蜀国皇帝刘禅是个废物，尽管城中还有数万兵马，还是开城投降了。

至此，西蜀灭亡。这时候，蜀将姜维仍在剑阁与钟会打得难解难分。

## 韩世忠大败金兵

完颜宗弼攻取了临安以后，士兵多水土不服，又追不上宋高宗赵构，只好带兵北返。当金军到达镇江以后才发现，宋将韩世忠已经率领水师停泊在焦山、金山脚下，截住了金军的归路。

当时金兵有10万人马，而宋兵却只有8000人马，虽然金兵远征作战，士兵劳顿，然而双方力量对比还是极为悬殊的。金兵远处内地，大多不习水战，并且乘坐的战船都很小，而宋军的士兵都是惯于江海作战的水师。韩世忠与夫人梁红玉商定，避免在陆上作战，避开敌人人多势众这一优势，而凭借宋军船大和士兵都谙熟水战这一特点，打击敌人不习水战这一弱点。

这时，金兵已征战日久，十分疲惫。士兵因水土不服闹病者很多，思家念子，很多士兵这时已急迫盼望北归，军心不稳、士气不振。宗弼率先向宋军发动进攻。宋军中军楼船上端坐一名女将，正是韩夫人梁红玉。红玉举槌击鼓，宋军士气猛涨，如箭一般冲向敌军。金军不习水战，在船上本来就摇摇晃晃站立不稳，现在遭此猛击，哪里还站得住，纷纷从船上掉入江中。又是一阵鼓响，韩世忠率兵急冲向敌人指挥舰，拦击宗弼。宗弼大惊，率金军仓皇撤退，折兵损将，损失很大。

宗弼没有办法，派使者去向韩世忠谈和，表示愿意将掠夺而来的人口及财宝全部献给韩世忠，只要能让自己回去。韩世忠严词拒绝。金军沿江北上，企图伺机偷渡。韩世忠识破宗弼的计谋，一直追随着金军，和它且战且行，最后把金军逼进了建康东北的死水港黄天荡中。韩世忠命人将出口堵住，多次打败企图突围的金军。金军被困20多天，粮草断绝，眼看就要全军覆没。最后，金军挖通了30里老鹳河故道，才算勉强逃奔了建康，宗弼得以保全老命，但已是元气大伤。

## 巴顿的辉煌战绩

乔治·史密斯·巴顿是第二次世界大战中美军的杰出将领、陆军四星上将。

巴顿治军甚严，但他同时又十分体恤和关怀自己的下属。巴顿了解官兵对家属信件的关心，为此，部队专设了一辆邮递专车，总是及时地把邮件送到每一名官兵手中。巴顿对于部队的伙食、换季服装、健康状况总要亲自过问。他曾给全军将士写过一封私信，内容是谈如何预防和治疗一种叫作"堑壕足"的疾病。巴顿总是喜欢在白天上前线视察，他说："应该让士兵们经常看到指挥官奔赴前线，而不要让他们看见他在撤回后方。"

1944年9月，美军统帅部命令巴顿的第3集团军向法兰克福挺进，但德国人已在他前面布下了63个师，其中有15个装甲师和装甲步兵师，而且利用法国人遗留下来的边境要塞和马奇诺防线作为自己的防御战线。进攻是异常艰难的。

9月5日，第3集团军的进攻严重受挫。三天后，德军突然发起反攻，激战半天多，德军的进攻才被遏制住。双方的拉锯战打了半个多月。9月30日，希耶河以东的第12军第35师在德军一个军兵力的攻击下，阵地岌岌可危，师长请求将部队撤到希耶河西。巴顿大发雷霆，坐上轻型飞机冒着枪林弹雨飞抵第12军司令部宣布取消撤退命令："第35师必须与阵地共存亡，不能后退半步！"下完命令，巴顿又急速赶到第6装甲师司令部，亲自组织部队发起反攻。结果，第35师不仅保住了阵地，还向前推进了5英里。

进入10月份，天气一天比一天冷，由于美军的兵力有限，德军火力猛烈，美军官兵只好在凄风苦雨中坚守阵地。部队中，非战斗性减员大增，厌战、思乡、士气不振如同瘟疫一般在各部队中蔓延。但是，巴顿的第3集团军是个例外——10月下旬，巴顿的外甥因公来到第3集团军，他所遇到的每一个人都保持着一种"标准的军人姿态"：胡子刮得溜光，头戴钢盔，系领带，打绑腿，皮靴擦得亮铮铮的。

11月份后，天空连降暴雨，面对美军的进攻，德军利用坚固的工事和暴雨造成的有利形势顽强抵抗，但巴顿仍以不屈不挠的精神指挥第3集团军攻克德军最坚固的要塞——梅斯。在军事史上，1301年以来，梅斯要塞是首次被人以强攻手段占领的。此后，巴顿战胜了恶劣的气候和复杂的地形，迫使德军从摩泽尔河、尼德河、萨尔河的防御阵地后撤。

11月25日，巴顿将军在梅斯城检阅了攻占梅斯城的英雄部队。一个多月以来，巴顿的第3集团军解放了1600多平方英里土地，其中有873座城镇，打死打伤德军8.8万人，俘敌3万多人，而第3集团军只伤亡2.3万人。

## 美军获胜中途岛

1942年4月，美国飞机从航空母舰上起飞，成功地轰炸了日本东京，令日本举国震惊。联合舰队司令山本五十六决心击溃美国舰队，在东条英机的支持下，发起了规模空前的中途岛大战。

中途岛位于太平洋东西两岸的中间，距檀香山1900公里，是美国海、空军重要基地。失去中途岛，珍珠港就会落入日本人手中，太平洋也会随之陷落。因此，美国人对中途岛也格外重视。

日本的作战计划是：山本率主力舰队与美舰决战；南云忠一率第一航空母舰舰队担任主攻（该舰队拥有"赤城"、"加贺"、"飞龙"、"苍龙"四艘大型航空母舰，运载261架飞机）；另一支舰队护送12艘运输舰，运载5800名官兵，准备在中途岛登陆；还有3支舰队准备攻打阿留申群岛。

日本首先对沙岛和东岛同时发起攻击，企图迷惑美军。但美军已对日军的行动了如指掌——海军作战情报处截获并破译了日军发出的90%的密码电报。5月20日，美军从截获的电报中得知了日军的所有行动计划，唯一不能确认的是"AF"——日军进攻的目标。情报长官罗彻福少校认为AF是指中途岛。为此，他设计了一个圈套：发出一份紧急电报，说中途岛上的水蒸馏塔坏了。日军截获了这份电报后又向东京报告"AF"显然缺水。日军的阴谋彻底暴露了。美海军部长尼米兹将军亲自飞往中途岛，把所有能派出去的飞机都派到了中途岛，还增加了驻军，增设了高射炮群，然后张开口袋静等日军。

6月4日凌晨，南云忠一在向美军发起第一次攻击后，突然接到报告：东北200英里处发现敌舰10艘。南云大吃一惊，在如此大的舰队后面必定有航空母舰！南云正准备下令攻击敌舰，美舰派出飞机来轰炸，日舰的飞机起飞迎战，击落美机数十架。当日机回到舰上加油时，从美国"企业"号航空母舰上飞来的3架俯冲轰炸机直扑日舰"赤诚"号、"加贺"号、"苍龙"号，日本军舰上一片火海。

山本五十六得知战况，惊得目瞪口呆。

中途岛战役，日军损失大型航空母舰4艘、重型巡洋舰1艘、飞机332架、兵员损失3500人；而美军仅损失航空母舰1艘、驱逐舰1艘、飞机147架、兵员307人。此后，日军失去了海空控制权和战略主动权。

【商战谋略例说】

## 奥尔森赏罚分明

肯尼斯·奥尔森是美国数据设备公司的创始人、总经理、董事长。美国《幸福》杂志称他为"美国企业史上最成功的企业家"。

奥尔森为人严格，工作严谨，对那些工作不负责任的人从不姑息纵容，有时对部下的惩罚甚至过于严酷。

1982年，已身为数据设备公司总经理的奥尔森，突然下令召集公司全体职工开大会。大会开始后，奥尔森到讲台前讲话。他的讲话很简短，只宣布了4位经理的名字，并请他们到台上来。

奥尔森并未请4位走上台的经理就坐，而是当着众多工人的面，大声宣布授予这4位经理先生"劣等工作奖"。

这4位经理恰似五雷击顶，众目睽睽之下受到如此重大羞辱，几乎晕眩在地。广大职员也为之一愕，全场顿时鸦雀无声，落地一根针也能听见。

4位打扮漂亮的小姐，分别来到4位经理面前，将托盘中的"奖状"递到他们面前。4位经理接也不是不接也不是，十分尴尬地站在那里，好像木头一般。

奥尔森见他们没有勇气接"奖状"，就加重语气，让大家热烈鼓掌为他们壮胆助威。顿时场内掌声如雷，嘘声四起。见4位经理还在犹豫，奥尔森又说：难道要我亲自为你们颁奖状才肯赏脸笑纳吗？

4位经理深知奥尔森那种不屈不挠的脾性，知道再不接受，将会受到更大的羞辱，只好乖乖地从托盘中取过劣等工作奖状。

奥尔森虽然对犯错误属下有时未免过于严酷，但他对一般属下却是相当关心的。奥尔森于1962年就大力推行"机会均等"的政策，为公司职工提供优厚的福利，包括本公司的股票等等。

奥尔森一直保持平民作风。他系民主党人，对"民主"二字颇为重视。他几乎每天中午都在公司集体食堂就餐，往往一边就餐一边同工人、职员闲聊，认真听取群众的呼声。奥尔森听说一位职员由于家庭变故困扰不已，心情郁郁寡欢。奥尔森叫秘书将这位职员请到自己宽大的办公室里，对他进行一番安慰后说："我理解你现在的心情与处境。你应当试着改变一下。我批准你一个月的假期，当然，工资照发。去处么，我的度假别墅借给你用。"那位职员听后，感动得热泪盈眶。

奥尔森非常重视人才，从不埋没人才。对于干得好、有能力的人，他总是毫不犹豫地给他们以升迁的机会。正因为如此，很多人都愿意到数据设备公司来为奥尔森工作。

由于奥尔森既对职员们从严要求，又对职员们关怀有加，所以他的公司越办越红火，很快成为美国企业界雄霸一方的大公司。

## 十亿富翁成功路

保罗·盖蒂不到24岁时就成为一个独立的石油经营者，并赚到了第一个百万美元。

盖蒂的大部分时间都用在钻探上，他穿着满身油污的工作服与工人们吃在一起、干在一起，深得雇员们的信赖。

有一次，一位老练的油田工人出现在盖蒂的钻井场地，提出要在盖蒂手下找一份工作。盖蒂知道他是在一家大公司工作，问他："那里的条件比我这里好多了，为什么非要到我这里来呢？"油田工人怒冲冲地说："我在那个钻井场已干了五个月，只钻了四千英尺！"

盖蒂笑了，问："那么，你认为要是由我来干，需要多少天才能钻这么深？"油田工人回答："十天！我敢打赌。这就是我为什么不愿在那边干的原因。"

这个油田工人后来成了盖蒂手下的骨干成员。

盖蒂坚持认为：伙计与老板之间所存在的紧密团结精神与相互信任是至关重要的。

有一次，盖蒂在加利福尼亚西尔滩油田租得一小块土地，而这一小块土地又只能通过一条长四百多英尺、宽不足四英尺的地面来接通补给路线，载运物资和装备的卡车根本开不进去，同行们都劝盖蒂："把这一块油田忘记吧！你永远不会在那里钻出一口井来———百万年也做不到。"

盖蒂与他的工人们商量，一个钻井工人说："老板，让我们前去看看，我们会找到某种办法，不要担心！"盖蒂与工人们一起来到那块土地上，工人们向盖蒂提出了运用小型钻井设备和铺设窄轨铁路的办法，不但很快打出了井，而且很快产出了油。

盖蒂的事业就是这样迅速发展起来的。到了1951年，盖蒂已拥有了一浩大的"潮水石油公司"，仅此一个公司，其资产就超过了八亿美元！

如今，盖蒂的石油公司及其他矿产勘探公司活跃在全球四个大洲上，其财产在十亿美元以上。

## 销售中的相敌法

在战场上，对敌方情况的观察是必不可少的一个环节，孙武在《孙子兵法·行军篇》中把它称为"相敌"，即观察敌情。这种古朴、简易的方法至今仍在经营竞争中起着重要的作用，现在一般把这种方法称为"观察调查法"。当然，这种方法用于经营，其内容同军事上的含义是不一样的，形式也更加丰富多彩。

1970年，美国一家食品公司试销了一种汤罐头。起初，这种汤罐头并没有引起大众的注意，销售情况不太好。为了真正抓住市场的第一手信息，公司制定了详细的市场调查计划。针对不同的人对不同种类汤罐头的嗜好，这家罐头公司每天派专人到费城的大街小巷去"相敌"，从人们扔出来的垃圾袋里做调查，找出大众喜欢的品种、颜色等，并弄清哪些人喜欢用哪种汤罐头，以便供公司的生产和销售决策之用。

这家公司在具体执行市场调查时，又把市场调查的途径分为三类。一类是公司派人观察产品的销售和购买情况。调查者隐去原有身份，或乔装成售货员，或"混迹"于顾客中，进行"微服私访"，暗中观察商品、商标、包装、广告、价格等等在市场上的反应；同时也注意同行业其他公司的动向，收集这些厂家生产、销售该产品的有关情况。另一类调查途径是观察公司的这种汤罐头的实际使用情况，如产品的口感味道、客户的用后意见等。还有一类调查途径是观察竞争对手的生产销售情况，从中找出战胜对手的方法，并由此吸取经验教训，激发向上进取的精神。

当今时代，市场调查在国外已成为一门科学，并有专门机构从事这方面的工作，形成了新的产业——市场调研业。成功的调查是占领市场的第一步。

而要取得调查的成功就必须有妥善的组织；要选择合适的调查者或调查组做调查；调研内容要得体，调研步骤设计要合适；调查后要善于分析研究，并制定出有针对性的方针。只有这样，才能收到好的效果。

也正是经过这样的过程，这家汤罐头公司获得了第一手准确的信息资料。公司根据这些调查结果，生产了不同品种的汤罐头，最终赢得了不同层次的消费者，成功地占领了市场。

## 日本人巧探油田

大庆油田是我国在20世纪60年代勘探、开发的大油田，当时，绝大多数中国人不知道大庆油田在哪儿，但日本人却对大庆油田了如指掌。

日本人首先从中国画报刊登的铁人王进喜的大幅相片上推断出大庆油田在东北三省偏北处，因为相片上的王进喜身穿大棉袄，背景是遍地积雪。接着，他们又从另一幅肩扛、人推的照片，推断出，油田离铁路沿线不远。他们从《人民日报》的一篇报道中看到一段话：王进喜到了马家窑，说了一声，"好大的油海啊，我们要把中国石油落后的帽子扔到太平洋里去！"据此，日本人判断，大庆油田的中心就在马家窑。

大庆油田什么时候产油了呢？日本人判断：1964年。因为王进喜在这一年参加了第三届全国人民代表大会，如果不出油，王进喜是不会当选为人大代表的。

日本人还准确地推算出大庆油田油井的直径大小和大庆油田的产量——依据是《人民日报》一幅钻塔的照片和《人民日报》刊登的国务院政府工作报告：把当时公布的全国石油产量减去原来的石油产量，简单之至，连小学生都能算出来——日本人推算出的石油年产量为3000万吨，与大庆油田的实际年产量几乎完全一致。

有了如此多的准确情报，日本人迅速设计出适合大庆油田开采用的石油设备。当我国政府向世界各国征求开采大庆油田的设计方案时，日本人一举中标。

在这个案例中，日本人抓住了一些重要信息，深入分析从而获得了近乎于真实的准确情报，日本人的精明可见一斑。在商战中经常要用到《孙子兵法》中的"相敌"法，静观形势、挖掘信息、深入考察，最后才能胜券在握。

## 饼与耐克鞋

耐克牌运动鞋在欧美、日本等地早已赫赫有名，在我国也深受消费者，特别是青年一代的欢迎。而耐克鞋却是在一个极其偶然的情况下发明的。

耐克鞋的发明者威廉·德尔曼是美国俄勒冈州立大学的体育教授。1972年的一天，他在做饭的时候忽然发现，用带有凹凸形小方块的铁板压出来的饼不但味道好，而且很有弹性。这一有趣的现象立即引起了教授的注意，他马上联想到需要有弹性的鞋。他想：如果仿照这种做饼的方法，把烤过的橡胶放在制饼的铁板上压一压，然后钉在鞋底下面，能不能提高鞋的弹性呢？

德尔曼按照设想做起试验，在他太太的鞋底上钉上了橡胶块。结果，他的太太穿上这鞋走路感到特别舒服。试验的成功，使教授夫妇十分兴奋。教授将他的发明用在运动鞋的改进上。就这样，富有弹性的耐克鞋问世了。仅过了几年，耐克牌运动鞋就占领了很大的市场，甚至击败了在运动鞋市场上称雄数十年的阿迪达斯。

如今耐克公司已经成为世界上最大的一家运动鞋供应商。然而，从它的总裁到7800名普通职工当中，却没有一个人会做鞋！这确实是一个令人难以置信的事实。耐克公司的经营之道和赚钱诀窍就是自己不建工厂，不购置设备，不雇佣工人。一句话，自己不亲手生产一双鞋，甚至自己设计出的新款式样鞋都是由别人的鞋厂生产。因此，厂房、设备、工资等等这些费心费力的事情全部不用管，公司把全部精力都放在销售和产品设计上。设计新的式样，保证鞋的质量和交货期，并把包销成本尽可能地降低，这就是耐克公司的经营宗旨。因此，耐克公司经理人员的任务就是跑遍世界各地，专门去物色承包商。他们从一个城市飞到另一个城市，从一个国家跑到另一个国家去寻找成本更低、质量更可靠、交货期更有保证的厂家与之合作。目前，为耐克公司生产运动鞋的厂家大约有40余家。

按照耐克公司的经营方针，它的生产量根本不受厂房、设备条件的限制。目前，处于生产流水线上的耐克鞋约有1000种式样，平均每年会有100个新式样推出。耐克的年产量已达9000万双。

耐克鞋以它的样式新、质量好在世界各地广为流行，无论男女老少，都喜欢穿耐克牌运动鞋。

耐克，这位由"饼"起家的"胜利女神"正在一步步向着称雄世界的目标前进。

## 尼桑布设股票陷阱

1815年6月20日,伦敦证券交易所一早便弥漫着紧张的空气,人们一直翘首望着"罗斯柴尔德之柱"。因为已经成为著名人物的尼桑·罗斯柴尔德在买卖股票等待时,总习惯倚着一根柱子,所以大家都把这根柱子叫作"罗斯柴尔德之柱"。

原因出在前一天,亦即6月19日,英国和法国爆发了牵涉两国命运的滑铁卢战役。假使英国获胜的话,那么毫无疑问,英国公债会暴涨,如拿破仑取胜,那么必定是一落千丈。因此,交易所里的每一个人都在等待着战事的消息,只要能够比别人早知道一步,必定可以趁机大捞一笔。在当时,既没有无线电,也没有铁路,只有某些地方使用汽船,而战事发生地点在比利时首都布鲁塞尔南方,信息传递比较迟缓。在滑铁卢战役之前的几场战事英国均吃了败仗,这次情况也不乐观。

尼桑一面倚着"罗斯柴尔德之柱",一面开始出售英国公债。"尼桑卖了"的消息立即传遍整个交易所。

出售股票!英军败了!所有的人马上跟进,转眼之间,英国公债暴跌。尼桑继续抛出,可是他的脸上仍一如往常地毫无表情。

然而,当股价跌至谷底,几近一文不值时,尼桑却骤然改变主意,开始大量买进暴跌的公债。

交易所内陡然陷于沉默,这是怎么回事?那些追随者愈来愈恐慌,纷纷交头接耳。尼桑仍不断地买进,以低价购买暴跌的公债,看来并非单纯的套利。几乎是在人们注意到这一点的同时,官方传来"英军大胜"的捷报。

公债随即持续地暴涨不已,这时尼桑悠然自得地看着那些刚才疯狂卖出、现在又拼命购进的拥挤人群,会心地微笑着,陶醉在拼搏之后的胜利感之中。他知道,在顷刻之间,大笔大笔的财富已源源地流到他的手中。

尼桑得知滑铁卢之战的消息比英国政府早了数小时之久,源于他快捷、迅速、高效的情报网。尼桑看见没有任何人知道战事是否得到胜利,便随即发挥其商业头脑,经过周密冷静计划,布置了一个大规模的金钱陷阱。他先是不断地出售公债,直到时机差不多了,估计英军胜利的消息也应该快传到了,就转而开始以跌入谷底的价格买进,结果他所赚得的利润自然是起初所买进的数倍。

商战中的"相敌"法不是简单的不用脑子的模仿,而是在得到竞争对手的事实资料后,经过自己的严谨周详深度的分析做出结论。看来,不管什么时候我们都离不开自己的判断。

【人生智谋例说】

## 商鞅取信于百姓

商鞅是我国古代的一位政治家、变法家。他本是卫国的没落贵族,听说秦孝公下令求贤,来到秦国。秦孝公听商鞅谈论富国强兵之道,很赞同他的变法主张。

公元前356年,秦孝公任用商鞅,实行变法。法令包括如下内容:打破土地上的纵横田界,承认土地私有、买卖自由,奖励耕战,建立县制。但商鞅担心老百姓不按新法做。为取信于民,就在国都咸阳的南门外,立起一根三丈的木柱子,命官吏看守,并且下令:谁将此木搬到北门,赏黄金10镒(古20两为一镒,一说24两为一镒)。当时围观的人很多,但大家一是不明白此举的意图,二是不相信有这等好事,所以没人敢动。

商鞅闻报,心想:百姓没有肯搬立木的,可能是嫌赏钱太少吧!于是他又下令,把赏钱增加到50镒。听了新的赏格,老百姓更加怀疑了。但重赏之下必有勇夫,没出三天,就有一个不听邪的壮汉,把那木柱扛到了北门。

商鞅立刻召见了搬木柱的人,对他说:"你能听从我的命令,是个好百姓。"立刻赏他50镒黄金。

这个消息不胫而走,举国轰动,大家都说商鞅有令必行,有赏必信。

第二天,商鞅即公布变法令,虽然新法遭到一些贵族特权阶层的反对,但新法在秦国终于得到顺利实行。

## 朱元璋刚柔相济

洪武八年(公元1375年)秋至第二年的初夏,太白星在白天出现在空中,地震和水灾接连不断,朱元璋认为这是上天对他的警告,于是发布诏书,让全国的臣民向他提意见,以达到兴利除弊、国泰民安的目的。

茹太素当时任刑部侍郎,他很快就写出了一篇长达17000多字的奏疏,在早朝时呈了上去。朱元璋最讨厌冗长的文章,当茹太素的奏疏写到6370个字的时候，文章还没有触及正题。朱元璋来火了，恰好下面一段文字的大意是：这几年来，有才能的人侥幸活下来的百无一二，如今任命的大都是迂腐庸俗之士。朱元璋再也忍不住了，呵斥道："你是刑部侍郎，刑部官吏大大小小有200人，你说，哪些是迂腐庸俗之人？"茹太素见朱元璋发怒，又没想到朱元璋会问这么一个问题，顿时哑然。

这时候，几个惯于阿谀奉承的大臣乘机弹劾茹太素："陛下，茹太素妖言惑众，分明是在发泄对皇上的不满，理应治罪！"

朱元璋杀了一大批功臣，最忌讳人家提这件事，盛怒之下，一声吆喝，令殿前校尉重重地打了茹太素20大板，茹太素被打得皮开肉绽、鲜血淋淋。

散朝后，开国重臣宋濂批评朱元璋说："管理好国家要靠法治，为君者最忌朝令夕改。皇上发布诏令请全国臣民提意见，茹太素是奉诏行事，对皇上一片忠心，即使是有错误，也不该责打。如此下去，谁还敢给陛下提意见呢？"

朱元璋默默无言。当天晚上，他拿起茹太素的奏疏一个字一个字地往下读，读到16500字以后，终于看到了茹太素提出的5条建议，这5条建议至少有4条切中时弊，完全应该接受和实行。

第二天早朝，朱元璋当众训斥了那几个心怀叵测的大臣，并且承认了自己的过失，他说："我没有看完茹太素的奏疏就发怒，这是我的不对。"散朝后，朱元璋在便殿设宴招待茹太素，以示自己真诚悔过和对茹太素的嘉奖。但是，朱元璋毕竟是个皇上，要保住自己的尊严。祝酒时，朱元璋对茹太素说："金杯同汝饮，白刃不相饶！"意思是：你对我忠诚，我们金杯同饮，共享富贵；如果你有异心或失职，我的钢刀可是不认人的。茹太素举杯作答道："丹诚图报国，不避圣心焦。"意思是：我只是一心一意报效国家，报效皇上，对皇上的责难能够理解，不怕皇上不高兴。

朱元璋就是用这种恩威并用、刚柔相济的手段来巩固、加强自己的统治的。

## 梅考科恩威并济

梅考科是美国有名的富翁。成名之前，他也曾一贫如洗，他的"富"是靠自己的勤奋和精明换来的。

梅考科尤其精于对内部员工的管理。梅考科在公司内设有严格的规章制度，违者必罚，绝不姑息。一次，一位跟梅考科干了二十多年的老工人喝醉了酒，在工房里跟工头大闹起来，工头立刻向梅考科作了汇报。梅考科大笔一挥："立即开除。"

老工人是梅考科创业时的患难之交，创业最艰难的时候，公司一连三个月分文没发，许多人都弃梅考科另攀高枝去了，但老工人却没有走。对于这样一位"知己"，梅考科当然不会"开除"了事。他找到老工人，与老工人谈心。原来，这位老工人的妻子刚刚死去，留下了两个年纪不大的孩子。偏偏祸不单行，一个孩子不慎跌断了腿。老工人心绪不好，只好借酒消愁。恰恰又被工头发现了，工头把他一顿臭骂。老工人借助酒劲，就跟工头干开了。

梅考科拿出厚厚的一叠钞票，塞给老工人，对他说："你回去把家务好好料理料理吧！"

老工人心头一亮，感激地说："老板，您不开除我了？"

"不不！制度面前人人平等，开除的成命是不能收回来的。"梅考科握住老工人的手，坚决地说，"不过，请放心，我绝不会让老朋友走上绝路的。"

梅考科坚定不移地开除了有二十多年交情的老朋友，令全公司的员工刮目相看。事后，梅考科安排老工人在自己的一个牧场中做了管家，这又令知情的人赞叹不已。

## 太守巧断夺子案

西汉宣帝时，颍川郡出了件新鲜事：两个女人为了争夺一个男婴，打了很长时间的官司而没有结果，弄得满城风雨。

这二人是本地一有钱大户人家的妯娌俩，两家住在一起。说来也巧，两个女人同时怀了身孕，可临产时，一人伤了胎，一人生了个胖小子。伤了胎的又嫉妒、又着急，干脆偷走了人家的亲骨肉。被偷的岂能答应，拼死拼活地要夺回来，兄弟二人也成了冤家对头。官司打得死去活来，几上几下，州郡都不敢轻易判决。

争夺的是活生生的孩子，而不是财物，弄不好要出人命的。

黄霸接任颍川太守，听了这桩新奇事，马上召来两家审理。大家听说新来的太守放出话来，要快刀斩乱麻，当堂处理这个积久未决的疑案，都围到衙门口看稀罕，叽叽喳喳议论着，猜不透太守有什么妙计。

升堂了，没有按照惯常的那套程序。黄霸不审不问，只是让个衙役抱着那孩子在大堂中央站定，两个女人分立两旁，距孩子有几十步远。然后，太守黄霸告诉她们，号令一下就去抢孩子，谁抢到谁抱走。

众人一听，心里都骂这个太守太荒唐，把孩子的性命当儿戏，这般草率了结，天底下竟有这种糊涂昏聩的太守，真让人心冷。

随着太守一声令下，两个女人没命似的扑了上去，同时抓住了孩子，一个拽住双腿，一个拉住胳膊。孩子又疼又怕，尖声哭叫着。周围的人心都揪得紧紧的，这么一抢，孩子岂不要没命了。还好，弟媳妇先松开手，"哇"地一声抱头痛哭。嫂子抢到了孩子，紧紧地搂在怀里，以为这下孩子归了自己，心中暗自庆幸。

谁想黄霸当堂判定，孩子为弟媳亲生，儿归其母，不许他人节外生枝。

兄嫂不服，还要狡辩。黄霸恼怒，他说："孩子乃亲生骨肉，做母亲的怎忍心死力抢夺，伤其筋骨。看你方才一力拼抢，不肯罢手，置小儿性命于不顾，天下岂有这种亲生母亲！母子亲情，本自天性，安可作伪？"一段话说得众人点头称赞，说得兄嫂二人理屈词穷，无地自容，只得老老实实承认了过错，向弟弟、弟媳赔情认罪。

太守黄霸能透过一些微不足道的现象，看到事物的本质，实在是高明！

## 过度溺爱尝恶果

武则天病重之后，宰相张柬之等人发动宫廷政变，逼迫武则天让出帝位，由其子李显当皇帝。

李显生性懦弱无能，加之落难之时对妻子和儿女形成的特殊心境，所以倍加宠爱、依靠她们。他登上帝位后，任皇后和女儿插手政治，为所欲为，自己却不闻不问。

李显的女儿安乐公主，由于受父母宠爱，从小就养成了无拘无束、为所欲为的个性。安乐公主根本不把李显放在眼里，常常私自拟好诏命，拿去让中宗签署下发，而且就站在李显身后，一字也不许改动，李显竟也笑呵呵地听从。每逢朝中任官，安乐公主总要把自己的狐群狗党的名单列上一大串，拿去让李显照批。靠这种手段，她拉拢了一大批亲信在自己的身边，形成了一个忠于自己的私人政治集团。

权震朝廷，威慑群臣，安乐公主并不满足。她还想效法武则天当皇帝。一天，百官临朝，安乐公主突然给中宗上表，要求立她为皇太女，以便接替李显当皇帝。李显竟将此事交臣下商议。由于大臣们群起反对，安乐公主的阴谋没能得逞。由此，安乐公主开始对李显怀恨在心。

　　凭借着皇帝宠女的崇高地位，安乐公主恣意妄为。她借口家中没有可供观赏的池塘，要求李显把御苑中的昆明池赏给她。李显面有难色，告诉她说，昆明池乃先帝传下来的御用之池，没听说过可以用来送人。话没听完，安乐公主便怒气冲冲地转过身，甩下李显走了。

　　回到家里，安乐公主找来心腹，让他们建造一个规模宏大、压过京师所有池塘的新池。安乐公主动用国库，役使几万名民工，经过一个多月的突击，建成了一个绵延数里、水深丈余的新池。安乐公主亲自为池取名"定昆"，即取压倒赛过御池之意。

　　安乐公主祸乱朝政，引起了一些正直大臣的不满。一些大臣上书李显，激烈抨击安乐公主等人狼狈为奸，干政祸国，危害宗社。李显却默默不语。

　　李显对安乐公主的纵宠并没有换来安乐公主对他的半点感激。恰恰相反，由于李显在大臣们的阻挠下没有答应立她为皇太女，安乐公主对他一直怀恨在心，视李显为眼中钉，伺机报复。

　　安乐公主勾结韦后利用李显对她们的信任，在李显吃的馅饼中放毒药，毒死了李显。李显宠爱他女儿到无以复加的地步，最后，反过来，却被他女儿害死。

　　《孙子兵法》的"行军"篇讲"令之以文，齐之以武"阐述的是如何治军的问题，其实在我们每个家庭教育子女的方法上同样可以借鉴，一方面要晓之以理，常和孩子促膝交谈、平等沟通，这是"文"；另一方面又要有规矩家法，形成适当的约束，使孩子有所畏惧，有适度压力，这是"武"。

## 明成祖治理天下

　　明成祖朱棣是明太祖朱元璋的第四子，他依法治天下，使一个国家逐步走向稳定，为明朝276年的天下奠定了基础。明成祖强调法治。一次，一名立有战功的将官触犯了刑法，刑部官员为将官说情，希望明成祖能"论功定罪"。明成祖批评刑部官员说："执法应该公正，赏罚应该分明。过去他有功，朝廷已经奖赏了他；如今他犯了法，那就该给他治罪。如果不治罪，那就是纵恶，纵恶如何能治理天下呢？不能'论功定罪'，而是要依法治罪。"

明成祖对外戚的约束很严，凡外戚"生事坏法"者都被处以死罪。有一次，太子的妻兄张旭放纵家僮，影响很坏。明成祖得知，亲自召见张旭，对张旭说："你是皇上的亲戚，最应该遵纪守法，否则，我要罪加一等来惩治你。如果不这样，大家都去欺凌百姓，天下怎么能治理好？请你当心！"

明成祖继承了父亲勤政的好作风，每天除了早朝之外，还有晚朝。明成祖认为早朝过于繁忙，没时间与大臣们交谈，早朝之后他就把六部尚书留下来，与他们促膝谈心，交换各种意见，制定相关的法律政策，然后推而广之。

明成祖认为人才是治国的栋梁，因此，不但三令五申地告诫吏部（任免官吏的机构）官员要把有才能的人选拔上来，而且指示吏部官员对人才要做到"人尽其才"，即充分发挥每一个人的特有才能。

明成祖曾说过一段发人深省的话："君子敢直言，不怕丢官丢命，因为他是为国家着想；小人阿谀奉承，只想升官发财，因为他是为一己私利着想。"

为了把各地有才能的人选拔上来，朱棣诏令对全国各州县的官吏进行考核，以九年期限为满考核，对那些在满考核中政绩卓著的官吏除嘉奖之外，都留在京城六部中任职。

明成祖讨厌阿谀奉承，喜欢直言快语。为了鼓励大臣们说真话、说实话，明成祖不止一次对众大臣表白道："国家大事甚多，我一个人再有能力，也难免有忘记的和处理错的，希望大家发现我忘记了就提醒我，做错了批评我，大家千万不要有所顾忌啊！"

一次，贵州布政司在奏折中写道：皇上的恩诏到达思南府，太岩山间都响起"万岁"的声响，这是皇上的威恩远加山川的灵验啊！一些大臣听了这段话都纷纷向明成祖祝贺。明成祖面现不悦，说："在山顶上呐喊，千山万谷都会回应，这本是很平常的事，你们想用阿谀奉承来讨我欢心，实在不是贤人君子的作为！"

明成祖在位22年，扩大了疆域，发展了经济，使天下得以大治。闻名于世的多达两万两千多卷的类书《永乐大典》就是明成祖集全国三千多有名望的文人墨客编纂而成。

明成祖身为皇帝，处在众人吹捧奉承的环境中，却能做到公正做事，虚心纳谏，他提倡臣子要多提问题，多给自己批评意见，实为难能可贵。

第九章 · 行军篇

# 第十章 地形篇

本篇论述地形在作战中的重要性和各种地形条件下的作战原则，指出将帅必须从战场实际出发，按战争规律办事，"进不求名，退不避罪，唯人是保"，以克敌制胜，强调将帅要重视对地形的考察和研究，并提出"知彼知己，胜乃不殆；知天知地，胜乃不穷"的经典军事理论。

## 【原文】

孙子曰：地形有通者①、有挂者②、有支者③、有隘者④、有险者⑤、有远者⑥。我可以往，彼可以来，曰通。通形者，先居高阳⑦，利粮道⑧，以战则利⑨。可以往，难以返，曰挂。挂形者，敌无备，出而胜之⑩；敌若有备，出而不胜，难以返，不利。我出而不利，彼出而不利，曰支。支形者，敌虽利我⑪，我无出也；引而去之⑫，令敌半出而击之，利。隘形者，我先居之，必盈之以待敌⑬；若敌先居之，盈而勿从⑭，不盈而从之⑮。险形者，我先居之，必居高阳以待敌；若敌先居之，引而去之，勿从也。远形者，势均⑯难以挑战，战而不利。凡此六者，地之道⑰也，将之至任⑱，不可不察也。

故兵有走者⑲、有弛者⑳、有陷者㉑、有崩者㉒、有乱者㉓、有北者㉔。凡此六者，非天地之灾㉕，将之过㉖也。夫势均，以一击十，曰走㉗；卒强吏弱，曰弛㉘；吏强卒弱，曰陷㉙；大吏怒而不服㉚，遇敌怼而自战㉛，将不知其能㉜，曰崩；将弱不严㉝，教道不明，吏卒无常㉞，陈兵纵横㉟，曰乱；将不能料敌，以少合众㊱，以弱击强，兵无选锋㊲，曰北。凡此六者，败之道也，将之至任，不可不察也。

夫地形者，兵之助㊳也。料敌制胜，计险厄远近㊴，上将之道㊵也。知此而用战者必胜，不如此而用战者必败。故战道必胜㊶，主曰无战㊷，必战可也；战道不胜，主曰必战，无战可也。故进不求名㊸，退不避罪㊹，唯人是保㊺，而利合于主㊻，国之宝㊼也。

视卒如婴儿㊽，故可与之赴深谿㊾；视卒如爱子，故可与之俱死。厚而不能使㊿，爱而不能令○51，乱而不能治，譬若骄子，不可用也。

知吾卒之可以击○52，而不知敌之不可击，胜之半也；知敌之可击，而不知吾卒之不可以击，胜之半也；知敌之可击，知吾卒之可以击，而不知地形之不可以战，胜之半也。故知兵者，动而不迷○53，举而不穷○54。故曰：知彼知己，胜乃不殆；知天知地，胜乃不穷○55。

## 【注释】

①通者：此指广阔平坦、四通八达的地区。通，通达。②挂者：悬挂、牵碍。此处指前平后险、易入难出的地区。③支者：支撑、支持。此指敌对双方皆可据险对峙、不易发动进攻的地区。④隘者：狭窄、险要的地区。这里特指两山之间的狭谷地带。⑤险者：此指行动不便的险峻地带。险，险恶、险要。⑥远

者：此指距离遥远的地方。⑦先居高阳：抢先占据地势高而朝阳的地方。先，抢先。高阳，地势高而朝阳的地方。⑧利粮道：有利于粮道，即保持粮道畅通。⑨以战则利：如此进行战斗，则大为有利。以，为。⑩出而胜之：出战可以取得胜利。出，出战、出击。⑪敌虽利我：敌军以利为饵引诱我军。利，这里指利饵，以利引诱。⑫引而去之：这里的意思，带领军队佯装撤走。引，引军、带领军队。⑬盈之以待敌：这里是指，在山间峡谷的“隘形”地带，我军抢先占据了有利地形，必须用充盈的兵力堵住隘口，以等待敌军前来进攻。盈，充盈、充满。⑭盈而勿从：意思是说，当敌军已用充足的兵力把守住山隘口时，我军就不能进行攻击。这里的“盈”是指敌军兵力充盈。从，跟从，此可作“进攻”解。⑮不盈而从之：这里是指，敌军没有用足够的兵力把守山隘口，便可以进行攻击。⑯势均：势力相当、形势相当。⑰地之道：这里是指用兵打仗、利用地形的原则。道，道路、方法、原则。⑱将之至任：将帅最大的责任。至任，最重大的责任。⑲兵有走者：这里是指一种临敌败逃之兵。兵，指败兵。走，指逃走。⑳有弛者：指士气不高、纪律涣散、难以约制的军队。弛，松弛。㉑有陷者：指一种士卒毫无斗志、只靠为将者孤身对敌、以致全军陷没的军队。陷，陷没。㉒有崩者：指崩溃四散的军队。崩，崩溃。㉓有乱者：指官兵关系混乱紧张、列队布阵杂乱无章的军队。乱，混乱。㉔有北者：指一遇战斗便必打败仗的军队。北，败北。㉕天地之灾：自然条件的灾害。天地，指天然、自然，可引申为自然条件。㉖将之过：将帅的过失。过，过失、过错。㉗夫势均，以一击十，曰走：意思是说，在双方指挥水平、战斗力乃至所处地形都相当的情况下，却以我方一成兵力去对付敌方十倍于我的兵力，必然会寡不敌众，见敌就跑，这就叫作“走兵”。㉘卒强吏弱，曰弛：士卒强悍，将帅懦弱，与敌作战，士气不振，指挥不灵，难以制约，这就叫“弛兵”。㉙吏强卒弱，曰陷：将吏勇敢，但士卒怯弱，没有战斗力，对敌作战，终将陷入覆没，这就叫作“陷兵”。㉚大吏怒而不服：意思是说，部队的高级军官心怀怨怒，不服从调遣。大吏，指部队高级军官。怒，怨怒。服，服从。㉛遇敌怼而自战：对敌人满怀怨愤而擅自出战。怼：怨愤。㉜将不知其能：统帅部队的主将不了解下面军官的才能。将，这里指主将。其，代词，指大吏，即部队的军官。㉝将弱不严：部队主将懦弱无能，号令不严。将，主将。弱，懦弱。严，指号令严明。㉞吏卒无常：长官与士卒都没有规矩约束，相互关系也会失去常态。无常，指没有法纪、常规。㉟陈兵纵横：布兵列阵杂乱无章。陈兵，布兵列阵。纵横，指纵横交错，杂乱无章。㊱以少合众：以少数兵力去对抗人数众多的敌军。合，合战，即交战。㊲兵无选锋：打仗时，没有经过挑选的精锐先头部队。选，挑选。锋，先锋，这里是指先头部队。㊳兵之助：用兵作战的辅助条件。兵，指用兵作战。㊴计险厄远近：算计地形的险要和路途的远近。计，算计。险厄，险要。㊵上将之道：高明将领的用兵之道。上，上等，指智慧才能属于上等。道，指用兵之道。㊶战道必胜：按照战争自身的规律办事，必然会取胜。战道，战争的规律。㊷主曰无战：君主讲不能战。主，君主。㊸进不求名：向敌人发起进攻，不是为了个人的名声。进，指进攻。㊹退不避罪：撤退军队也不回避抗命的罪责。退，指退却。㊺唯人是保：唯一的目的就是保护广大民众的利益。唯，唯一，只有。人，这里指广大民众的利益。保，保护。㊻利合于主：对君主有利。利，利益。㊼国之宝：国家的宝贵财富。宝，宝贵财富。㊽视卒如婴儿：对待士卒就像对待婴儿一样关心。视，对待。㊾可与之赴深谿：意思是说，可以与人共患难。深谿，很深的溪谷。㊿厚而不能使：虽然厚待他们，却又不能使用他们。厚，这里指厚待。使，使用、使唤。(51)爱而不能令：意为虽然很疼爱他们却又不能命令他们。令，命令。(52)知吾卒之可以击：了解自己的军队可以作战。知，知道，了解。吾卒，这里指自己的军队。(53)动而不迷：采取某种军事行动却不致发生迷误。动，行动，这里指军事行动。迷，迷误。(54)举而不穷：举措千变万化，没有穷尽。举，举动、举措。穷，穷尽。(55)胜乃不穷：胜利就会无穷无尽。

## 【译文】

孙子说：地形有“通”、“挂”、“支”、“隘”、“险”、“远”等六种。凡是我方能够去，敌方也能够来的地域，称作“通”；在“通”形地带，应先占据向阳的高地，疏通运粮的道路，这样与敌人交战就有利。凡是易于前进，但难以返回的地域，叫作“挂”；在“挂“形地带，敌军若无防备，就可以突然出击战胜敌人。敌人若有防备，我们出击不能取胜，便难以返回，这就对我军不利。凡是我方出兵不利，敌方也出兵不利的地域，称作“支”；在“支”形地带，即使敌人用利诱我，我也不要出击，而是应该率领部队假装退却，诱使敌人出来多半时攻击它，这样对我们就有利。在“隘”形地带，我军应先敌军占据，一定要在“隘地”布满兵力，等待敌军的到来。如果敌人先于我军占据“隘地”布满兵力，我们就不要追击出击；如敌人还未布满兵力的，那么，我军就可以进攻。在“险”形地带，如果我军先于敌军占据，就一定要占据向阳的高地，等待敌军的进犯；如果敌军先于我军占领，就应该率领部队离开“险”地，而不要进攻。在“远”地形带，敌我双方势均力敌，挑战就很困难；勉强挑战，也很不利。以上六个方面，是利用地形的原则。这是将帅的重大责任，不能不认真考察研究。

军队作战有“走”、“弛”、“陷”、“崩”、“乱”、“北”六种情况。这六种情况的发生，不是天然的灾祸，而是将帅自身的过错。凡是在敌我双方势均力敌的情况下，以一击十而导致失败的，称作"走"。士兵坚强而将帅软弱造成失败的，叫作"弛"。将帅坚强而士兵软弱导致失败的，称作"陷"。下属将领怨恨而不服从指挥，遇到敌人气愤而擅自出战，将帅又不了解其指挥能力，因而导致失败的，称作"崩"。将帅软弱丧失威严，教育训练没有章法，官兵关系混乱紧张，布兵列阵杂乱无章，因而导致失败的，叫作"乱"。将帅不能判明敌情，用少数兵力去攻击大量的敌人，用弱兵去攻击强兵，作战又没有精良的先锋部队，因而导致失败的，称作"北"。这六种情况，都是导致失败的原因。这是将帅的重大责任，不能不认真地考察研究。

地形是用兵作战的辅助条件。正确判断敌情，积极掌握主动，研究地形的险厄和道路的远近，这些都是高明的将帅应掌握的方法。懂得这些方法去指挥作战的，就必定能取胜；不懂得这些方法去指挥作战的，就必定会失败。所以，根据作战规律进行分析，有必胜把握的，即使国君主张不打，将帅一定要打，也是应该允许的；根据作战规律进行分析，没有必胜把握的，即使国君命令一定要战，将帅不战也是应该允许的。所以，作为将帅，进攻不求战胜的功名，撤退不回避抗命的罪责，只为能保全民众，且符合国君的利益，这样的将帅是国家的珍宝。

将帅对士兵就像对待婴儿一样关心，那么士兵就会与将帅一起赴难蹈险；将帅对待士兵就像对待自己的爱子一样，那么士兵就会与将帅同生共死。如果将帅厚爱士兵而不加以使用，溺爱士兵而不加以教育，士兵作乱而不加以整治，这样的军队就好比娇生惯养的子女一样，是不能用来与敌作战的。

只了解我军士兵情况可以进攻，却不了解敌军不可以打，这样作战取胜的可能性只有一半；只了解敌军可以打，而不了解我军士兵不可以打，这样作战取胜的可能性也是一半；既了解敌人可以打，也知道我军士兵能够攻，但不了解地形情况不能作战，这样作战取胜的可能性仍然是一半。所以，懂得用兵作战的人，行动起来不会迷惑，其作战的策略也变化无穷。所以说，既了解敌方，又了解自己，取胜就不会有危险；既了解天时，又了解地利，胜利就会无穷无尽。

## 【评析】

本篇主要论述军队在不同地形条件下的行动原则，强调将帅要重视对地形的研究和利用。孙子仍然用军事地理中的模型理论研究典型的用兵原则。本篇中孙子还提出，战场上的败军模式与主帅运兵治军的辩证关系，足以促进军事科学的发展。

## /巧借地形所向无敌/

孙武从不同角度说明了地形与作战有密切的关系，强调将帅要重视对地形的研究。他说："地形者，兵之助也。"又说："知彼知己，胜乃不殆；知天知地，胜乃无穷。"这些论述，概括了指导战争的普遍原则，有其重要价值。

地形是用兵的辅助条件。之所以说"辅助"条件，是因为运用得好，它可以使军队如虎添翼，运用得不好，它就是兵溃战败的陷阱。

孙子认为，地形可分六种：地势平坦，四通八达（通）；地形复杂，易进难退（挂）；敌我出击都不利的地区（支）；道路狭隘（隘）；地形险要（险）；敌我相距较远（远）。这六种迥然不同的地形对战局有着举足轻重的影响，做将帅的只有在战前实地考察不同的地形，对战场了然于胸，才能驾驭复杂的地形，出奇制胜。

战史证明，地形首先确定了军事行动的大舞台。设营，配置兵力，开辟交通线都是由地形决定的。古代两军交锋的阵地也是在地形制约中完成的。任何战役都是在与地形相适应的条件下完成的。地形是一本伟大的、世上独一无二的兵书，在战争史上，不会读这本兵书的人，充其量只能做一名勇敢的士兵，而绝不能成为将军。

战国时期，孙膑与庞涓斗智斗勇。孙膑技高一筹，处处主动，使庞涓疲于奔命。孙膑以"围魏救赵"和"减灶诱敌"之计，引诱庞涓之军进入"隘地"——马陵，庞涓陷险自杀，魏军从此一蹶不振。这便是巧用地形的成功范例。

在军事上，不同的地域具有不同的优势；在企业经营中，不同的地域也同样具有不同的优势。在改革开放中，沿海一带的地域优势，使沿海一带"首先富了起来"，但"内地"并非没有优势，新疆的物产，联系中东的地理位置，都变成了当今开发祖国大西北的优越条件。

## /胜败无常因败而成/

孙武在本篇列举了六种地形之后，紧接着又提出了"六兵"（"走兵"、"驰兵"、"陷兵"、"崩兵"、"北兵"、"乱兵"），并且强调指出：这六种败兵的出现，主要还不是地形的原因，而是为将者用兵的失误；地形对于战争的胜利，只是一个辅助条件，胜败的关键，是为将者是否善于掌握"战道"，也就是战争规律。

这"战道"究竟是什么？归结一点，那就是："知己知彼，知天知地。"一切都要按"战道"办事。诸葛亮草船借箭之所以成功，并不是因为他有什么格外的"神通"，而是由于他了解曹操的多疑性格，掌握了魏军不擅长水战的弱点，观测了当时的天象和地形，才导演出了这么精彩的一幕。如同他自己在与鲁肃谈体会时所说的：为将者，不通天文，不识地理，不晓阴阳，不看阵图，不明兵势，那他便是一个庸才。

掌握战争规律，按照战争规律办事，说起来容易，做起来就难了，甚至会有很大的风险。难就难在，有时候要坚持按战争规律办事，甚至皇帝老子的话都不能听，都要"顶撞"，这风险还不大吗？然而，要克服这个"难"，要敢于冒这份风险，依靠的又是什么呢？孙武回答说："进不求名，退不避罪，唯民是保！"这就是说，只有不图个人名位，不畏惧可能招致的罪责，而以广大民众利益为思考问题、作出抉择的唯一出发点，才能真正地坚持"战道"。两千多年前，孙武能站在这样的人生观与得失观的高度来考察问题，不能不发人深省，令人敬佩。当然，孙武是站在民本主义立场上讲这个话的。民本主义的特点仍是以封建皇权为前提的，因此他才说，"唯民是保"也"利合于主"，即符合封建君主的根本利益，这是孙武的时代局限。

细想一下，打仗有"战道"，要按战争规律办事，而做其他事也都有"道"存焉，也都要按规律办事。然而，要真正坚持按客观规律办事，也都可能会出现"犯上""抗上"的问题，从而也会遇到风险，尤其是在小生产者家长制思想潜蕴极深的国家，这种困难和风险可能性更大。现在，正值我国现代化建设的关键时刻，我们要以古为鉴，从国情出发，坚持实事求是，按照客观规律办事，才能使改革开放事业健康持久地向前发展，人民的生活才会幸福安康。

【军事谋略例说】

## 巧用潍水胜强敌

公元前203年，韩信奉汉王刘邦之命，率军南下，攻打齐国。韩信连战连胜，攻克齐国国都临淄后，又挥师东下，追击齐王田广，直至高密以西的潍水附近。齐王田广紧急向楚王项羽求援，楚王派大将龙且，率20万大军，火速赶来援救齐国，楚汉两军对峙于潍水河两岸，都在寻找击败对方的办法。

楚军大将龙且，能征善战，威名卓著，前不久刚击败九江王英布，挟新胜之势，而且兵力雄厚，加上齐兵共有25万人。韩信兵力只有5万人，力量远不如楚军，且离后方较远，无法获得粮草，不能持久作战。

面对强敌，韩信深知靠力战不能取胜，只能采用奇袭的办法，借用潍水之力方能战胜有绝对优势的楚齐联军。韩信首先派出部分兵力，夜半携带大量的沙袋，在潍河的上游堵塞水流；又派一部分兵力在潍水河西岸列阵，准备迎击楚军。部署完毕后，韩信率主力，乘潍水河被堵塞、水位下降之机，涉过潍水，向楚军进攻。龙且见汉军来攻，立即挥军迎战。经过激烈交锋，汉军佯败，退回到潍水河的西岸。龙且见汉军后退，得意忘形，就命令部队全力渡河追击汉军。

韩信见龙且指挥楚军涉渡潍水河，立即发出信号，命令担负堵塞水流的部队按计划掘开上游的沙坎。一时间河水急流而下，楚军阵形乱作一团。正在渡河的楚军被湍急的水流冲得七零八落，淹死无数；渡过河的部队被以逸待劳的汉军包围冲击，龙且被斩于阵前；没有渡河的部队群龙无首，惊慌失措，见过河楚军全部被歼，四散溃退。

韩信乘机挥军急渡潍水，追杀楚齐败军，一直追到城阳附近，俘虏了齐王田广，全部平定了齐国地区。

## 伍子胥疲楚败楚

春秋时期，吴王阖闾在大将孙武、大夫伍子胥的辅佐下，国力大增。公元前512年，阖闾认为可以攻打楚国了，于是召集孙武、伍子胥、伯嚭共议出兵大事。

孙武道："大王要远征楚国，时机尚不成熟。楚国地大物博、兵多将广，而我们吴国是个小国，人口少，物力也不够富足，要想打败楚国，还需要几年的准备。"

伍子胥因自己的父兄都被楚王杀害，急于报仇，在同意孙武的意见时，又提出了一个"疲楚"的妙计：把吴国的士兵分为三军，每次用一军去袭扰楚国的边境，一军返回，另一军则出发，这样，自己的军队可以得到充分的休整，而使楚国的军队疲于奔命，劳苦不堪。

孙武和伯嚭也都认为伍子胥的计策切实可行。于是，第二年，阖闾开始实施伍子胥的"疲楚"计划：派一支部队袭击楚国的六城和潜城（均在安徽境内），楚国急忙调兵援救潜城，吴兵则已离开潜城攻破了六城。过了一些日子，吴兵又攻击楚国的弦（河南境内），楚国慌忙调兵奔走数百里援救弦，但是，援军还没有赶到弦，吴兵已撤退回国了。一连六年，吴国用此"疲楚"之计使楚国士卒疲于奔走，消耗了大量实力。

公元前506年，楚国令尹囊瓦攻打蔡国，蔡国联合唐国向吴国求救，阖闾认为这是一个出兵攻楚的大好时机，再次召集伍子胥、孙武和伯嚭商议出兵之计，伍、孙、伯三人一致同意阖闾的意见。这一年冬天，阖闾亲率伍子胥、伯嚭、孙武，倾全国的军队计六万多人誓师伐楚。

楚军连年奔走作战，实在是"疲劳"已极，因此，吴军长驱直入，迫近汉水方才遇到楚军的"阻挡"。决战时刻，吴军士气旺盛，而楚军战战兢兢，勉强应战。双方军队一接触，楚军就土崩瓦解，大将率先逃走，大夫史皇战死。吴军乘胜追击，接连在郧、随一带大败楚军，然后渡过汉水，迅速攻占楚国都城郢（今湖北江陵），楚昭王跑得快了一步，才没有成为吴军的俘虏。

## 嗣源绕道救幽州

五代时期，契丹首领耶律阿保机率30万大军包围了晋国的北方军事重镇幽州（今北京市西南）。晋王李存勖派大将李嗣源统率7万人马增援幽州，解幽州之围。

李嗣源与诸将商议进军之计，说："敌人多是骑兵，人数众多，又已先处战地，外出游骑没有辎重之忧，而我军多是步兵，人数又少，还必须有粮草随军而行。如果在平原上与敌人相遇，敌军只需把我军粮草截走，我军就会不战自溃，更不用说用骑兵来冲击我们了！"

对这种不利情况，李嗣源从易州出发，不是走东北直奔幽州，而是先向正北，越过大房岭（今河北房山县西北），然后沿着山涧向东走。

李嗣源率大军餐风饮露，日夜兼程，一直行进到距幽州只剩下60里远的地方，突然与一支契丹骑兵遭遇，契丹人才发现晋军派来了救兵。契丹兵大吃一惊，慌忙向后撤退，李嗣源与养子李从珂率领3000骑兵紧随契丹人的身后，晋军大部队则紧紧跟随在李嗣源的骑兵后面。不同的是，契丹骑兵行走在山上，晋军行走在山涧中。

行至山口，契丹万余骑兵挡住了去路。李嗣源知道成败在此一举，摘掉头盔，用契丹语向敌人喊道："你们无故侵犯我国，晋王命我率百万之众，直捣两楼（契丹首府），将你们全部消灭！"说完，一马当先，冲入敌阵，斩杀契丹酋长一名。众将士见主帅身先士卒，群情激奋，斗志倍增，纷纷杀入敌阵。契丹骑兵被迫向后退却，晋军的大部队乘机走出山口。

出山之后即是一马平川的大平原。由于失去山地的保护，极易遭受骑兵攻击，李嗣源命令步兵砍伐树枝作为鹿砦，人手一枝，每当部队停下来或遭到契丹骑兵攻击时，即用树枝筑成寨子，契丹骑兵只能环寨而行，而晋军乘机放箭，契丹人马死伤惨重。

逼近幽州时，晋军拖后的步兵拖着草把、树枝行进，一时间，烟尘滚滚，契丹兵不知虚实，以为晋军援兵甚多，未战先怯。等到决战来临，李嗣源率骑兵在前、步兵随后，有组织地掩杀过来。契丹兵斗志全无，丢弃了大量的车帐、牲畜，狼狈逃去。

至此，幽州重镇得以保全。

## 马援借地平诸羌

东汉初年，塞外羌人经常侵入内地。汉光武帝刘秀派大将马援任陇西太守，平定诸羌。

各部落羌人闻知马援到来，用辎重、树木堵塞了允吾谷（今青海乐都附近）通道，企图凭借险隘，顽抗到底。马援对陇西的地形了如指掌，如今羌人占有利地形，人数又多，如果一味硬打，肯定要吃大亏。于是，他一面派一员部将率部分兵力在正面进行佯攻，以吸引羌人；一面亲率主力部队在当地汉人向导的指引下，巧妙地利用山谷中的小道作掩护，悄悄地迂回到羌人的大本营后面，然后突然发起进攻。

羌人仓皇应战，狼狈溃逃。但羌人对地形更熟悉，他们迅速重新集结，凭借山高地险的优势，以逸待劳，与马援形成对峙。

马援在山下正面安营下寨，并不急于进攻。到了夜间，马援挑选精锐骑兵数百名，利用夜幕作掩护，神不知鬼不觉地绕到山后，摸入羌人的营中放起火来，山下正面的汉军乘机擂鼓助威、齐声呐喊。

羌人不知汉军的虚实，乱作一团，纷纷离山逃遁。马援挥军追杀，大获全胜。

羌人退回塞外后，经过一年的准备，以参狼羌为首的诸羌联合在一起，再次侵入武都（今甘肃成县西）。马援闻报，率4000人马前去平息，双方在氐道县（今甘肃礼县西北）相遇。

羌人再次凭借有利的地形，据险而守，任凭汉军百般挑战，就是稳坐山头不战。马援在详细勘察了羌人的据守情况和周围的山势地形后，发现了羌人有一个致命的弱点：水源不足。马援指挥部队夺取了羌人仅有的几个水源，断绝了羌人的水和粮草，没过多久，羌人即不战自溃：一部分羌人投降了马援，大部分羌人远遁塞外。陇西从此安定下来。

## 郭进施计拒辽军

公元979年，宋太宗赵光义在平定南方之后，又兴兵讨伐北方的北汉。宋太宗命潘美为北路都讨使，进攻太原，自己随军亲征。由于北汉是辽国的属臣，宋太宗又命令将军郭进在石岭关驻守，以堵截辽国的援兵。

北汉见宋太宗亲自出征，急忙向辽国求援。辽景帝派宰相耶律沙和冀王塔尔火速增援。耶律沙和塔尔走后，辽景帝还不放心，又派南院大王耶律斜轸率其部属前去援救。

耶律沙驰援北汉进至石岭关附近的白马岭，宋军已抢先占据白马岭的高地险隘。这时，刚下过几场暴雨，山洪暴发，原先并不深的山涧已淹至人的腰部，而且宽阔了不少。面对湍急的涧水和守卫在高地隘口的宋军，耶律沙准备安营扎寨，等待后续部队，塔尔则耻笑耶律沙胆小，执意要率先头部队渡涧。

耶律沙劝道："宋军早已占据有利地形，我军贸然渡涧，必定凶多吉少，还是小心为妙！"

塔尔道："北汉危在旦夕，只怕我们去晚了救不得他们。"于是下令渡涧。

守卫在白马岭上的宋军见塔尔率辽军渡涧，一个个摇旗呐喊，击鼓助威，但就是不出击。塔尔以为宋军是在虚张声势，放心大胆地向对岸缓慢前进。郭进等塔尔的先头部队渡过山涧大半之后，令旗一挥，命令守在隘口的士兵放箭。刹时，乱箭如蝗，辽兵纷纷中箭倒下，又被急流卷走。侥幸登上对岸的士卒还来不及立足，宋军的骑兵又疾驰而至，将辽兵砍翻在涧边，塔尔虽然勇猛无比，但人在激流之中，有力用不出来，塔尔和他的儿子以及五名将领都被乱箭射死在山涧之中，连尸体也没有留下来。如果不是南院大王耶律斜轸及时赶到，辽军伤亡还会更大。

辽军被堵截在石岭关，宋太宗从容向太原发起进攻，北汉主刘继元久盼辽军不至，无力对抗宋军，只好开城向宋太宗投降。

【商战谋略例说】

## 信息敏感赢主动

1982年2月底，墨西哥爱尔·基琼火山猛烈爆发，持续了许多天，火山灰遮天蔽日，十分恐怖。

史无前例的大量火山灰被喷向空中，将给世界气候带来什么影响呢？这种影响又将怎样制约世界粮食生产？美国人首先注意到了这个问题。

一方面，飘浮在空中的大量火山尘埃将大部分被太阳辐射反射回去，使到达地球表面的太阳辐射大为减少，会使地球气温下降；另一方面，空中火山灰颗粒又为降雨的形成提供有利条件，世界气候又会变得多雨。

一部分地区雨量过多，另一部分地区就会干旱。大雨和干旱又会使热能分布不均。这些现象综合起来，将会得出一种结论：世界范围粮食的歉收将不可避免。

所以，美国政府很快做出了减少1/3耕地面积的决定，试图以此抬高粮食价格。

果然由于火山爆发，1983年世界各国粮食产量下降，美国成了唯一的粮食出口国，由于美国事先做出了减少1/3耕地面积的决策，结果物以稀为贵，粮食价格比以前上涨了近2倍。这不仅弥补了以前由于粮食积压带来的损失，使经济在减产的情况下出现繁荣；而且还以粮食为资本牵制苏联，迫使苏联压缩军费开支，拿出巨额外汇购买粮食，保持了美国对苏联的军事优势。

一次普普通通的火山爆发事件，美国却能敏锐地从中捕捉到相关信息，获得巨大的主动权和效益。在现代的信息社会中，只有掌握大量信息，捷足先登，方可在激烈的竞争中居于主动地位。

## 童叟无欺树信誉

日本八佰伴商社是从沿街叫卖蔬菜起家的，经营这家商社的是和田良平与他的妻子加津。创业之始，和田良平夫妇深知自己"家小"、"业小"，先天条件不足，只有勤奋工作，不断创造条件，才能在激烈的竞争中站住脚，才有可能得以发展和壮大。为此，夫妇俩把"童叟无欺"作为自己经商的信条。

经过十多年的努力，和田良平夫妇终于有了自己的店铺，店号叫作"八佰伴热海分店"。但是，不久，热海市连遭大火，成千上万的人家被大火烧得一贫如洗，"八佰伴热海分店"也被烧成一片灰烬。

这时"八佰伴"有一批进货在大火后运到，由于许多菜店都葬身火海，热海的蔬菜价格暴涨。和田良平夫妇认为，现在大家都很困难，不能赚这笔不义之财，而且在这困难时期，如果还以平价出售，更能证明自己讲求信义，真正"童叟无欺"，这关系到菜店的长远利益。

因此，和田良平夫妇坚持以平价出售，赢得了市民们的好感和尊敬。

当时，"八佰伴"与四十多家批发商有联系。批发商们知道"八佰伴"有困难，主动提出免去或迟收"八佰伴"的贷款。"八佰伴"认为经商必须讲求信誉，否则，无法发展壮大，和田良平夫妇按月凑足现金结账。批发商们认为和田良平可以信赖，在以后的交往中，不断地为"八佰伴"提供优良的条件，资助"八佰伴"的发展。

一场大火"八佰伴"几乎被烧得一无所有。大火过后不久，"八佰伴"却在废墟上建起了二层楼的商店！这不能不归功于和田良平"童叟无欺"、讲求信义的经营策略。

和田良平夫妇在事业有成的基础上，将讲求信义、"童叟无欺"的经营方针进行了改革，大胆实行了明码实价经营——在当时的日本，敢于这样做的商店只有10家，这是以真正最低廉的价格向顾客销售最好的货物。有一次，加津对丈夫说："如果把每件商品的毛利增加一分钱，我们就能扭亏为盈。"和田思索良久，说："我们一开始就以廉价经营的方法办店，千万不能半途而废。从明天起，每件商品的毛利下调百分之一。"消息传出去，"八佰伴"的顾客又增加了一倍。"八佰伴"不懈追求，不断创造新的、为顾客所欢迎的购物环境，使自身赢得了一次又一次发展的良机。

如今，"八佰伴"早已发展成为一个跨国际的商贸集团，在新加坡、美国、巴西等国都设有自己的分店,并都以信誉卓著而闻名。

## 商战中的明谋暗诈

1904年,在美国旧金山成立的意大利银行,于1925年得到一个机会,胁迫美洲银行副董事长的儿子,要求他不断提供该行的内部情报,并答应将来吞并美洲银行后付给他5%的股份作为报酬。

世界经济大萧条时期,机会降临了——意大利银行从资产负债表中发现美洲银行的放款业务出了大麻烦,许多放款因当时的经济气候而成为呆账;另一方面,有望获得的一笔无甚风险的政府工程项目却无足够的信贷资金可供投放。

于是,意大利银行遂以提供现金支持来引诱美洲银行与其开展业务往来。美洲银行在惊喜过望之余,毫不犹豫地接受了合作建议,甚至在这种现金支持尚未兑现时,为防生意被其他金融机构抢走,就决定暂时挪用银行的现金储备来发放政府工程的贷款,同时催促意大利银行尽快实现自己的口头承诺。

美洲银行完全落进了圈套。意大利银行一方面拖延合同签字的日期,另一方面又把美洲银行面临的困境转告美洲银行的宿敌——太平洋银行。太平洋银行见摧毁对手的时机已到,遂于股市上低价抛出大批的美洲银行股票,同时还到处散布美洲银行经营状况不妙的消息,加剧投资大众的恐慌心理,造成挤提风潮,使其他银行不敢轻易支持美洲银行的运作。在大萧条中本已处于很低水平的美洲银行股票价格,经此打击更是跌得一发不可收拾。意大利银行则趁此机会,用其充足的现金购入大量的美洲银行股票,从而牢牢地控制了该行,实现了以小吞大的奇迹。意大利银行就此由一家小银行变成了一家业务完善的大银行,这就是今天的美洲银行。

## 不舞价格双刃剑

电子业发展在20世纪突飞猛进,各类厂商为争夺自己的生存、发展空间,经常大规模降价,有时甚至降到极限的价位。

在电子业的价格大战中,大厂商受到的冲击很多,但受伤害最大的莫过于那些电子零售业:那些很有发展前途的商号在价格大战中破产或被兼并,而有些则被迫缩小势力范围,苟延残喘。还继续进行价格大战吗?当然,这不是愿意与否的问题。市场价格本来就不是哪一个人能随便控制的，但是有人却避开大战而获得了成功。这就是电子零售业的一个巨头——贝斯特·特伊。

当整个电子行业价格大战打得烽烟四起之时，贝斯特·特伊却对他的各个商店进行装修：明亮的灯光、崭新的货架、更为科学的人流走向布置、全开架式电子零件自选，这吸引了很多顾客，商店总营业额上涨40%以上。特伊趁此机会，又开设采用此种方式经营的新店。

这就是贝斯特·特伊的精明，一再的降价会让顾客产生继续等待的心理，或干脆认为是劣质品而不屑一顾。特伊在多年的经营管理中发现，电子零售商店的缺点是，销售过程中店员过于热情，顾客选购询问多，结账繁琐，店内摆设杂乱没有美感，缺少吸引力等等。贝斯特·特伊感到要改变这一切，另辟蹊径才是上策。

没有加入到价格大战中却招来财源滚滚，这一事实充分证明了贝斯特·特伊独到的眼光，而其他的零售店不是被价格大战逼得关门，就是继续降价直至亏本，处境艰难。贝斯特·特伊则一面笑这些"勇敢的战士"，一面继续研究他的新战术。

激烈的价格竞争往往是一把双刃剑，刺伤对方的同时也会伤及自身。因而，商业管理者应尽量避免直接去充当挥舞这把剑的"勇士"。

【人生智谋例说】

## 苏秦临终献一计

中国有句成语：悬梁刺股。其中，"刺股"讲的是战国时期著名的政治家苏秦的故事。

苏秦在事业开始的时候屡遭失败，他去游说秦国，秦王没有搭理他，他灰溜溜地回到家中，父母不跟他说话，妻子不给他缝衣服，嫂子也不给他做饭吃。苏秦从此发奋读书，每当困倦之时，拿起妻子纳鞋用的锥子就往大腿上刺去，顿时，鲜血流出，疼痛难忍，困乏随之一扫而光，苏秦捧起书本，继续苦读。经过一年多的苦读，苏秦又去游说赵、韩、魏、楚、燕、齐等六国联合抗秦，六国共同封苏秦为宰相，赵国还加封他为武安君，苏秦的名字从此威震天下。

苏秦在赵国住了一段时间，又在燕国住了一段时间，最后在齐国住了下来。齐王对苏秦很信任，大事小情都要跟苏秦商量，这引起了齐国大夫的嫉妒，最后竟发展到派刺客刺杀苏秦的地步。

一天晚上，苏秦正在书房里读书，一名蒙面刺客从窗口跳进来，一剑刺入苏秦胸膛，苏秦大叫一声："有刺客！"随即倒在血泊之中。苏秦的卫士急忙跑入书房，刺客已逃之夭夭。

齐王听说苏秦遇刺，急忙来看望。苏秦已奄奄一息，挣扎着说："刺客■■身材，高■■高大，臣■■有一计■■能抓到真正■■刺客■■"苏秦上气不接下气地说出一计后，就死了。

齐王回到宫中，众大臣都来询问苏秦的死因，与苏秦争宠的那些大臣则格外关心齐王对苏秦之死是什么态度。齐王满面怒容，恨恨地说："真是知人知面不知心！我尊他为上宾，封他为宰相，他竟然是燕国派来的奸细！不将他五马分尸，不足以解我心头之恨！"

齐王说干就干，当即派人把苏秦的尸体拉到市场上，命人把苏秦的头和四肢分别拴在五辆马车上，当众宣布了苏秦的"罪恶"后，一声令下，五辆马车向五个不同的方向奔去，苏秦的尸体顷刻之间分成了五个部分。

齐王命令将苏秦的尸体抛在街头，不许埋葬，然后吩咐取道回宫。正在这时，一个身材魁梧的人从众百姓中走了出来，声称苏秦是他刺杀的，请齐王给他赏赐。

齐王道："你为齐国立下赫赫大功，我自然重重有赏。不过，假如众百姓都声称是他杀的，都来向我求赏，我该给谁呢？"

刺客回答："大王明察，只有我可以证明苏秦确是我杀死的。"于是，把行刺过程讲了一遍。

齐王静静地听着，刺客所言与自己所掌握的情况果然完全一致，于是，对刺客说："不错！苏秦是你所刺杀的——苏秦先生可以在九泉之下瞑目了！"齐王命令卫士："将刺客给我拿下！"

刺客大吃一惊，方知中计。

齐王杀掉刺客，用隆重的礼仪埋葬了苏秦。

## 十年破产为读书

教育家徐特立从18岁开始，抱着读书明理的志趣开始了他的塾师生涯。当时，徐特立只读过6年的私塾，学识很有限，可是要买书学到更多的学问又没有钱，徐特立为此十分苦恼。

恰在此时，徐特立从祖母那里继承了一点田产，每年可收20石谷。徐特立想：看来要想读书，就得"破产"。要么"破产"读书，要么守财不学。他再三权衡，终于决定，用自己每年教书的收入维持家庭用度，把祖母田产逐年变卖，用来买书。他坚信：十年苦读，到30岁时，书读通了，谋生问题也就解决了！

从此，徐特立不顾他人的议论，抛弃"八股"，立志苦读求学问，坚定不移地按着自己的计划走下去，连《十三经注疏》、《读史方舆纪要》、《御批资治通鉴》等贵重书籍，他都毫不犹豫地用变卖祖母田产的钱买了回来。

徐特立读书十分刻苦。在攻读古典书籍的过程中，徐特立还认真学习了地理、代数、几何、历史。1905年，清政府取消"八股"，在科举考试中改试经义，加试历史、地理。这时，徐特立破产读书已进入了第8个年头，祖母的田产已变卖得只剩下一年收4石谷，眼看已无"产"可"破"。为了生计，徐特立报名参加了科考。

初试三千多人，徐特立名列第19；复试结束，徐特立也取得了好成绩。徐特立的地位顿时提高，年薪由14串钱一跃升为60串钱，"十年破产读书"终于结出了硕果。凭着"十年破产读书"学到的知识，徐特立在时代的风雨中逐步成长起来，他先后创办了梨江高等小学堂和长沙师范。在湖南第一师范执教期间，徐特立是毛泽东、蔡和森、李维汉等一大批优秀人才的老师，成为一代杰出的教育家。

## 从流浪者到大师

莫里哀从小就喜欢戏剧，大学没有读完，他就组织了一个"光耀剧团"，开始了他的戏剧生涯。"光耀剧团"仅存在了三年，由于负债累累，莫里哀被债主们送进了监狱。幸亏一个叫列昂纳尔·奥勃里的人出面为莫里哀作保，他才被放了出来。

莫里哀毫不气馁地带领他的剧团继续演出，但人们不买他们的"账"，剧团在痛苦挣扎中卖掉了凡是可以卖掉的东西，他们从巴黎出发，向法国南方行进，开始了艰难的流浪演出。这一年，莫里哀年仅24岁。

莫里哀带领他的剧团常常睡在干草棚里，在乡村的板棚里演出时，挂上一些破布就算是幕布了。每到一个新的地方，演员们首先要找地方官请求允许为老百姓演出。艰苦的流浪演出生活不但没有动摇莫里哀酷爱戏剧的决心，反而锤炼了他顽强的意志，铸就了他敏锐的思维和天才的喜剧表演技巧。莫里哀的剧团渐渐地博得了人们的欢迎，他们的喜剧表演总能引起观众的哈哈大笑。

莫里哀还喜欢亲自编写剧本，他在坎坷的浪流生涯中编出的轻松愉快、无忧无虑的独幕闹剧最令同伴们叫好。莫里哀带领着自己的流浪剧团在法国的城乡中漫游了12年后，于1658年回到了首都巴黎。

演出的那一天，大厅里坐满了宫廷的大小官员和近卫军，菲力普·奥尔良亲王陪着国王路易十四坐在最前面。莫里哀为国王演出的剧目是《多情的医生》。演出的铃声响了，大幕缓缓拉开，当"多情的医生"一登上舞台的时候，人们立即笑了起来，当"多情的医生"做了第一次道白之后，人们便哈哈大笑了。几分钟后，哈哈大笑变成了哄堂大笑，就连菲力普·奥尔良亲王和国王路易十四也在椅背上捧腹大笑。最后，在门口站岗的火枪兵也大笑起来，照规矩，他们在任何情况下都是不许纵声大笑的。《多情的医生》的终场被一片喝彩声淹没。

几年后，莫里哀的《吝啬鬼》、《伪君子》使全巴黎的人都站起来欢呼。

莫里哀终于成功了，他成为全世界著名的喜剧大师。

莫里哀的成功之路并不平坦，青年时期的创业屡屡受挫，多数人面对同样的境况也许会选择自怨自艾，放弃认命，但是大师终归是大师，他坚信自己的位置，咬定青山不放松，"故曰：知己知彼，胜乃不殆"。

## 越俎代庖把握良机

1967年，埃及和以色列之间爆发了著名的以埃战争，这次战争对整个世界的政治、经济产生了重大影响。由于战争的爆发，苏伊士运河被迫中断了好长一段时间，这条沟通大西洋和印度洋的航线被切断，直接影响这条航线上所有轮船公司航运事业的发展。

希腊的蓝波轮船公司在以埃战争发生后，积极寻找其合作伙伴，他们打电话给英国石油公司，如果在一天内能得到肯定答复，轮船公司将以最低的价格将公司所有商船出租给石油公司。

如果轮船公司不能得到肯定答复，他们将寻找其他合作伙伴。

当时，英国石油公司接电话的人是现任英国石油公司董事长彼得·沃尔特。然而，那时候他不过是公司的一名执行副总裁，按公司惯例，沃尔特无权对公司的重大行动作出决策，也就不能给对方一个明确答复，可是石油公司总裁纳尔逊出差去了美国，要一周后才会返回英国，沃尔特想通过电话请纳尔逊决定，可是没能联系上，显然，等待纳尔逊回国后再做出决定无疑向对方表示了自己的否定态度。

在这个问题上，沃尔特没有犹豫，他考虑了整整一个上午，毅然决定全部租下蓝波轮船公司的所有商船。

埃以战争期间，由于苏伊士运河航线的中断使得商船不得不改道绕过南非好望角，同时，战争的影响使一些轮船公司把资产转移到其他产业，所以油船的价格很快上涨。沃尔特决定租用蓝波轮船为石油公司带来极为可观的利润。

任何原则、条例都不能以机械的方式进行，尤其在重大问题上，决策果断、不迷信权威才是正确处理问题的关键所在。

沃尔特在这件事上"先斩后奏"，为他的公司赢得了巨额利润，也充分显示出了他在重要关头的应变能力与魄力，这是源于他的远见卓识的。

那些动不动就问上司、完全服从上级指派的中层管理人员，最需要的就是这种"独断专行、先斩后奏"的勇气与实践。

## 小人物以诚动人

日本能媒化学工业公司是日本的一流大企业，但在创业之初，它不过是一家仅拥有五名员工、靠制造卫生球赖以生存的小厂。

当时，日本对卫生球的需求量很大，但制造卫生球的原料很难购买，全日本只有富士、八幡和日本钢管三家公司拥有。拥有五名员工的小老板八谷泰造为此十分苦恼。"工厂不能总是停工啊！"八谷泰造想去寻求富士、八幡和日本钢管的支援，但以他的身份——那实在是滑稽之至！可是，没有原料，工厂就要倒闭，八谷想来想去，还是决定跟三家大公司联系一下，他选定了富士，他认为只要心诚，定能金石为开。

八谷先是给富士制铁公司董事长永野先生写信。他断断续续地给董事长寄去了三十多封信，三十多封信一去无返，连一点音讯都没有。八谷毫不气馁，这是他预料之中的，一个操纵着数万员工生杀大权的大人物哪里会有时间

第十章·地形篇

去管一个素不相识的小人物的事情呢！或者，永野的秘书早就把那些微不足道的信件扔进垃圾箱了。八谷苦苦思索良策。

一天，八谷在报纸上看到一条消息：富士制铁公司永野董事长将来大阪。八谷心头一喜，"这倒是个见永野的良机！"他想，"不过，怎么样才能见到董事长呢？去旅馆？可能性很小；在车站？不行。去火车上？██对！到火车上去拜访就不会被拒于门外了，还会增加一种亲切感，任何人都是希望能得到别人的尊重的。"八谷根据报纸上报道的时间，登上了永野董事长所乘坐的那辆火车，又根据报纸上登载的永野相片，在一等车厢里找到了永野董事长。

"您是富士制铁公司的永野董事长吧？我是大阪的八谷泰造，特意从大阪赶来，想跟您谈谈。以前，我也曾寄给您几封信██"

永野对这位大胆的小人物立刻产生了几分好感，他请八谷坐下来，两个人天南海北地谈了半天，竟谈得十分融洽。火车到达大阪，永野邀请八谷随时到东京去玩。

数天后，八谷专程到东京去拜访永野。永野很喜欢八谷的爽诚和风趣，满口答应满足八谷的愿望，两人建立了友谊。

从此，八谷时来运转，以日新月异的速度向前发展，成为日本化学工业的巨子。

### 被炒的"可爱女士"

谁能相信两度"埃美金像奖"的得主S·J.拉菲尔女士在其30年的播音生涯中竟会有18次被炒鱿鱼的历史纪录！

1981年，拉菲尔女士在历经磨难后，又一次被纽约电台解雇了，原因极其简单："不合时尚"。

拉菲尔女士毫不气馁，她认为自己有播音的天赋，她相信自己在这一领域会取得成功，因此，她一面谨慎地寻求就业机会，一面不倦地学习完美的播音技巧。经过一年多的努力，她带着"电台问答节目的新构想"走入了"全国广播公司"的大门，获得了一个主持有关美国独立纪念日的政治节目的机会。

拉菲尔十分珍惜这一时机。在经过充分的准备后，她以独特的轻松、爽朗、坦诚的谈吐风格开始播音██爱挑剔的美国听众立刻被拉菲尔女士动人的嗓音吸引住了。

美国"全国广播公司"留下了拉菲尔女士。

此后，拉菲尔女士主持的节目拥有越来越多的听众，人们都把听拉菲尔女士主持的节目当作是一次艺术享受。随着时间的增长，人们还送给拉菲尔女士一个美称：可爱的女士。

如今，荣获两届"埃美金像奖"的拉菲尔女士兼任电视专题节目主持人，拥有美国、英国、加拿大等国千万名"拉菲尔迷"。

假如，拉菲尔女士在她第18次被炒鱿鱼后不幸改操它业，世界还会有"可爱的女士"这一美称吗？

第十一章

# 九地篇

本篇论述在九种不同战略地形下作战的原则，指出如何因地制宜、因利乘便，发挥将士的战斗积极性，研究九种不同地形对军队产生的不同心理影响和如何加强军队战斗力的问题，指出"投之亡地然后存，陷之死地然后生"的经典军事理论。

## 【原文】

孙子曰：用兵之法：有散地①、有轻地②、有争地③、有交地④、有衢地、有重地⑤、有圮地、有围地⑥、有死地⑦。诸侯自战其地，为散地；入人之地而不深者，为轻地；我得则利，彼得亦利者，为争地；我可以往，彼可以来者，为交地；诸侯之地三属⑧，先至而得天下之众者，为衢地；入人之地深，背城邑多者，为重地；行山林、险阻、沮泽，凡难行之道者，为圮地；所由入者隘，所从归者迂，彼寡可以击吾之众者，为围地；疾战则存，不疾战则亡者，为死地。是故散地则无战，轻地则无止，争地则无攻，交地则无绝，衢地则合交，重地则掠，圮地则行，围地则谋，死地则战。

所谓古之善用兵者，能使敌人前后不相及⑨，众寡不相恃⑩，贵贱不相救⑪，上下不相收⑫，卒离而不集⑬，兵合而不齐⑭。合于利而动，不合于利而止。敢问：敌众整而将来⑮，待之若何？曰：先夺其所爱，则听矣。兵之情主速⑯，乘人之不及，由不虞之道⑰，攻其所不戒也。

凡为客之道⑱：深入则专，主人不克⑲；掠于饶野⑳，三军足食；谨养而勿劳㉑，并气积力；运兵计谋㉒，为不可测。

投之无所往㉓，死且不北㉔；死焉不得㉕？士人尽力㉖。兵士甚陷则不惧㉗，无所往则固㉘，深入则拘㉙，不得已则斗。是故，其兵不修而戒㉚，不求而得，不约而亲㉛，不令而信㉜，禁祥去疑㉝，至死无所之㉞。

吾士无余财，非恶货也；无余命㉟，非恶寿也㊱。令发之日，士卒坐者涕沾襟㊲，偃卧者涕交颐㊳。投之无所往者，诸、刿之勇㊵也。

故善用兵者，譬如率然。率然者，常山之蛇也，击其首则尾至，击其尾则首至，击其中则首尾俱至。敢问：兵可使如率然乎？曰：可。夫吴人与越人相恶㊶也，当其同舟而济，遇风，其相救也如左右手。是故方马埋轮㊷，未足恃也；齐勇若一，政之道㊸也；刚柔皆得，地之理㊹也。故善用兵者，携手若使一人㊺，不得已也。

将军之事㊻，静以幽㊼，正以治㊽。能愚士卒之耳目㊾，使之无知；易其事㊿，革其谋㉛，使人无识；易其居，迂其途，使人不得虑㉜。帅与之期㉝，如登高而去其梯；帅与之深入诸侯之地，而发其机㉝，焚舟破釜㉝，若驱群羊，驱而往，驱而来，莫知所之。聚三军之众，投之于险，此谓将军之事也。

九地之变，屈伸之利㉝，人情之理㊼，不可不察。凡为客之道，深则专，浅则散㊳。去国越境而师者㊴，绝地也。四达者，衢地也。入深者，重地也。入浅者，轻地也。背固前隘者㊵，围地也。无所往者，死地也。是故散地，吾将一其志㊶；轻地，吾将使之属㊷；争地，吾将趋其后㊸；交地，吾将谨其守㊹；衢地，吾将固其结㊺；重地，吾将继其食㊻；圮地，吾将进其涂㊼；围地，吾将塞其阙㊽；死地，吾将示之以不活㊾。故兵之情：围则御㊿，不得已则斗，过则从㉛。

是故不知诸侯之谋者，不能预交；不知山林、险阻、沮泽之形者，不能行军；不用乡导者，不能得地利。四五者不知一㉜，非霸王之兵也。夫霸王之兵，伐大国，则其众不得聚㉝；威加于敌，则其交不得合㉞。是故不争天下之交㉟，不养天下之权㊱，信己之私㊲，威加于敌㊳，故其城可拔，其国可隳㊴。

施无法之赏㊵，悬无政之令㊶，犯三军之众㊷，若使一人。犯之以事㊸，勿告以言㊹；犯之以利，勿告以害。投之亡地然后存，陷之死地然后生。夫众陷于害㊺，然后能为胜败。

故为兵之事，在于顺详敌之意㊻，并敌一向㊼，千里杀将㊽，此谓巧能成事者也。是故政举之日㊾，夷关折符㊿，无通其使㉛，厉于廊庙之上㉜，以诛其事㉝，敌人开阖㉞，必亟入之，先其所爱，微与之期㉟，践墨随敌㊱，以决战事。是故始如处女㊲，敌人开户㊳；后如脱兔㊴，敌不及拒。

## 【注释】

①散地：指在自己国土内同敌人作战的地域。由于在这种地方作战，遇上危急情况，士卒们容易因恋家而逃散，所以叫作"散地"。②轻地：指进入敌国境内不深的地域。由于这种地方离本国尚近，士卒们怀恋家园，意志尚不专一，打起仗来，难进易退，所以叫作"轻地"。③争地：指敌我双方无论哪一方夺得都会有利的地域。由于这种地域，敌我双方都要争夺，所以叫作"争地"。④交地：指一种我可以往、敌可以来、交通四达、不可堵绝的地域。交，纵横交叉。⑤重地：指进入敌国境内很深、所经过的敌国城廓已经很多，归路已断，难以退还的地域。⑥围地：指一种进入的道路狭窄险峻，返回的道路迂回曲折，敌军只需用少量兵力便可对付我众多军队的地域。⑦死地：指一种背山阻水、粮草断绝、进不得前、退又有阻，或者是被敌军重重围困、难以冲出的地域。处于这种地形，只有迅速决一死战方有生存希望，否则，拖延时日必将陷于灭亡，所以叫作"死地"。⑧诸侯之地三属：指与众多诸侯国交界的地方。三，泛指众多。属，归属。⑨前后不相及：前军与后军不能相互策应、配合。前后，这里是指前

军与后军。及，这里指策应、配合。⑩众寡不相恃：意思是说，大部队与小分队之间，不能相互协同，相互依持。众寡，这里指大部队与小分队。恃，指依持、协同。⑪贵贱不相救：军官与士卒之间，不能相互救援。贵，这里指军官。贱，这里指士卒。⑫上下不相收：上级与下级不能相互联络、相互集中。上下，这里是指上级与下级。收，聚集、联系。⑬卒离而不集：士卒被击溃走散了，很难再集合起来。离，离散。集，集合。⑭兵合而不齐：士卒们即使集合起来了，也不能整齐统一行动。合，集合。齐，整齐。⑮敌众整而将来：敌军人数众多，队形严整，将要来进攻。敌，敌军。众，众多。整，严整。将来，这里是指敌军将要前来进攻。⑯兵之情主速：用兵的情理重在快速。兵，用兵。情，情理。主，这里指重要、重视。速，快速。⑰由不虞之道：经由敌方料想不到的道路。由，经由。虞，料想、臆度。⑱为客之道：我军进入敌方领土作战时应遵循的规律。客，客人、作客。这里是指进入敌国领土后，相对于敌方来说，敌方是主，我方是客。道，道理、原则、规律，这里是指作战之道。⑲主人不克：在本国境内作战的军队往往不能战胜入侵的军队。主人，指在本国领土作战的军队。克，克服。⑳掠于饶野：要掠取敌国富饶原野上生长的庄稼。掠，抢掠。饶野，富饶的原野。㉑谨养而勿劳：要小心地注意搞好部队休整，不要使将士过度劳累。谨，谨慎、小心。养，养息、休整。劳，劳累。㉒运兵计谋：要部署兵力，巧用计谋。运兵，运用兵力，即布置兵力。㉓投之无所往：把军队投入无路可走的绝境。投，投入。无所往，没有地方走、无路可走。㉔死且不北：宁死也不后退。北，败北、败退。㉕死焉不得：将士们死且不怕，还有什么事情办不到呢？焉，怎么、什么。焉不得，怎么会得不到？或什么事办不到？㉖士人尽力：全体将士都尽自己的力量与敌军作殊死战斗。士人，这里指将士。㉗兵士甚陷则不惧：士卒们既已陷入绝境，反而无所畏惧了。甚陷，陷得很深，这里是指陷入绝境。惧，畏惧。㉘无所往则固：军队处于无路可走的绝境，军心反而会更加稳固。无所往，没有去处、无路可走。固，稳固、巩固。㉙深入则拘：军队深入敌境，意志反而更集中，团结反而更坚固。拘，拘束，这里可引申为凝聚、集中。㉚不修而戒：军队不需要整饬便会自觉地进行戒备。修，修治、整饬。戒，戒备。㉛不约而亲：士卒们不待约束便能亲爱互助。约，约束。㉜不令而信：不需要对将士们三令五申便能得到他们的信任和服从。令，命令。信，信任服从。㉝禁祥去疑：禁除迷信和谣言，以免士卒猜疑，扰乱军心。祥，吉凶的预兆，这里指预卜吉凶的迷信活动。疑，疑虑、猜疑之意。㉞至死无所之：意思是说，士卒们至死也不会逃跑。之，往，这里指逃往、逃跑。㉟非恶货也：并非厌恶财货。恶货，厌恶财货。㊱无余命：没有多余的生命。㊲非恶寿也：并非厌恶长寿。寿，寿命、长寿。㊳涕沾襟：眼泪沾满衣襟。涕，眼泪。㊴偃卧者涕交颐：一些仰卧的士兵们眼泪在面颊两边流着。偃，仰倒。颐，面颊。㊵诸、刿之勇：像专诸、曹刿那样的英勇无畏。诸，专诸，春秋时吴国勇士，曾将剑藏在鱼腹中刺杀吴王僚，结果自己也被杀害。刿，曹刿，春秋时期鲁国勇士，曾在齐鲁柯地会盟上手持利剑劫持齐桓公，迫使齐桓公同鲁国订立盟约，退还所侵鲁国的土地。㊶吴人与越人相恶：春秋时期，吴国与越国争霸而引起两国人民的相互仇恨。恶，仇恨。㊷方马埋轮：把马束缚起来，把兵车的轮子埋掉。方马，即缚马。㊸政之道：治理军队的方法。政，治理。道，道路、方法。㊹地之理：地形之理，地势之理。㊺携手若使一人：携手团结如同一人。㊻将军之事：率领军队的事情。将，主持、带领。将军，带领军队。㊼静以幽：冷静而幽深莫测。静，冷静、镇静。幽，幽深。㊽正以治：治理军队公正严明而又有条不紊。正，公正、严正。治，治理、有条不紊的秩序。㊾愚士卒之耳目：蒙蔽士卒们的耳目，使他们一无所知。愚，蒙蔽。㊿易其事：变更过去曾经做过的事。易，变易、变更。(51)革其谋：不断变换已经用过的计谋。革，变革、变换。谋，计谋。(52)不得虑：思虑不到，料想不到。虑，思虑、考虑。(53)帅与之期：指主帅与将士们约期赴战，或交与将士们的作战任务。帅，主帅。期，约期。(54)发其机：扳动机括，射出利箭。机，机括。(55)焚舟破釜：把用来过河的船烧掉，把煮饭用的锅打破。釜，煮饭用的锅。(56)屈伸之利：军队或进或退的利益所在。屈伸，这里是指军队的进退。(57)人情之理：部队心理状态变化发展的规律。情，情绪、情感、心理状态。理，道理、规律。(58)浅则散：部队进入敌国境内不深时，军心容易因恋家而涣散。浅，这里是指部队进入敌国境内浅。散，涣散。(59)去国越境而师者：离开本国越过边境进入敌国作战的军队。去国，离开本国。师，军队，这里引申为“作战”。(60)背固前隘：背靠着险阻，又面临着隘路。固，坚固，这里可引申为“险阻”。隘，狭隘。(61)使之属：使部队紧紧连接，不致中断。之，指示代词，这里指部队。属，连属。(62)趋其后：催促后继部队疾速跟进。趋，疾走、赶快。其，代词，指部队。后，这里指后继部队。(63)谨其守：督促部队严密防守。谨，严谨。(64)固其结：巩固原来的结盟。固，巩固。结，结交、结盟。(65)继其食：使粮食获得不断的供给。(66)进其涂：迅速通过，不能停留。涂，通“途”。(67)塞其阙：堵塞缺口。阙，缺口。(68)示之以不活：表示要与敌军死战到底的决心。示，表示。(69)围则御：部队陷入包围，士卒们就会竭力抵抗。围，包围。御，抵御。(70)过则从：士卒们陷入绝境，就会服从指挥。过，太甚、太绝。从，服从。(71)四五者不知一：对以上这些事，如有一样不能了解。四五者，泛指各种各样的地形情况。(72)其众不得聚：指敌国的军民集中不起来。其，指示代词，这里是指敌国。众，指军民之众。聚，聚集。(73)其交不得合：敌国想与别国结交，以求取得援助，也不能成功。交，结交。合，合作、联合。(74)不争天下之交：无需争取与其他诸侯国结交，以取得他们的支援。争，争取。天下，指各诸侯国。交，结交。(75)不养天下之权：无需在各诸侯国培植自己的势力。养，培养。权，权势、势力。(76)信己之私：这里的意思是指要伸展自己的谋略。信，申。私，私意，这里是指自己的谋略。⑦威加于敌：以自己的军威加于敌军之上。威，威力，这里指军威。⑧其国可隳：敌国的国都可以被摧毁。国，这里是指国都。隳，摧毁、毁灭。⑦施无法之赏：施行超越常法的奖赏。无法，没有法、超越常法。⑧悬无政之令：颁布打破常规的命令。悬，悬挂，引申为颁布。无政，不合常规。⑧犯三军之众：指挥三军之众。犯，发生、发作，这里可引申为使用、指挥。⑧犯之以事：使士卒作战。事，事情，这里是指作战。⑧勿告以言：不要告知其计谋。言，这里可解释为计谋。⑧众陷于害：大家都陷于危难之中。众，大家。害，危害、危难。⑧顺详敌之意：要仔细了解敌军的意图，并伴装随顺他们，以使其落入我方圈套。顺，随顺、依顺。详，详细、仔细。敌之意，敌军的意图。⑧并敌一向：集中兵力攻打一个方向。并，合并、集中，这里是指集中兵力。敌，攻打、进攻。一向，一个方向。⑧千里杀将：千里奔袭，擒杀敌将。千里，这里是指部队奔袭千里。⑧政举之日：举兵出征的日子。政举，即征举。⑧夷关折符：封锁关口，废除通行证件。夷，封锁。关，关口。折，毁折、废除。符，通行证件。⑨无通其使：不与敌国通使。使，使者、使节。⑨厉于廊庙之上：督促大臣们在庙堂之上计谋战事。厉，督励。廊庙，庙堂。⑨以诛其事：以计谋其事。诛，责成，这里可作治理、计谋解。⑨敌人开阖：开阖，一开一阖，指敌人一开一阖，出入无常，进退未决，因而有隙可乘。⑨微与之期：不要与敌方约定交战的日期。微，不。之，指示代词，这里是指敌国、敌军。期，约期。⑨践墨随敌：循守法度，实行规矩，都要依随敌情的变化而灵活运用。践，践履、实践、实行。墨，绳墨，这里可作规矩、法度解。敌，这里指敌情。⑨始如处女：在军事行动将要开始时，要表现得像处女那样柔弱沉静，不露声色。处女，未婚女。在封建时代，人们把未婚女描写得非常柔弱沉静。⑨敌人开户：要让敌方放松警惕，大开门户。敌，这里是指敌国。开户，打开门户。⑨后如脱兔：一旦军事行动开始，就要像脱逃之兔那样迅速异常。后，这里是指军事行动开始以后。脱兔，指脱逃之兔，迅速异常。

# 【译文】

孙子说：根据用兵作战的法则，战地可分为散地、轻地、争地、交地、衢地、重地、圮地、围地、死地九种。诸侯在本领地上作战的地区，称为散地。进入他国领地而不深入作战的地区，称为轻地。我方占领就有利，敌方占领也有利的地区，称为争地。我军可以去，敌军也可以来的地区，称为交地。与众多诸侯国交界的地区，先到达的就能得到诸侯列国援助的地区，称作衢地。深入敌国腹地，背对敌人许多城邑的地区，称为重地。山林、险阻、沼泽等难于行军的地区，称为圮地。进入道路狭窄，退归的道路曲远，敌人用少量兵力就可以攻陷我方众多兵力的地区，称为围地。迅速勇猛作战就能生存，不迅速奋战就会被消灭的地区，称为死地。因此，处于散地就不能作战，处于轻地就不能停留，在争地就不能强攻，在交地就不能失去联络，进入衢地就应该结交诸侯，处在重地就要掠取物资，遇到圮地就要迅速通过，陷入围地就要设谋脱险，处在死地就要勇猛作战。

从前善于用兵打仗的人，能使敌人前后不能相互顾及，大部队与小部队之间不能相互依靠，官兵之间不能相互救援，上下之间无法聚集合拢，士兵离散而不能集合，队形遇上交战就不整齐。对于军队使用，符合我军利益的就行动，不符合我军利益的就停止行动。试问："敌军人多，并且阵势整齐地向我攻来，用什么办法对付它？"回答是："先夺取敌人最关键的东西，这样敌人就会听从我们的摆布了。用兵之理，贵在神速，乘敌人措手不及之机，走敌人意料不到的道路，攻击敌人所不戒备的地方。"

大凡进入敌国作战的原则是，深入敌国腹地就会兵士齐心，敌军就无法战胜我军。在敌国富饶地区掠取粮草，全军就可获得充足的食物。注意休养人马，不要疲劳，保持士气，积蓄力量，布军设谋，使敌军无法判断我军的意图。

把部队置于无路可退的绝境，士兵就会死战也不后退。死都不怕，还有什么事情办不到？这样，士兵就会人人尽力了。士兵深陷危险的境地，就会无所惧怕；无路可走，军心就会稳定；深入敌境，军心就会专一；迫不得已时，就会拼死战斗。因此，这样的军队无须整治就能自觉戒备，无须强求就能完成任务，无须约束就能亲密团结，无须命令就会遵守纪律。禁止占卜迷信，清除疑虑谣言，士兵即使战死也不会退却。

我军士兵没有多余的钱财，这并不是他们厌恶钱财；不怕牺牲生命，并不是他们厌恶生命。当作战命令发布的时候，坐着的士兵眼泪沾湿了衣襟，躺着的士兵泪流满面。把士兵投置到无路可走的绝境，他们就会像专诸、曹刿那样勇敢了。

善于用兵作战的人，能使军队像"率然"蛇一样前后呼应。所说的"率然"，就是在常山地方的一种蛇。打它的头部，它的尾巴就来救应；打它的尾巴，它的头部就来救应；打它的中部，它的头尾都来救应。试问："可以使军队像'率然'一样吗？"回答说："可以。"吴国人与越国人互相忌恨，但当他们同船渡河而遇上大风时，他们相互救助，配合默契就像人的左右手一样。所以，不能够靠缚住马匹、埋没车轮的方法来稳定军队。军队齐心奋勇如一

第十一章·九地篇

人，靠的是治理军队方法得当；要使刚强、软弱的士兵都能发挥作用，靠的是合理利用地形。所以，善于用兵的将领，指挥部队就如同指使一个人，这是由于把士兵放在不得已的境地的缘故。

指挥军队，要沉着冷静，幽深莫测，公正而严明。可以蒙蔽士兵的耳目，使他们不了解军事计划；改变军事行动，变化军事计谋，使人无法识破；变换驻地，绕道行军，使人无法捉摸。将领给军队派遣任务时，就像登高抽去梯子一样，使军队有进无退。将领率领军队深入诸侯国境，要像击发弩机一样，速战速决。烧掉船只，砸烂饭锅，以示死战的决心。把士兵像赶羊群一样，赶过来，赶过去，使他们不知道要往哪里去。集结全军的官兵，把他们投置于险要的境地，这就是指挥军队作战的大事。

不同的地形灵活应变，攻防进退的利弊得失，全军上下的心理状态，这些都是将领不能不认真研究和周密考察的。大凡进入敌国作战的规律是：深入敌境，军心就容易专一；浅入敌境，军心就容易涣散。离开本国进入敌境进行作战的地区，叫作绝地；四通八达的地区，叫作衢地；进入敌境纵深的地区，叫作重地；进入敌境浅的地区，叫作轻地；背靠险要地势面对通道狭窄的地区，叫作围地；无路可走的地区，叫作死地。所以，处在散地，我军就要统一意志；处在轻地，我军就要设法让部队前后左右相连；处在争地，我军就要从敌人后面迅速赶上；处在交地，我军就要谨慎防守；处在衢地，我军就要巩固与诸侯列国的结盟；处在重地，我军就要保障粮草的供应；处在圮地，我军就要迅速通过；我军就要堵塞缺口；处在死地，我军就要显示出拼死奋战的决心。因此，士兵的心理状态是，陷入包围就会奋起抵抗，迫不得已就会拼死战斗，身陷绝境就会听从指挥。

所以，不了解诸侯列国的计谋，不能预先与之结交；不熟悉山林、险阻、沼泽等地形情况的，不能行军；不使用向导的，就得不到地利。对于这些情况，有一方面不了解的，就不能成为称王争霸的军队。凡是能称王争霸的军队，讨伐大国，就能使敌国的军队不能聚集；对敌国施加威力，就可使敌国无法与别国结交。所以，不必争着与别国结交，也不必在别国培植亲己的势力；只要贯彻自己的战略意图，把威力施加于敌方，就可以攻克敌人的城邑，毁灭敌国。

施行超出惯例的奖赏，颁布超常的命令，率领全军如同指使一个人一样自如。赋予士兵任务，但不告诉他们其中的意图。发动士兵，告诉他们有利的一面，不要告诉他们有害的一面。把士兵投入危险的境地，才能转危为安；使士兵陷身于死地，才能起死回生。军队陷入危险的境地，才能争得胜利。

所以，指挥作战这种事，在于谨慎地观察敌人作战的意图，集中兵力攻击敌人的一点，长驱千里，杀敌斩将。这就是所说的巧计能成就大事的道理。所以，战争开始的时候，要封锁关卡，废除通行证，不允许与敌国使者往来；督促大臣们集中在庙堂里谋划，研究作战大事。敌方一旦出现空隙，就一定要迅速插入。先夺取敌人的战略要地，但不要与敌人约定交战日期。根据敌情的变化而实施作战计划，以求得战争的胜利。因此，在战争开始初期要像处女一样沉静，使敌人放松戒备。战斗展开之后，则要像脱兔一样迅速行动，使敌人来不及抵御。

## 【评析】

《九地篇》是《地形篇》的姊妹篇，是针对地形地理如何用兵的进一步研究。本篇着重从人的心理因素和情绪因素的角度论述如何因利乘便，利用地形，发挥人的主观能动性，以克敌制胜。其中突出的一个重要思想，就是如何造成一种主观条件（严厉的军纪约束与训练）和客观条件（投之于险地），使战士们生发出一种决死心理，从而团结一心，奋不顾身，勇往直前，去夺取胜利。

### /衢地险关　兵家必争/

本篇名为"九地"，其中有散地、轻地、争地、交地、衢地、重地、圮地、围地和死地。孙子仔细分析了这不同类的地形，从战略战术的实施上，提出了精辟的论点，即散地不宜战，交地行军不能间断，争地不宜进攻，衢地应结交诸侯，重地应获取粮食，圮地应迅速通过，围地应设计谋路，死地应拼死一战。

孙子所说的"衢地"，是四通八达、敌我与其他诸侯国接壤的地区，一般离本土较远，是交战的各方面必争的战略要地。谁能抢在前面占领它，谁就能掌握战争的主动权。因此自古至今，军事家们无不为之而绞尽脑汁，这也为我们留下了一个又一个的著名战例。

《三国》中一战例为"街亭之战"，民间称之为"失街亭"。街亭乃汉中咽喉，街亭一失，西蜀的后勤供应就会被掐断，魏军还会威胁陇西一带。诸葛亮错用马谡，只得冒险演了一出"空城计"。在现代商战中，形形色色的"商品交易会"、"博览会"、"展销会"不时举行，"会议"所在地便也成为商战中的"衢地"，是商家必争之地。古今事例相鉴，我们会从中悟出一点道理。

### /深入则专　主人不克/

军人要牢固树立集体主义观念，个人英雄主义是用兵的大敌。孙子说："深入则专，主人不克。"其中"专"字即专心一意、团结一心的意思。军队是武装的斗争集团，要有严格的组织和铁的纪律。组织强，纪律强，团结一心，才能有战斗力。用孙子的话讲，只有"齐勇若一"，对敌人千军万马"携手若使一人"，才能"并敌一向，千里杀将"。精诚团结，协同作战，便无坚不摧。

整体是由局部构成的，但整体力量并不简单等于局部力量之和。现代系统论认为，如果把局部力量合理地排列组合，整体力量会大于局部力量之和。现代化的军队已发展成为诸兵种的合成军队。协同作战是现代战争的客观要求和必然方式。服从指挥的军队，协同作战，秩序井然，有条不紊，因敌应变，团结一心，众志成城，则战斗力倍增；否则，就是乌合之众。

### /围地则谋　死地则战/

人们说，打仗靠士气，所谓"一鼓作气，再而衰，三而竭"。没有旺盛的士气，是不能打胜仗的；如果士气萎靡不振，打起仗来更是必败无疑。然而，所谓士气，说白了，就是一种情绪、情感的表现，是人们在不同环境下的复杂心理活动的反映。

虽然本篇和上篇一样，又是讲地形之利，但角度不同，即着重从人的情感、情绪和心理探讨如何利用各种地形，以充分调动将士们的战斗积极性，防止和克服可能出现的各种消极心理，这是很有特色的，也是一切为将者在用兵时必须十分注意的一个方面，甚至在某种意义上，对于决定战争胜负具有根本意义。

在论述中，孙武提出了一个重要思想，这就是：越是把军队投入危险的地方，越是能激发士卒们团结对敌的情绪，创造转败为胜、化险为夷的奇迹。这是他多年考察战士心理活动的结论，具有合理的因素。当年项羽破釜沉舟，以少胜多，大败秦兵，重要原因之一，就是楚军将士意识到，在当时环境下，只有死战，别无退路，从而同仇敌忾，奋勇杀敌。此其明证。

人们在最困难、最危险，甚至是陷入"绝境"的情况下，只要坚持奋斗，便可以创造转败为胜、起死回生的奇迹，孙武提出这一思想是具有某种普遍意义的。在争夺激烈的商战中，人们也会遇到类似的情况。不过，只要想到"留得青山在，不怕没柴烧"，"车到山前必有路"，咬紧牙关，振作精神，重整旗鼓，是会"柳暗花明"的。正如国歌里所唱："中华民族到了最危险的时候！！"只要有这种忧患意识，有"置之死地而后生"的抗争精神，在前进的路上不管有多艰难险阻，我们还会害怕吗？

【军事谋略例说】

## 朱元璋弃船断路

元朝末年，农民起义风起云涌，元朝统治摇摇欲坠。公元1355年6月，朱元璋率红巾军3万人由和州（今安徽合县）乘战船千艘渡过长江，攻占了元军盘踞的牛渚矶（今马鞍山市长江东岸），夺取了大量的粮食。

红巾军中有很多将士是和州人，时值和州大灾，粮食奇缺，和州的将士都想把粮食运回和州，不愿继续进军。

朱元璋与大将徐达、常遇春商议道："退返和州，前功尽弃，而且再要攻取牛渚矶也并非一件容易的事，如今之计只有断绝将士的归心。否则，大事难成。"

徐达和常遇春都点头赞同。于是，朱元璋立刻传令亲信将士赶到江边，将停泊在江边的千余艘战船的缆绳砍断，放任战船顺江而下。转眼间，浩浩荡荡的船队就顺水而去，消失在浩渺的烟波雾霭之中。

全军将士都目瞪口呆，不知到底发生了什么事。

朱元璋对将士们说："我们要想建立功业，就不能为一时的安乐所困扰。太平城（今安徽当涂县境内）离此不远，我们必须攻下太平城把它作为立足之地，然后攻取金陵，成就大业。"

将士们面面相觑，但战船尽失，退路已无，只好死心跟着朱元璋去进攻太平城。太平城守将鄂勒哲布哈从未遇到过如此不要命的队伍，交战不久即弃城逃走，红巾军夺取了太平城，有了安身之地。

## 韩信背水灭赵国

公元前204年，汉王刘邦派大将韩信率数万人马攻打赵国。赵王歇和赵军统帅陈余率20万兵马集结在井陉口（今河北井陉山上的井陉关），准备迎击韩信。

井陉口地势险要，是韩信攻赵的必经之路。赵国谋士李左车向陈余献计道："汉军一路上势如破竹、士气高涨，但他们长途跋涉，必定粮草不足。井陉这个地方，车马很难行走，汉军走不上一百里路，粮草必然落在后面。我愿意率3万兵马从小路截断他的粮草，你再深挖沟、高筑垒，坚守营寨，不与他们交战。这样，汉军前不能战，后不能退，不出10天，我们就能活捉韩信。"

陈余是个书呆子，他认为自己兵力比韩信多十倍，打韩信犹如以石击卵，因而没有采纳李左车的建议。韩信探知陈余不用李左车的计策，又惊又喜。他率兵进入井陉狭道，在离井陉口30里处下寨。

到了半夜，韩信命令2000精兵每人带一面红旗，迂回到赵军大营的侧后方，授以密计，埋伏下来；又派一万人马作先头部队，背着绵蔓水（流经井陉口东南）摆开阵势。陈余见韩信沿河布阵，放声大笑，对部下说："韩信徒有虚名，背水作战，不留退路，这是自己找死！"

天亮以后，韩信命部下高擎汉军大将旗号，率汉军主力杀向井陉口。陈余立刻命令出营迎战，双方厮杀多时，韩信佯作败退，命令士兵抛下旗鼓，向河岸阵地退去。赵军不知是计，认为活捉韩信的时机已到，争先恐后跑出大营，追杀韩信。

这时，埋伏在赵营后面的汉军乘虚而入，将营内的少许守敌杀光，拔掉赵军旗子，换上了汉军的红旗。

韩信率汉军退到背靠河水的阵地后，再无路可退，于是掉转头来，迎战赵军。汉军被置于死地，人人背水拼命死战，以求死里逃生。赵军的攻势很快就被遏止住，既而又由进攻转为后撤。但是，赵军将士发现自己的大营已插满了汉军的红旗，顿时军心大乱，斗志全无。韩信指挥汉军前后夹攻，赵军兵败如山倒，20万大军顷刻间灰飞烟灭，陈余被杀，赵王歇也成了汉军的俘虏。

## 李自成攻破洛阳

明朝末年，老百姓生活在水深火热之中，纷纷揭竿而起。公元1640年7

月，张献忠率领农民起义军攻入四川，明朝主力大军全部入四川围剿，河南一带的防务变得十分脆弱。农民起义军领袖李自成趁此机会迅速壮大了自己的力量，并且连续取得攻克宜阳、偃师、新安等城的胜利。

宜阳、偃师和新安属豫西重镇洛阳的外围。明朝福王朱常洵就住在洛阳。朱常洵的母亲是神宗朱翊钧的爱姬，朱翊钧爱屋及乌，对朱常洵也格外宠爱，把大量金银财物赏赐给朱常洵。朱常洵金银无数，却异常吝啬。不但洛阳城的百姓怨恨他，就是他府中的兵丁也时有不满。官府的军队大多抽调入四川去平定张献忠，洛阳城中已无多少将士。因此，洛阳城在这个特殊的时刻，变成了一座"兵弱而城富"的重镇。

李自成当然不会轻易放过攻取洛阳城的大好机会。公元1641年正月，李自成率起义军兵临洛阳城下，拉开了攻城的序幕。

生死关头，福王朱常洵竟只顾自己，调集亲兵保护府库，对于城头上的战事不闻不问。守城将领一再要求朱常洵发放银两，犒赏守城士卒，朱常洵狠狠心才拨出了3000两白银。可是，区区3000两白银还被总兵王绍禹等人吞没了。朱常洵忍痛又拨出1000两，士兵们因分配不均而争斗不止，最后竟发展成兵变。士兵们将兵备道王允昌捆绑起来，将城楼烧毁，又大开北门，迎接起义军入城。总兵王绍禹见大势已去，仓皇跳城逃命。福王也企图缒城逃跑，但没跑多远，就被起义军抓获。起义军打开福王粮仓赈济城内老百姓，举城一片欢腾。

李自成只用极小的代价就轻易地夺取了洛阳城。

## 郑武公计吞胡国

春秋时，郑武公是一个足智多谋的诸侯。他要扩张地盘，便开始打邻邦胡国的主意。但当时胡国是一个强大的国家，国王又勇猛善战，经常骚扰边疆。用武力固然不容易，想政治渗透也根本不可能，因为当时对胡国的内情实在是一无所知。在这样文武无所施其技的时候，唯有采取逐步渗透的战略，派遣一个亲信到胡国去，打入其最高组织。

郑武公派了一位使者到胡国去，说要攀个亲戚，把自己的女儿嫁给胡国国王。国王听说自然万分欢喜，立即答应了。这样，郑武公就做了胡国国王的岳父。

这位新夫人是负有使命的。她到了胡国，用足媚劲，把国王迷惑得昏头昏脑，花天酒地，不理朝政。

郑武公知道后，暗自高兴。过了一段时间，他忽然召开了一个公开的"秘密会议"，出席的全是高级文武官员，商议着要怎样开拓疆土，向哪一方面进攻。

大夫关其思说："从目前形势看，要扩张势力，相当困难，各诸侯国都是守望相助，有攻守同盟的，一旦有事，必会增强他们的团结，一致与本国为敌。唯有一条路比较容易发展，即是向'不与别国结盟'的胡国进攻，既可以得实利，名义上又可替朝廷征讨外族，巩固周邦。"

郑武公听后，把脸一沉说："你难道不知道胡君是我的女婿吗？"

关其思继续大发议论，说出一大套非进攻胡国不可的理由，特别强调国家大事不可牵涉儿女私情。

郑武公更火了，厉声斥责他说："这话亏你说得出！你陷我于不仁不义吗？你想叫我女儿守寡吗？好吧，你要既然有兴趣叫人做寡妇，就让你老婆先尝尝滋味吧！"然后叫左右将关其思斩了！关其思被斩的消息很快便传到了胡国，国王更加感激这位岳父大人。他认为郑国再不会找本国闹事，便放心了，更加纵情于声色之乐，渐渐地连边关都松弛下来，而且郑国的情报人员也可自由出入。

郑武公掌握了胡国的内情，认为时机成熟了，于是便下令进攻胡国。由于胡国毫无防备，郑军很顺利地就进入了胡国，所到之处势如破竹，不久，整个胡国便已入了郑国版图。

## 望海埚灭倭之战

明朝永乐年间，倭寇猖獗，明成祖朱棣任命刘江为辽东总兵、都督，对倭寇采取了毫不留情的严惩手段。公元1419年，刘江到各哨所巡视，来到望海埚前沿。

望海埚（今辽宁金县东北）地处辽东半岛的顶端，是倭寇入侵的必经之地。当天夜晚，守卫城堡的士兵向刘江报告："东南海面发现灯光。"刘江凭借与倭寇拼杀十余年的经验判断倭寇将要来到，立即紧急动员，增派步兵、骑兵，加强城堡的防御。

第二天，果然有两千多倭寇乘船进至望海埚。刘江设下埋伏，又派精兵截断倭寇的归路，待倭寇进入伏击圈，突然发起攻击，倭寇被打了个措手不及，慌忙逃入望海埚下的樱桃园空堡。明军随后赶到，把倭寇围住。

　　刘江考虑到倭寇乃是亡命之徒，进堡剿杀，倭寇必将拼死抵抗，虽能取胜，但己方也会遭受重大伤亡。于是，网开一面，在堡西留了一个缺口，诱使倭寇从缺口逃生。

　　倭寇见自己落入明军陷阱，一个个剑拔弩张，志在一死。忽然，发现堡西尚有一条小路可以逃脱，顿时喜笑颜开，人人心存侥幸。倭寇离开樱桃园空堡，沿着崎岖小路向海边疾行，刘江见机不可失，命令伏兵居高临下发起冲锋。倭寇攻不能进，退无险可守，在明军的沉重打击下，只好弃刀扔枪，举手投降。两千多倭寇死的死，伤的伤，降的降，无一漏网。

　　望海埚之战是明初防倭战斗中最成功的一次围歼战。此后，倭寇谈望海埚而色变。

## 李世民智破薛军

　　隋朝末年，天下大乱。隋将薛举、李渊先后称帝。为夺取天下，薛、李之间征战不停。公元618年，薛举的儿子薛仁杲率大军包围了李渊的泾州（甘肃泾川北），大败泾州守军，击杀大将刘感。李渊闻报后，急派秦王李世民率军救援。

　　李世民进入泾州城，坚守不出。薛仁杲派将士前去挑战，百般辱骂。一些将领按捺不住，对李世民说："如今贼兵已占领高墌，又如此轻侮我们，我军已今非昔比，怕他们什么？"

　　李世民道："我军刚刚打了败仗，士气不振；贼军接连取胜，士气旺盛。在这种情况下出兵，必败无疑。所以，只有紧闭城门，以逸待劳。贼军狂妄之极，日子多了，必然由骄而生惰。而我军士气则可逐渐恢复，到那时，寻机一战定可大获全胜。"

　　几个将领还想陈说自己的主张，李世民决然下令道："从现在开始，谁要再敢言'战'，斩！"

　　自此之后，将士上下同心，任凭敌军辱骂，只是坚守不出。双方相持了两个多月，薛仁杲的军粮日渐减少，士气低落。薛军主将见士卒们疏忽怠惰，动辄鞭打、辱骂，将士多有怨恨。又过了一些天，一些士卒悄悄地到李世民营中投降、要饭吃。后来，成队成队的士卒在偏将们的率领下投降了李世民。李世民认为时机已经成熟，派右武侯大将军庞玉在无险可守的浅水原南边布阵，吸引薛军主力去进攻，自己亲率大军从薛军背后发起偷袭。薛军主力受到前后夹击，一败涂地。李世民乘胜追击，将薛仁杲包围在高墌城中。入夜，薛仁杲的士卒争先沿着绳索爬下城头，向李世民投降。薛仁杲见大势已去，打开城门，投降了李世民。

## 如梦方醒失要岛

瓜达尔卡纳尔岛（下称瓜岛）位于太平洋所罗门群岛最南端，面积约2500平方英里，与图拉吉岛相邻，是二战期间日军逼近美国——澳大利亚重要生命线的最前沿，也是美军遏制日军南侵和向日本本土发起反攻的起点。

对于这样一个战略要岛，日本统帅部在战争之初却忽略了，他们认为瓜岛不过是"南太平洋上一个无足轻重的海岛"。当美国人抢先占领了这个海岛之后，日本统帅部立刻如梦方醒，命令清野土木大佐率精锐部队2000人火速歼灭瓜岛美军，夺取瓜岛。

守卫瓜岛的美军只有400人，他们凭借有利的地形，给日军以大量杀伤。当日军发起集团攻击时，美军又唤来飞机和大炮，给日军以毁灭性轰击，瓜岛上弥漫着血腥味。战争进入白热化，日军总司令山本五十六亲自坐镇指挥，而美国海军部长欧内斯特·金上将也不甘落后，双方不停地将大量舰只、飞机和部队投入瓜岛之战。

清野土木以残忍成性闻名，他指挥日军以武士道精神，爬过同伴的尸体往上冲；美国人杀红了眼，何况无退路而言，一批批日军士兵卧在他们同伴的尸体上死去。绝望的清野土木在失败的情况下，烧掉团旗后开枪自杀。在一个隐蔽处，一个纵队的日军甚至连逃都来不及，全部被飞来的炮弹、炸弹炸死。

在海上，双方的军舰和飞机也打成一团，日本方面有两艘大型战舰、一艘巡洋舰和三艘驱逐舰被击沉，美国则损失了两艘巡洋舰和五艘驱逐舰。

经过100天铁与血的激战，惨遭失败的日军从瓜岛狼狈撤出，美军赢得了胜利。

瓜岛之战宣告了日本人在南太平洋末日的到来。在这场血腥的战斗中，美军仅死亡1592人，日军则死亡5万人之多。

## 贸然进攻必失败

1942年8月，德军开始了对英军的攻势。德军将领隆美尔决定把进攻的方向选择在阿拉曼防线的南端，因为那里的英军兵力薄弱，容易突破。进攻方向确定以后，隆美尔开始了部署。他乘夜南移军队，关闭了所有的无线电设施，并以模拟坦克、卡车等迷惑英军，以躲避英军的电子、光学侦察。

英军将领蒙哥马利在分析德军的情况后，认为德军对拉吉尔周围地形不了解，决定利用拉吉尔地区沙层厚、流动性大，不利于德军装甲部队活动的特点，引诱隆美尔进入拉吉尔地区加以歼灭。英军一方面制造假情报，另一方面，绘制了一张假的拉吉尔地图，并设法传到了隆美尔手中。

9月1日凌晨，隆美尔向阿拉姆·哈勒法地区发动进攻。蒙哥马利指挥的英军早已严阵以待，他命令工兵部队设置雷区，以减缓德军的进攻速度，并乘德军扫雷时，派出大量的飞机，袭击德军的装甲部队，造成德军大量的伤亡。

隆美尔指挥德军继续向前推进。不久，德军非洲兵团进入了流沙地区，几十辆坦克、装甲车及卡车在流沙地区行动十分不便，经常因陷入沙坑而东倒西歪。德军士兵只得下车，却遭到英军空中战斗机的轰炸和袭击。沙漠中到处都是被炸毁的德军车辆。

9月3日，隆美尔亲临战场，察看战势，不断遭到英空军的袭击。他发现战场的地形对德军极为不利，地面德军受到空中飞机和地面炮火两方面的猛烈轰击，而且行动缓慢，伤亡惨重。隆美尔急忙下令撤退。

阿拉姆·哈勒法战役结束了。德军将领隆美尔由于不熟悉地形，又不善辨真伪情况，在未对拉吉尔地区的地形进行侦察的情况下，贸然发动进攻，结果使部队陷于沙漠，行动缓慢，全方位挨打，十分被动。这次战役，德军共伤亡4800人，损失坦克五十余辆，火炮七十余门。

有"沙漠之狐"之称的隆美尔，从此一蹶不振。

【商战谋略例说】

## 日本人绝处求生

1970—1979年先后发生3次全球性的石油危机，石油价格由10年前的每桶

1.8美元，猛增至32美元。在一次次冲击面前，西方许多耗能企业纷纷落马，经营陷入一片混乱。

经济战略家们苦思冥想，或公开对抗，或谴责咒骂，或威胁恫吓，或屈膝投降，但都没有找到彻底摆脱困难的良策。

日本的一些企业则不然，它们经受了冲击的考验，把危机变成转机，使其经济更富有竞争力，在危机中求生存，谋发展。

日本企业成功的奥秘在于它们没有和石油生产国进行顶牛式的对抗，而是以他人意想不到的方式独辟蹊径。它们一方面向石油大亨们暗送秋波，大献殷勤，确保石油来源；另一方面，抓住人们追求低耗的新趋势，猛攻低耗技术产品，生产了用电子控制的节能型小汽车，其价格仅是美国产品的一半。

随着日本小汽车波涛似的涌进西方市场，日本获得贸易顺差。所以，日本在石油危机中，反而捞到好处。

经营活动是充满各种风险的活动，甚至会陷入绝境。有的企业在绝境中破产了，垮台了，而有的企业却在绝境中显出新的生机。这其中的关键在于：破产的，一定是没有找到新的生路，甚至根本没有寻求生路，听天由命；而成功的，一定不为眼前困难吓倒，在绝境中冷静地寻找新的生路，顺应事物发展规律，适应市场需求，确定新的发展战略。

经济市场上的绝境，有如一池被搅浑的水，陷入其中的一些经营者往往看不清方向，四处乱撞，唯有那些眼光独到的经营家能从绝境中看到机遇和希望，能在一池浑水中摸到一条常人意想不到的"大鱼"。

## 偏远餐馆仍满客

菲律宾有一家地理位置极差，但生意却极佳的餐馆，餐馆经营得成功全在于餐馆老板的奇思妙想。

这家餐馆的生意起初并不好：由于地处偏远，且交通不方便，去餐馆用餐的顾客很少。有人建议老板干脆关掉餐馆，另谋他路。老板思索再三，决定看看其他餐馆的经营状况后再说。于是，老板扮作一个顾客，一个餐馆一个餐馆地去察访。最后，老板发现，那些地处闹市区、生意较好的餐馆有一个共同点："现代派"味道十足，"闹"得不能再"闹"。老板不止一次发现一些不喜欢"热闹"的顾客直皱眉头，匆匆用餐后，匆匆离去。

老板想起了自己餐馆所处的独特幽静的地理位置，不由跃跃欲试，"来个'幽静高雅'，会是怎么样呢？"

老板是个雷厉风行的人，他请来装修工将餐馆的外貌精心装饰得淡雅、古朴；屋内的装饰只用白、绿两种颜色：白色的柱子、白色的桌椅、绿色的墙、绿色的花草。老板还用莎士比亚时代的酒桶为顾客盛酒，用从印度买来的"古战车"为顾客送菜。

奇迹出现了：早已被喧嚣声搅得烦不胜烦的顾客们听说有一个古朴幽静的餐馆可以进餐，你传我，我传他，纷至沓来，餐馆的生意顿时好转。

## 巧妙运用大告示

日本有一家旅馆的生意十分红火。旅馆的后面有一大片山地没有开发利用，为了增加休闲活动的景点，旅馆老板决心开发这片山地。但如果全面开发并种植上优质林木，这需要很大一笔钱。老板为此十分苦恼，久思不得其法之后，老板转而向员工征询意见。很快，一名小职员向老板提出了一项既省钱又能达到目的的最佳方案，老板欢天喜地地采纳了。

几天后，旅馆内贴了一张大告示：

亲爱的：

您好！

本旅馆后山有一片土地，宽阔而幽静，专门留作为植树纪念的预定地。如果您有兴趣，不妨亲手种下一棵小树，本馆特派人拍照留念，并立下木牌刻上您的大名与植树日期。如果您再度光临时，这棵树已枝繁叶茂，您看了一定非常高兴，因为它是您亲手种植的，纪念性非凡。我们仅收树苗费用日币2000元。

告示贴出去后，住在旅馆内来度蜜月或结婚周年纪念的夫妻以及毕业旅游结伴而来的学生、旅游团体，纷纷登上后山，一显身手，以留下一个永久的纪念。旅馆的后面很快就绿树成荫，成为了一片休闲"胜地"。

此后多年，植树者还不忘回来看一看自己昔日的"杰作"，缅怀一下温馨的往日时光。旅馆的生意自然是长盛不衰。

第十一章·九地篇

## 美国大赚州交易

阿拉斯加州是美国的第49州，它是美国政府用720万美元从俄国人手中买来的。

阿拉斯加州位于北美洲的西北角，东临加拿大，西连白令海峡，南面和北面是浩瀚无垠的北冰洋、太平洋。

19世纪20年代，美国人大肆鼓吹"美洲是美洲人的美洲"，俄国人成了美洲人的"眼中钉"。此后，俄国人又在"克里米亚"战争中败北。在这种背景下，俄国人决心卖掉这块"毫无价值"的冰雪之地。经过多次秘密接触后，1867年3月29日，俄国驻华盛顿使节多铱克尔禀奉沙皇亚历山大二世旨意，拜会了美国国务卿威廉·西沃德，要求就出卖阿拉斯加土地一事与美国政府举行正式谈判。

谈判持续了一个夜晚。西沃德开口给价500万美元。多依克尔耸耸肩膀，道："太少了！阁下简直是在开玩笑。"西沃德问："沙皇陛下想要多少？"多依克尔道："700万！绝对不能低于这个数目！"西沃德皱着眉头说："太多了！关于购买这块一毛不拔的土地，我已受到了不少的责难。我想，参议院是不会批准的。"多依克尔丝毫不妥协，他说："就这样了，700万！外加20万美元的手续费——720万！"

西沃德哭丧着脸同意了。

西沃德的沮丧是伪装的，但他所说的"责难"则是真实的。当时，美国刚刚结束内战，百废待兴，到处都需要钱，而政府则几乎是"一贫如洗"。因此，许多议员对购买这样一块"贫瘠"的土地大放厥词，纷纷指责西沃德"愚蠢之至"。西沃德说："先生们，我们应该把目光放远一些，不要错过上帝赐予我们的这一良机，如果让俄国人把它卖给其他国家，我们会后悔莫及的。为了美国的长远利益，我再重复一遍，为了美国的长远利益，我们不要吵了！"最后，参议院终于拍板同意了。

西沃德的远见卓识不仅为美国增加了一个冰雪之州，更为美国创造了数不尽的财富。美国接手阿拉斯加后不久，在阿拉斯加金矿，随即掀起了"淘金"的浪潮。到了20世纪，在阿拉斯加州又发现了北美最大的油田，其产量在今天仍占美国全国石油总产量的1/7。

## 妙用商标的高招

人们常说："商场如战场"，这话一点也不假。当然，军事战场上的计策谋略如能运用到商场中，灵活地指导商战，那一定会取得辉煌的战果。

制高点是每一场战斗中双方都极力争夺的地理位置，占据了它，就能在战斗中取得控制全局的优势，从而轻而易举地取得战斗的胜利。

商标，又称"牌子"，是具有很大经济效益的工业产权，在企业经营中占据着重要位置。谁在商标上下了功夫，谁就可以在市场竞争即商战中胜人一筹、获得成功。因此，有成就的企业家手中，无不握有一张响当当的"牌子"。同时，那些经营有方的企业，无不在商标运作上挖空心思，大做文章。当然，为实现名牌战略，除了在商标宣传上要舍得一掷百万金、千万金之外，精明的企业家更注重商标"占位术"的运用。"占位术"运用得法，往往可以事半功倍，甚至能取得点石成金的效果。商标"占位术"除了"一般占位术"（即企业选用易上口、好识别的标记，作为自己产品的商标而注册，由此取得该商标的专用权，从而占住该商标之位），还包括"抢先占位术"等。

"抢先占位术"是指企业对于自己已花费很大资金做了广告的商标要及时注册，以免被商战中的其他竞争对手不劳而获。这样看来，"抢先占位术"就成了一些精明的私营、承包、租赁企业的惯用手法。抢先把这一商标注册的经营者，就成了这一商标的合法拥有者。

## 哈勒尔对抗宝碱

一位名叫威尔逊·哈勒尔的英国人，于20世纪60年代初来到美国。定居后，他购进了一家制造清洁液的小公司，开始经营一种名叫"配方409"的清洁喷液。到了1967年，"配方409"已占领了美国清洁剂产品市场的5%，并获得了专卖权。

正当哈勒尔准备在美国全面扩展"配方409"清洁液的时候，突然遇到了一个强大的竞争对手——美国宝碱公司。这个公司历史悠久，实力雄厚，其生产的"象牙肥皂"闻名美国。最近，又推出了"新奇"清洁液，使得哈勒尔的"配方409"遇到了严峻的挑战。

这一次，宝碱公司决心要打败哈勒尔。他们在生产、包装和促销"新奇"产品时，投入了比"象牙肥皂"更多的资金，进行了耗资巨大的市场预测，采取了声势浩大的广告攻势。在这种情况下，哈勒尔利用小公司灵活多变、行动迅速的特点，与宝碱公司展开了"游击战"。哈勒尔一方面加紧"配方409"包装、颜色的改进来迷惑对方，另一方面派出侦察小分队，四处搜集对方情报和市场预测。当他们打听到他们的竞争要地——丹佛市被选为第一个测试市场时，哈勒尔就充分利用小公司速战速撤的特点，巧妙地把"配方409"清洁液从丹佛市撤走。当然，并不是把市场货架上的货物全部撤走，而是中止一切促销活动。这样做，主要是防止被宝碱公司发觉。这一招果然奏效，"新奇"清洁液一时成为畅销货，宝碱公司为之得意洋洋，并当即决定投入更多的"新奇"清洁液到丹佛市。

这时，哈勒尔果断采取报复行动。他趁"新奇"清洁液大量涌入丹佛市时，借着丹佛市测试市场的机会开始了削价大战，把市场货架上的"配方409"清洁液以优惠价销售。虽然留在丹佛市的货物不多，但足以使爱便宜的消费者一次购足大约半年的用量。

等到宝碱公司派出大军涌入丹佛市促销"新奇"清洁液时，市场测试负责人已经不允许他们高价销售了，即使价格降下来，消费者也因为购足了"配方409"而不再需要购买清洁液了。无奈，宝碱公司只好把货架上的"新奇"撤回总部。

在这场竞争中，哈勒尔先设陷阱迷惑对方，然后再趁机攻击，从而大获全胜。

【人生智谋例说】

## "现在就做"做成事

世界保险业的巨子克来门提·史东于1902年5月4日出生于美国芝加哥的一个穷困无援的家庭中，父亲很早去世，由母亲将他抚养成人。

史东十多岁时就开始帮助母亲从事保险业工作。母亲命令他到办公大楼从上至下争取顾客，史东感到害怕，站在办公大楼外面的人行道上，两条腿直发抖，这时候最能给史东以鼓励的一句话就是："现在就做！"正是在这句话的鞭策之下，史东才有勇气从一个办公室进入另一个办公室。

20岁时，史东建起了自己的"联合保险代理公司"，而且第一天就拉了54份保险。当时，许多人都对"联合保险代理公司"的前途持怀疑态度，史东却一往无前地将他的公司一扩再扩，从美国的东海岸一直发展到西海岸，还雇用了1000名保险推销人员。

就在史东的事业蒸蒸日上的时候，大萧条的寒流席卷了美国。许多中小工商业户倒闭，人们都想把钱存下来以度过将来更艰难的日子，再也没有人想到史东的保险公司去投保了。

史东冷静地面对现实，他认为："如果你在困难的时期以决心和乐观来应付，你总会有利益可得。"史东把自己的想法灌输给自己的部下。如今，推销队伍只剩下200人了，他带领着部下艰难奋战。

1930年，一度十分兴盛的宾夕尼亚伤亡保险公司因不景气而停业，并愿以160万美元出售。

史东得知这一消息，决心乘此良机将该公司买下来。但是，他没有这么多钱，他对自己说了句："现在就做！"带领律师走入了巴的摩尔商业信用公司董事长的办公室（宾夕尼亚伤亡保险公司归该公司所有）。

"我想买你们的保险公司。"

"很好，160万美元。你有这么多钱吗？"

"没有，不过，我可以借。"

"向谁借？"

"向你们借。"

这真是一桩不可思议的买卖。但是，经过多次洽谈，商业信用公司还是同意了。

克来门提·史东买下宾夕尼亚伤亡保险公司后，苦心经营，终于将一家微不足道的保险公司发展成为今日的美国混合保险公司，史东本人也跻身于美国富翁之列，其财产至少在5亿美元以上。

## 既来之，则安之

当我们面临一个无法摆脱的事实或困境时，我们只有正视它，然后义无反顾地去奋斗，不要唉声叹气、怨天尤人。

对必然的事轻快地承受，就像杨柳承受风雨，水接受一切容器，人也要承受一切事实。

几年以前，有一位在大商场里开运货电梯的人，他的左手齐腕被砍断了。有人问他少了一只手会不会觉得难过。他说："不，不会，我平常很少会想到它，已经成了这个样子，难过是不会有什么用的。"是的，有句话说：事情是这样，就不会是那样。如果有必要，人们差不多都能接受任何一种情况，使自己适应，然后忘掉它。在必要的时候，人们都能忍受得住灾难和悲剧，并同它们作斗争，甚至胜过它们。人们也许会以为自己办不到，但人们内在的力量却坚强得惊人，只要人们肯加以利用，它就能帮助人们克服一切。换句话说，不论在哪一种情况下，只要还有一点挽救的机会，人们就要奋斗；当生活常识告诉人们，事情是不可避免的，也不可能再有任何转机，那么，为了保持理智，就不要"左顾右盼，无事自忧"。

这样，当人们不再为那些不可避免的事实忧伤、愤恨、反抗时，就能节省下精力，创造出一个更丰富的生活。

张海迪是大家都熟悉的人，是一位残疾人。她自腰部以下截瘫，其痛苦与艰难非常人所能比，但她与病魔斗争的勇气更非常人所能比。在疼痛异常和失去行动自由的情况下，她不是整日唉声叹气或自暴自弃，而是利用这个不幸的"机会"更加强烈地发光发热，使自己不幸的人生显示出勃勃生机和瑰丽的色彩。

已故的哥伦比亚大学郝基斯院长的一首打油诗写道：

天下疾病多，数也数不了。
有的可以救，有的治不好。
如果还有救，就该把药找。
要是没法治，干脆就忘了。

是的，没有人能有足够的情感和精力既抗拒不可避免的事实，又创造一个新的生活。你只能在这两个中间选择一样，要么在"死地"中被摧毁，要么奋力斗争，冲出"死地"重围。

## 吴三桂开门揖盗

明朝末年，农民军攻陷京都，崇祯皇帝自杀，明朝军队崩散。李自成率军攻入京城，自称为帝，掳明将吴三桂爱妾陈圆圆，且胁其父吴骧劝降三桂。

吴三桂是明朝名将，镇守关外，防清兵入侵。此日得父书，认为大势已去，意欲归降。正在写降书之时，家僮又赶来报信，告知其家被抄，其父被扣禁，特别是其爱妾陈圆圆也被抢走。这下激怒了吴三桂，指天大骂："如此大仇，怎能不报，不杀李自成誓不为人！"于是准备回师讨伐，和李自成拼一死活，只是兵力单弱，不敢轻发。

恰好当时清朝顺治皇帝即位，因年仅七岁，一切军国大事，皆由摄政王多尔衮做主。多尔衮见关内扰攘多年，久欲趁机侵入，只是因为吴三桂镇守边关而未敢轻举妄动。

吴三桂这时复仇心切，决意要借清兵协助，便不顾什么敌人不敌人，立即亲自往见多尔衮。见了多尔衮，吴三桂直截了当地说："明清两国，也能和好。当年清国内部自相侵伐，我明朝也曾发兵相助过。今日明朝不幸，盗贼横行，京都沦陷，君王晏驾，此仇此恨，不共戴天。只是举国无一男儿护国起师，本军又兵微将寡，难挡乌合之众。清朝如念邻邦之谊，也应发一兵一旅，为我助臂。"

多尔衮闻言，自然正中下怀，暗自欢喜，心想此机会真是千载难逢。他心里虽然这般想，口里却推搪拒绝。他故意把眉头一皱说："贵国内乱，应尽邻邦救助之谊，只是我国国小兵弱，于事无补，恐怕救你不成，将反为自受其累。此事乃力所难及，对不住了。"

吴三桂再三哀求，多尔衮表面上坚持不肯，但实际上早已暗中做好了战斗准备。他把计划布置好后，又假惺惺地对吴三桂说："既然将军有此请求，我国也只可勉为其难，出兵相助了。"

吴三桂闻言大喜，便立即回来收拾自己的兵马，合力由山海关长驱而入。大军行至一片土积如山的地方，与李自成之兵相遇，战斗结果农民军大败。他们又乘胜追击，几天之间便直捣京都，李自成弃城西遁，清兵占据了宫殿，顺治入关做起了皇帝。从此便开始了200多年的清朝历史。

## 富兰克林的解围法

年轻的时候，本杰明·富兰克林曾遇到过一次困境。那时，他把所有的积蓄都投资在一家小印刷厂里，又想办法使自己获选为费城州议会的文书办事员。这样一来，他就可以获得为议会印文件的工作，那样可以获利很多，因此他当然不愿失去文书办事员的职务。但是当时出现了对他极不利的情形，议会中最有钱又最能干的议员之一非常不喜欢富兰克林，甚至有时公开斥骂他。

这种处境非常危险。那么，怎样才能使自己摆脱困境呢？富兰克林决心使对方喜欢他。但让人喜欢是一项难题，能不能给他的敌人一点小惠？不，那样会引起他的疑心，甚至轻视。

富兰克林太聪明了，太老于世故了，不会使自己的困境更加窘迫。因此，他采取了一个相反的办法，他去请求敌人来帮他一个小忙。

富兰克林向他的敌人借10块钱？不是！他的请求令对方觉得非常的高兴，因为这个请求触动了对方的虚荣心，使对方觉得获得了尊重。这一请求，很巧妙地表示出富兰克林对对方成就和知识的仰慕。

富兰克林听说这位议员的图书馆里藏有一本非常稀奇而特殊的书，于是就给他写了一张便笺，表示极想一读为快，并请求那位议员把书借给他几天，好让他仔细地欣赏，阅读一下。

就这样，议员马上叫人把那本书送过来了。过了大概有一个星期的时间，富兰克林把那本书还给了议员，还附上一封简短的信，表示了自己深深的谢意。

于是，奇怪的事发生了。第二天，当他们两人在议会里相遇的时候，那位议员居然和富兰克林打了招呼（他以前从来没有那样做过），并且极为有礼。自从这件事以后，那位议员随时都乐意帮助富兰克林，于是他们两人就成了很要好的朋友，一直到议员去世为止。

富兰克林离开我们已经150多年了，而他所运用的心理办法，即请求别人帮忙的心理办法，却永生永世有效。

看来，"围地则谋"这一兵法不仅适用于军事，而且用于人与人之间的交往，其作用也毫不逊色。那么，让我们都遵循这一法则吧。

## 机会必争

我们之所以把机遇比喻成兵家的"衢地险关"是因为在处世中，要使自己事半功倍，关键在于掌握时机，只要你能把握好机会，幸运女神就会降临。

唐朝初年的军事家李靖，是建立唐朝的功臣之一。

公元621年，李靖上书给唐高祖李渊，提出平定萧统割据称帝的十策，被任为行军总管，随赵郡李孝恭出征。

部队进至长江三峡，适遇秋汛水涨，部下将士建议缓进，待江水退落再进兵，李靖认为"机不可失"，没有接受部下的意见，挥军而下，取得了胜利。

有时候，明明知道是运气来了，但却迟疑不决，错过了好运。

有一次，一个猎人到林区去捕野鸡，他用的捕猎机，像只箱子，用木棍支起，木棍上系着的绳子一直拉到他隐蔽的灌木丛中。

只要野鸡受到他撒下的玉米粒的引诱，一路啄食，就会进入箱子，他只要一拉就大功告成了。

这天，飞来一群野鸡，足有12只，大概是饿久了，不一会儿，就有11只走进了箱子。

他正想拉绳，可又想：还有一只也会进去的，等等吧。于是就忍住不拉。等了一会儿，那一只不但没有进去，反倒有4只走了出来。他后悔了，发誓只要再有两只，哪怕是一只重新进去，他就拉绳。可是，又有6只走了出来。这时，如果拉绳，还能套住一只，但他对失去的好运仍不服气。终于，连最后一只野鸡也走了出来。这就是他屡次失去捕捉时机的结果。

当然，机会只给那些准备好了的人，当它发现你并不准备接待它时，它通常会从门口进，又从窗口出了。

拿破仑在进军意大利时，准备横跨阿尔卑斯山，许多工程技术人员对此怀疑，只说"可能会通过"。而英雄的拿破仑下定了决心，在对所有的士兵和装备进行严格细心的检查和补给后，部队前进了。尽管这是一次危险的行军，途中充满了障碍，但统帅的精神鼓舞着将士们，他们没有一个人掉队，四天之后这支队伍出现在意大利平原上！

有些事情面上看做不到，其实是可以做到的，只要准备得好。但缺少决心和毅力是不行的，拿破仑不怕困难，就抓住了胜利的机会。

弱者等待机会，强者创造机会。

机遇是每个人生命里的"必争之地"。人们常说："识时务者为俊杰。"认清时势把握机会，甚至为自己创造机会，才能使你获取成功，品尝甘美。

## 第十二章 火攻篇

本篇总结过去军队火攻的经验，论述火攻的作用、对象、条件、种类和实施方法，指明运用火攻应注意的各类问题以及应采取的灵活策略，主张"非利不动，非得不用，非危不战"的战略原则，提出"主不可以怒而兴师，将不可以愠而致战"的慎战思想。

### 【原文】

孙子曰：凡火攻有五：一曰火人①，二曰火积②，三曰火辎③，四曰火库④，五曰火队⑤。行火必有因⑥，烟火必素具⑦。发火有时，起火有日⑧。时者，天之燥⑨也；日者，月在箕、壁、翼、轸⑩也，凡此四宿⑪者，风起之日也。

凡火攻，必因五火之变而应之⑫。火发于内⑬，则早应之于外⑭。火发兵静者⑮，待而勿攻⑯；极其火力⑰，可从而从之⑱，不可从而止。火可发于外，无待于内⑲，以时发之⑳。火发上风，无攻下风㉑。昼风久，夜风止㉒。凡军必知有五火之变㉓，以数守之㉔。

故以火佐攻者明㉕，以水佐攻者强㉖；水可以绝㉗，不可以夺㉘。

夫战胜攻取，而不修其功者，凶㉙，命曰"费留"㉚。故曰：明主虑之㉛，良将修之㉜，非利不动，非得不用㉝，非危不战㉞。主不可以怒而兴师，将不可以愠而致战㉟；合于利而动，不合于利而止。怒可以复喜㊱，愠可以复悦，亡国不可以复存，死者不可以复生。故明君慎之，良将警之㊲，此安国全军之道也㊳。

### 【注释】

①火人：放火焚烧敌军的人马。火，此作动词用，意为放火焚烧。人，指人马。②火积：放火焚烧敌军积藏的粮草。积，积蓄、积藏，此指积藏的军用粮草。③火辎：放火焚烧敌军的军用物资，辎，辎重，包括武器、兵车以及各种军用器械。④火库：放火焚烧敌军的物资仓库。库，仓库。⑤火队：放火焚烧敌军的粮道。队，通"隧"，道路的意思。⑥行火必有因：施行火攻必须具备一定的条件。行，施行、进行。火，火攻。因，原因、根据、条件。⑦烟火必素具：用以进行火攻的燃料和相关器材，一定要在平常就准备好。烟火，用来进行火攻的燃料和有关器材。素，平素、平常。具，具备。⑧发火有时，起火有日：实施火攻要看准天时，选好日子。⑨燥：指气候干燥。⑩月在箕、壁、翼、轸：当月亮运行经过箕、壁、翼、轸这四座星宿的日子。中国古代天文学家认为，天空有二十八座星宿，这箕、壁、翼、轸就是其中的四座。⑪宿：星宿、星座。⑫必因五火之变而应之：必须依据五种火攻形式所引起的敌情变化分别采取相应的配合措施。因，依据。五火之变，指火人、火积、火辎、火库、火队五种火攻形式所引起的敌情变化。应，相应、策应。⑬火发于内：在敌军营内放火。内，指敌军营内。⑭早应之于外：提前从外部策应。早，提早、提前。⑮火发兵静者：火已燃起但敌军却依然表现镇静。兵，指敌军。静，安静、镇静。⑯待而勿攻：耐心等待而不应急于进攻。待，等待。勿攻，不要急于进攻。⑰极其火力：火势烧到

最旺之时。极，极点、顶点。⑱可从而从之：根据情况，可以进攻就进攻。从，跟从，这里指用兵进攻。⑲无待于内：不必等待内应。⑳以时发之：根据气候、月象的情况实施火攻。以，根据、依据。㉑火发上风，无攻下风：在上风方向起了火，不要从逆风方向进攻。上风，风向的上方。下风，风向的下方。㉒昼风久，夜风止：白天风刮久了，夜晚就容易停止。昼，白天。㉓凡军必知有五火之变：凡是用兵的人都必须懂得有五种火攻形式及其所引起的敌情变化。军，指领军、用兵。㉔以数守之：按照气象变化的规律，等候火攻的时机。数，规律、法则，这里指气象变化的规律。㉕以火佐攻者明：以火攻作为向敌军进攻的辅助方法，效果很明显。佐，辅佐、辅助。明，明显，这里指效果明显。㉖以水佐攻者强：用水攻的方法来辅助进攻，就能使攻势大大增强。强，增强、加强，这里指增强攻势。㉗水可以绝：用水攻的办法可以隔断敌军的联系或者断绝敌军的粮道。绝，断绝、隔绝。㉘不可以夺：水不能像火那样，可以烧毁敌军的人马和物资。夺，夺走，此指烧毁。㉙不修其功者，凶：对于战争中有功的人不论功行赏，就会有危险。修，治，处理，这里引申为巩固。凶，祸，这里是指危险。㉚命曰"费留"：指若不及时赏赐，将士不用命，致使战争拖延或失败，军费将如流水般逝去。命，命名。"费留"，耗财、不及时论功行赏。㉛明主虑之：英明的君主要认真思虑到这一点。虑，思虑、考虑，这里指认真思虑。㉜良将修之：优秀的将领都要认真地对待这件事。修，认真地对待。㉝非得不用：没有取得胜利的把握，不可轻易用兵。得，得到，这里指取得胜利。用，这里指用兵。㉞非危不战：不是十分危急，不可轻易开战。危，意为危险、危急。㉟将不可以愠而致战：主将不可以因一时的忿懑而轻易出战。将，将领、主将。愠，忿懑。㊱怒可以复喜：愤怒可以重新变为高兴。复，回复、变回。㊲明君慎之，良将警之：明智的国君要慎重，贤良的将帅要警惕。慎，慎重、谨慎。警，警惕、警戒。㊳此安国全军之道也：这是安定国家、保全军队的根本原则。安国：安邦定国。全，保全。

## 【译文】

孙子说：一般而言，火攻的形式共有五种：一是焚烧敌军的人马，二是焚烧敌军的粮草，三是焚烧敌军的辎重，四是焚烧敌军的仓库，五是焚烧敌军的粮道。实施火攻必须具备一定的条件，火攻器材必须在平时就准备好。放火有一定的天时，起火有一定的日期。所谓天时，就是气候干燥的时候；所谓日期，就是月亮运行在"箕"、"壁"、"翼"、"轸"四个星宿位置上的时候。凡是月亮运行到这四个星宿位置的时候，就是起风的日子。

凡使用火攻，必须根据五种火攻引起的情况变化而采取相应的措施。从敌营内部放火，就要及早地派兵从外部策应。火已烧起而敌军仍然保持镇静的，就要等待观察而不要急于进攻。等待火势旺盛后，再根据情况而作出决定，可以进攻的就进攻，不可以进攻的，就要停止。火也可以从敌营外部放起，这就不一定要等待内应，只要根据时机放火就行。要从上风放火，不要从下风口发起火攻。白天刮风时间久了，到夜间风就容易停止。凡是军队作战，都必须掌握这五种火攻的方法及其灵活应用，根据有利的时机实施火攻。

所以，用火来辅助进攻的，效果就显著；用水来辅助进攻的，攻势就强大。水可以断绝敌人的联系，但不能焚毁敌人的军需物资。

凡是作战、进攻夺取了胜利，却不能论功行赏，必定会有危险。这种情况称作"白费"。所以说，明智的国君一定要慎重地思考这个问题，贤良的将帅一定要严肃地对待这个问题。对己不利的就不要采取行动，没有取胜把握的就不要用兵，不到危急紧迫的时候就不要开战。国君不能凭一时的愤怒而发动战争，将帅不能凭一时的忿懑而接受挑战。符合国家利益的就出兵，不符合国家利益的就停止。愤怒可以重新变为欢乐，忿懑可以重新变为愉快，但是，国家灭亡了就不能恢复存在，人死了也不能复生。所以，对待战争问题，明智的君主要慎重，贤良的将帅要警惕，这是安定国家、保全军队的根本原则。

## 【评析】

本篇主要论述火攻的种类、条件和实施的方法，同时提出了"主不可以怒而兴师，将不可以愠而致战"的慎战思想。

### 他石攻玉巧借"东风"

水火无情。兵家正是认识到水火恶的一面，才把它们用于战争，杀伤敌手。但是，水火有情，也有善的一面。水能滋润养育人类，使人类繁衍生存；火能帮助人类，使人类进化发展。水火无情又有情，如何使水火无情于敌，而有情于我，就要看将帅怎么驾驭它，为我所用。这正是兵家要认真研究和掌握的，是"不可不察也"。

孙武是仔细体察和利用水攻、火攻并把其写进兵法的第一人。孙子身处两千多年前的春秋时代，火药尚未发明，火器还未出现，各种物资条件也都有限，因此，他只能从自然力量中去寻找作战的辅助工具，运用"火攻"和"水攻"的手段，给敌人以打击。

在《火攻篇》中，孙子介绍了用火烧毁敌方的营寨、积聚、辎重、仓库、粮道等五种形式，指出了火攻必须具备的条件：要看天时、要选择有风的日子、要在上风头、要用兵力配合，等等。最后孙子得出结论：借助于火和水的力量，可以明显地增加自己的力量，从而轻而易举地夺取战争的胜利。

火攻是冷兵器时代用以辅助进攻的有效方法。周瑜火烧赤壁，诸葛亮火烧新野，陆逊火烧连营，都是人们熟知的脍炙人口的成功战例。尤其是赤壁之战，曹操二十万大军压境，孙、刘几万人马以对，完全处于劣势，但孙、刘巧借"东风"，火烧赤壁，大败曹军。如此战例，不胜枚举。

在战争中，借水、火及其他辅助力量可以使弱者变为强者，使劣势转为优势。在现代商战中，思维敏捷的商人们最是巧借"东风"的行家里手。商场上"借鸡生蛋"、生财有道的实例真是数不胜数。

"他山之石，可以攻玉"，比喻借助他方的力量攻克难关。在激烈的现代战争、现代商战、现代体育竞赛和高科技发明创造中，巧妙"借"得外在辅助力量，事半功倍，是杰出的军事家、企业家、教练员、运动员和科学家们稳操胜券、事业有成的重要手段之一。

## /主不可以怒而兴师　将不可以愠而致战/

孙子在《火攻篇》中论述了将帅心理素质的重要性。两军交战，不仅仅是双方军事实力的较量，而且还是双方将帅心理素质的较量。那些较轻浮、易焦躁、好恼怒的将帅，那些缺乏胆识、目光短浅、优柔寡断、心胸狭窄、见利忘义、畏敌如虎的将帅，往往最先败下阵来。那些稳重、冷静、清醒理智的将帅，那些有胆有识、高瞻远瞩、果断勇敢、胸怀大度、不屈不挠、顽强奋战、坚忍不拔的将帅，常常能驾驭全局，取得最后的胜利。

一个不能控制自己的心理、不能把握自己情绪的将帅，很难控制战争的局势，很难把握战争发展的趋势。于是，孙子在文中对将帅告诫道："主不可以怒而兴师，将不可以愠而致战。"孙子总结的是战争规律：避免由于将帅个人的怒与喜，决定战争的败与胜，国家的亡与存。

心理学认为，人的喜怒哀乐影响人的判断力、组织能力、指挥能力等。喜形于色，怒形于色，是将帅的大忌；乐极生悲是兵家的大敌。医学上也通过大量资料证明，人的七情六欲制约着人的体能，影响人的体能的发挥。军事科学对将帅心理素质的要求更高、更严，近乎苛刻，所以才有"千军易得，一将难求"之说。将帅只有在"不怒"的前提下，才能充分显示和发挥智、信、仁、勇、严。

聪明成熟的将帅能控制住自己"不怒"，却能使对方大怒。"怒而挠之，卑而骄之"，"彼性刚忿，则辱之令怒，志气挠惑，则不谋而轻进"。使用激将法，这是对将帅而言。对众士兵而言，就要让己方的士兵大怒，怒气腾腾，才能杀气腾腾。要使彼方的士兵不怒，使其四面楚歌，丧失斗志，从而溃不成军。沉着冷静、清醒理智是将帅必须具备的基本心理素质。同仇敌忾、英勇杀敌是军队士兵必须具备的士气。将帅沉着冷静，清醒理智，才能在纷繁复杂、瞬息万变、变化莫测的形式中，准确地权衡利害，才能正确判断识别哪些是"诱饵之利"，哪些是真正的必争之利。只有这样，才能取得最终胜利。

【军事谋略例说】

## 周瑜纵火战赤壁

东汉末年，曹操在平定北方、统一中原之后，统率20万（号称80万）大军沿长江东进，企图迫使占有江南六郡的孙权不战而降，然后一统中国。

这时候，屡遭败绩的刘备已退守到长江南岸的樊口。受刘备的委托，诸葛亮只身一人前往柴桑会见孙权。诸葛亮舌战群儒，坚定了孙权迎战曹操的决心。于是，孙权和刘备结为联盟，共同抗曹，孙、刘的军队与曹操的军队在赤壁相遇，拉开了赤壁大战的序幕。

曹操的军队不善水战，初次交锋，孙、刘占了上风。曹操命令荆州降将蔡瑁、张允训练水军。周瑜大会群英，巧施离间计，使曹操斩杀蔡瑁、张允。曹操失去善于水战的将领，窘迫之际，将大船、小船或三十为一排，或五十为一排，首尾用铁环连锁在一起。这样，大江之上，任凭风大浪大，战船不再颠簸，曹操自以为得计。

周瑜得知消息，决心用火攻打败曹军。但是，时值冬季，江上多西北风，如果用火攻，不但烧不了曹军，反倒要烧了自家战船。周瑜为此坐卧不宁。诸葛亮能察天文地理，早已测知冬至前后将会有一场大东南风出现。于是自告奋勇要"借"一场东南大风，助周瑜一臂之力。

周瑜惊喜若狂，又得大将黄盖以死相助，以"苦肉计"骗得曹操的信任，在东南风乍起之时，驾着十余只载满浇上了油和裹有硫磺等易燃物的干草的战船，在夜幕来临之际，迅速接近了曹操的战船。黄盖一声令下，点燃干草，十余艘战船在东南风的劲吹之下，犹如十余只火龙，直扑曹操的战船。

霎时间，江面上烟火冲天。曹操的战船连在一起，一船着火，几十只船跟着着火，曹操的水军士兵大部分烧死、溺死在江中。大火从江面蔓延到曹军岸边的营寨，岸边的曹营也变成了一片火海。

孙、刘联军乘势水陆并进，曹操从华容小道侥幸逃得性命，20万大军损失殆尽。

赤壁一战，为以后的魏、蜀、吴"三国鼎立"奠定了基础。

## 火烧水寨灭南唐

公元974年九月，大将曹彬奉宋太祖赵匡胤之命统率水军进攻金陵的南唐政权。曹彬连克铜陵、芜湖、采石矶等地，于第二年的正月逼近南唐都城金陵。曹彬挥师进至金陵城外围，南唐的军队背靠金陵城摆下阵势，旌旗猎猎，蔚为壮观。特别是南唐的水军，扼江而守，一道又一道的栅门，十分坚固，令宋军不敢小觑。

时值初春，北风凛冽。曹彬与部将李汉琼观察南唐的水寨，两人情不自禁地想起了当年周公瑾火烧赤壁的战事来。李汉琼叹道："可惜没有内应。不然，何不效周郎，来一次火烧金陵！"

曹彬道："如今西北风甚猛，如用火攻，定可将南唐水军所设的栅门烧毁。到那时，我们乘势攻击，南唐军必然一片混乱，不怕金陵城不破！"

李汉琼道："此言有理！"于是，两人商定了火攻的具体措施。李汉琼命令士兵们割取河岸的芦苇装上小船，又在芦苇上浇上油料，将小船驶近栅门，点燃油料。顷刻间，火借风势，风助火威，大火烧毁坚固的水栅门。小船驶入南唐军的水寨，火焰熊熊的小船迅速引燃了南唐军的战船，南唐水军纷纷跳船逃生。曹彬乘势掩杀，一举攻破南唐水寨，兵临金陵城下，将金陵城团团包围。曹彬对金陵城围而不攻。自春至冬，一年过去，城内连烧饭的柴草也没有了。南唐国君李煜企图与赵匡胤讲和，赵匡胤一口回绝。这一年的11月，曹彬命令宋军全力攻城，守城南唐军士饥寒交迫，无力抵抗，固若金汤的金陵城终于被曹彬攻破，南唐政权至此灭亡。

## 襄子水淹智伯

晋国是战国初期的大国，但掌握国家大权的却不是晋王，而是智伯、赵襄子、魏桓子和韩康子四个人。智、赵、魏、韩四家统治晋国，其中智伯的势力最大。但智伯并不满足，时刻想灭亡赵、魏、韩，独霸晋国。

公元前455年，智伯以晋王的名义要求赵、魏、韩三家各拿出100里土地和户口送归公家，表面上是为公，实际上是为了削弱赵、魏、韩三家的力量。魏桓子和韩康子惧怕智伯，只好忍痛交出土地和户口，赵襄子一口回绝道："土地是祖先传下来的，我不能随便送给别人！"智伯闻报大怒，召集魏桓子和韩康子来到自己府中，对他们说："赵襄子竟敢违抗国君的命令，不可不伐。灭掉赵襄子，我们三家平分赵襄子的土地、户口。"

魏桓子和韩康子不敢不听从智伯的话，又见可以分得一份好处，便各自率领一队人马随智伯去进攻赵襄子。赵襄子知道不是智、魏、韩三家联军的对手，急忙退到先主赵简子的封地晋阳（今山西太原市西南），依靠坚固的城墙、丰足的粮食和百姓的拥戴，以守为攻。

智伯指挥智、魏、韩三家人马把晋阳城围得水泄不通，赵襄子率城内百姓同仇敌忾，激烈的战斗一直打了两年多，智伯仍在晋阳城外，赵襄子仍在晋阳城里，双方难以决出胜负。智伯劳民伤财，又恐日久人心生变，千方百计想要尽快结束这场战争。一天，智伯望见晋水远道而来，绕晋城而去，立刻有了主意。他命令士兵们在晋水上游筑起一个巨大的蓄水池，再挖一条河通向晋阳城，又在自己部队的营地外筑起一道拦水坝，以防水淹晋阳城时也淹了自己的人马。蓄水池筑好后，雨季到来。智伯待蓄水池蓄满水后，命人挖开堤坝，汹涌的大水即沿着河道扑向晋阳城，将晋阳全城泡在水中。但是，全城军民爬上房顶和登上仅剩6尺未淹的城墙上坚持守护，宁死也不投降。智伯得意忘形，大笑道："我今天才知道水可以用来灭亡别人的国家！"

赵襄子对家臣张孟谈说："情况已十分危急了，我看魏、韩两家并非真心帮助智伯。我们今天灭亡了，明天就会轮到他们，你去找魏桓子和韩康子吧！"

张孟谈连夜出城找到魏桓子和韩康子，对他们说："智伯今天用晋水灌晋阳，明天就会用汾水灌安邑（魏都）、用绛水灌平阳（韩都），我们为什么不联合起来消灭智伯，平分智伯的土地呢！"

魏桓子和韩康子正在担心自己会落得与赵襄子一样的下场，于是和张孟谈定了除掉智伯的计策。两天后的晚上，赵襄子与魏桓子、韩康子共同行动，杀掉守堤的士兵，挖开护营的堤坝，咆哮的晋水顿时涌入智伯的营中。智伯从梦中惊醒，慌忙涉水逃命。但前有赵襄子，左有魏桓子，右有韩康子，智伯被杀死，智伯的军队也全部葬身于大水之中。

智伯灭亡后，晋国的大权旁落在赵、魏、韩三家之中。这就是后来的赵国、魏国和韩国。

## 因怒出兵落败归

三国时期，孙权计夺荆州，关羽败走麦城。关羽死后，孙权将关羽的头颅献给了曹操，企图嫁祸曹操。曹操识破孙权诡计，以重礼安葬关羽。蜀中人知道后，都对孙权恨之入骨。

刘备为给关羽报仇，不听诸葛亮和上将赵云的苦苦劝说，率水陆两军四万多，远征吴国。刘备深入吴境数百里，在夷道县（今湖北宜都）包围了东吴先锋孙桓。东吴诸将纷纷要求主将陆逊派兵增援孙桓，陆逊认为孙恒能够守住夷道，一概拒绝；诸将又要求去迎击刘备，陆逊认为刘备连克吴军，士气正旺，吴军不宜出战，因此，也拒绝了诸将的建议。

就这样，蜀军与吴军从公元222年的2月一直对峙到6月，吴军没有退后半步，蜀军也未能前进半步。

时值盛夏，烈日当空，蜀军水兵在船上难耐酷热，只得离船上岸，在夷陵一带依沟傍溪扎下营寨，躲避酷暑。陆逊见刘备的军营绵延百里，且都在树林茂密的地方，于是制定了火攻破蜀的计划。他命令水路士兵用船只装载裹有硫磺、硝石等引火物的茅草运到指定地点；又命令陆路士兵数千人拿着茅草到指定地点去放火。这一天傍晚，蜀军相连的数十座军营自东向西北连续起火，蜀军毫无防备，乱作一团，几十座军营全被烧毁，陆逊乘机掩杀，蜀兵死伤无数。

刘备在众将的拼死保护下好不容易逃到夷陵马鞍山（湖北宜昌西北），陆逊随后追至，将马鞍山团团围住，又在山下四周放起火来。刘备束手无策，只好连夜逃离马鞍山，杀开一条血路，向西逃命。吴军紧追不舍，蜀将傅彤身负重伤仍拼死搏杀，刘备这才幸免一死。

第十二章·火攻篇

刘备因怒出兵，大败而归，蜀国元气大伤。刘备逃到白帝城后，又气又悔，不久就一病而死。

## 因怒逞勇遭惨败

第四次中东战争爆发后，以色列人从震惊中清醒后立即发起疯狂反扑，以色列装甲王牌旅——第一九〇装甲旅在旅长阿萨夫·亚古里的率领下向菲尔丹桥疾进。

第一九〇装甲旅装备最先进的M-60型坦克120辆，该旅经常被派往最关键的地区作战，有战必胜，有攻必克，为以色列屡建战功。一九〇旅以每小时40至45公里的速度向前猛进，突破了埃及第二师的第一道防御阵地，在埃及第二师的第二道防御阵地前遭到埃及人的顽强抵抗。亚古里连续发起三次攻击，埃及人以反坦克导弹和火箭筒击毁了亚古里的35辆坦克，仍寸土不让。亚古里从来没有遭到这么大的损失，认为这是有损于"王牌旅"和以色列军人的面子，他恼羞成怒，下令把剩余的85辆坦克全部集结在埃军防御阵地前，要不惜一切代价与埃军决一死战。

其实，亚古里正好中了埃军的诱兵之计。亚古里率一九〇旅向菲尔丹前进时，埃军截获了以军作战命令，命令埃军第二步兵师师长阿布萨德伏击一九〇旅，力争全歼它。阿布萨德素知亚古里骄横一时，不把埃军放在眼里，他在亚古里的必经之路上设下三道防线，在第一道防线上稍作抵抗迅速撤退；在第二道防线上给亚古里以较大打击，以激怒亚古里，引诱他进行疯狂"报复"；在第三道防线上，全歼亚古里。

阿布萨德见亚古里中计，立即命令埃军撤出阵地，"仓皇"向后"败退"。亚古里哪肯放过，一声令下："全速追击！"

阿布萨德的第三道防线选择在公路两侧便于隐蔽的沙丘附近，距公路仅二百余米。亚古里的85辆坦克驶入伏击地后，阿布萨德命令全体官兵在同一时间对同一辆坦克发射3～4枚导弹，以每分钟发射85发反坦克导弹的速度向在公路上排成一排的以色列坦克猛袭不止。埃军在隐蔽处，以军前不能进，后不能退，离开公路就陷入沙海，因此完全处于被动挨打的局面。激战了20分钟，以军85辆坦克全被摧毁。

傲极一时的亚古里因怒逞勇，堕入埃军圈套，导致以色列王牌第一九〇装甲旅全旅覆灭，亚古里本人也成了埃及人的战俘。

## 南宋顺昌保卫战

公元1140年，金兵大举进犯南宋。由于南宋皇帝的软弱无能，半边江山已沦为敌土，金兵乘势南侵。宋将刘奇为阻止金兵南下，率两万宋军坚守顺昌。金兵十万余人很快包围了顺昌。金兵把大本营设在距顺昌20里的东村，两军形成对峙状态。面对大敌临城，刘奇采取了一系列以逸待劳、设法疲敌、乘势袭敌的战术。首先，刘奇传令士兵在各城门口构筑矮墙，把城门挡起来，让士兵在城上或矮墙内，用强弩猛射金兵，杀伤敌人的有生力量，同时又保存了自己的力量。其次刘奇又派小分队偷袭金营，吹号呐喊，使敌人不得安宁，疲惫敌军。这样，双方相持了数天。

在顺昌城外有条颖河。刘奇派人悄悄在颖河的上游和附近的草上撒下毒药，随后命部将耿训送战书与金兀术约战。耿训采用激将术，对金兀术说："刘将军说你不敢过颖河，他愿意给你五座浮桥让你的部队过河大战一场。"金兀术大怒说："刘奇怎敢与我挑战，凭我十万大军攻你们一个小小的顺昌，用靴尖就可以把城踢倒！"

次日拂晓，刘奇果然在颖河上架起五座浮桥。金兵大批人马过河后摆开了作战的阵势。而刘奇却深沟高垒，拒不出击。金兵大部队从远道赶来，已疲惫不堪，却又不敢解甲休息，等待宋军出战；宋军则在矮墙下养精蓄锐，等待时机。当时，天气酷热，金兵人马饥渴，忍耐不住，争相去颖河喝水，放马去河边吃草，结果大批人马中毒，到下午四点多钟，敌人已力疲气衰。刘奇见敌人中计，时机已到，便派数百人从西门突袭金兵，又派数千人从南门出击。同时，命令士兵不要发出声响，用钩镰枪钩敌人的拐子马，用利斧砍杀金兵。金兵阵脚大乱，宋军乘胜追击。金兵死伤数万，被迫退出汴京。宋军保卫顺昌获得了成功。

【商战谋略例说】

## 与匠人有缘的派克笔

派克笔，在世界书写工具中素享盛誉，拥有派克笔，往往是一个人身份和地位的象征。派克公司也因生产高品质的派克笔兴旺发达，誉满天下。

派克笔的历史一片辉煌，派克公司因生产派克钢笔而为全世界所知晓，

第十二章·火攻篇

但全世界对派克笔的辉煌历史究竟知道多少？

1943年到1944年期间，第二次世界大战进入了最艰难的阶段，派克公司赠送给盟军欧洲战区总司令艾森豪威尔将军一支派克笔，这支钢笔是派克公司特制的，其贵重之处在于其笔杆上镶有象征艾森豪威尔四星上将军衔的由纯金制造的四颗金星，其主要目的在于赞扬、称颂艾森豪威尔将军在第二次世界大战中所取得的辉煌成就，以及为人类和平做出的巨大贡献。

两年后，盟军终于在第二次世界大战中获得了彻底的胜利，艾森豪威尔将军就是用这支镶有四颗金星的派克笔在纳粹德国的投降书上签的字。

1962年3月，在人类首航宇宙获得成功之后，美国太空人格林上校飞绕地球三周获得又一次成功，为纪念人类征服宇宙这一对人类历史具有重大意义的壮举，派克公司又使用"友谊七号"助推火箭的太空材料制作了一支特殊的派克钢笔，赠送给格林上校，这支用太空材料制作成的钢笔笔身上刻有"美国进入太空纪念"字样。

1972年，基辛格博士访问中国，随后美国总统尼克松也正式访问中国，并赠送给毛泽东主席一支派克钢笔，这支派克钢笔的材料中含有"阿波罗"号宇宙飞船登陆月球后从月球上带回的月球尘埃。

1987年12月，美国前总统里根和苏联总书记戈尔巴乔夫签署《撤出中远程导弹协议书》所使用的钢笔，也是由派克公司特别制作的，这两支派克钢笔都由纯银制成，笔身上分别刻有里根和戈尔巴乔夫的姓名，协议签署后二人相交换派克笔以作纪念。

以上这些荣耀，一方面为派克公司增添荣誉，大大提高了派克公司在世界上的知名度，另一方面也充分展示了派克公司在世界书写工具行列中的显赫地位，国际上生产名牌钢笔的厂家不计其数，唯独派克公司有这种与世界风云人物接触、"握手"的殊荣，这不是派克公司的事业辉煌最显著的标志吗？

简单列一下与"派克"有缘的名人：艾森豪威尔将军、美国"太空人"格林上校、毛泽东主席、美前总统里根、苏联总书记戈尔巴乔夫■■派克与巨人的缘分是如此之深！

牛顿曾说，他的成功是因为"站在巨人的肩膀上"，派克笔的成功是因为"被握在巨人的手中"。特殊的笔送给特别的人，笔由于人身份的高贵而分外名贵，这"巧借东风"用的真是炉火纯青。与时代巨人打交道，很好地树立了形象，也是一条取得成功的捷径。

## 巧借"明星"来聚餐

美国肯塔基州的一个小镇上有家不出名的餐厅，餐厅老板发现：每当周二的时候，来就餐的人特别少。老板几次想扭转这种冷落局面，但都收效甚微。一个周二的傍晚，老板闲坐无事，便信手翻阅桌上的电话簿，翻着、翻着，老板忽然看到一个熟悉的名字——约翰·韦恩，老板一愣，但很快明白过来：这是一个与当时红极全美国的巨星同姓同名的人，老板来了灵感，何不借用真约翰·韦恩的名字和名气，请"假"约翰·韦恩来就餐呢？到时候，镇上的人出于好奇，一定会光顾餐厅。老板先给"假"约翰·韦恩打了电话，邀请他携夫人于下周二晚八点到餐厅来就餐，餐厅免费供应他双份晚餐，"假"约翰·韦恩欣然同意。然后，老板贴出一张大海报："隆重欢迎约翰·韦恩先生于下周二光临本餐厅！"

大海报一贴出去，果然在小镇上引起了轰动。人们在纷纷议论的同时，又焦急地盼望下一个周二早些来到，好一睹这位明星的风采。到了周二，餐厅的生意大增。顾客们询问老板："约翰·韦恩什么时候光临？"老板回答："晚八时准时到达。"这一天傍晚，顾客们早早地进入餐厅就餐；不到七点，想要就餐的人就不得不在餐厅门外排起了长队；接近八点的时候，餐厅的内外已是人头攒动、水泄不通了。

八点整，餐厅老板通过餐厅内的扩音器宣布："各位先生、各位女士，约翰·韦恩携夫人一起光临本店，让我们共同来欢迎他和他的夫人！"

餐厅内、外顿时鸦雀无声，所有的人都把目光投向餐厅门口——在餐厅老板和漂亮的服务小姐的陪同下，一位矮小的、地地道道的肯塔基州老农民与他的妻子微笑着、又有些忐忑不安地迎着众人的目光，走入餐厅。

"这就是巨星约翰·韦恩及其夫人？！"

所有的人都几乎不相信自己的眼睛。但是，这只是很短时间内的惊疑。过了一会儿，人们很快明白了是怎么一回事，餐厅内爆发出一片善意的哄笑声，有人大喊："欢迎约翰·韦恩！"于是，更多的人大喊："欢迎约翰·韦恩！"人们把约翰·韦恩夫妇拥上上座，还纷纷要求与约翰·韦恩夫妇合影留念，整个餐厅一派喜气洋洋的气氛。

餐厅老板从邀请约翰·韦恩的成功中受到鼓舞，于是继续从电话簿上寻找与"名人"同名的人到餐厅免费就餐。当然，老板并没有忘记事先贴出一张大海报，遍告镇上的父老乡亲，而乡亲们也都乐意到餐厅来"捧场"。此后，每逢周二，这家餐厅的生意最为兴隆。

## 借助名人发大财

"221-B"是指伦敦贝克街221-B号。

读者也许对这个住址并不陌生——英国作家柯南道尔在他的侦探小说中塑造的福尔摩斯先生就住在这个门牌号的屋子里。

虽然福尔摩斯其人根本并不存在，虽然柯南道尔早已去世多年，但英国伦敦贝克街221-B号每年仍要收到许多来自世界各地的福尔摩斯崇拜者的信件。

伦敦一位颇有眼光的商人对这块宝地分外垂青。他不惜本钱借这块宝地办了一家汽水厂，产品以"221-B"命名，商标上还印有福尔摩斯的侧面像。结果，他的221-B汽水走俏全伦敦市。市民们说："喝了221-B汽水，脑袋开窍多了！"

是福尔摩斯的灵气注入了汽水呢，还是市民们自己的灵气得到了超常发挥？

借助名人、伟人大发其财的事例很多。

美国的自由女神像在经历了百余年的风风雨雨后，美国政府花巨资将女神像翻新。但是，新的自由女神像巍然屹立，女神像下的二百余吨废料却不易处理。承包这项工作的商人斯塔克在经过一番琢磨后，果断地对废料进行分类处理。斯塔克把废铜皮铸成纪念币，把废铁、废铝制成纪念尺，还把水泥碎块和分厘不值的朽木装在精致的盒子中当作纪念品出售。原本难以处理的废料顿时变成了宝物——公民们买到了可心的纪念品；斯塔克赚了一大把钞票；市政府既清除了废料，又增加了税收。

【人生智谋例说】

## 苏代智劝赵惠王

苏代是一个机智的人物。一次，他听说赵惠王要攻打燕国，觉得这对赵、燕两国都没有什么好处。于是，他决定劝赵惠王改变这个主意。

见到赵惠王后，苏代先不提这件事，却对赵惠王说他在易水河边看到一件新鲜事：

有一只很大的河蚌张着壳在河边晒太阳,柔和的阳光照在它白嫩的肉上,真是舒服极了。可是,这时从河蚌的后面偷偷地走过来一只精瘦的鹬鸟。它真是饿极了,举起尖利的长嘴巴,向河蚌露出壳外的鲜嫩的肉一口啄去。

河蚌受到突然袭击,急忙夹紧坚硬的外壳,把鹬鸟的长嘴巴牢牢地夹住了。

鹬鸟进行了一番挣扎,没用,河蚌的硬壳夹得越来越紧。鹬鸟狠狠地说:"河蚌呀河蚌,你不要这样凶狠。如果今天不下雨,明天不下雨,你不是要干死渴死吗?我就等着吃你的死蚌肉了!"

河蚌的那一块嫩肉依然在鹬鸟的嘴巴里,十分疼痛。可是,它也不甘服输,嘲笑鹬鸟说:"你要吃我的肉,我就要你的命!今天不放你,明天不放你,你也非干死饿死不可!"

它们两个吵个不停,谁也不肯让步。

这时,有个渔夫远远看见这边的动静,就疾步跑了过来,伸手把它们都逮住了,放进了鱼篓。这样鹬鸟和河蚌都成了渔夫家餐桌上的美餐了,鹬和蚌再后悔也来不及了。

赵惠王听得津津有味,很感兴趣。这时,苏代趁机转入正题:"我听说大王要出兵攻打燕国。但您是否清楚,燕、赵两国国力相当,赵国在几年之内不可能把燕国打败,那样势必出现两国长期相持的局面。而强大的秦国一旦看见燕、赵都疲惫不堪的时候,一定会像易水边的渔夫那样趁机从中渔利。这对赵国又有什么好处呢?所以,我请求大王在发兵攻燕这件事上三思而行啊!"

赵惠王听完苏代的一席话后,终于恍然大悟,即刻恳切地说:

"我们不能做鹬和蚌那样的傻事,去让秦国得利。出兵燕国的事以后就别再提了。"

## 孟子智谏齐宣王

孟子一心想向齐宣王宣讲施行仁义的主张。但他知道齐宣王喜爱音乐,喜欢勇武,喜爱财物,喜爱女色,一下子是不可能接受他的主张的,只能因势利导。

孟子谒见齐宣王问:"您曾经告诉庄暴说您爱好音乐,有这么回事吗?"

齐宣王不好意思地承认说:"是的,我说过。但我不爱好古代音乐,只爱好一般流行的乐曲罢了。"

孟子说："只要您非常爱好音乐，那齐国便会很不错了。无论是现在流行的音乐，还是古代的音乐都一样。"齐宣王见孟子不是来批评自己的，而是讨论自己爱好的音乐，就来劲了，于是说，"您能把这个道理讲给我听吗？"

孟子说："要听这个道理，我想先问您一个问题，一个人单独欣赏音乐，和与跟别人一起欣赏音乐，究竟哪一种更快乐呢？"

齐宣王不禁脱口而出："当然是跟别人一起欣赏音乐更快乐些。"

"那么，跟少数人一起欣赏音乐是快乐的，跟多数人一起欣赏音乐也是快乐的。但究竟哪一种更快乐？"孟子步步深入下去。

齐宣王不知不觉中完全接受了孟子的心理暗示，说："当然是跟多数人一起欣赏音乐更快乐。"

"那么，就让我对大王您谈谈音乐和娱乐的道理吧。"孟子见时机已经成熟，就趁机巧妙地把音乐过渡到政治上来，说："假如国王在这儿奏乐，老百姓听到鸣钟击鼓、吹箫奏笛的声音，都感到头痛，愁眉苦脸地纷纷议论：'我们的国王这样爱好音乐，这样快乐，可为什么我们却苦到这般地步呢？'这没有别的原因，就是因为国王只图自己快乐而不同百姓一同快乐的缘故。"

齐宣王不由得一惊，还没等开口说什么，又听孟子继续雄辩："假使国王在这儿奏乐，百姓听到了鸣钟击鼓、吹箫奏笛的声音，全都眉开眼笑地互相转告说：'我们的国王大概很健康吧，要不，怎么能够这样快乐地奏乐呢？'这也没有别的原因，只是因为国王同百姓一同娱乐罢了。由此，我得出这么一个道理：如果国王能同百姓一同娱乐，就可以使天下归服了。"

孟子借讨论音乐向国王进谏，终使宣王心服口服地接受了他的观点。

### 谢安助友卖蒲扇

谢安曾做过东晋宰相，因在淝水以数万之众打败数十万之众的前秦军队而名扬天下。

谢安有一个同乡在广州做官，离职回乡的时候，这位同乡在广州买了五万把蒲扇，准备在建康停留时卖掉。谁知到了建康，一连好几天，蒲扇摆到市面上，竟无一人问津。同乡心急如焚，只好去找谢安帮忙。谢安问："你有多少扇？"同乡答："五万把。"谢安沉吟不语。

当时，建康天气转凉，不时还下一场小雨，蒲扇已经成了过时之物，这就是蒲扇无人问津的原因。要在这样的季节里卖掉五万把蒲扇谈何容易!

同乡急了:"你是当朝一品宰相,一人之下,万人之上,总不会一点办法也没有吧!"

一句话提醒了谢安。谢安送同乡回客店,跟同乡要了一把蒲扇,然后拿着蒲扇,离开客店。谢安没有直接回宰相府,而是摇晃着蒲扇,潇潇洒洒地在闹市中四处游览,故意引起人们的注意。

"当朝一品宰相在逛市场!"

谢安逛市场的消息不胫而走。他摇晃着蒲扇,大摇大摆地在街市中行进的潇洒姿态令建康人倾心。朝中当官的争先效仿;社会上的三教九流紧随其后;平民百姓也紧跟着"过把瘾"。建康城内,蒲扇立刻成了"抢手货"。商人们眼看蒲扇有利可图,竞相找到谢安的同乡,高价把蒲扇抢购一空,把谢安的同乡乐得合不拢嘴。

谢安巧"借"自己的"名人效应",不费吹灰之力,帮助友人把五万把蒲扇全部推销完。

## 里根竞选的优势

1980年里根作为美国共和党总统候选人参加了总统竞选。竞选的决战是与民主党候选人卡特进行角逐。里根与卡特两个人的实力旗鼓相当,因此他们二人展开了美国竞选史上最激烈的争夺战。

当时的卡特是已经当政4年的在职总统,但政绩并不突出。他当政时的主要政绩就是在外交上做了三件大事:同中国建立了外交关系;促成埃及和以色列和谈;促使美国议会通过了巴拿马运河条约。卡特也一直以此为自豪,并在竞选中拼命宣传这些成就。但是他在内政方面却不能令人满意:国内通货膨胀加剧;失业人数剧增;财政预算无法平衡;能源出现危机等等。人们对这些有关国计民生的问题十分不满,怨声载道。而这些正好成了里根手中的王牌,他集中火力攻击卡特经济政策失误,并耸人听闻地宣称他要消除"卡特大萧条"。

而这时的卡特也抓住广大民众关心的战争与和平问题,指责里根增加防务开支的主张是好战之举,希望选民们在"战争还是和平"之间做出选择。

里根与卡特就是这样唇枪舌剑,拳来脚往,双方一时难决雌雄。

1980年代的美国，广播、电视、报纸等大众传播媒介对人们的影响极为广泛。一个人的形象如何，在美国民众的心中往往占有重要位置，有时甚至直接决定了选民投谁一票。所以，总统选举，与其说是选民在选择候选人的政策纲领，不如说是更重视候选人的性格、智慧、精力、风度之类。那么在这方面，里根可以说是占得天独厚的优势。

　　里根曾是好莱坞的二流影星，其形象及表现力都是比较出色的。在与卡特其他方面不分上下的情况下，他就极力发挥自己的这一优势。

　　在里根当选共和党总统候选人之后，他当年在好莱坞演过的电影，一下子成了热门，全国各地影剧院、电视台争相放映。这股里根影视热风，无疑替里根做了一次绝好的宣传。人们从影视中看到，当年的里根英俊潇洒、精明强干，而现在仍然生气勃勃、干劲十足，风度不减当年。这给人们留下了一个很好的印象。

　　在里根影视风兴起的同时，里根还借电视媒体极力展示自己的风采。在与卡特的电视辩论中，里根表现得能言善辩、妙语连珠，而卡特则相形见绌、呆板迟钝、结结巴巴。因此在投票之前的关键性的一场电视辩论后，民意测验的结果支持里根的人上升到67%，支持卡特的人下降为30%。1980年11月4日大选结果，里根以绝对优势大获全胜。

# 第十三章 用间篇

本篇论述在战争中如何运用间谍的问题,包括使用间谍的重要性,间谍种类的划分,间谍使用的方法等,分析不同种类间谍的特色及使用价值,强调"反间"的特殊重要性,明确提出"三军之事,莫亲于间,赏莫厚于间,事莫密于间"的用间三原则,总结出"明君贤将,能以上智为间者,必成大功"的历史规律。

## 【原文】

孙子曰：凡兴师十万，出征千里，百姓之费①，公家之奉②，日费千金；内外骚动③，怠于道路④，不得操事⑤者七十万家⑥。相守数年⑦，以争一日之胜，而爱爵禄百金⑧，不知敌之情者，不仁之至也，非人之将也⑨，非主之佐也，非胜之主也⑩。故明君贤将，所以动而胜人⑪，成功出于众者，先知⑫也。先知者，不可取于鬼神⑬，不可象于事⑭，不可验于度⑮，必取于人，知敌之情者也。

故用间⑯有五：有因间⑰、有内间、有反间、有死间、有生间。五间俱起，莫知其道⑱，是谓神纪⑲，人君之宝⑳也。因间者，因其乡人而用之㉑；内间者，因其官人而用之㉒；反间者，因其敌间而用之㉓；死间者，为诳事于外，令吾间知之而传于敌间也；生间者，反报㉔也。

故三军之事，莫亲于间㉕，赏莫厚于间㉖，事莫密于间㉗。非圣贤不能用间㉘，非仁义不能使间㉙，非微妙不能得间之实㉚。微哉㉛微哉，无所不用间也！

间事未发㉜而先闻者，间与所告者皆死㉝。凡军之所欲击，城之所欲攻，人之所欲杀，必先知其守将、左右、谒者、门者、舍人之姓名㉞，令吾间必索知之。必索敌人之间来间我者㉟，因而利之㊱，导而舍之，故反间可得而用也。因是而知之㊲，故乡间、内间可得而使也㊳。因是而知之，故死间为诳事，可使告敌。因是而知之，故生间可使如期㊴。五间之事，主必知之，知之必在于反间㊵，故反间不可不厚也㊶。

昔殷之兴㊷也，伊挚在夏；周之兴也，吕牙在殷㊸。故惟明君贤将，能以上智为间者㊹，必成大功。此兵之要，三军之所恃而动㊺也。

## 【注释】

①百姓之费：民众百姓的耗费。百姓，指民众百姓。费，指耗费。②公家之奉：国家开支的费用。公家，指国家、政府。奉，指供奉、俸禄。③内外骚动：全国上上下下、每家每户、里里外外骚动不安。内外，里里外外。骚动，骚动不安。④怠于道路：老百姓因长途辗转运输军用物资而疲劳不堪。怠，倦怠、疲劳。⑤操事：操持农事。操，操持。⑥七十万家：比喻兵事对正常农事的影响之大。古代制度是，一家从军，需要七家负担运输军粮等各种劳役。因此，出兵十万，便有七十万家不能正常操持家事。⑦相守数年：与敌军对峙数年。相守，与敌军对峙。⑧爱爵禄百金：吝惜赏给人们以官位、俸禄和钱财。爱，爱惜，此

指吝惜。爵禄，官位与俸禄。百金，泛指钱财。⑨非人之将也：不懂得用人（间谍）的将领。人，这里是指用人。⑩非胜之主也：不是能打胜仗的将领。胜，战胜、打胜仗。主，主人，将领。⑪所以动而胜人：之所以每次打仗都能战胜敌人。动，行动，这里指打仗的军事行动。胜人，战胜敌人。⑫先知：预先知道、预先掌握。先，预先。⑬不可取于鬼神：不能从相信鬼神的迷信活动中了解到敌情。取，取得、获取。鬼神，这里指相信鬼神的迷信活动。⑭不可象于事：不可能用对等相似事物的类比中去推想出敌情。象，比像、比推、类比。事，事情。⑮不可验于度：不可以用主观机械的计度去检验所获得的敌情是否准确。验，检验。度，计度。⑯间：这里指的是间谍。⑰因间：间谍的一种，即本篇下文所说的"乡间"。该种间谍主要依赖与敌人的乡亲关系，或利用与敌军官兵的同乡关系，打入敌营从事间谍活动，获取情报。⑱五间俱起，莫知其道：五种间谍同时使用起来，使敌人无法摸清我军的行动规律。道，规律、途径。⑲神纪：神妙莫测的纲纪。这里指一种能使人感到神妙莫测的法则或诀窍。神，神妙莫测。纪，纲纪。⑳人君之宝：君主在战争中用以克敌制胜的法宝。宝，此指法宝。㉑因其乡人而用之：利用敌人家乡的人做我方的间谍。因，依靠、利用。乡人，这里指敌人家乡之人，包括身居敌国的老同事、老同乡。㉒因其官人而用之：利用敌方为官者或他们的子孙做我方的间谍。官人，是指敌方的官吏（诸如贪财好色的官吏，特别是那些失去职务、受过刑罚的官吏和他们的子孙）。㉓因其敌间而用之：收买利用敌方的间谍做我方的间谍。敌间，敌方的间谍。㉔为诳事于外：指在外面散布谣言或虚假情报。诳，欺骗、造谣。㉕反报：回来报告敌情。反，返回。㉖莫亲于间：没有比间谍更应成为亲信的了。亲，此指亲爱、亲信。㉗赏莫厚于间：没有比间谍更应得到丰厚的奖赏了。赏，奖赏。厚，丰厚。㉘事莫密于间：没有比间谍的事更应保守机密的了。密，机密、保密。㉙非圣贤不能用间：不是具有极高智慧的人是不能使用间谍的。圣贤，极高的智慧，这里指具有极高智慧的人。㉚非仁义不能使间：不是具有仁义之心的人是不能使用间谍的。仁义，仁义之心。㉛非微妙不能得间之实：不是谋虑精细、手段巧妙的人，不能取得间谍的真实情报。微妙，精细奥妙，此指用心精细、手段巧妙。实，指实情。㉜微哉：微妙呀！微，微妙。㉝间事未发：用间之事还没有开始进行。间事，用间之事。发，出发、开始进行。㉞间与所告者皆死：间谍和泄密者都要被处死。间，间谍。所告者，泄密者。㉟必先知其守将、左右、谒者、门者、舍人之姓名：必须先探知敌方主将以及他的幕僚亲信、负责通报和传令的官吏、卫士以及勤务人员的姓名。守将，这里是指主将。左右，指主将的幕僚、秘书、参谋等亲近人员。谒者，负责通报和传令的官吏。门者，卫士。舍人，室内勤务人员。㊱必索敌人之间来间我者：一定要搜索到敌方派到我方从事间谍活动的人。此句前一个"间"字是名词，指间谍。后一个"间"字是动词，指间谍活动。㊲因而利之：给以重

第十三章 · 用间篇

· 323 ·

金收买。㊳导而舍之：对被我方搜索到的敌方间谍经过开导后，交予任务，将其放走。导，开导。舍，舍弃，引申为放走。㊴因是而知之：从反间提供的情报而知道。因，从。是，这里指反间提供的情报。㊵乡间、内间可得而使也：意思是说，通过利用反间，乡间和内间才能有效地加以使用。㊶生间可使如期：生间可以使他们按期回来报告敌情。生间，能活着回来报告敌情的间谍。如期，按期。㊷知之必在于反间：要掌握五种间谍活动的情况，都可依靠反间的作用。知之，这里是指了解五种间谍活动的情况。反间，这里所说的反间有两种：一种是收买敌方的间谍，一种则是对敌方派来探听虚实的人，假装不知，并给予假情报让其带回，使敌方上当。㊸反间不可不厚也：对于反间，不可不给予优厚的待遇。厚，厚待，有重视之意。㊹殷之兴也：殷商的兴起。殷，指殷商。兴，兴起。㊺伊挚在夏：伊挚，即伊尹，原为夏桀的大臣，以后归附商汤为相。在灭夏的过程中，伊尹发挥了很大的作用。㊻吕牙在殷：吕牙，即姜尚，又名姜子牙，原是商纣时期的隐士，后归附周武王。武王伐纣，命姜尚为"师"。㊼以上智为间者：用智慧高超的人作间谍。上智，高超的智慧，这里是指具有高超智慧的人。㊽三军之所恃而动：军队要依靠间谍所提供的情报而行动。

## 【译文】

孙子说：一般情况下，兴兵十万，千里征战，百姓的耗费，国家的开支，一日就要花费千金；举国内外动乱不安，沿途民夫戍卒疲于转运军需，不能从事正常耕作生产的，多达七十万家。战争双方相持数年，为的是争夺一时的胜利。如果吝惜爵位、俸禄和金钱，不肯重用间谍，以致因不能了解敌情而败于一旦，那就是不仁慈到了极点。这样的人就不是军队的好将帅，不是国君的好助手，也不是胜利的主宰者。所以，明智的国君、贤良的将帅，之所以一出兵就能取胜，功绩超出众人，就在于能够预先掌握敌情。要做到事先了解敌情，不能用占卜等迷信鬼神的方法取得，不能靠对同类事物的类比推理来获得，也不能用观察日月星辰的运行位置作验证，而一定要取之于人，从了解敌情的人那里获得。

所以，使用间谍的方法有五种：有因间、内间、反间、死间、生间。五种间谍同时使用起来，敌人就无法知道我方用间的规律，这就是所说的神妙莫测的用间之道，也正是国君克敌制胜的法宝。所谓"因间"，是指利用敌国的当地人做间谍。所谓"内间"，是指利用敌方的官吏做间谍。所谓"反间"，是指利用敌国的间谍为我所用。所谓"死间"，是指故意把虚假情报散布在外，通过我方间谍将假情报传给敌方间谍，敌方一旦觉察上当受骗，往往将其处死。所谓"生间"，是指能活着返回报告敌情的间谍。

所以，三军之中，没有比委派的间谍更值得相信的了，奖赏没有比给间谍更为优厚的了，事情没有比使用间谍更为秘密的了。不是超凡聪明的人不能使用间谍，不是仁慈慷慨的人不能使派间谍，不是谋虑精细、手段巧妙的人不能分辨间谍的虚实。微妙啊！微妙！没有任何地方是不使用间谍的。

若使用间谍的工作尚未开展，而秘密已经被泄漏出去，那么间谍和泄密的人都要被处死。凡是我军所要攻击的敌军，所要攻克的城堡，所要刺杀的敌方人员，都一定要事先了解其守卫的主将、左右亲信、通讯的官员、守门官吏和门客幕僚的姓名，指令我方间谍一定要侦察掌握这些情况。一定要查出敌方派来刺探我方情报的间谍，根据情况收买利用，诱导并把他放回敌方。这样，反间就可以为我所用。通过反间了解敌情，这样，因间、内间就能为我掌握。通过反间了解敌情，死间就能散布假情报给敌方。通过反间了解敌情，生间就可以按期返回报告敌情了。五种间谍的派遣使用，国君一定要掌握，掌握真实敌情的关键在于反间的使用，所以，对反间不可不予以厚待。

从前商朝的兴起，是因为伊尹曾经在夏为间；周朝的兴起，是因为姜子牙在商为间。所以，只有英明的君王、贤能的将帅能够使用智慧不凡的人充作间谍，而且一定能取得很大的功绩。这是用兵作战的关键，整个军队都要以此为依据而决定行动。

## 【评析】

《用间篇》作为兵法的最后一篇与首篇《计篇》遥相呼应，首尾浑然一体，从而构成一部完整的兵法体系。可见孙武在总体策略上研究之透彻，见解之深刻，思维之缜密。

《计篇》中曰："兵者，诡道也。"什么叫"诡道"？用现在的话讲，就是欺骗对方，把自己的真实面目、真实意图隐藏起来，不能让彼方了解己方。反之，要实事求是，全面准确地了解彼方。这就需要保密和"用间"。

本篇主要论述使用间谍的重要性及其方法，并提出了先知敌情"不可取于鬼神"、"必取于人"的朴素唯物主义观点。

第十三章 · 用间篇

## 不明敌情上智用间

孙武军事理论的主要基石就是"知己知彼，百战不殆"。相对而言，"知己"是比较容易做到的，难就难在"知彼"。而用间正是实现"知彼"的最重要、最可靠的途径。

孙武认为，是否"用间"，是关系到君王和主将是否对国家、对人民具有高度责任感和仁爱心的重大原则问题。两军对峙，动辄数年，国家和人民的人力、物力和财力消耗都十分巨大，"日费千金""不得操事者七十万家"。如果不通用间，确定而深入地了解敌情，乃至于从内部分化瓦解敌人，以克敌制胜，岂不是对国家太缺乏责任感，对人民太缺乏仁爱之心了么？

孙武能把"用间"的意义提到这样的高度来认识，的确是难能可贵。

孙武重视"用间"，把它看作是"上智"之事，同时还特别重视"反间"的作用。俗话说，堡垒最容易从内部攻破。任你怎样强大的敌人，只要从内部分化瓦解了，便没有打不败的。当年项羽曾经一度十分强大，咄咄逼人，汉王刘邦几成其阶下之囚，但靠着陈平的"反间计"，削弱了项王的实力，终使项王兵败垓下，自刎身亡。同样，在现代化战争中，"反间"作用也很重要。这样的实例，现代战例中比比皆是。可见，《用间篇》在今天仍然具有借鉴价值。

打仗"用间"，市场竞争中也常见"用间"现象。在激烈的商战中，谁领先一步，谁就稳操胜券；谁落后一步，谁就会被排斥在市场的大门之外，甚至导致公司破产，名败身亡。为了获得商业情报、公司之间的商业间谍战几乎趋于白热化。

## 明君贤将不取鬼神

我们要从《用间篇》中领悟体会和继承发扬孙子的另一个重要思想："明君贤将，所以动而胜人，成功出于众者，先知也。先知者，不可取于鬼神，不可象于事■■"谋事在人，成事亦在人。有知才有谋，有知才能谋，有谋才能成功。古代由于科学落后，很多人是迷信鬼神的。他们把一个国家、一个家族的命运寄托在鬼神的庇佑上，是无知的行为。鬼神不会保佑无知者，也绝不会使昏君蠢将永远得势。孙子告诫说：不要去问鬼神能否出兵打仗，能否取胜，而是要从知情者那里获得敌方情况，根据敌情，再做决策。

这里，孙子的智慧精华在于：运筹决策要坚持"唯物"，不可"唯鬼神"，不可"象于事"。不要根据以往经验，指挥作战，不能搞教条主义，纸上谈兵；不要受狭隘经验的束缚。依据经验对错综复杂、千变万化的事物进行判断，难免失误。所以具体敌情具体分析，要有科学性、创造性。

我们从孙子的《用间篇》中，应该看到孙子的智慧之光：与其求鬼神，不如用间谍。间谍的智慧高于鬼神。这是孙武朴素的唯物主义观点。

/取胜有道谍战有术/

孙子把间谍分为五种类型：乡间、内间、反间、死间、生间。即：利用同乡关系从事间谍活动、收买敌国官吏做间谍、收买或利用敌方派来的间谍、故意散布虚假情报使敌方将我方叛逃的人员处死、派到敌方又能活着返回的间谍。这五种间谍同时并用，而"反间"尤其重要，因为"反间"是被我方收买、利用的敌方的间谍，他不仅掌握敌方的大量情报，而且还为敌方统帅部所信任，能更好地传递我方的假情报，同时还可以对乡间、内间、死间、生间采取保护和消灭措施。

如何使用间谍呢？孙子的观点是：在物质上要特别优厚；在感情上要特别亲近、信任；在使用上要特别秘密。孙子这些使用间谍的原则，现在仍然具有普遍的意义。

《孙子兵法》流传迄今已经两千五百多年。当今世界，科技飞速发展，竞争日益激烈，用间的手段更为丰富，其表现也更趋猛烈，这些都远非孙武当年所能同日而语。不过，孙子的用兵精神，我们还是可以继承和发挥的。

【军事谋略例说】

## 历史上的第一次间谍

清朝人朱逢甲在《间书》中说："用间始于夏王少康，使女艾间浇。"朱逢甲的话可以在《左传·哀元年》中找到确凿的记载："■■使女艾谍浇。"其意思是：国君少康把一个名叫女艾的人派到浇所统治的地方去进行间谍活动。

少康是夏朝的第六个君主，他为什么要派女艾去充当间谍？女艾又是什么人？这要从夏朝的第三个君主太康谈起。

太康是个只知道吃喝玩乐的人，经常外出打猎，高兴之余，数月不归。这样的国君是不会得到他的臣民的拥护的。太康手下有一位勇猛善射的大将——后羿（也就是传说中的那位射落九个太阳的猛士），他利用太康外出的机会把持了夏朝的大权，立太康的弟弟仲康为国君。仲康是夏朝的第四位国君。太康有家难归，客死他乡。

后羿大权独揽，目空一切。时间长了，他也不理朝政，醉心于山野行猎的趣事去了。后羿属下有个叫寒浞的阴谋家，他在骗取了后羿的信任后，不但谋杀了后羿，还夺取了后羿的爱妻，并与后羿的妻子生下了两个儿子：浇和殪。塞浞把过和戈这两个地方封赏给了他们。

仲康的儿子相是夏朝的第五位国君。寒浞担心相会危及自己，残忍地杀掉了相。当时，相的妻子已经怀孕，她从墙洞侥幸逃生，生下了儿子少康。少康长大成人后在有虞氏部落居住下来。有虞氏首领十分器重少康，把两个女儿都嫁给了少康，还给了少康一小片土地和500名奴隶。

少康一直把杀父之仇记在心上。但是仅凭一小片土地和500名奴隶，要想复仇绝非易事。少康思来想去，想到了使用"间谍"。少康有一位忠心耿耿的仆人，名字叫女艾。女艾不仅对少康忠贞不二，而且智勇双全。少康把自己的想法对女艾说了，女艾欣然赴任。

女艾到了浇所统治的地方，骗得了浇的信任，他源源不断地把浇的情况报告给少康，又与少康拟定了灭浇的行动计划，终于一举消灭了浇。随后，乘胜出兵，回到夏。这时，寒浞已经死了。少康回到故园，恢复了夏朝。

少康是我国第一个使用间谍的国君。令人深思的是：有史记载的第一次"间谍"就促成了一件这么大的事情，间谍的作用的确不可轻估！

## 将军身边的女间谍

玛塔·哈莉是第一次世界大战中最成功的间谍之一，她受雇于德国，其间谍代号是H·21。第一次世界大战爆发后，哈莉奉命打入法国刺探军情。起初，法国对入境签证审查很严，哈莉无法入境。

哈莉稍稍动了一下脑筋，以其媚丽的容貌、极富性感的表演，摄走了荷兰驻法国领事的魂魄，领事先生轻松地为哈莉弄到签证，把哈莉送入法国。

哈莉曾是红极一时的舞蹈明星。进入巴黎后，她施展自己的全部伎俩，令昔日曾拜倒在她石榴裙下的法国军政要人再次为她倾倒。当时，已退役的莫尔根将军因战争需要回到陆军部担任要职，时逢老伴刚刚去世，见到哈莉后，顿时神魂颠倒，迫不及待地邀请哈莉住到他那里去。哈莉正中下怀，欣然搬入莫尔根家中，睡到了将军的身边。

哈莉很快就搞清楚了莫尔根将军把机密文件藏到了什么地方——书房的秘密金库。秘密金库的锁使用的是拨号盘，号码拨不对，金库是不会打开的，而知道秘密号的人只有莫尔根将军一个人。哈莉好几次想试一试运气，但都无法打开，于是只好寻找开锁的号码。

哈莉不可能去询问莫尔根将军——再愚蠢的间谍也不会这样做的，她认为莫尔根年纪大了，不可能把号码记在脑子里，很可能是记录在什么地方。于是，趁将军熟睡之机，哈莉搜遍了一切可能记录号码的地方——抽屉里、写字台上、笔记本中、手帕上██均一无所获。哈莉是个不会轻易认输的女人，何况，这时候，德国间谍机关向她发出指令：莫尔根将军处藏有新式武器的绝密文件，迅速窃取。

一天晚上，哈莉用放有安眠药的酒灌醉了莫尔根，悄悄地进入书房，来到金库门边。哈莉看了看手表，"已是下半夜两点钟了，得抓紧！"她双手握住拨号盘，按照从1到9的数字逐一通过组合来转动拨号盘。

时间一分钟、一分钟地过去。哈莉累得直不起腰来，十个手指又痛又酸，还是一无所获。眼看天就要亮了，哈莉懊丧地抬起头——忽然，她鬼使神差般地被墙上的挂钟吸引住了——住进将军的寓所已有一段时间了，在她的印象里，那个挂钟好像一直未走动过。她似乎还建议过将军把钟修理一下，将军也曾随口答应过，但是██。

哈莉的目光凝聚在静止的钟面上，9时35分15秒——"93515"，"不对！"哈莉叹了口气，"这是个五位数，而拨号盘是六位数。"哈莉失望地垂下头。忽然，一道灵光闪过她的脑海——"为什么要是'9'点呢？难道就不能是'21'点吗？对！就是213515！"哈莉兴奋地转动拨号盘——"213515"，"咔！"清脆、悦耳，哈莉从来没有听到过如此动人的声响。

金库的门终于被打开了，金库中藏有英国建造的一九型最新坦克设计图和其他绝密文件。哈莉迅速取出了微型照相机██。

战后，权威人士透露，玛塔·哈莉的这一次行动至少使协约国的军队损失10万人！

## 福赫斯功勋卓著

1945年7月，当美、英、苏三国首脑在波茨坦会议上商讨对日作战的具体事宜时，杜鲁门总统得意地告诉斯大林，美国已成功地引爆了一枚原子弹，但斯大林态度冷淡，似乎没有多少兴趣。其实，苏联早已成立了由伊戈尔·库尔恰托夫为负责人的核总局，秘密进行原子弹的研制。而且，有几位美英科学家正悄悄地为苏联提供有关美国原子弹研制的极详细资料，其中就有克劳斯·福赫斯。

1911年9月29日，福赫斯出生在德国达姆施塔特附近。他的父亲与祖父都是当地有名的社会活动家和社会主义者，所以，他从小就受到马克思学说的熏陶，并在莱比锡大学加入了德国共产党。后来，福赫斯到了英国，参加了伯明翰大学的帕尔斯教授实验室，又为英国安全部门分析了一批纳粹核情报，使英国人对他这个办事干练的物理学博士赞赏有加。凭借着这些掩护，他开始秘密地传递情报。

1941年秋，福赫斯主动和苏联间谍接上了头。以后每隔三四个月，他就把自己所知的研究资料交给德籍苏联间谍乌苏拉·库钦斯卡娅。

1943年9月，福赫斯成为英国科技代表团的成员，前往美国新墨西哥州的洛斯阿拉莫斯，参与"曼哈顿工程"。此时，他已获得苏联政府的初步信任，为了安全起见，苏联安排了美国人霍利·戈尔德为联络员。福赫斯的代号为"查尔斯"。

在美国工作期间，福赫斯多次将高级技术机密传递给苏联。其中有用气体扩散法分离铀235，铀弹的尺寸图样和数字算式，炸弹引信结构装置等等，为苏联研制原子弹提供了宝贵的资料。

1947年6月，福赫斯回到英国，继续向苏联传送的书面材料有：温思克尔钚反应堆和化学生产工厂的详细数据，空气冷却铀炉和水冷却铀炉的比较分析，建造同位素分离工厂的设计图，1948年美英科学家研造的氢弹原理图和理论生产数据■■

福赫斯不计报酬，不顾风险地向苏联传送了大量价值连城的情报，大大缩短了苏联科学家制造原子弹的时间——比美国的预计早了5年，并使其抢先于美国制造出了氢弹。这对于打破美国的核垄断和核威慑，维护世界和平有着特别重要的意义。

## 一次艰难的搜捕

1942年2月20日，美国联邦调查局截获了一封信件，上面有纽约港内组成护航船队的军舰和货船的详细情报，联邦调查局立刻确认：这是一名十分危险的敌人，必须尽快逮捕他！

首先要确定罪犯的藏身之地。在以后的10天中，联邦调查局又截获了该敌特的第二、第三封信。为此，调查局认为：敌人就在纽约市内。一位有经验的反间谍人员从敌人的信件中看到了某些真实性的描写，于是进一步确认：该间谍是一名空防人员——纽约市有98380名空防人员，联邦调查局日以继夜地对这些空防人员进行审察，将范围缩小到8万人。

4月14日，调查局截获了该敌特的第12封信，信中有一段对往昔不胜怀恋的内容，"■■这里已很暖和了，花儿含苞欲放。美丽的春天总是使我不断地忆起我们在埃斯托利尔海滩上度过的美好时光■■■""埃斯托利尔？那是葡萄牙里斯本郊外的海滨避暑胜地！"联邦调查局的情报人员兴奋起来了。

调查局决定从信上签名的笔迹入手。当然，那名字是假的，对从1941年春天以来由里斯本进入美国的每一个人进行审察。一个又一个人，一个又一个昼夜，一张又一张入境填写的海关行李申报单■■终于，有一天，激动人心的时刻到了——一名侦探发现了一张申报单上的签名笔迹与间谍信上的签名笔迹相似。调查局把签名拍照、放大，又请来笔迹专家进行鉴定，结论是：二者的笔迹出于同一人之手。

下一步的工作就容易了：查阅空防人员名单，住在纽约斯塔顿岛上汤金斯维尔牛津街123号的欧纳斯特·弗·莱密兹与行李申报单上的姓名完全相同。

1943年6月27日，美国联邦调查局将欧·弗·莱密兹逮捕归案，后者对自己的罪行供认不讳，依照反间谍法，他被判处30年徒刑。

从截获第一封间谍信到逮捕间谍，美国联邦调查局一共用了一年零四个月零七天，这真是一次艰难的搜捕。

## "玩具飞机"太逼真

1986年，美国芝加哥市举办了一次玩具博览会，世界各国的玩具商们云集芝加哥，一时间，盛况空前。

无孔不入的美国中央情报局也派人出席了这次博览会。出于职业的敏

第十三章 · 用间篇

感，情报局的侦探们发现：许多国家驻美机构的人员多次光临博览会，特别是苏联，他们的驻美机构人员一次又一次地进出博览会，买走了数量可观的由美国坦斯托斯公司生产的飞机玩具模型。

中央情报局的官员立即对坦斯托斯公司进行了调查，发现该公司生产的自称为F-19隐身战斗机玩具模型与美国空军最机密的F-117A隐形战斗机几乎一模一样！

F-117A隐形战斗机的第一架原型机诞生于1981年6月。

1983年10月，该机才正式交付使用。但为了保密，该机的飞行一直限制在夜间，因此，世人根本不知道它的"庐山真面目"。

是谁泄露了它的秘密？

情报官员寻根摸底，找到了玩具飞机的设计者。设计者是一位曾当过飞行员的工程师，他说，美国的一些飞机制造公司中都有他的亲朋好友，凡是他们公司生产的玩具飞机模型，与真正的该类型飞机相比，相似程度不低于80%！

难怪精明的"克格勃"及其他国家的情报人员对坦斯托斯公司的产品会这样感兴趣！

【商战谋略例说】

## 情报军野村德七

日本东京的野村德七在股票买卖中善于运用情报信息，从而成为年轻的百万富翁。野村德七首先从一些大企业和信息报社中挖掘一些善于分析的人才来充当他的情报人员。他从大阪每日新闻社里拉出调查员桥本奇策，并以高薪等优厚的待遇将他安排在野村公司中为自己做调查其他公司行号及其银行账目的工作，并且创办了《大阪野村商报》。

第一次世界大战中，野村德七由于早于他人获取了欧洲的情报，因而获得了巨大的利润。1914年7月，奥地利王储被暗杀。野村德七得到他在海外的情报员、美国铁路工程师亨利传回的消息："世界大战将要爆发。"

据此信息，野村德七立即着手收购军用品公司、石油公司、医药公司以及纤维制品公司的股票。不久，大战果然爆发，日本也卷入了战争。股票暴涨，野村德七在不到一个月的时间里就赚进数百万美元。

1916年12月，野村德七收到来自海外的情报，德国即将投降。此时市面股票呈上涨局面，野村德七毅然抛出手中所有的股票。一战后，日本市场一片萧条，在战时行情看涨的股票都在瞬间跌至谷底，许多股票大户陷入破产的境地，而野村德七则凭灵通的信息免遭灾难。

野村德七致富后，继续发挥其善于搜集情报的特长，不断收买、合并其他公司，组成野村联合集团，成为当时日本最有实力的企业之一。野村德七也被称为"情报军阀"。

## 当代商海情报网

孙子主张，"以上智为间"就必能取得巨大的成功。用具备上等素质的人才作为经济情报员，就能有勇有谋，有胆有识，在艰难复杂的情况下，完成关键性经济技术情报的搜集工作。

一些专业的经济情报人员，他们能对要取得的资料、情报具有极强的理解力、判断力和记忆力，并能应付错综复杂的环境，有各种专门的技能和广泛的知识，从而具备了较强的猎取情报的素质和能力。具有一般素质的人若加一些优势的外在条件，如地位、职位、了解内情、社会关系、得地利之便或者有偶然的机遇，则也照样可以为间，并同样能取得较大的成功。但在同等的条件下，则应选择智慧出众，有真本事、具备经营或专业技术知识、知识渊博、坚强沉着、灵活性强的人才为间。这种被选派的"上智"人才，在谋取情报活动中就有较大的成功可能性，从那些严密保卫的绝密之处不可思议地搞出情报来。故《孙子·用间篇》曰："非微妙不能得间之实。"只有用心精细、手段微妙之人才能取得真实的情报。

具有较高智慧的情报人员能够从一些搜集来的零星材料中，分析和推理出真实情况来。任何秘密总会有些蛛丝马迹显现出来，优秀的情报分析人员就善于对一些外在偶然现象的信息进行筛选、过滤，从沙粒中淘出黄金来。

## 日本机床诞生记

第二次世界大战后，美日之间展开了一场旷日持久的、没有硝烟的经济情报战。日本不惜花费巨资和人力、物力，通过各种渠道，用各种手段搜集情报，其触角几乎伸进美国经济界的各行各业。

1948年，美国为加快飞机叶片的加工速度，提出了数控机床的设想。麻省理工学院受空军委托进行设计研制，防备十分森严。1952年，这一消息还是泄露出去并传到日本。日本人千方百计想弄到有关情报，摸清数控机床的奥秘，便多渠道地开展了间谍活动。

后来，他们收买了麻省理工学院的一个学生搜集情报，从"内线"弄到一本数控机床说明书，由此掌握了全部技术情报细节，甚至还发现了美国设计中的缺点。

于是，日本开始研究自己的数控机床，还制成了一台电子计算机，4部数控装置同时控制7台"数控机床"，从研制到投产仅用了6个月的时间。

这一成功，使日本机床工业跨入一个新的阶段。

## 企业处处需设防

现代社会对情报的需要量是惊人的，通过各种渠道猎取情报是经营决策必不可缺的部分。

据有关资料记载，经济间谍约占世界间谍总数的70%—80%以上。在这信息至上的时代，工业间谍、商业间谍、科技大盗应运而生，阴魂不散，如影随形地活跃在世界各地。他们往往以旅客、记者、商人、侨民、演员、探险家等身份出现在各种场合，而且无孔不入地渗透到大小企业。

曾经有位以华侨身份出现的访问者，拍摄了我国制造景泰蓝的全部过程。不久，日本一家首饰厂便制造出同样产品，抛向国际市场，与我国进行竞争。

中国的宣纸制造技术在世界上是首屈一指的。1981年，几位日商在热情洋溢的气氛中，参观了安徽某纸厂生产宣纸的全部过程，进行了录像。临走，日商还索取了部分原料，甚至造纸用的井水。就这样，宣纸生产的全部技术，包括原料样品，都被外国商人"友好地"搞走了。

这些严峻的教训实在令人吃惊。所以，企业家没有反间谍意识是要吃大亏的。

## 搜集情报巧竞争

在现代经济生活中，企业经营者对如何培训使用间谍，如何搜集、研究分析情报越来越重视。在西方社会，干经济间谍已经是司空见惯的事了。据对1500家美国公司的调查，有1324家公司公开承认，在外国竞争对手中搞间谍活动。

美国牙膏大王盖茨接受同行送来的一件礼物，那是一个制作十分精巧的鳄鱼模型。盖茨十分喜欢，把它放在办公桌上，经常欣赏。没过几天，盖茨的夫人发现，鳄鱼的眼睛总是在转动，她和盖茨拆开鳄鱼模型一看，原来是一架微型摄像机，把盖茨的一些机密文件都摄走了。在日本，从事情报工作的挂牌机构不下400个。其中仅三菱商社便在115个国家和地区设有情报搜集机构，有3000多个工作人员。他们不仅搜集情报，而且注重分析研究，拿出相应的产品来。

中国大庆油田在开采初期，急需一批适应高寒地区作业的石油钻探设备和运输设备。这时，日本一家公司马上告之说，他们有这种设备。原来，他们一直在搜集中国生产石油的情报。当他们从报纸上看到中国的石油工人都穿棉大衣，戴皮帽，断定这个油田在东北某高寒地区，并制造了相应的设备，等着我们购买。

## 丹尼尔房产反谍战

利用人情关，可以很容易搞到情报，也很容易暴露情报。

一家公司的董事长大卫看到位于纽约市郊的一栋高雅华美的英国古典式大型乡村别墅——奥丽准备出售，有心购买。但他一方面认为200万美元的价格过高，另一方面又怕自己受骗，因此，便雇用了房地产间谍莫利斯去摸底。

莫利斯为了"深入对方，探其虚实"，便千方百计地接近奥丽的女仆格丽丝，并从格丽丝的口中得知奥丽的小角落污水外流，粪尿满溢，急需一名管道工。但奥丽的主人丹尼尔性格孤僻，疑心很重，至今未找到合适人选。莫利斯谎称自己是管道工，机警地混过盘查，进入了奥丽。

奥丽金碧辉煌，名不虚传。莫利斯细细地观察着。

格丽丝带着莫利斯到污水处，莫利斯卖力地干活，很快使污水退了下去。但他也吃惊地发现：破损陈旧的管壁明显"薄"了一圈，与上面矗立的豪华的楼房完全不相称。他又支走了格丽丝，偷拍了许多照片。

从奥丽出来后，莫利斯又去图书馆查资料，想知道这些地下水管是谁铺设的。

终于，功夫不负有人心，莫利斯查到老丹尼尔——即现今丹尼尔的曾祖父，为了赌气，自己建造了奥丽，而且因此债台高筑，并且在晚上偷偷地铺设管道。一切都真相大白了。

事后，莫利斯将资料与照片一齐交给了大卫，而大卫拿着这些来到了奥丽，见到了丹尼尔。丹尼尔在大卫的"铁证"前低下了头，同意以50万美元的价格出售奥丽。

不久，这次漂亮的"房产间谍战"就被当地的一家报纸长篇累牍地报道了，而大卫和莫利斯均未向外界披露，这是谁干的呢？

就在大卫和莫利斯名声大噪的时候，问题出现了。

当大卫的仆人打扫房间时，从房顶的天花板上掉下来一块烂木头。大卫感觉不好，就叫仆人检查了所有的梁桩、墙面、窗框、地面、门板，发现里面都是腐朽不堪的烂木头。

忽然，他幡然醒悟。为什么丹尼尔性格孤僻，而格丽丝却那么容易接近？

这是丹尼尔故意设下的圈套，故意引诱自己上当。而且向报界披露的人肯定也是丹尼尔，这样使大卫和他先出尽风头，再丢尽面子，好让丹尼尔更加出名。

丹尼尔这位冷漠得不合时宜的英格兰后裔，用他出色的"反谍战"，冲淡了祖上不明智的一举，真是高超的妙计。

丹尼尔巧妙地利用仆人格丽丝散布假信息，从而很快将奥丽出手，着实狠捞了一笔。

## 以一条腿为代价

一位德国经理的汽车不小心压断了一个日本人的右腿，这只是一起意外的交通事故。那名德国经理多次去医院探望被压断腿的日本人，看到日本人靠一条腿行走不便，就说："你有什么需要我帮忙的吗？""给我一个工作吧，我愿意到你的工厂当门卫。"

当门卫的要求被应允了。日本人出院之后，就在工厂当起了门卫。他显得十分和蔼可亲，对每一个职员都十分礼貌。不久，他就获得了大家的好感，不少人下班后还来他的值班室坐一坐，聊聊天。一年后，日本人到期回国了，这很正常，谁也没有在意，倒是有不少人还时常想到那个"善解人意"的中年人。

过了不久，日本一家啤酒公司的产品打着"与德国啤酒一样"的宣传口号，与德国的啤酒公司抢占市场，使德国的啤酒业受到重创。而那家日本啤酒公司的经理，恰恰就是当年被压断腿的那个日本人。这难道是巧合吗？

不，这是那个日本人精心策划才获得成功的。他到德国的目的就是当间谍，以窃取德国先进的啤酒制造技术，为此，他不惜牺牲自己的一条腿。

原来，德国啤酒公司的保密系统十分完善，一般人难以进入工厂。这个日本人在啤酒公司的外面转了几天，发现早晚都有一辆黑色轿车开进开出。于是，他便制造了一次交通事故，争取到啤酒公司当门卫的机会，为的是接近那些掌握着制酒技术的工人。

他以自己的友善为伪装，先博得别人的同情，再获得工人们的信任，使他们放松戒备，随意在他面前谈论工厂里面的事，更以帮忙为由，进到工厂里送吃送喝，一步一步实施着自己的计划，终于得到了啤酒的制造技术。然后，他以正当的理由离开德国，没有引起任何人的怀疑。紧接着，他在日本用德国先进的啤酒制造技术造出日本的名牌啤酒，与德国相抗衡，取得了胜利。

看来，他以一条腿为代价获得的情报，的确是有价值的。

## 借挖人才窃情报

挖人才，是窃取经济情报的高招。

1996年3月，美国汽车工业巨头——通用公司的环球采购部总管何塞·伊格纳齐奥·洛佩斯携带该公司大量秘密资料跳槽，加盟德国大众汽车公司。这些资料包括：通用公司汽车工业图纸、计算机软盘、计划研究报告以及2003年前的销售战略等商业机密。这一事件在世界汽车制造业中像是引爆了一枚炸弹，立刻引起了巨大震动。一场世界汽车工业史上前所未有的间谍案也由此开始了旷日持久的诉讼。

洛佩斯历来善于同供应商讨价还价，并设法把公司1994年底前的零件开支砍掉40亿美元，因此，他获得一个著名绰号——"成本杀手"。很快，洛佩斯成了公司内外炙手可热的人物，而且随着对通用汽车公司与欧洲业务的了解，洛佩斯的影响已远超出了他所负责的采购范围。

1992年夏末，大众汽车公司总裁皮埃希和公司其他董事到美国汽车城——

底特律参加一个经营管理会议，会上曾有人提到洛佩斯可以担任大众公司制造部门的负责人。于是，皮埃希便将拉拢洛佩斯的任务交给了负责北美业务的董廷斯·诺伊曼。

诺伊曼是个和蔼可亲的人。开始他几乎每天都给洛佩斯打电话、写信，建议洛佩斯会见皮埃希，洛佩斯迟迟没有答复。但诺伊曼并不气馁，他数次拜访，力尽亲近之能事。终于，洛佩斯心动了，答应会见皮埃希。

皮埃希如期赴约，会晤洛佩斯，并许以百万马克的报酬，极力劝说洛佩斯改换门庭。也许是巨额高薪的诱惑，也许是洛佩斯认为找到了足以施展个人才干的天地，双方心存灵犀，一拍即合。洛佩斯还就有关合作事宜同大众方面交换了看法。不难看出，此时的洛佩斯已是身在曹营心在汉了。

从这次午餐以后，洛佩斯便开始为自己的"跳槽"做准备了。他从自己助手中选出7人，各人都掌握一套技术。其中一个是电脑专家，另一个了解工厂，第三个知道怎样采购原材料，洛佩斯的女婿也在其中。

这帮人选确定以后，就开始收集资料，洛佩斯不用遮遮掩掩，没有人告诉他不能拿他要的东西；同时，由于洛佩斯对通用汽车公司业务了如指掌，使得他不用费多大力气便可获得大量通用公司的商业秘密。如通用公司的采购新型V-6发动机的研究报告。据说，这些资料共计数百万页，装了几十箱，有的还被输入了电脑软盘。这些机密一旦被大众公司掌握，大众公司将有充分的时间适应对手的政策，在期限、市场趋势和价格方面与通用公司竞争。

纸是包不住火的。洛佩斯的行径很快被通用公司发觉，但为了留住洛佩斯，通用公司并没有给他难堪，而且在1993年2月提升他为公司副总经理，希望他回心转意。

然而，大众汽车公司则准备为把洛佩斯挖走做更大努力，同年3月5日，大众汽车公司董事长克劳斯·利森向洛佩斯提出同他签约，让其出任仅次于皮埃希的第二把手——公司董事。这使洛佩斯的年薪可达160万美元，是他在通用汽车公司的四倍，甚至比总裁史密斯还高。

1993年3月11日，星期四，通用汽车公司宣布洛佩斯辞职，但是公司的高级经理们仍试图说服洛佩斯留下来。公司提出让他担任北美业务部总经理，这是特地为他新设的一个职位，仅次于史密斯。洛佩斯表示愿意留在通用汽车公司。

消息灵通的皮埃希得知后，马上从德国"大众"总部打电话给洛佩斯。

据知情人说，甚至西班牙国王卡洛斯也给他去了电话，希望大众汽车公司在西班牙建厂。三天后，通用公司举行记者招待会，总裁史密斯在会上宣布提升洛佩斯的消息，然而为时已晚，洛佩斯已携带数百公斤的资料，不辞而别，人去楼空▋▋

皮埃尔不遗余力地把通用汽车公司的洛佩斯挖走，从而大大加速了公司发展。

## 商业中的政府反间

世界著名的"硅谷"位于美国加利福尼亚州北部，介于帕罗阿图和圣克拉拉之间，是一个四季如春的地方。

二战后兴起的电子计算机革命，为硅谷带来了勃勃生机。从此，这里不仅成了闻名于世的"电子革命中心"、"半导体工业王国"和美国工业化未来的幻想和缩影"，而且也被许多国家的工业技术间谍作为施展身手的最佳场所。在这里，每时每刻都在进行着你争我夺的间谍大战。

为了防止各方面间谍从这里猎取高级技术机密，美国政府近年来纷纷向硅谷派驻精兵强将，建立反间谍机构。据美国司法部官员透露，早在1982年美国政府就在硅谷建立了一个防止技术外流的特别小组，这个小组由中央情报局和联邦调查局领导的一流侦察人员组成。美国国防部调查局也向硅谷派出了大批特工，该局每年还向硅谷的厂商散发数十万份保密规定。美国海关人员则经常乔妆打扮成商人，同硅谷的高精尖技术公司以做生意为幌子，暗防盗窃技术情报。与此同时，美国反间谍机构还加强了硅谷外围各口岸的防线，许多特工在旧金山港湾、洛杉矶机场和长滩一带日夜守卫。

有一次，他们根据一封匿名信得悉"因保发展公司"的德国老板布鲁克豪森是专门从硅谷窃取高级技术的老手，于是，他们调查追踪。当该公司把装有高压氧化系统的货箱从硅谷发往洛杉矶后，海关人员悄悄打开了货箱，发现里面装的不是"锅炉"，的确是高技术设备。为了顺藤摸瓜，他们把高压氧化系统取了出来，却用沙子装满货箱，然后把箱子原样封起来。随着这批货物的多次转手，美国反间谍机构终于基本摸清了布鲁克豪森工业间谍网的情况。

于是他们立即查封了布鲁克豪森等人在加州的所有办公室。随后又会同德国有关机构，搜查了布鲁克豪森在波恩、杜塞尔多和慕尼黑等地的公司。

【人生智谋例说】

## 陈平施计离间君臣

陈平是汉高祖刘邦的大谋士，曾为汉高祖"六出奇计"（《史记陈丞相世家》）。

公元前204年，刘邦被项羽包围在荥阳城中已达一年之久，项羽断绝了汉军的外援和粮草通道。刘邦内外交困，计无所出，便去请教陈平。

陈平献计道："项羽为人猜忌信谗，他所依靠信赖的不过是亚父范增、钟离昧、龙且等人。而且，每到赏赐功臣时，他又吝啬爵位和封邑，因此士人不愿意为他卖命。大王如能舍得几万金，可用反间计，离间其君臣关系，使之上下疑心，引起内讧，到那时我军乘机反攻，定能击败楚军。"

刘邦慨然交给陈平四万金。陈平用重金收买楚军中的将士，让他们散布流言："钟离昧、龙且、周殷等将领功绩卓著，但却不能封王，他们将要与汉王联合■■"

谣言传到钟离昧等人耳中，众人哭笑不得。谣言传到项羽耳中，项羽果然起了疑心，不再与钟离昧等人商议军机大事，甚至对亚父范增也怀疑起来。适逢刘邦派使者与项羽讲和，项羽便派使者回访，企图探察谣言的真伪。

陈平听说项羽的使者到了，正中下怀，立刻指使侍从抬出上等的餐具和十分丰盛的食品，待一见楚使之后，又佯装惊讶，低声议论道："原以为是亚父范增的使者，却是项王使者！"于是匆忙把原物送回，又换上劣等食物及餐具。楚使受此大辱，回去后一五一十地报告给了项羽，项羽的疑心越发加大。

亚父范增不知道项羽对他不再信任，几次三番地劝项羽速取荥阳，否则会夜长梦多，又生它变。项羽故意冷落范增，不理睬范增。

范增对项羽忠心耿耿，见项羽竟然疑心自己，气愤地说："天下事成败已定，请君王好自为之，臣乞还这把老骨头，退归乡里！"不料，项羽顺水推舟，居然答应他。范增又气又恨，归乡途中，背生痈疽，未等回到故乡彭城，一病死去。

这是陈平"六出奇计"中的第一计。

范增是项羽的主要谋士。范增离去，项羽对钟离昧等人又不信任，于是陈平又施乔装诱敌之计，让将军纪信冒充刘邦开东城门出降，吸引楚军到东门外围看，而刘邦和陈平等人在众将的掩护下乘西门楚兵空虚之计，大开西门，匆匆逃离荥阳。

一年后，刘邦击败项羽，建立了汉王朝。

## 杨广施间夺皇位

杨广是隋文帝的次子，被封为晋王，远离京城，驻在其封地扬州。杨广对其哥哥杨勇被封为太子十分妒忌，时刻想取而代之。为了探听京城的消息，他以重金收买隋文帝的宠妃陈贵人，探知了隋文帝对杨勇不满的情报。原来，杨勇生活奢侈、贪爱美色，还有杀害其正妻元妃的嫌疑，隋文帝担心杨勇不能继承自己的事业。杨广立即把自己装扮成一个"正人君子"。他只与正妻萧妃住在一起；隋文帝和独孤皇后每次派人去扬州看望他，他都厚礼迎送；每次入朝都布置得俭朴无华，因此博得了隋文帝和独孤皇后的欢心。

杨广向夺取太子之位迈出了第一步，便急不可待地把手伸进了京城。他把自己的密友宇文述派去拉拢朝廷重臣杨素的弟弟杨约。宇文述借宴请杨约赌博取乐之机，把价值连城的奇珍异宝一件件地全"输"给了杨约。杨约感到奇怪，追问珍宝的来历。宇文述坦言说："这是晋王的赐赏。"又说："自古以来，有贤德的人都是择良主而事。如今，杨勇已失宠，你们兄弟受皇上恩宠多年，但仇人也不少，一旦皇上死去，你们还依靠谁呢？如果能说服皇上改立晋王为太子，太子对你们兄弟感恩戴德不尽，我这也是为你们着想啊！"

杨约把宇文述的话转告给杨素，杨素知道隋文帝对杨勇不满，但不知道独孤皇后的态度。一天，杨素借入宫参加宴会之机向独孤皇后进言说："晋王孝顺友爱，谦恭节俭，很像皇上。"独孤太后十分感动，连连责怨杨勇，还赠送了不少金银给杨素，杨素于是下定决心扶立杨广为太子。此后，隋文帝派杨素去观察杨勇对废黜太子的反应，杨素故意激怒杨勇，隋文帝因此对杨勇愈感到不安，日夜派人监视杨勇。

杨广又以重金收买杨勇宫中的官员姬威，让姬威上疏告杨勇谋反。姬威权衡利害，咬咬牙，站到了杨广一边。

公元600年10月9日，隋文帝终于下定决心废除了杨勇的太子封号，立晋王杨广为太子。

三年之后，杨广乘隋文帝病重之际，命令杨素和亲信张衡害死了隋文帝，夺取了皇位，史称隋炀帝。

## 计施离间杀李牧

李牧是战国时期赵国继老将廉颇之后的著名将领，因长期驻守赵国北方边防和拯救赵国于危难之中有功，受封为武安君。

公元前229年，秦王嬴政派大将王翦和杨端分兵两路进攻赵国，赵王任命李牧和将军司马尚领兵阻击秦军。秦将王翦久经沙场，智勇双全，李牧与王翦战了个平手，交战一年之久，双方各有胜负。

秦军攻战，远离本土，时间长了，后勤供应发生了困难，而且士兵厌战情绪高涨。嬴政为了尽快结束战争，决心用离间计除掉李牧。

赵国的谋士王敖是受秦王嬴政的命令潜伏在赵国的间谍。王敖接到嬴政的密令后，借故来到王翦的军营对王翦说："秦王让我们尽快除掉李牧，打败赵国，请老将军给李牧写封信，商议讲和，其余的事情由我来做。"

王翦知道王敖是"自己人"，对王敖的话心领神会。王敖走后，王翦立即写好讲和的书信，派使者送给李牧。李牧不知是计，于是回了封信，派使者送给王翦。从此以后，双方的使者频繁往来，为和谈的条件"讨价还价"。

王敖回到赵国都城邯郸，拿出秦王派人送来的金银珠宝广交"朋友"，四处活动。王敖早就探知赵王最宠信大臣郭开，平日经常出入郭开府中，这时更是无日不往。郭开贪得无厌，嫉贤妒能，王敖投其所好，奇珍异宝、黄金白银，无所不送。郭开每每设宴款待，酒酣之后，无所不谈。一天，王敖对郭开说："李牧在与王翦秘密来往，据说，秦王答应李牧，破赵之后，封李牧为代王██。"

郭开得知这一消息，认为是向赵王邀宠的好时机，急忙报告给赵王。赵王半信半疑，派人去李牧处察访，果然发现了李牧与王翦来往的许多信件。王敖乘机对赵王说："李牧驻守北疆，十几万匈奴人都不是他的对手；四年前肥之战，把占优势的秦军打得大败而退。如今王翦只有几万人马，他却按兵不动，这不是心怀叵测是什么？"

赵王认为王敖的话有道理，派使者到李牧大营中传令：升赵葱为大将，接替李牧的兵权。

赵葱有郭开做后盾，强行接管了李牧的兵权并将李牧杀害。王翦得知李牧已死，挥兵长驱直入。赵葱指挥不利，一败而不可收拾，还赔上了自家性命，秦军大获全胜。

## 国宝失窃记

用间，一般是指派人作间谍。事实上，物件、事情，甚至一句话都可以作为"间"。它们在适当的时候可以在对方心中起到与"间谍"相同的作用。

这是一个"虚构的戒指"作间谍的故事。

博物馆被盗了！几件镇馆的宝贝都不翼而飞。警察勘探的结果认为，这绝不是一个人干的，而且必定是行家。破坏保安系统、开保险锁、车子接应等，至少要四五个人才行。但是，却没有一丝破案线索。

政府开始悬赏，博物馆的馆长也接受了电视访问。

他颤抖着说："13件物品全都是精品，尤其是那个翠玉戒指，更举世无双，爱珠宝的人，千万不能收藏，迟早会被发现的！"他瞪大了眼睛说："因为那戒指太好了，什么人都一眼就看得出，是价值连城的宝贝。"

电视采访播出后，没多久就破了案。

一群窃贼虽然计划周详，没留下任何线索，却因为内部不和，两派开火，而被发现。

受伤的窃贼，躺在床上吐露了实情："当时由我和另外一个人进去，我们只偷了12幅画，没有拿什么翠玉戒指，可是外面的几个人不信，非要我们把戒指交出来，后来连我的朋友都认为我独吞了。"他大声喊着："我没有拿！我没有拿！你们要相信我！"

"我相信他！"博物馆长在验收12幅画之后，笑道，"感谢上天，12幅画完整无缺地回来了。至于翠玉戒指，唉！我们馆里几曾有过翠玉戒指啊！是我一时糊涂，乱说的！"

这枚"戒指"离间了窃贼，使他们落入法网，使得12幅国宝失而复得，功不可没。事实上，这枚戒指却是子虚乌有。

为人处世中"上智为间"听起来颇为狠毒。但是它能不费己方一兵一卒，避免发生冲突，还可以了解对方情况，制定己方对策，甚至可以使敌方自行瓦解，不攻自破，堪称上上之策。

## 拿破仑死因之谜

1821年5月5日下午5时49分，世界近代史上叱咤风云的传奇人物、威震欧洲的卓越军事家、名扬全球的法兰西第一帝国皇帝拿破仑·波拿巴在被茫茫大海包围着的圣赫勒拿岛上溘然辞世,时年仅51岁。

对于拿破仑的死因,八名医生在对拿破仑的遗体进行解剖后,提出了四份不相同的报告。拿破仑则在遗嘱中写道:"我死于非命","被英国执政者及所雇凶手谋害了。"

拿破仑在滑铁卢战役失败后,于1815年10月被英国人囚禁于英属圣赫勒拿岛上。当时,拿破仑剽悍健壮,精力充沛;可是,仅仅过了六年,就一病而逝。人们有理由提出怀疑:是谁谋杀了拿破仑?

为此,人们争论了130多年。

到了1955年的秋季,貌似堂·吉诃德再生的瑞典牙科医生斯坦·福舒特悄然加入了这个论坛。福舒特虽然是个牙医,但他又对生物学和药理学非常感兴趣,偏好阅读拿破仑的文献专著。当他阅读完拿破仑当年的侍卫长路易·马尔尚写的《回忆录》后,福舒特的心情再也不能平静了。福舒特将拿破仑1821年1月至5月的身体状况列出了一个提纲,发现拿破仑有规律地出现嗜眠和失眠现象——马尔尚详细地记述了"皇帝"对各种药的反应。福舒特大胆推断:拿破仑·波拿巴是中毒身亡。

福斯特开列了32项砒霜中毒症状,发现拿破仑病危时至少显露了其中的22项。但是,怎样才能证明呢?拿破仑的尸体在他逝世19年后已运回法国,如今安葬在荣民院的大陵墓中,陵墓上面是35吨磨得光滑滑的斑岩,要想检验遗骸是不可能的。四年过去了,1959年11月,福舒特在一篇报道中看到:只用一根头发也可验出砒霜的含量,其发明人是苏格兰格拉斯大学法医系的史密斯博士。福舒特设法找到了拿破仑死后第二天剃下来的头发,那是侍卫长马尔尚珍藏的,小心地用挂号邮件寄给了史密斯。1960年7月,史密斯的回信到了:用本人的方法分析检品后,测得每克头发所含砒霜值为10.38微克,显示此人曾吸收分量相当重的砒霜。

人发的正常含砒霜量为百万分之零点八,拿破仑发中含砒霜量高出正常情况的13倍!

1961年10月14日,英国《自然》杂志发表了福舒特、史密斯和瑞典毒理学家沃森合写的论文《拿破仑之被害》。此后,三位志同道合的先生获得了拿破仑的后裔和亲信赠送的更多的拿破仑的头发。史密斯用把头发分成5毫米长的小段进行测试的方法测得的数据与拿破仑病情的起伏完全吻合,确凿无疑地证明拿破仑是死于蓄意谋杀。

现在，该去寻找凶手了。史密斯的测试排除了拿破仑的私人医生及先后陪伴拿破仑的一些人，只剩下5名"嫌疑犯"供福舒特去"擒拿"，这5个人是：拿破仑的两个最忠实追随者——侍卫长马尔尚和旧贵族蒙托隆、男仆波尔隆和两名内侍。

用砒霜杀人必须把药搅拌在食物或酒中。两名内侍不经常侍奉拿破仑的饮用，因此可以排除；如果是波尔隆投毒，他不可能只毒杀拿破仑一个人，也可以排除。这样，只剩下两个"最忠实的追随者"了——只有最"忠心"的人，才最有机会实施谋杀。

马尔尚的母亲很早就是宫廷侍女，马尔尚从小就在宫廷中，一直侍奉拿破仑。马尔尚的一家与拿破仑的政敌——法国的波旁王朝无任何瓜葛；蒙托隆曾被拿破仑解职过，当拿破仑第一次被流放时，蒙托隆差一点当上波旁王朝的将军，只因盗窃巨额军饷才没有赴任，但却没受任何处分。蒙托隆是在拿破仑兵败滑铁卢后才出现在拿破仑的随员中的。而且，蒙托隆的夫人在岛上一直与拿破仑明来暗往，蒙托隆从不干预，这是为什么呢？

福舒特进一步研究了大量的史料，得知：蒙托隆掌管着贮酒小屋的钥匙。有一次，拿破仑把自己的酒送了一瓶给跟随自己的将军顾尔高，结果，顾尔高病了，症状与拿破仑相似。

拿破仑在病危时食用苦杏，又服用甘汞，这也是蒙托隆的主意，苦杏与甘汞接触后会释出有毒的氰化汞。

福舒特的结论是：旧贵族蒙托隆是受波旁王朝派遣、潜伏在拿破仑身边的一名间谍。换句话说，是波旁王朝派蒙托隆谋杀了拿破仑。

## 双面间谍波波夫

南斯拉夫的达斯科·波波夫投身间谍事业纯属偶然。1940年2月，波波夫的好友——德国军事情报局的约翰尼·杰伯逊请波波夫帮助自己卖掉5条被封锁在特里斯特的德国船，波波夫明知约翰尼是在策动他做一名纳粹间谍，他还是照办了。据波波夫回忆说：他想利用这一特殊地位为反法西斯事业做点儿什么。不久，英国军事情报处第六处明确指示他："你就准备为那些德国人'效劳'吧，要巧妙地与他们搞好关系，让他们把你派到伦敦或某个中立国家去。"

波波夫如愿以偿地被德国间谍机关派到了英国，他的任务是为德军轰炸英国的城市、军事设施提供可靠情报。在英国军事情报处第六处的帮助下，波波夫拍摄了伪造的飞机场照片、海军的各种"重要"情报、各战略要地的"地形图"、虚构的英国东海岸布雷图，英国对付德军毒气战的计划██。

这些情报有多大价值呢？仅举两例：根据波波夫的情报，希特勒完全取消了对英国实施毒气战的想法，打消了从东海岸进攻英国的念头。

波波夫在英国结识了嘉黛·沙利它，她是奥地利一个纳粹头子的女儿，但她从不与父亲同流合污。波波夫将嘉黛发展为自己的助手，德国情报机关也对嘉黛深信不疑。

1943年4月，英国军事情报处第六处探知德国人正在研制一种叫FZG-76型火箭（即V-1火箭）的新武器，波波夫奉命去德国寻找该武器的生产厂家和生产地点。波波夫到了德国后迅速查找到德国皮尼蒙德附近的两家工厂批量生产一种无人驾驶、能运载一吨重炸弹的"单翼飞机"，英国空军马上对这一地区进行了密集轰炸，使德方停止生产达半年之久。

达斯科·波波夫的活动在德国军事情报局的严密监视下，终于露出了破绽。1944年5月中旬，英国军事情报处第六处紧急通知波波夫："██速回里斯本，通知其他人员转移，德国人已经察觉。"波波夫火速赶回里斯本，但德国人抢先了一步，除波波夫死里逃生外，波波夫手下在欧洲的间谍全部以身殉职。

波波夫的谍报生涯中有许多浪漫色彩，从某一角度说，这也是他间谍生活的需要。西方间谍机关称达斯科·波波夫是"最勇敢、最快乐的谍报天才"，波波夫自己则说："要使自己在风险丛生中幸存下来，最好还是不要太认真对待生活为好。"

# 中华传统文化核心读本书目

## 【处世经典】

**《论语全集》**
享有"半部《论语》治天下"美誉的儒家圣典
传世悠久的中国人修身养性安身立命的智慧箴言

**《大学全集》**
阐述诚意正心修身的儒家道德名篇
构建齐家治国平天下体系的重要典籍

**《中庸全集》**
倡导诚敬忠恕之道修养心性的平民哲学
讲求至仁至善经世致用的儒家经典

**《孟子全集》**
论理雄辩气势充沛的语录体哲学巨著
深刻影响中华民族精神与性格的儒家经典

**《礼记精粹》**
首倡中庸之道与修齐治平的儒家经典
研究中国古代社会情况、典章制度的必读之书

**《道德经全集》**
中国历史上最伟大的哲学名著,被誉为"万经之王"
影响中国思想文化史数千年的道家经典

# 中华传统文化核心读本书目

**《菜根谭全集》**
旷古稀世的中国人修身养性的奇珍宝训
集儒释道三家智慧安顿身心的处世哲学

**《曾国藩家书精粹》**
风靡华夏近两百年的教子圣典
影响数代国人身心的处世之道

**《挺经全集》**
曾国藩生前的一部"压案之作"
总结为人为官成功秘诀的处世哲学

**《孝经全集》**
倡导以"孝"立身治国的伦理名篇
世人奉为准则的中华孝文化经典

【成功谋略】

**《孙子兵法全集》**
中国现存最早的兵书,享有"兵学圣典"之誉
浓缩大战略、大智慧,是全球公认的成功宝典

**《三十六计全集》**
历代军事家政治家企业家潜心研读之作
中华智圣的谋略经典,风靡全球的制胜宝鉴

# 中华传统文化核心读本书目

### 《鬼谷子全集》
风靡华夏两千多年的谋略学巨著
成大事谋大略者必读的旷世奇书

### 《韩非子精粹》
法术势相结合的先秦法家集大成之作
蕴涵君主道德修养与政治策略的帝王宝典

### 《管子精粹》
融合先秦时期诸家思想的恢弘之作
解密政治家齐家治国平天下的大经大法

### 《贞观政要全集》
彰显大唐盛世政通人和的政论性史书
阐述治国安民知人善任的管理学经典

### 《尚书全集》
中国现存最早的政治文献汇编类史书
帝王将相视为经时济世的哲学经典

### 《周易全集》
八八六十四卦，上测天下测地中测人事
睥睨三千余年，被后世尊为"群经之首"

# 中华传统文化核心读本书目

### 《素书全集》
阐发修身处世治国统军之法的神秘谋略奇书
以道家为宗集儒法兵思想于一体的智慧圣典

### 《智囊精粹》
比通鉴有生活，比通鉴有血肉，堪称平民版通鉴
修身可借鉴，齐家可借鉴，古今智慧尽收此囊中

## 【文史精华】

### 《左传全集》
中国现存的第一部叙事详细的编年体史书
在"春秋三传"中影响最大，被誉为"文史双巨著"

### 《史记·本纪精粹》
中国第一部贯通古今、网罗百代的纪传体通史
享有"史家之绝唱，无韵之离骚"赞誉的史学典范

### 《庄子全集》
道家圣典，兼具思想性与启发性的哲学宝库
汪洋恣肆的传世奇书，中国寓言文学的鼻祖

### 《容斋随笔精粹》
宋代最具学术价值的三大笔记体著作之一
历史学家公认的研究宋代历史必读之书

# 中华传统文化核心读本书目

### 《世说新语精粹》
记言则玄远冷隽，记行则高简瑰奇
名士的教科书，志人小说的代表作

### 《古文观止精粹》
囊括古文精华，代表我国古代散文的最高水准
与《唐诗三百首》并称中国传统文学通俗读物之双璧

### 《诗经全集》
中国第一部具有浓郁现实主义风格的诗歌总集
被称为"纯文学之祖"，开启中国数千年来文学之先河

### 《山海经全集》
内容怪诞包罗万象，位列上古三大奇书之首
山怪水怪物怪，实为先秦神话地理开山之作

### 《黄帝内经精粹》
中国现存最早、地位最高的中医理论巨著
讲求天人合一、辨证论治的"医之始祖"

### 《百喻经全集》
古印度原生民间故事之中国本土化版本
大乘法中少数平民化大众化的佛教经典